Emil Meinhardt

Fortschreitende Zerstörung der Natur

Unbekannte Zusammenhänge und Probleme – Wege der Gesundung

Verlag M. & H. Schaper Hannover

Printed in Western-Germany
Gesamtherstellung: CW Niemeyer, Hameln
ISBN 3-7944-0071-2

Vorwort

„Alles kommt gut aus der Hand des Schöpfers,
alles e n t a r t e t unter der Hand des Menschen“ (Rousseau)
„Immer wird das Schicksal des Menschen davon bestimmt,
was mit dem B o d e n , dem W a l d und dem W a s s e r geschieht.“

Wahrlich, mißhandelt hat der Mensch diese drei Bereiche der Natur von grauer Vorzeit an in immer zunehmenderem Maße. Neuerdings spielt auch die Verschmutzung der L u f t eine verhängnisvolle Rolle. Für die dadurch hervorgerufenen schicksalsschweren Folgen und W e c h s e l w i r k u n g e n war der Mensch im allgemeinen blind. Ich möchte nun zeigen, wie sich dies auf seinen Wohlstand, auf Landwirtschaft, Industrie, Handel, Gewerbe, Infrastruktur (Verkehrswege, Wohnungen, Schulen, Krankenhäuser, Kraftwerke, Wasserversorgung und dergl.) auswirkt.

Beim Studium all dieser Zusammenhänge und Wechselwirkungen wird deutlich, daß L a n d s c h a f t s s c h u t z a l s L e b e n s s c h u t z heute zweifellos der wichtigste Teil des Naturschutzes ist. Doch auch die immer mehr zunehmende Gefährdung der P f l a n - z e n - und T i e r w e l t schadet dem Menschen.

Unaufhaltsam schreitet die Zerstörung der Natur fort. Kein Wunder, daß trotz Überflusses in einigen hochentwickelten Ländern H u n g e r eine Weltgefahr ist, mitverursacht durch eine „Bevölkerungsexplosion“. Kein Wunder auch, daß L e b e n s r a u m v e r g i f t u n g infolge ungezügelten Wachstums der Industrieerzeugung (mit der Folge einer drohenden Erschöpfung der Rohstoffvorräte und Energiequellen) täglich in erschreckendem Maße zunimmt und zur W e l t g e f a h r N r. 1 geworden ist.

Ich habe versucht, den Naturschutz in all den erwähnten Zusammenhängen zu untersuchen, und zwar zunächst grundsätzlich und dann von dem gesamten Erdball. Eine vergleichbare Arbeit gibt es m. E. nicht.

Trotz der Buchschwemme über Naturschutzfragen nimmt das ernste Thema nicht den ihm gebührenden Platz im Blickpunkt der Öffentlichkeit ein. Schuld daran ist u. a. die für den Durchschnittsleser meistens viel zu trockene und gelehrte Darstellung. Im Gegensatz dazu habe ich mich um eine klare, bei den erstaunlich vielen Problemen knappe, aber doch sehr anschauliche Ausdrucksweise ohne Fremdwörter bemüht. Das Werk soll als Volksbuch aufrütteln. Aber auch Fachleute der verschiedensten Gebiete wie der Wald- und Forstwirtschaft, der Wasser-, Land- und Volkswirtschaft, der Erdkunde, Geschichte, ja sogar der Politik und Theologie werden eine Fülle neuer Einzelheiten entdecken.

Diese Vielseitigkeit und Genauigkeit bis auf den gegenwärtigen Stand der Verhältnisse war nur dadurch möglich, daß ich mir in vielen Jahren das Tatsachenmaterial beschaffte, indem ich einen umfangreichen Briefwechsel mit den Stellen im In- und Ausland unterhielt, die durch ihr Amt und ihre Arbeit in der Lage waren, zuverlässige Auskunft zu geben. Hiermit möchte ich meinen Dank abstatten für die bereitwillige Unterstützung, die ich überall fand.

Der Verfasser

Inhaltsverzeichnis

I. Die bodenzerstörenden Mächte Wasser und Wind und die Kräfte, die ihnen entgegenwirken

Allgemeines über Erosion (Abtragung)*)

Seit es Menschen auf der Erde gibt, ereigneten sich gewaltige Naturkatastrophen. Bei unserem Thema sollen die Veränderungen durch Erdbeben und Vulkane unberücksichtigt bleiben. Alle anderen Landschaftsformen wurden durch Abtragung verändert oder entstanden sogar dadurch, daß Gesteins- und Erdmassen abgetragen wurden und zum Teil verwitterten. (Die Probleme der Techtonil-Lehre vom Bau der Erdkruste und deren Bewegungsformen sollen hier nicht erörtert werden.) Der Grad der Verwitterung hängt vom Aufbau und vom Alter der Gesteine ab, vom Klima und von der Oberflächenerosion (Denudation). Im Gegensatz dazu wirkt der allgemein als Erosion bezeichnete Vorgang mehr in die Tiefe. Neben dem fließenden Wasser haben Wind, Temperaturunterschiede und Gezeiten, die an den Meeresküsten arbeiten, eine beträchtliche Erosionskraft. Die vielfach durch menschliche Schuld entstehende Erosion soll ein Hauptthema unserer Betrachtungen bilden.

Bodenabtragungen durch das Wasser (Wassererosion)

In hügeligen, erst recht in gebirgigen Landschaften ergibt sich Bodenabtragung vor allem durch das Wasser. Jeder stärkere Regen weicht den Boden auf, reißt Teilchen davon los und spült sie in Gräben und Flüsse. Bei kahlen Felsen gefriert Wasser in den Spalten zu Eis, dehnt sich dabei aus und zersprengt so die Felsen. Die Strömung zermahlt die Steine zu Kies und Sandkörnchen. Ungeheure Mengen Schlamm und Geröll schleppen die großen Flüsse in die Ebenen und Meere. So bilden sich Schwemmlandschaften, die immer weiter hinaus ins Meer wachsen.

Die Zusammenlegung der Felder, Flurbereinigung, bringt den großen Vorteil, daß der Bauer die landwirtschaftlichen Maschinen mit größerem Nutzen einsetzen kann. Dabei aber werden mitunter auch Haine, Hecken und Gebüsche beseitigt, da sie der gewinnbringenden Bodenbearbeitung im Wege stehen. Besonders in Bergländern lassen dann die Folgen nicht lange auf sich warten; die Oberflächenwasser werden nun durch keine Hindernisse mehr aufgehalten, so daß die Abschwemmung wertvollen Mutterbodens in unverantwortlicher Weise gesteigert wird. Es ist nicht selten vorgekommen, daß sich Erosionsgräben von 80 cm Tiefe gebildet haben.

Jedoch kann das Wasser einem Boden unter dauernder Pflanzendecke nichts anhaben.

Die Luzerne mit ihren tiefreichenden Wurzeln ist vorzüglich geeignet, den Boden gegen Abschwemmung zu sichern. Aber auch Klee, in Roggen, Gerste oder Hafer eingesät, bietet einen vortrefflichen Schutz. Besonders gefährdet sind Hackfruchtflächen und Weinberge. Im fortschrittlichen Weinbau allerdings kennt man schon lange die dauernde Begrünung durch Klee, Kleegrasmischung, Platterbse u. a.

*) Alle aufgeführten Zahlen dienen nur als ungefähre Maßstäbe. – Empfehlend sei hingewiesen auf Wolfgang Engelhard, Umweltschutz, Bayerischer Schulbuchverlag, München, 1973, und Hubert Weinzierl, Das große Sterben, Verlag Gersbach & Sohn, München, 1971.

Man sollte auch versuchen, die Reihung der Reben und die Furchenlegung bei Hackfrüchten so vorzunehmen, daß sie den Höhenlinien folgen, damit Sturz- und Landregen nach dem Häufeln in den Furchen aufgehalten werden können.
Querhanggräben sind mit Rainen und Feldgehölzen zu bereichern. Mustergültig ist ihre Anlage im Schwarzwald. Der erste Graben, spatenbreit und spatentief, beginnt schon 2 m unter dem Waldrand.

Bodenabtragung durch den Wind (Winderosion, Deflation)

Die zweite große Kraft, die den Boden zerstören kann, ist der Wind.
Gewiß verbreitet er flugfähige Früchte und Samen, bei vielen Pflanzenarten auch den Blütenstaub. Ebenso bedeutsam ist die durch ihn verursachte Durchmischung der Luft. Für diese lebenswichtigen Vorgänge genügt aber der leiseste Luftzug.
Wenn sich ausgedehnte kahle Flächen und leichte Böden bieten, kann der Wind im Gegensatz zum fließenden Wasser auf flachen Böden stärker angreifen als im hügeligen oder gebirgigen Lande, das um so mehr, wenn die Furchen parallel zur Hauptwindrichtung aufgeworfen und verhältnismäßig viel Hackfrüchte angebaut wurden.
Doch ebensowenig wie das Wasser kann der Wind einem Boden unter einer dauernden Pflanzendecke schaden. Fehlt diese aber, ist der Boden gegen Verwehung anfällig. Feldgehölze und Hecken, die „Schwestern des Waldes", sind nicht nur, wie bereits angeführt, gegen Wassererosion vorteilhaft. Sie bremsen auch den Wind und lenken ihn nach oben. Fehlen sie aber auch, ist der Ackerboden immer weniger imstande, der Verwehung Widerstand zu leisten.
Flurgehölze und Bodenschutzpflanzungen haben alle Bedeutungen des Waldes, natürlich in verkleinertem Maße. Sollen sie aber einen nachhaltigen Nutzen erbringen, so ist ihre Anlage sinnvoll auf die landwirtschaftliche Betriebsform, auf das Geländerelief, auf den Boden, das Wasser, das örtliche Klima und die Holznutzung abzustimmen.

Weitere Bedeutung der Hecken in der Feldflur

(Lebende) Hecken beeinflussen das Kleinklima.
Sie verzögern das Schmelzen des Schnees, halten durch Verminderung der Verdunstung die Luft- und Bodenfeuchtigkeit zurück. Dadurch wird eine verstärkte Taubildung begünstigt (Taubildung erfolgt nur bei Windstille) und Frostgefahr vermindert. Bei geschützten Flächen liegt im Frühjahr und Herbst die Bodentemperatur um etwa 3° C höher als bei ungeschützten. Selbst im Sommer ist eine bessere Wärmehaltung festzustellen. Das ergibt auf der Weide durch früheren Graswuchs einen früheren Durchtrieb und ein längeres Aushalten der Grasnarbe. Dadurch werden in einer Weideperiode etwa 20—25 Weidetage gewonnen. Außerdem wird das Weidevieh vor kalten Winden und vor zu starker Bestrahlung geschützt.
Schon ein schwacher Wind kann schädlich sein, wenn er den Bodenflächen zusammen mit der vollen Sonnenbestrahlung zuviel Wasserdampf und Bodenkohlensäure entzieht. Noch verhängnisvoller können sich ungebrochene Winde auswirken. Gerade in den letzten Jahren wurden dadurch beängstigend viele Saaten ausgewintert. Ebenso gefährlich können die heißen sommerlichen Ostwinde werden, die dem Boden mehr Feuchtigkeit rauben als Sonnenstrahlen verdunsten. Durch sie wird der Boden außerdem verkrustet, und die bereits gelösten Nährstoffe kristallisieren wieder.

Durch Windschutz erreichte man folgende Ertragssteigerungen: Getreide 10—25 %, Hackfrüchte 25—80 %, Kohl 50—120 %, Tomaten, Gurken 100 bis 400 %.

(Lebende) Hecken bieten gute Schutz- und Nistgelegenheiten, vor allem den Boden- und Freibrütern unter den Vögeln.

Rebhühner, eifrige Vertilger des Kartoffelkäfers, sind ohne die Deckung durch die Hecken bei hohem Schnee und scharfem Frost der harten Not des Winters preisgegeben, ebenso Fasanen. Im Schutze dichter Hecken haust ein unermüdlicher Vertilger von Schnecken und Mäusen, der Igel, überwintern Eidechsen und Blindschleichen, Ringelnattern und Kröten. Die Feldmäuse, welche die freien Flächen bevorzugen, werden von den Hecken aus durch Eulen, Bussarde und Würger bekämpft werden.

Den Bienen bieten (lebende) Hecken Flugerleichterungen durch die Windbeeinflussung und außerdem Nahrung (Weiß- und Schwarzdorn, Liguster, Berberitze, Wildrose, Küblerweide, Kätzchenweide, Kornelkirsche, Schneebeere, Faulbaum, Sanddorn und Bocksdorn).

Das Landschaftsbild wird durch (lebende) Hecken mit Baumreihen aufgelockert und belebt. — Bei Einfriedigung eines Grundstückes sind im Vergleich zu Mauer oder Zaun lebende Hecken am billigsten; denn außer dem Schnitt brauchen sie keine Pflege.

„Planmäßige" Steigerung der Erosion mit Verschandelung der Landschaft

In den letzten Jahren hat sich die Landschaft in manchen Teilen unseres Landes so sehr verändert, daß sie manchem alten Bauern und Heimatfreund fremd geworden ist. Wer heute das Münsterland wiedersieht, in dem er einige „flurbereinigte Kreise" besucht, ist erschüttert. Oft wurden auf vielen Quadratkilometer großen Flächen alle Hecken, Gebüsche und Bäume beseitigt, Tümpel und Weiher zugekippt und die Gewässer bis zum kleinsten Rinnsal begradigt und verbaut (siehe auch „Wasserwirtschaft").

Der Wald,

unser wichtigster Helfer im Kampf gegen Bodenschäden und Wassernöte!

Dennoch Gleichgültigkeit gegenüber der Bedeutung des Waldes

Nomaden, die schlimmsten Feinde des Waldes

Die Grundlage für das Leben des Nomaden ist sein Vieh. Die Steppe und die Halbwüste liefern für die Herden nur karge Nahrung. Nach kurzer Zeit schon ist ein Weidegrund abgegrast. So sind die Nomaden gezwungen, oft in weiten Märschen durch wasserlose Gegenden und unter großen Verlusten neues Weideland zu suchen. Rücksichtslos wird alles, was den Tieren zur Nahrung dienen kann, Gras und Gestrüpp, von den hungrigen Mäulern abgerissen. Um sich in den kalten Nächten zu wärmen und auch um die Raubtiere abzuhalten, wird alles Brennbare zusammengetragen und vor allem das kräftigere Holz abgehauen.

So wird durch den Durchzug der Nomaden der trostlose Zustand des Landes noch vermehrt. Das Aufkommen von Baum- und Strauchbewuchs wird damit auch an solchen Stellen verhindert, wo es nach den Grundlagen des Bodens und des Klimas möglich wäre.

Die erste Völkerwanderung

von weltgeschichtlicher Bedeutung war der Einbruch der Nomadenvölker aus den weiten Steppen Südrußlands und Asiens in die Kulturreiche des Alten Ostens. Nach testenden Vorstößne erfolgte von ungefähr 1800 v. Chr. an ein sturmartiges Vordringen.

Das von den Sumerern bereits im 4. Jahrtausend v. Chr. erfundene Rad bestand aus zwei gerundeten Hölzern, die ein Mittelstück umklammerten, das zur Aufnahme der Achse durchbohrt war. Der Wagen hatte vier Vollscheibenräder aus Holz. Er wurde von Ochsen, bestenfalls von schwer zähmbaren Halbeseln gezogen. Zunächst wurde der Wagen nur für Beförderungszwecke verwendet, doch bald auch als Jagd- und Streitwagen.
Um 3000 v. Chr. rollten die ersten Räder in Assyrien. Die assyrischen Kampfwagen gehörten zu den ersten Karren, deren Felgen mit Kupfer oder Bronze gesichert waren. Mit diesen Rädern ließ sich der Wagen leicht und schnell bewegen. (Siehe „Mesopotamien".)

Mit hohen zweirädrigen, von Pferden gezogenen Streitwagen, besetzt mit einem Bogenschützen, brausen Menschen durch die halbe Welt. Kriege werden häufiger und erstrecken sich über größere Gebiete. Dies aber geschieht zum Schaden der Natur.

Längs der Ostküste des Kaspischen Meeres dringen Streitwagenleute vor und besetzen die fruchtbaren Oasen des Turkestan. Die abgesplitterten Skythenstämme — Näheres über Skythen siehe nächste Seite — der Meder und Perser bemächtigen sich der iranischen Hochebene. (Skythien war das unwirtliche Land nördlich des Schwarzen Meeres.) Unablässig drängen weiter einbrechende Völkerscharen nach Süden, Armenien, Syrien, Nordmesopotamien, in das mittlere Euphratgebiet und zerschlagen schließlich als Hyksos, d. h. „Herrscher der Fremdländer", 1760 v. Chr. die Tore Ägyptens. (Siehe Ägypten".) Die Hethiter wurden um 2000 v. Chr. in Anatolien seßhaft. Um 1800 v. Chr. gründeten sie ein Großreich. Sie waren zwar nicht die Erfinder des leichten Kampfwagens, aber seine Entwickler. Ein Lenker und zwei Kämpfer standen auf jedem Wagen. Von rund 1800—1100 v. Chr. wird dieser Streitwagen die bedeutendste und schlagkräftigste Kriegswaffe.
Im Westen tritt etwas Neues ein. Achäer (siehe „Griechenland"), ausgerüstet mit Eisenwaffen — mit ihnen beginnt sehr wahrscheinlich das „eiserne Zeitalter" — überrennen die Balkanhalbinsel. Seit dem 14. Jahrh. v. Chr. gewinnen „Seevölker" (Seeräuber) im östl. Mittelmeer die Herrschaft. Man hat sie bis heute noch nicht genau bestimmen können. Die mykenische Kultur ging durch den Brand der Städte und Paläste um 1190—1180 v. Chr. unter. Phryger bereiteten im Bunde mit den „Seevölkern" um 1200 v. Chr. dem Hethiterreich in Kleinasien ein Ende. Die bedeutendste Volksgruppe der „Seevölker" waren die Philister. Nach der Zerschlagung des Hethiterreiches verwüsten sie Cypern und Syrien, überfluten Palästina und klopfen an die Pforte des üppigen Nilreiches. Ramses III. besiegt sie 1170 v. Chr. zu Wasser und zu Lande. Die zurückschwärmenden Philister besiedeln — vermutlich mit ägyptischer Billigung — die Ebene Schephala. Infolge der wichtigen Lage — die Karawanenstraße nach Ägypten lief durch diesen fruchtbaren Küstenstrich — gewinnen sie solchen Einfluß, daß das ganze Land nach ihnen genannt wird (Palästina = Philistäa = Philisterland). Siehe auch Einfall der Arier in Indien. Streitwagenleute gründen im Hoangho- und im Wei-Tal das chinesische Reich der Chang. Und endlich lassen Steinzeichnungen in der Wüste Sahara und im Niger erkennen, daß Streitwagenleute bis tief nach Schwarzafrika, vielleicht sogar bis zum Atlantik, vorgestoßen sind. (Um 1200 v. Chr.) — Für Europa gibt es außerhalb der mykenischen Welt Beweise für die Benutzung von Streitwagen, z. B. bei den Kelten.

Um 1100 v. Chr. wurde in Mittelasien die Trense (leichter Zaum) erfunden. Erst mit der zweigliedrigen gelenkigen Trense wurde das

Pferd zum Reittier.

Jetzt tauchen jene Völker auf, die auf ihren flinken Pferden durch die Steppe reiten und Weltgeschichte machen. Mit dem Steigbügel, der vielleicht von den Sarmaten stammt, erhalten die Reiter zudem noch die Möglichkeit, beide Hände freizubekommen und beim Reiten den Pfeil gezielt abzuschießen.

Berittene Bogenschützen waren berühmt bei Babyloniern und Assyrern. Skythen verdrängen Ende des 8. Jahrhunderts v. Chr. die Kimmerier aus ihrem pontisch-kaukasischen Heimatland. Diese stoßen durch Kleinasien bis an die Ägäis vor, die Skythen durch Syrien und Palästina bis an die Grenzen Ägyptens. Während die Kimmerier, um 560 v. Chr., von den Lydern besiegt, bald aus Kleinasien verschwinden, bilden die Skythen eine bleibende Bedrohung. Sie beherrschen bis zum 3. Jahrhundert n. Chr. den südrussischen Raum. Obwohl sie überaus grausam waren, erfreuten sie sich doch an feinem Gold und edlem Geschmeide. (Offensichtlich waren die Skythen nur die westliche Teilgruppe einer breiten Zone von nomadischen Völkern und Kulturen des eurasischen Steppenraumes.) Sie werden dann von den iranischen Sarpaten unterworfen. Ihnen folgen die Alanen, ebenfalls ein iranisches Nomadenvolk. Von den Hunnen verdrängt, ziehen sie um 350 n. Chr. nach Westen ab. Die Hunnen, bezeugt seit dem 3. Jahrh. v. Chr., stammen aus Innerasien, südöstlich vom Quellgebiet des Syr-Darja. Sie sind vielleicht die Hauptursache für die letzte große Völkerwanderung. Hunnen, Avaren, Mongolen, Türken, Uvigharen, Uzteken u. a. waren verwandte Völker. Seitdem die Goten 379 n. Chr. bei Adrianopel ein römisches Heer vernichtet hatten, wurde die Reiterei zur führenden Waffengattung der Römer.

Bis dahin waren sie mit dem riesigen Netz ihrer geraden Straßen nicht so sehr auf Berittene, die unebenes Gelände durchqueren konnten, angewiesen. Sie vertrauten mehr auf Schwerbewaffnete. Papyrus (siehe „Ägypten") stellte das Mittel zur Schaffung der Straßen. Als aber aus ägyptischem Nationalismus die Ausfuhr zu den Römern ausfiel, wurden die Straßen nicht mehr benutzt, das Reich fiel auseinander.

Mit dem Verfall der Straßen mußte ein Ersatz entwickelt werden für diejenigen, die im Kampf schwere Waffen benötigten. Dieser Ersatz war der Steigbügel. Man nimmt an, daß er im frühen 8. Jahrhundert n. Chr. vom Osten in den Westen eingeführt wurde. Er ermöglichte es einem Mann in schwerer Rüstung, ein Pferd zu besteigen. So wurde die Bildung der befestigten Herrensitze (siehe „Italien") mit dem neuen Stand der Ritter beschleunigt. Das führte zu Bodenschäden. Siehe „Mittelalter".

Gewaltiger als das Vordringen der Hunnen war das Ausgreifen der Mongolen unter Dschingis-Khan (um 1155—1227 n. Chr.) und seinen Erben bis tief nach Europa (in Rußland wurden sie Tataren — als Schimpfwort gemeint — und Goldene Horde genannt), nach Mesopotamien, aber auch nach Indien und Hinterindien und vor allem über das chinesische Reich hinweg. Nur der Vorstoß gegen Japan scheiterte. Die Eroberungszüge Tamerlans (= Timur Lenk, 1336—1405 n. Chr.) waren vielleicht noch grausamer.
Bis zur Erfindung der Trense war die asiatische Steppe bis weit in die heutige Mongolei hinein sehr wahrscheinlich von Menschen indoeuropäischer Sprache, wohl auch von europidem Körperbau besiedelt.

Aus dem Jenissei-Becken, dem Altai-Gebirge und von der Angara rücken Türkenstämme südwärts. Sie kommen aus dem Wald, treten aber als Reiter in die Geschichte ein. Sie haben die Indoeuropäer aus jenem Gebiet durchsetzt und gewandelt. Um 1050 n. Chr. war ihr mongolischer Rassentyp durch Mischehen fast verschwunden. Das bewohnte Gebiet aber wurde Turkestan genannt. Die Türken haben zeitweise die politische Herrschaft in der heutigen Mongolei ausgeübt, aber auch die chinesische Geschichte nachhaltig bestimmt.
Aus dem Stromgebiet von Lena und Amur kamen die Tungusen und andere mongolischen Stämme in die Steppe. Sie zerschlugen das Türkenreich in der Mongolei um 750 n. Chr. und lösten die große Bewegung aus, die zur Herrschaft der flüchtenden Türken in der arabischen Welt in Kleinasien und später — mit den Osmanen, genannt nach dem türkischen Fürsten Osman von 1288—1326 — zur Eroberung von Konstantinopel 1453, weiter zu der Besetzung von Griechenland und tief ins Donaubecken, ja 1529 bis nach Wien führte. (Vorher hatten sich die Türken vom 10. Jahrhundert an nach einem Führer Seldschuk Seldschuken genannt.) (Näheres über das Verhältnis Türken—Griechen siehe „Griechenland".)
In den Wissenschaften waren die Araber, in Dichtkunst und Geschichtsbeschreibung die Perser ihre Lehrmeister. An der Spitze der Kulturleistungen steht die in der islamischen Kunst stets führende Baukunst (Moscheen, Paläste).
Alle Zweige der Kriegskunst entwickelten die Osmanen schöpferisch vorbildlich. Während die berittenen Lehnstruppen ursprünglich den Kern des osmanischen Heeres bildeten, baute Sultan Urchan (1326—1359) aus den Jünglingen der unterworfenen christlichen Völker als Elitetruppe die schwere Fußtruppe der Janitscharen auf. Sie besaß sogar Belagerungsgeschütze. Auch wurden in den letzten Eroberungszügen Flotten verwendet.
Die Eroberung Zyperns 1571 durch die Türken war der Anlaß, daß sich europäische Mächte gegen die Türkenflotte zusammenschlossen. Die letzte große Galeerenschlacht 1571 bei Lepanto westlich vor der Küste des Peloponnes bedeutete das Ende der türkischen Überlegenheit im Mittelmeer. Mit der Niederlage 1683 vor Wien begann der Niedergang der türkischen Landmacht. Schuld daran trugen die osmanischen Sultane, die nicht nur allmächtig, sondern auch überaus gierig, grausam und verschwenderisch waren.
Über Türken in Vorderindien siehe „Indien". Über das Verhältnis der Türken zu den Arabern und dem Islam in religiöser und politischer Hinsicht siehe „Weltreligionen".

Über die der Natur zugefügten Schäden durch die Reitervölker siehe z. B. „Äußere Mongolei", „Mesopotamien", „Iran", „Vorderindien", „Afghanistan", „Palästina", „Ägypten", „Nordafrika" und „Ungarn".

Und die seßhaften „klugen" Herren der Erde richteten durch die

Beweidung dichter Wälder

großen Schaden an. Zwar ist die Schweineweide, die in europäischen Gebieten von der Siedlungszeit bis zur Neuzeit durch die Nutzung von Bucheckern und Eicheln eine unentbehrliche Quelle der Fetterzeugung war, nicht nachteilig für den Wald.
Schädlich dagegen ist die Waldweide mit Rindvieh, Pferden, Gänsen und vor allem mit Schafen und Ziegen, besonders an Berghängen. Alles, was an jungem Bewuchs emporsprießen will, ist den verwöhnten Ziegenmäulern willkommene Nahrung. Sie knabbern sogar an ausgewachsenen Bäumen die Rinde mit dem darunterliegenden Zellgewebe ab.
Schafe und Ziegen fressen auch Baumsämlinge und verhindern dadurch

das Heranwachsen neuer Wälder. Wo sie in großen Mengen grasen, wird der Boden umgewühlt und nicht mehr von Wurzeln zusammengehalten. Die kletterfrohen Ziegen reißen mit den Grasbüscheln kostbare Erde aus den Felsspalten oder treten sie mit ihren scharfen Hufen hinab. So werden die Hänge vom Pflanzenwuchs entblößt und liegen schutzlos unter der sengenden Sonne. Der Boden wird schließlich von den Regenfällen fortgespült. Von Spanien und Marokko bis Persien haben die Ziegen an der Waldverwüstung die Hauptschuld.

Weitere große Schäden entstehen durch die

Hackwaldwirtschaft

Nach der Fällung oder nach dem Ringeln und Abbrennen der Bäume wird der Waldboden einige Jahre landwirtschaftlich genutzt. Wenn er ausgelaugt, abgeschwemmt oder verweht ist, rückt man erneut dem Walde zu Leibe. Da in kurzen Abständen ein Stück Wald nach dem anderen verschwindet, sind manche Waldungen fast völlig vernichtet worden. In vielen Entwicklungsländern ist diese Bearbeitung noch sehr verbreitet. Auch die Hirten zerstören durch Brand den Wald, um sich leichter fortbewegen zu können. (Über den Tropenwald siehe „Afrika".)

Gesamte Waldverluste auf dem Erdball

Kein Wunder, daß im Laufe der Jahrtausende durch Menschenschuld eine Waldfläche von ungefähr der 18fachen Größe unserer Bundesrepublik zu Ödland verwirtschaftet wurde. Nur, wo das Klima günstig, d. h. feucht und kühl, und der Boden geeignet war, wuchs der Wald wieder nach. Es ist eine erschütternde Tatsache, daß dadurch mächtige Staaten mit hohen Kulturen zugrunde gingen. (Näheres siehe „Asien".)

Papierverbrauch und Holznachwuchs

Wir leben in der „Papierwelt". Den Weltrekord im Papierverbrauch halten heute die USA mit durchschnittlich 207 kg pro Kopf und Jahr. Aber in etwa 60 Ländern Asiens, Afrikas und Südamerikas mit 1,7 Milliarden Einwohnern werden weniger als 5 kg pro Kopf und Jahr verbraucht. Mit wachsender Zivilisation wird auch hier der Papierverbrauch steigen. Es ist aber sehr fraglich, ob die Wälder der Erde, die das zur Papierherstellung nötige Holz liefern, dieser ständig wachsenden Nachfrage auf die Dauer gerecht werden können.

Der nördliche Waldgürtel

Zwar gibt es im Norden unserer Erdkugel noch einen riesigen Waldgürtel. Er erstreckt sich vor der Arktis, dem Nordpolargebiet. Er verläuft, nur unterbrochen durch die nördlichen Ausläufer des Atlantik und des Stillen Ozeans, rund um die ganze Erde, von Nordskandinavien über Finnland, die europäische Sowjetunion und über das nördliche Sibirien bis zum Stillen Ozean, und setzt sich in Alaska und Kanada fort. Die Breite dieses Waldgürtels ist recht unterschiedlich, sie schwankt zwischen 450 und 2500 km. Sein größtes geschlossenes Gebiet liegt in Sibirien, nördlich des Baikalsees. Die dortige Waldzone, die Taiga, häufig versumpft, umfaßt mehr als ein Drittel aller Wälder zusammen. Sie ist zugleich ein Dschungelgebiet mit subtropischer Pflanzen- und Tierwelt. (Von dem tropischen Urwald siehe „Afrika".)

Im wesentlichen ist diese nördliche Waldzone von Nadelhölzern bestanden, unter denen allerdings auch die an sich so zarte Birke eine beachtliche Rolle spielt. In dem rauhen Klima wachsen die Bäume langsam. Dadurch verbinden sich die Holzfasern viel enger, das Gefüge wird dichter, und besonders das Birkenholz zeigt einen schönen Seidenglanz.

(Der Wald stellt zum Gedeihen außer der Höhenlage nur e i n e Bedingung: An mindestens 60 Tagen im Jahr muß eine Temperatur von + 10° C gegeben sein.)

Nicht nur die Erhaltung dieses Waldgürtels, sondern die Förderung des Waldes auf dem gesamten Erdkreis ist ein Gebot der Stunde.

Auch heute zu wenig Verständnis für den Wald

Mit dem Stein ist das Holz der älteste Werkstoff. Die ersten Waffen wie Speere, Lanzen, Pfeile und Bogen wurden aus Holz gefertigt. Wichtige andere heute noch ergiebige Rohstoffquellen werden einmal erschöpft sein, Holz dagegen kann bei richtiger Pflege immer wieder nachwachsen. Es ist also unerschöpflich. Diese Bedeutung wird häufig nicht klar erkannt.

Auch betrachten die Menschen wie in vergangenen Jahrtausenden heute noch den Wald meistens vom Standpunkt der a u g e n b l i c k l i c h e n N ü t z l i c h k e i t. Sie schätzen ihn vor allem im Hinblick auf den berechenbaren Nutzen durch Holzertrag, bedenken aber nicht die weiteren Folgen. Ein kurzfristiger Gewinn verschließt die Augen vor den Zusammenhängen des Waldes mit seiner Umwelt. (Über die Bevorzugung der Fichten in unserer Bundesrepublik siehe nach etwa zehn Seiten.)

Auch im Mischwald stellt man den Standpunkt der augenblicklichen Nützlichkeit manchmal zu sehr in den Vordergrund. Da der Wald durch seinen Reichtum an Tieren und Pflanzen wesentlich zur Erhaltung des Gleichgewichtes in der Natur beiträgt, ist es naturwidrig, einen Teil der Pflanzen als „Forstunkraut" zu beseitigen. Weichhölzer wie Espen und Weiden, ferner Brombeerblätter, Heidelbeerkraut, Besenginster, Heidekraut dienen in Notzeiten dem Wild als Nahrung. Durch ihre Beseitigung haben die Wildschäden durch „Schälen" von Baumstämmen und „Verbeißen" ganzer Triebe stark zugenommen.

Auch durch den wachsenden Verkehr und die Ausdehnung vieler Ortschaften ist in der Ernährung eine Veränderung zum Nachteil des Wildes eingetreten. Es empfiehlt sich, bei Aufforstungen die freien Randstreifen zugunsten der Wildäsung zu verbreitern, vorhandene Wiesen zu erhalten und sie nicht versteppen zu lassen. Sogenannte Sauerwiesen können durch richtige Pflege und Düngung wesentlich verbessert werden. (Erhaltung,

Pflege und Gestaltung des Lebensraumes der freilebenden Tierwelt behandelt Hubert Weinzierl in dem Buch „Reviergestaltung", Bayerischer Landwirtschaftlicher Verlag, München, 1968.)
Ohne Waldrand wird der beste Forst zu Brennholz. Bei einer leichtfertig geschlagenen Schneise oder einem zur Verbreiterung einer Straße angerissenen Waldrand besteht die Gefahr, daß bald weitere Stämme folgen, und zwar durch die Gewalt des Windes. Randbäume haben nach außen bei reichlicher Belichtung weit vom Stamm herabhängende Zweige. Dadurch und durch Sträucher am Waldrand wird der Wind angehoben und über den Wald hinweg abgeleitet.
Man denkt auch nicht genug an die wohltuende Wirkung des Waldes auf Leib und Seele.
So wird es für den einzelnen und für die Allgemeinheit zu einer Schicksalsfrage, sich gründlich Klarheit zu verschaffen über die **mannigfache Bedeutung des Waldes.**

Holz als Roh- und Baustoff

Schon das Kleinkind weiß etwas vom Wald und Holz. Diese Begriffe sind ihm eng miteinander verbunden. Mit zunehmendem Alter wird ihm die Bedeutung des Waldes immer ausdrucksvoller vor Augen geführt; denn von der Wiege bis zur Bahre dient es dem Menschen im täglichen Leben auf tausendfältige Weise.
Wir brauchen dabei nur an unsere Möbel zu denken oder an das Haus, in dem wir wohnen. Holz ist bei Bauten weit gesünder als Beton. (In moderneren Hochhausbüros tritt die mit Kopfschmerzen verbundene „Beton-Müdigkeit" auf.) Aber noch viele andere Dinge werden aus Holz hergestellt. Dinge, denen niemand ansieht, daß ihr Ausgangsstoff schlichtes Holz ist, sei es Papier, seien es Teer, Alkohol, Klebstoff, Öle, Kunstharze oder hochexplosive Raketentreibstoffe.
Zeichnung und Farbe des Holzes sind in jedem Stamm verschieden. Holz schenkt seine ganze Schönheit in edlem Furnier und gibt jedem Möbel — auch in der Serie hergestellt — ein besonderes Aussehen. Holz ist biegsam, zäh und fest, lebendig, anpassungsfähig, modern. Bei Möbeln in altem und neuem Stil. Bei Böden, Treppen und Wänden. Bei allen tragenden Konstruktionen, die Festigkeit und Biegsamkeit zugleich fordern.

Die Wohlfahrtwirkungen des Waldes

Noch wichtiger aber ist die Bedeutung des Waldes in seinen vielfachen Aufgaben und Wechselwirkungen auf Klima, Menschen, Tiere, Pflanzen, Landschaftsbild, vor allem aber auf Bodenbeschaffenheit und Fruchtbarkeit. Diese Einwirkungen sind leider noch zu wenig bekannt und finden deshalb häufig nicht die nötige Beachtung. Sie sind verschieden nach der Beschaffenheit des Bodens, des Klimas, der Hanglage, der Baumarten, ihrer Mischung und ihres Alters.

Katastrophenschutz und Grundwasserbildung

Schon die Baumkronen halten geringe Mengen Niederschläge zurück. Der Waldboden aber kann in der Laubspreuschicht in den schwammartigen Moospolstern und in der lockeren schwarzen Erde große Mengen Wasser aufsaugen. Außerdem ist er mit seinen zahlreichen Hohlräumen, Wurzel- und Wurmkanälen und verrottetem Wurzelwerk früherer Baumbestände zu recht großen Tiefen aufgelockert und aufnahmefähig gemacht worden. Selbst bei schlechtem Waldboden ist die Lockerheit und Durchlässigkeit des Bodens immer noch größer als bei einem frisch geackerten Kulturland. Die Einsickerungszeit von Niederschlägen ist deshalb im Wald geringer als beim offenen Kulturland und erst recht geringer als beim Weideboden. So fließt fast kein Wasser oberirdisch ab, und der Wald schluckt selbst die heftigsten G ü s s e.

Ein ha Wald kann im Jahr durchschnittlich 1000 cbm Wasser f e s t h a l t e n , ein ha Kahlfläche dagegen läßt auf steilen Hängen alle Niederschläge bis auf 4 cbm abfließen. (Bei dem Plenterschlag sind die zu schlagenden Bäume bei stufigem Aufbau in allen Altersklassen über den ganzen Wald verteilt, so daß keine Kahlflächen entstehen.) Das in die Flußtäler davoneilende Wasser kann so viel wertvollen Mutterboden und so viel Geröll mit rich reißen, daß sogar Talsperren davon angefüllt werden. Im Walde dagegen kann das zurückgehaltene Wasser keinen Schaden durch B o d e n a b t r a g u n g anrichten. Außerdem verhütet das Kronendach unmittelbares, zerstörendes Aufschlagen der Regentropfen, und das umfangreiche Wurzelwerk trägt wesentlich dazu bei, den Boden festzuhalten. Im Hochgebirge bildet der Wald durch die festgehaltenen Schneemassen den besten Lawinenschutz.

Die tiefer in den Boden eindringende Flüssigkeit gelangt schließlich auf eine undurchlässige Schicht (z. B. Ton) und bildet auf ihr das G r u n d w a s s e r. Führt eine solche Schicht ganz oder teilweise an die Erdoberfläche, tritt es in Form von Q u e l l e n zutage. Sonst fließt es langsam weiter, bis es unsichtbar in einen Bach oder Fluß seitlich hineinläuft, wenn es nicht schon vorher angezapft wurde. (Durch Straßen, Plätze und Häuser, dem sich unaufhaltsam vermehrenden „technischen Ödlande", kann das Wasser wenig oder überhaupt nicht in den Boden eindringen und zu Grundwasser werden.)

Vom Grundwasser aus ergibt sich das ganze Jahr hindurch ein g e r e g e l t e r A b f l u ß. Dies ist um so bedeutsamer, je unregelmäßiger die Niederschläge fallen, und damit am wichtigsten in Gebieten mit ausgeprägtem Wechsel von Trocken- und Regenzeit. Hier müssen ohne die ausgleichende Wirkung des Waldes Überschwemmungen und sengende Dürre in jähem Wechsel aufeinander folgen; denn der Boden ist nicht mehr vor Abschwemmung, Austrocknung und Auswehung geschützt.

Zwar muß im Mischwald (Naturwald) bei seinem stockwerkartigen Aufbau (große und kleine Bäume, Sträucher, Kräuter, Gräser, Moose, Pilze, Flechten) genügend Licht eindringen. Doch erreicht es nur selten den Boden. (Der Buchenwald läßt noch weniger Licht durch das Blätterdach, nur ein schwaches Dämmerlicht. Allerdings kann sich dadurch nur wenig Bodenbewuchs entwickeln, ein bißchen Waldmeister, ein paar Kräutchen und Pilze.)

Aber auch wenn im Mischwald Sonnenstrahlen den Boden erreichen, wird s t a r k e und lang andauernde Sonneneinstrahlung verhindert. Ferner vermindern die dachartigen Baumkronen zusammen mit der dicken Moos- und Laubdecke eine Ausstrahlung des Bodens. So wird er vor Austrocknung geschützt. Dadurch kann er mehr Wasser behalten und versickern lassen.

So werden im Laubwald fast alle Niederschläge festgehalten. Aber nicht alle werden zu Grundwasser. Ein Teil verdunstet auf zweierlei Weise.

Regen und Nebel treffen auf die Baumpronen, verteilen sich über Zweige und Blätter, auf dem Erdboden über Kraut, Gras und Moos und verdunsten zum Teil (I n t e r c e p t o n). Das in den Boden einsickernde Wasser wird zum großen Teil von den Pflanzenwurzeln aufgesogen. Mit aufgelösten Nährstoffen steigt die Flüssigkeit nach oben, strömt durch Wurzeln und Stamm, wandert bis in die höchsten Äste und Blätter. Das überschüssige Wasser verdunstet schließlich an deren Unterseite (T r a n s p i r a t i o n). (Über die Bildung der Nährstoffe siehe „Düngung".) Die besonders zubereitete Oberfläche verhindert eine zu starke Verdunstung.

Die Interception nimmt in der Reihenfolge Kiefer, Lärche, Buche, Eiche, Fichte zu und ist bei letzterer so bedeutend, daß sie im Sauerland 20—25 % der Niederschläge beträgt. Noch größer sind die transpirierten Mengen. An Sommertagen verdunsten je Baum durchschnittlich Fichte 10 l, Douglasie 12 l, Kiefer 15 l, Buche 34 l, Lärche 35 l, Eiche 43 l, Birke 65 l.

Vom Winter bis etwa zum Mai werden mehr Niederschläge zu Grundwasser, da in dieser Zeit im Laubwald nur wenig Verdunstung stattfindet. Es ist wünschenswert, dies auch durch eine entsprechende Auswahl von Bäumen zu erreichen. Aber es darf nicht übersehen werden, daß sich auch die Verdunstung segensreich auswirkt.

Sumpfgegenden werden durch Aufforstung (z. B. mit Eukalypten) infolge der starken Transpiration urbar gemacht.

Ferner wird das K l e i n k l i m a , das schon durch die Brechung der Winde beeinflußt wurde, weiterhin verbessert.

Beide Verdunstungen erhöhen die Luftfeuchtigkeit. Dadurch hält sich über dem Wald der Nebel länger als über der trockenen Landschaft. An im Freiland kühlen Tagen bewahrt der Wald im windgeschützten nebeligfeuchtigen Grunde die Wärme. Diese verstärkt im Frühling und Herbst mit der eben geschilderten erhöhten Luftfeuchtigkeit die Taubildung und schützt die benachbarten Felder noch besser vor Frösten. An Sommertagen werden die Temperaturen ebenfalls durch den Wald ausgeglichen; denn das Kronendach vermindert nicht nur, wie erwähnt, von unten das Austrocknen des Bodens, sondern hält auch von oben wie ein

Sonnenschirm die Wärmestrahlen ab. Außerdem wird bei der Verdunstung „Verdunstungskälte" erzeugt. So kann der Wald mittags angenehme Kühle spenden. Schließlich werden durch die Verdunstung auch die Regenfälle erhöht (bis zu 6 %).

„Im Walde deucht mir alles miteinander schön" (Mörike).
Tiere mannigfachster Art, wie Wild und viele unserer gefiederten Sänger, unterbrechen seine Stille auf angenehme Weise. Heil- und Gewürzkräuter, köstliche Beeren und Pilze können wertvolle Gesundheitsgeschenke sein. Und schließlich bietet sich der Wald, besonders der jederzeit schnell erreichbare stadtnahe, noch jedem einzelnen als kostenloser

Gesundbrunnen

für Leib und Seele an.

Hier, in den „Oasen der Ruhe", ist der Mensch befreit von den mannigfachen Sorgen und Aufregungen des Alltags und fern vom zermürbenden Verkehrslärm. Hier wird die Luft von den gas- und rauchförmigen Verunreinigungen „chemisch gereinigt". Sie ist nun nicht mehr „verpestet", sondern erfüllt mit angenehmem Blüten- und Pflanzenduft. Vor allem bekommt uns die „würzige" Waldluft so gut durch die Duftstoffe der Bäume, Terpene und ätherische Öle. Die Luft wird auch mechanisch gereinigt, da Boden und Blätter Staub auffangen und ihn binden (bis zu 60 %). Sogar radioaktive Teilchen werden in erstaunlichem Maße von Blättern und Nadeln aufgefangen. Darüber hinaus wird die Luft sogar erneuert, da hier in viel höherem Maße als in der Feldflur das von Menschen und Tieren ausgeatmete schädliche Kohlendioxyd verbraucht und der für den Menschen unentbehrliche Sauerstoff abgegeben wird. (Näher ausgeführt bei „Düngung".) Dies geschieht bei jungem Wald mehr als bei Urwald.
Der stille Waldwanderer spürt die wohltuenden Wirkungen und wird froh und heiter gestimmt. Frische Bächlein und klare Quellen spenden köstliche Erfrischung. Immer neue Landschaftsbilder ergötzen das Auge. Der Wanderer nimmt sich die nötige Zeit, um sie in ihren verschiedenen Stimmungen zu erleben. Aus den Landschaften heraus findet er Zusammenhänge zur Lebensart ihrer Bewohner. Mit Muße vertieft er sich in ihre Bauten und ihre Geschichte. So haben trotz der modernen Verkehrsmittel die Worte von Ernst Moritz Arndt immer noch Gültigkeit: „Dem Wanderer gehört die Welt!"
Alte Erzählungen und traute Märchen werden lebendig und wecken die Lust zum Lied. Auch die Vögel lassen ihre Melodien erschallen. Sogar der Wald singt. Bald raunen und wispern linde Lüfte im Blätterwerk mit hellem, sanftem Säuseln, bald ertönt im Naturdom dunkles, mächtiges Rauschen.
All diese wirkungsvollen Eindrücke und anregenden Erlebnisse erfüllen den besinnlichen Waldfreund mit tiefer Ehrfurcht vor der Schöpfung. Umsichtig und vorsichtig ist er darauf bedacht, keinen Waldbrand zu verursachen. Liebevoll fühlt er sich den Geschöpfen verbunden. Darum hält er sich genau an die Vorschriften des Naturschutzes und läßt Pflanzen und Tiere in ihrer natürlichen Lebensgemeinschaft. Die Raststellen verschandelt er nicht mit Papier, Schalen, leeren Konservendosen und anderen Abfällen. Immer mehr vergißt er den grauen Alltag. In seiner gehobenen Stimmung fühlt er sich frei und leicht und wird bereit für neue Aufgaben.
Möge doch der Wald für uns abgehetzte und aufgeregte Menschen wieder zur heilsamen Mutter Natur werden und uns als grüne Herrlichkeit nutzen, als eine unbezahlbare und unersetzliche Quelle der Gesundheit, der Kraft, der Ruhe und des Friedens!

„O Täler weit, o Höhen, o schöner grüner Wald,
du meiner Lust und Wehen andächt'ger Aufenthalt.
Da draußen, stets betrogen, saust die geschäft'ge Welt,
schlag noch einmal die Bogen um mich, du grünes Zelt!" (Lenau)

II. Boden- und Wasserfragen in Deutschland

(Die geschilderten Verhältnisse treffen zum Teil auch auf andere Länder zu.)

Entstehung unserer Wälder

Während der Eiszeit brachten einige hundert Meter dicke Gletscher Geröll und Sand, Kies und Lehm vom Norden über die Gegend der Nord- und Ostsee, Dänemark nach Norddeutschland bis dicht an das Rheinische Schiefergebirge und das Sauerland. Die Eismassen waren in Skandinavien 2500 m und in der Ostsee noch 1000 m hoch. Von den Hochgebirgsgletschern (Alpen) stieß Inlandeis nach Norden in das Alpenvorland vor. In dem 300 km breiten nicht vereisten Streifen des mittleren Deutschlands grünten im Norden in den kurzen Sommern Flechten und Zwergbirken, Zwergweiden und Moose, wie in Grönland mit spärlichem Gras untermischt. Weiter südlich wuchsen Kiefern und Eiben, Erlen, Eichen und Weiden. Hier und da waren eintönige Tundraebenen und Hochflächen, auf denen wie heute in Sibirien und Lappland die schneeliebenden Rentiere ihr spärliches Futter suchten. In den Wäldern aber hauste trotz der Kälte eine großartige Tierwelt, der mächtige Höhlenlöwe, der riesige Höhlenbär, das rothaarige bis zu 4 m hohe Mammut (ein vorzeitlicher Elefant), ein Nashorn mit dickem Wollpelz, Wisent, Urstier (Auerochse, von dem unser Rind abstammt, völlig ausgerottet), Schelch oder Riesenhirsch, Elentier. (Aber die Tierwelt war gering.)

Lebensweise der ersten Menschen in Deutschland

In dieser kalten Zeit tritt zum ersten Male der Mensch in Deutschland auf. Er lebte in Höhlen, die er in den Lava-, Kalk- und Schieferbergen fand.

In grauer Vorzeit mußte er geduldig eßbare Pflanzen und Wildfrüchte sammeln. Ein entscheidender Schritt vorwärts bedeutete die Entdeckung und Ausnutzung des Feuers. Sie war von weitaus größerer Bedeutung als heute die Landung auf dem Mond. Vorher hatte der Mensch die warmen Tropen niemals verlassen können. Nun gelang es ihm, in das rauhe Klima des Nordens vorzudringen, allerdings in Zeiträumen von Jahrtausenden. Das Feuer befähigte ihn, Fleisch zu braten. Nun begann er zu fischen und Tiere der Wildnis zu erlegen. Kleines Getier tötete er wahrscheinlich mit bloßen Händen. Größere Tiere jedoch mußten in Fallen gefangen oder mit Steinen getötet werden. Solche vom Erdboden aufgehobenen, unbearbeiteten Steine waren die ersten Werkzeuge. Die Jagd wurde erleichtert, als der Mensch aus dem leicht zu bearbeitenden und scharfe Schnittkanten abgebenden Feuerstein Speer- und Pfeilspitzen, Messer- und Axtklingen anfertigte. Dazu kamen Werkzeuge aus Quarz, Basalt, Knochen, Holz und Elfenbein. Alle diese Geräte wurden mit Hilfe anderer härterer Steine hergestellt. Obwohl dies überaus mühsam war, entdeckte der Mensch doch die Muße, die Zivilisation begann, besonders in den Gebieten, in denen Salz gewonnen wurde.

Vor rund 20 000 Jahren endete in unseren Breiten

die letzte Eiszeit.

Die nach Norden zurückweichenden Gletscher hinterließen Geröllschutt (Moränen, Geesten), Hügelketten bis zu 100 Meter Höhe gegenüber dem umliegenden Gelände. In breiten Urstromtälern floß das geschmolzene Eis langsam ab. Bei der Elbe war die Rinne bis zu 15 km breit. Tiefere Senken (Gletscherwannen) füllten sich nach dem Schwinden des Eises mit Wasser. So entstanden die Seen in Norddeutschland und im Alpenvorland. (Auch die Seen in Finnland und in den USA die fünf Großen Seen verdanken wir der Eiszeit.) Viele Seen verschwanden durch „Alterung", Moore bildeten sich.

Allmähliche Seßhaftigkeit, Weiterentwicklung der Wälder und der Tierwelt

Jäger, die bis dahin als Nomaden gelebt hatten, wurden gegen Ende der Eiszeit in Norddeutschland seßhaft. Sie wohnten in großen Hütten aus Holz und Laub. Sie lebten aber nach wie vor von der Jagd. Zwar bestanden viele Tierarten nicht mehr. Die wichtigste Jagdbeute, das Ren, wurde seltener; denn die Herden zogen immer weiter nach Norden. Doch gab es genug, meistens neue, Wildarten: Elch, Bär, Wisent, Hirsch, Wildschwein, Luchs und Dachs.

Lebensmöglichkeiten für diese Tiere bildeten sich allmählich. Mitteleuropa war längere Zeit eine karge Steppe mit niedrigem Birken- und Kiefernwuchs, etwa von der Art, wie dies heute im nördlichen Teil Finnlands der Fall ist. Als es im Verlauf vieler Jahrhunderte allmählich wärmer wurde, tauchten immer mehr andere Gehölzarten auf, darunter auch aus den Mittelmeerländern Eichen. Und als in neuerer Zeit die Durchschnittstemperatur wieder um einige Grad zu sinken begann, schob sich in Mitteleuropa ganz allmählich die Buche in den Vordergrund. Das fünfte und vierte Jahrtausend v. Chr. bildete in unseren Breiten bei ganzjähriger Wasserversorgung einen Höhepunkt des natürlichen Waldwuchses.

In dieser sogenannten Jung-Steinzeit fing der Mensch an, Äcker zu bebauen und Viehzucht zu betreiben (siehe „Mesopotamien"). Um die Mitte des 6. Jahrtausends v. Chr. wurden diese beiden Erwerbsquellen im südöstlichen Europa bekannt, um 4000 v. Chr. waren große Teile Mitteleuropas erfaßt. Das Verhältnis des Menschen zur Natur begann freundlicher zu werden. Neben den frühen Bauern lebten auf den ärmeren Böden noch Jäger und Sammlergruppen. Wahrscheinlich ist es dabei auch zu einem Austausch von Gütern gekommen (Trampelpfade, die keineswegs planlos waren). Jedoch ist spätestens im 3. Jahrtausend v. Chr. die alte Lebensweise unsteter Jäger und Sammler endgültig durch eine bodenständige Ackerbau- und Viehzuchtwirtschaft abgelöst. Allerdings war z. B. in Norddeutschland zwischen 2000 und 1800 v. Chr. das reichlich vorhandene Wild noch die Hauptnahrung. Es übertraf an Größe weit seine heutigen Nachfahren.

Oft ist früher die Meinung vertreten worden, die ersten Ackerbauern hätten zunächst die leichten Böden und die verhältnismäßig offenen Landstriche aufgesucht. Es hat sich aber herausgestellt, daß gerade die Lößböden, die einen größeren Nährstoff- und Wassergehalt als Sandböden haben und deshalb von einem dichten Eichenmischwald bestanden waren, zuerst besiedelt wurden. Das erscheint bezeichnend für eine verhältnismäßig fortgeschrittene Bodenbauwirtschaft, die mit einer umfangreichen Rodungstätigkeit verbunden gewesen sein muß.
Innerhalb der Waldlandschaften befand sich gerodetes Land als Acker- und Weideflächen, in dessen Mittelpunkt Dörfer lagen. An Getreidearten wurden Gerste und drei Weizensorten festgestellt. An Haustieren sind Schaf, Rind, Ziege und Schwein vertreten. Auch Hunde werden schon gehalten. 35 Steinzeitsiedlungen wurden im rheinischen Braunkohlenrevier (siehe Seite 45) ausgegraben. (Über negative Entwicklung menschlicher Eigenschaften durch das Seßhaftwerden siehe „Mesopotamien".)

Zur Zeit der Germanen (von 2000 v. Chr. an)

bedeckten dichte Urwälder weithin das Land, zur Zeit Christi ungefähr 70 %. Es ist anzunehmen, daß diese hinsichtlich Pflanzenwuchs und damit ihres äußerlichen Bildes durchaus nicht einheitlich waren.

In den nordöstlichen Gauen werden wohl vorwiegend Kiefern gestanden sein. In den Alpen und im Bereich ihrer Vorberge sowie in den höheren Mittelgebirgslagen haben wahrscheinlich Fichten- und Tannenwälder überwogen, da und dort durch eingesprengte Buchenbestände aufgelockert.
Das Hügelland etwa am Mittellauf von Elbe, Weser und Rhein sowie der Nordwesten werden weithin mit Buchenwäldern bedeckt gewesen sein.
In den Ebenen dagegen überwogen wohl jene vorwiegend von Eichen bestockten „nebelträchtigen" Laubwälder, die den Römern so viel Scheu, um nicht zu sagen Angst und Schrecken, eingeflößt haben.
Ja, diese weithin versumpften und unpassierbaren Wälder waren sicherlich unseren Vorfahren selber nicht recht geheuer. Nicht umsonst wissen Märchen und Sagen so viel von den düsteren Geheimnissen und Gefahren jener Wälder zu erzählen. Wer nicht mußte, ging also so gut wie gar nicht in den Wald. Außerdem mochte man ihn auch deswegen nicht, weil er der vom Ackerbau lebenden Bevölkerung überall im Wege war. Andererseits aber war der Wald seit je der wirklich unentbehrliche Holzlieferant.

Bodenschäden im Mittelalter und in den folgenden Jahrhunderten

Schädigung des Kulturbodens

Fast ununterbrochen wüteten Kriege und Fehden, bei denen es meistens um die Eroberung fruchtbarer Gebiete ging. Dabei wurde viel Boden verwüstet. Bauern und ihre Knechte wurden oft erschlagen, gehängt und beraubt, so daß weite Ländereien nicht bearbeitet werden konnten. Die blutig niedergeschlagenen Bauernaufstände (1525) und die darauf folgenden grausamen Bestrafungen (insgesamt 120 000 Bauern erschlagen bei einer Bevölkerung von höchstens 15 Mill. im Deutschen Reich) vergrößerten das Bauernelend in den betroffenen Gebieten für lange Zeiten.

Waldschäden durch Weide und Streuentnahme

Durch die Verwüstung von bebautem Boden verschob sich die Ernährungsgrundlage in manchen Gebieten. Statt von Feldfrüchten ernährte man sich mehr von Fleisch, züchtete Schafe, Ziegen und Schweine, die frei in den Wäldern hausten und so wild waren, daß man sie nur durch Salzlecken fangen konnte.
Die Stallfütterung wurde nur in bescheidenem Maße ausgeübt. Die Menschen hatten im Winter selbst nicht viel zu essen. Als bei steigender Bevölkerungszahl in Mitteleuropa Hungersnöte ausbrachen, lernten die Deutschen von den Holländern und Dänen den Hering kennen. Er ließ auch die Deutsche Hanse (vom 13. bis 17. Jahrhundert) verdienen. Ganz Europa aß ihn und tauschte ihn. Aber er erwies sich nicht als stabile Währung. Lebensmittelteuerung und -knappheit hörten erst auf, als Kartoffeln angebaut wurden. Die Verwendung dieser in Amerika beheimateten Knollenfrucht machte es möglich, daß nicht nur die Menschen gut durch den Winter kamen, sondern auch die Haustiere.
(Noch 1780 waren im sogenannten „Neuenburger Urwald" in Westpreußen, der längst kein Urwald mehr war, 234 Pferde, 961 Rinder und Ziegen, 660 Schweine und 1282 Gänse.)
Über den Schaden der Waldweide haben wir schon gesprochen. Die Bauern holten die Waldstreu als Dünger auf die kleinen Felder. Das eine war für den Wald so schlimm wie das andere.
Von den Nährstoffen, die der Baum zu seinem Aufbau benötigt, wird nur ein verhältnismäßig geringer Teil dem Boden für immer entzogen. Der weitaus größere Teil kehrt mit den abfallenden Blättern und Zweigen in den Boden zurück und steht dem Wald wieder zur Verfügung. Diese Waldstreu ist der Dünger des Waldes. Ihre Entfernung stört das Gleichgewicht in seinem Nährstoffhaushalt und beschädigt ihn schwer. (Heute noch wird dem Wald in vielen Gegenden zu viel Bodenstreu entnommen, z. B. in den Alpen, in der Oberpfalz, in Franken und im Spessart.)

Übermäßige Abholzungen

Dazu kamen die Rodungen für neue Felder und die Gewinnung von Bauholz für die Städte, deren Häuser größtenteils aus Holz bestanden. Im waldreichen Mecklenburg gingen in 148 Jahren 70 Städte völlig in Flammen auf. Da mußte der Wald zum Wiederaufbau sein Opfer bringen. Holz wurde für Zäune, Brücken und Wegebauten benötigt. Für Koch- und Heizzwecke (die Benutzung von Steinkohlen war noch unbekannt), für Tischler, Stellmacher, Glaser, Schmiede, Bergleute, Hüttenleute, Werkstätten mannigfacher Art, für Deichbauten, für Waffenherstellung und besonders für Schiffbauer war der Bedarf sehr groß.

Gegen Ende des Mittelalters mußten für ein einziges Segelschiff nicht weniger als 4000 Eichen geschlagen werden. Die Seemacht Hollands (nur 7 % Wald) wäre ohne das Holz aus dem Westerwald, dem Schwarzwald, den Ardennen und der Eifel nie möglich gewesen. Um 1700 wurden im Harz jährlich 20 000 Stämme zu Schachtholz und 8000 für bergmännische Bauten über Tage geschlagen. 20 cbm Holz wurden jährlich zum Verdampfen der Sole (Salzlösungen, die zur Gewinnung von Kochsalz eingedampt werden), in Lüneburg verbraucht. Um einen Zentner Schmiedeeisen zu gewinnen, wurden 14 Zentner Holzkohle benötigt. (Die Gewinnung von Holzkohle war schon recht früh bekannt.)

Zu all diesen Schädigungen des Waldes kam noch die durch

Beutnerei oder Zeidlerei,

wie man damals die Bienenzucht nannte. Diese betrieb man in der Weise, daß man in die Waldbäume Löcher hackte, in denen man die Bienenvölker ansiedelte.

Folgen der Waldverwüstung

Von den 70 % Waldbestand Germaniens zur Zeit Christi bis hin zu nur 27 % der Gegenwart wurde in diesen Zeiten ein großer Teil verwirtschaftet. Durch Raubbau am Walde bildeten sich immer größere Heideflächen. Mehr oder weniger brach so das Verhängnis über viele Gegenden Deutschlands herein.

Die Böden in der Gegend von Nürnberg, in der Oberpfalz, auf dem Schweizer Jura, der Schwäbischen und der Fränkischen Alb, auf dem Hohen Westerwald, in der Rhön, in der Muskauer Heide (Oberlausitz, Provinz Schlesien), in der Tucheler Heide (Westpreußen), in den Niederlanden, in der Lüneburger Heide und in der Senne wurden immer ärmer. (Die zwei letzten sind uralte Siedlungsgebiete, wie die zahlreichen Hünengräber bezeugen.) Das Eichsfeld und große Gebiete der Eifel, besonders das Hohe Venn, wurden öde. In Oldenburg gibt es sogenannte „ausgewehte Niederungen", aus denen der Wind vor etwa 200 Jahren den fruchtbaren Oberboden zu Dünen zusammengeblasen hat. An der Ostseeküste konnten sich die gefährlichen Wanderdünen erst entwickeln, als im 18. Jahrhundert die prachtvollen Wälder abgeschlagen wurden.
(Nur vereinzelt gab es im 16. Jahrhundert hoffnungsvolle Anfänge einer geordneten Waldwirtschaft, die aber im 30jährigen Kriege rückläufig wurden.)

Schonung der Wälder durch Steinkohle und Industrie

Da ungefähr ab 1830 die Steinkohle immer mehr benutzt wurde, lohnte sich der Buchenwald als Brennholzlieferant nicht mehr. So wurde Wald durch die Steinkohle und später durch die Eisenbahn geschont. Diese brachte außer Kohle noch Koks, Öl, Eisen, Stahl und andere Rohstoffe, sogar fertige Industrieerzeugnisse. Dies alles brauchte nicht mehr aus dem Wald herausgewirtschaftet zu werden.

Aber statt der bunten Mischwälder (Dauerwälder) finstere Nadelwälder

Bis zum Beginn des vorigen Jahrhunderts galten im größten Teil Deutschlands Eichen und Buchen als wertvollste Hölzer.

So strebte man nach einer größeren Schonung der Eichenbestände. Hinzu kam, daß die Fruchtbarkeit infolge der dauernden Bodenstreunutzung stark zurückgegangen war. Nun glaubte man, allerdings irrtümlich, die Bodenkraft durch vorübergehenden Wechsel mit Nadelhölzern heben zu können. Damit wurde planmäßig aufgeforstet, zuerst in den Jahren 1777 bis 1790, und später von 1815 bis 1830. Dann wollte man zum Laubholz zurückkehren. Das schnelle Wachstum der Nadelhölzer führte aber dazu, ihren Anbau zu wiederholen und sie sogar auf solchen Böden anzubauen, die sehr wohl für Laubholz geeignet waren.

So pflanzte man vor allem ab Mitte des 19. Jahrhunderts mit Vorliebe die leicht wachsenden, schnelle Erträge und viel Nutzholz liefernden Fichten und die sogar auf nährstoffarmen Sandböden gedeihenden Kiefern. (Über Monokulturen siehe etwa nach zehn Seiten).

Die folgenden mannigfachen Nachteile bei den Nadelwäldern beachtete man aber nicht:

Die reinen Nadelwälder sind durch Wind- und Schneebruch besonders gefährdet. Durch den Sturm am 13. 11. 72 stürzten über 16 Mill. Festmeter Holz, besonders Kiefern und Fichten. Die großen Brände in Niedersachsen im August 1975 wären bei Laubwäldern unmöglich gewesen. — Borkenkäfer befallen auch gesunde Wälder. — Da sie keine Sonne durchlassen, kann sich auf dem Grund der Fichtenwälder außer Pilzen weder Tier- noch Pflanzenleben entwickeln. Im Fichtenwald ist die Dämmerung stärker als im Kiefernwald. Dieser begnügt sich mit magerem, sandigem oder moorigem Boden. Seine Baumkronen lassen viel Licht durch. Daher gedeihen unter ihnen viele kleine Pflanzen und Büsche. — Die Bildung von Grundwasser ist in dem Laubwald bedeutend umfangreicher, während auf der glatten, dachziegelartigen Oberfläche des Nadelbodens viel Regenwasser abrinnt, also nicht als Grundwasser versickert. Der Waldboden wird nicht zum Schwamm. Somit bilden sich keine Quellen. — Während im Laubwald nach dem Blattabwurf die Verdunstung aufhört, hält sie im Nadelholzwald auch im Winter an, wenn auch in geringerem Umfange. Verdunstetes Wasser aber kann nicht dem Grundwasser zuströmen. Außerdem sind die Wurzeln der Fichte flach, machen den Boden fest und verhindern somit das Eindringen von Wasser in die tieferen Schichten. 1949 wurde nach einer längeren Trockenperiode festgestellt, daß ein vier Tage anhaltender Niederschlag in den Boden unter Buchenbestand über 30 cm, unter Fichtenbestand aber nur 1 cm eindringen konnte. In Dürrezeiten wachsen Neupflanzungen von Laubbäumen leichter an. — Die Brandgefahr ist größer, besonders bei Kiefern, da die Nadelbäume einen engeren Stand haben und wegen des Harzreichtums leichter entflammbar sind als die Laubbäume. —

Vor allem aber gibt es in den reinen Nadelholzwäldern schwere Insektenschäden. In den einförmigen Fichtenflächen ohne morsche Althölzer, Sträucher und Krautschichten finden die Gegenspieler der Schädlinge durchweg keine geeigneten Nistplätze und wandern darum ab. Wir finden nur wenige Meisen, Goldhähnen und Buchfinken. Weitgehend fehlen auch Schlupfwespen, die Vernichter vieler Schadinsekten, Raubkäfer und Raupenfliegen. — Besonders schlimm ist die Schädlingsplage in den Trockenzeiten. Der Nadelbaum kann dann nicht mehr genügend Harz entwickeln, an dem der Borkenkäfer erstickt.

Wenn nun trotz aller geschilderten Nachteile die Fichte schließlich doch einen Gewinn abwirft, so bleibt aber die Verschlechterung des Bodens von kaum zu schätzendem Nachteil. Sind bei den Kiefern die Böden von Lehm durchsetzt, bildet sich die Heide aus. — Die verfilzten Tannen- und Fichtennadeln verwesen sehr schwer, so daß sich im Laufe der Zeit eine dicke Rohhumusschicht bildet. (Siehe „Düngung".) Regen bringt die ausgelaugte Humussäure nach unten. Diese erschwert beim Kahlschlag den Pflanzenwuchs. In der 2. Generation beginnen die Fichten manchmal zu kümmern, weil eine Verschlechterung der Humusform eingetreten ist. (Allerdings kann durch geeignete Düngung der Boden verbessert werden.)

Die übertriebene Bevorzugung der Fichten bei der Aufforstung der bisherigen Niederwälder gefährdet die Imkerei dermaßen, daß sie zugrunde gehen kann. — Die Fichte ist sehr anfällig gegen Schälschaden durch Rotwild. Das Wild findet keine Äsung mehr.

Die Fichte ist, wie ausgeführt, vor allem ein Baum der mittleren und höheren Gebirgslagen. In den Ebenen aber findet sie keine zusagenden Wachstumsbedingungen. Sie kann sich gegen andere Holz- und Straucharten nicht durchsetzen und wird im allgemeinen auf Grund der früh einsetzenden Rotfäule auch nicht alt genug, um ausreichend Samen zu erzeugen.

Trotzdem bestehen in unserer g e s a m t e n Bundesrepublik 69 % der Wälder aus Nadelhölzern. Dieser Anteil aber wird von Fachleuten nur in den höheren Lagen als Höchstanteil vorgeschlagen. An der natürlichen Bewaldung Deutschlands hatte die Fichte nur einen Anteil von 9 %.

Die herrlichen Wiesentäler des Sauerlandes, aber auch anderer Gegenden Westdeutschlands, sogar Süddeutschlands, werden immer mehr unter Fichten „begraben". Da kann man tatsächlich von einem „Fichtenfimmel" sprechen. Leider haben die Forstdienststellen keine gesetzliche Handhabe, diese in der Regel falsche und landwirtschaftlich unschöne Aufforstung zu verhindern. Allerdings wird versucht, unter führender Beteiligung der Forstdienststellen und der übrigen Verwaltungsorgane der öffentlichen Hand, durch die Ausweisung von Naturparks auch die unwirtschaftlich gewordenen Wiesentäler nach Möglichkeit zu erhalten.

So baut der Mensch im allgemeinen an, was ihm gewinnbringend erscheint, er mißhandelt oder verachtet aber, was ihm nicht notwendig vorkommt. Damit beschließt er kaltblütig die

Ausrottung erschreckend vieler Tierarten

Das begann schon in grauer Vorzeit, in der Steinzeit, mit der Ausnutzung des Feuers und der Bildung von Werkzeugen und Waffen. Die jagdbaren Großtiere waren immer selten. Sehr wahrscheinlich ist ihr Aussterben nicht durch Klimaverschiebungen und Naturkatastrophen zu erklären, wie man vielfach annimmt, sondern durch die Jagdmethoden der frühen Jäger (z. B. Treiben einer Herde über einen Steilhang oder Anlegen von Waldbränden). Dabei wurden mehr Tiere getötet als verwendet werden konnten. Die Besiedelung war sehr dünn.

Als durch den Ackerbau die Nahrungsmengen regelmäßiger und abwechslungsreicher waren, wurde die Besiedlung dichter. Immer mehr Wald wurde gerodet. Mit Waffen aus Bronze (von 1800 v. Chr. an) und später aus Eisen (seit dem 7. Jahrhundert v. Chr.) breitete sich der „Herr der Schöpfung" leichter aus. Tiere wurden ausgerottet, in Zufluchtsgebiete abgedrängt oder zu Haustieren gezähmt.

In allen Zeiten spielte auch Nervenkitzel beim Töten von Großtieren eine verhängnisvolle Rolle. So ließ Kaiser Augustus an 26 Festtagen 3500 afrikanische Tiere zur öffentlichen Belustigung hinmetzeln. Bei der Eröffnung des Kolosseums (50 000 Sitzplätze) in Rom im Jahre 80 n. Chr. wurden in 100 Tagen 5000 Tiere gemordet. Aus den Wäldern Germaniens und Helvetiens (Schweiz) wurden Bären nach Rom gebracht. Einmal mußten 400 Bären in der Arena gegen große Hunde und Gladiatoren kämpfen, ein andermal sogar 1000. Kaiser Probus (276—282) ließ einen künstlichen Wald in den Zirkus pflanzen, in dem 200 Leoparden, 100 Löwen und 300 Bären nacheinander mit Speeren umgebracht wurden. Das römische Weltreich büßte bis 523 n. Chr., dem Ende dieses Gemetzels, „Spiele" genannt, eine beträchtliche Anzahl von Großtieren für immer ein. Vor Beginn unserer Zeitrechnung bis zum Jahre 1800 n. Chr. starben davon rund 30 Arten aus. Von 1800 bis zu Beginn des 20. Jahrhunderts waren es genau so viele.

Bis in die Gegenwart wirken sich Gewissenlosigkeit, brutale Habgier und reine Mordlust stärker aus als Tierschutzbestrebungen. Das Töten von Tieren ist längst ein blühendes Geschäft geworden.

In allen Erdteilen gibt es Gesellschaften, die für teures Geld gefahrloses Abschießen von Großwild wie Bären, Wildschweinen, ja sogar von Löwen, in die Wege leiten (siehe auch „Afrika"). Dazu kommt der Schaden durch das Wildern. Die letzten Eisbären in der Arktis werden bald abgeschlachtet sein. In Schweden wächst die Zahl der Elchjäger rascher an als die Zahl der Elche. In den Staaten Wyoming und Colorado (USA) werden Steinadler und Seeadler durch Hubschrauberjagd abgeknallt. In Kanada gibt es einen neuen, blutigen „Volkssport": Pelztierjagd am Wochenende mit primitiven Fallen. Dabei müssen Millionen Tiere qualvoll sterben. Der Jagd-Tourismus bringt Jugoslawien jährlich 3 Mill. Dollar ein. Aber das Wild und die Vögel werden ausgerottet.

Seit 1600 sind 120 Säugetierformen ausgestorben, allein in den letzten Jahren 40, die meisten durch die Schuld der Menschen. Augenblicklich sind 280 Säugetierarten bedroht, z. B. Urang-Utan, Gorilla, Krokodile, Alligatoren, Leoparden, Tiger,

Servale und Geparden, die zum Teil den Modegötzen geopfert werden (siehe „Afrika"). Schlimmste Gefahr droht der Tierwelt in Australien und Madagaskar. Diese seltsamen Inselbewohner kennen keine Tierfeinde und sind deshalb nicht scheu. In Südostasien sind Nashörner und in Südamerika Gürteltiere und Ameisenbären in Ausrottungsgefahr. Von der Weltöffentlichkeit kaum bemerkt, wird am Amazonas von den wenigen Siedlungen der Weißen aus bis weit in die Nebenflüsse des Amazonas ein ungeheurer Raubbau an der Tierwelt getrieben. Auf jedes exotische Tier, das in Deutschland verkauft wird, kommen etwa 50, die während des Transportes eingingen. Die im deutschen Wald in sogenannten Safari-Parks zur Schau gestellten restlichen Tiere leiden unter unnatürlichen Lebensbedingungen.

Das Schicksal der Wale scheint durch Japan und die Sowjetunion trotz erlassener Fangverbote besiegelt zu sein. Über die Behandlung und Ausrottung der Seehunde wurde die Öffentlichkeit ausreichend unterrichtet. Insgesamt werden jährlich eine Viertelmillion, besonders vor Kanada, erschlagen, aufgeschlitzt und zu Tode gequält. Schmutzwasser und Parasiten, aber auch Nahrungsmangel bedrohen die Seehunde vor deutschen Küsten. Über Raubbau bei Fischfang siehe später. — Noch viele andere Beispiele von indirekter und direkter Bedrohung und Ausrottung von Tieren sind in diesem Buche geschildert.

Auch gegenüber kleinen Tieren und Vögeln zeigt der Mensch oft ein unglaubliches Verhalten. Seit 1600 sind in Europa 225 Vogelarten ausgestorben, davon in den letzten Jahren 42. Augenblicklich sind 350 Vogelarten von der Vernichtung bedroht. (Siehe auch „Vogelmassenmord".) Gar nicht zu reden von gewissen Schmetterlingen, Libellen, Käfern, Spinnen, Muscheln, Krabben und Krebsen. Ähnliche Entwicklungen sind in der Pflanzenwelt zu beobachten, auch bei der größten Pflanzenfamilie, den Orchideen. 20 000 Pflanzenarten stehen in direkter Gefahr, ausgerottet zu werden.

Unsere Schutzbemühungen dürfen sich nicht auf seltene Arten beschränken und unser Entgegenkommen nicht nur den nützlichen Tieren gelten.

(Zur Ergänzung seien empfohlen die Bücher von Prof. Dr. Dr. Grzimek sowie Ziswiler „Bedrohte und ausgerottete Tiere", Springer-Verlag, Berlin, 1965, sowie Jean Dorst, „Natur in Gefahr", Orell-Füssli-Verlag, Zürich, 1966, Franz Born, „Über die letzten Naturparadiese der Erde", Sebaldus-Verlag, Nürnberg, 1961.)

Die Bekämpfung von Tier*plagen* ist natürlich als Notwehr berechtigt. Doch an diesen Plagen sind, wie im folgenden ausgeführt wird, die Menschen meistens selbst schuld. Ein wahrer Teufelskreis!

43 Naturschutzparks gibt es jetzt in unserer Bundesrepublik. Ihre Bedeutung ist leider nur gering. Deshalb sollte man

Nationalparks

zur Erhaltung wenigstens *einiger* Tier- und Pflanzenarten schaffen. Die Frage, ob dadurch Nutzungsland verloren geht, darf nicht entscheidend sein. Das viel dichter besiedelte Japan leistet sich 17 Nationalparks. Das Landschaftsschutzgebiet „Innerer Bayerischer Wald" (75 000 ha) sollte man zum „Deutschen Nationalpark Bayerischer Wald" erklären. Im Gebiet der etwa 1400 m hohen Berge Rachel und Lusen ist als Herz- und Kernstück davon ein Vollnaturschutzgebiet „Nationalpark Bayerischer Wald" von 12 000 ha geschaffen worden, der allerdings eingezäunt ist und in dem weiter Holznutzung und Jagd betrieben wird.

Das Königssee-Gebiet in den Alpen bis hinüber zum Steinernen Meer wurde 1974 zum Nationalpark erklärt. Allerdings müssen noch wichtige Forderungen erfüllt werden, damit beide Parks den Namen Nationalparks verdienen können.

Seit 1961 gibt es den „World Wildlife Fund", Sitz Morges in der Schweiz („Weltnaturfond"). Zur Zeit wird die Stiftung von 12 westlichen Ländern unterstützt. Schweden, Pakistan, Indische Union, Japan und Brasilien werden bald hinzukommen. Bis einschließlich 1969 wurden über 270 Vorhaben zum Schutz der Natur in zahlreichen Ländern gefördert.

Von dem Naturverlust vor der eigenen Haustür

wissen die Bundesbürger so gut wie nichts. In den Lehrplänen wurde das Fach Biologie erheblich vermindert. Die obersten Naturschutzbehörden der Länder sind personell unterbesetzt. Wir haben in 11 Ländern 11 Schutzlisten. Die Strafen sind nicht ernst zu nehmen. An einem Bundesnaturgesetz wird in Bonn lustlos gearbeitet.

Menschliche Willkür stört harmonische Schöpfung

Die Einteilung in Nützlinge und Schädlinge ist völlig falsch. Wird die Harmonie der Schöpfung schon durch die Eingriffe des Menschen in Erde, Wald, Wasser und Luft gestört, so geschieht dies erst recht durch die Störungen im Tier- und Pflanzenreich.

Wie unter Menschen herrscht auch unter Pflanzen und Tieren ein scharfer Kampf ums Dasein. Und dennoch ist alles „mit Weisheit" geordnet. Alles ist aufeinander abgestimmt, bekämpft oder ergänzt sich in gottgewollter Ordnung. Wären alle Tiere Pflanzenesser, so würden sie sich vermutlich derart vermehren, daß sie das letzte Grün vertilgen und sich damit selbst und die Menschen ihrer Lebensgrundlage berauben würden.

Überall, sei es im Dorfteich oder im Urwald, bilden Pflanzen und Tiere als Geber und Nehmer Lebensgemeinschaften. Wenn der Mensch die Natur nicht stört, achtet sie selbst darauf, daß kein Gewächs und kein Tier überhand nehmen kann. Jede der 2—3 Mill. Arten von Tieren und Pflanzen — eine genauere Schätzung ist nicht möglich — ist einmalig und spielt ihre Rolle auf ihre eigene Weise.

Von der Vielheit der Insektenwelt — etwa 750 000 Arten — wissen wir noch sehr wenig. Aber viele Insektenarten werden ausgerottet, bevor wir wissen, wozu sie notwendig sind. Wir wissen auch nicht, in welcher Weise diese oder jene Tierart, die wir jetzt ausrotten, für die ständig wachsende Menschheit hochwertig sein kann. Die Vernichtung der Raubtiere hielt man für das beste Mittel, das Jagdwild zu schützen. Heute aber wissen wir, daß sie das Wild gesund erhalten helfen, indem sie vor allem kranke Tiere als Beute erlegen. Wenn in Afrika die Großkatzen ausgerottet werden, vermehren sich die Zebras und Gnus zu stark. Die Steppe wird kahlgefressen und verkrustet. Die Tiere finden nichts mehr zu fressen und werden in kleine Gebiete zusammengedrängt, so daß Seuchen entstehen können. Ein treffendes Beispiel für die segensreiche Rolle der Raubtiere bieten die Wölfe. Seit Jahrhunderten werden keine Tiere so sehr verfolgt wie sie. Aber die Wölfe halten das Wild in Bewegung, zwingen es zu Wanderungen und schärfen seine Sinne, beugen also der Entartung vor. Dazu kommt, daß ohne sie die Wildrudel allzu zahlreich werden — und damit auch die Wildschäden. Dem Menschen gehen die Wölfe nach Möglichkeit aus dem Wege. Dies alles erkannte man erst neuerdings. In Schweden sollen die Wölfe wieder aufgezüchtet werden. So ist die Erkenntnis über die Lebensberechtigung der „Raubtiere" immer noch gering. Das ist die Erklärung dafür, daß es außer in Afrika weder in Europa, noch in Nordamerika, noch im nördlichen Asien, Nationalparks mit Großtieren gibt.

Eine Bedeutung der meistens verabscheuten Krokodile und Flußpferde hat man erst in jüngster Zeit erkannt. (Siehe Milne, Das Gleichgewicht in der Natur, Verlag Paul Parey, Hamburg, 1965.) Auch geht mit dem Rückgang der Krokodile der Ertrag der Fischerei zurück.

Ein treffendes Beispiel von den mannigfachen Möglichkeiten, die sich durch die einzelnen Tierarten ergeben, bietet das Schicksal der Saiga-Antilopen im Gebiet der Wolgamündung und in den Halbwüsten Kasachstans. (Näheres in der Monatsschrift „Kosmos", Heft 8, Jahrgang 1964.)

Verheerend wirkten sich oft vom Menschen in neu entdeckte Gebiete, also in fremde Lebensräume, eingeführte Tiere aus, z. B. in Australien, in australischen und melanesischen Inseln und Neuseeland.

1966 führte ein US-Zoohändler einige Wandernden Katzenfische (Clarias batrachus) aus Thailand ein und setzte sie in seinem Schwimmteich aus. Aber er wußte nicht, daß sie große Ausreißer und Fußgänger sind. Die bis 40 cm langen Fische können an Land springen, mit einem lungenartigen Organ stundenlang atmen und kilometerweit zu anderen Ufern robben. Als ausgesprochene Raubfische fressen sie Seen, Teiche und Flüsse leer, spazieren dann weiter und hinterlassen eine biologische Wüste. Von Natur aus haben die asiatischen Eindringlinge keine Feinde.

Die Taubenplage erklärt sich durch das Fehlen natürlicher Gegenspieler. Dasselbe trifft für die Möwenplage zu. Durch die gründliche Tollwutbekämpfung in den letzten Jahren wurden die Füchse, die an den Brutplätzen der Möwen räuberten, fast ausgerottet. Auch Seeadler sind so selten geworden, daß die Möwen unbehelligt leben können.

Die Vergasung der Füchse ist unverantwortlich. Die Erreger der Tollwut können bei vielen Tieren vorkommen, z. B. bei Bibern, Mäusen, Ratten, aber auch in zunehmendem Maße bei Hunden, Katzen und Rindern. Mit einer Art Schluckimpfung, wie sie seit Jahren schon bei Kaninchen und Hasen ausgeübt wird, mischte man Impfstoffe kleinen Fleischklößchen bei und legte sie in die Fuchsbauten. Wilde Kaninchen, die in dem Fuchs ihren grimmigsten Feind verloren haben, können sich hemmungslos vermehren. Ebenso Mäuse, die die Hauptnahrung der Füchse bilden. — Die Schluckimpfung hat sich nicht bewährt. Jetzt plant man, die jungen Füchse einzufangen und gegen die Seuche zu impfen.

„Vernichtet die Vögel"! hieß 1960 ein Schlachtruf in Rotchina. „Sie fressen unser Saatgut!" Nach drei Wochen war in China kaum ein Vogel mehr zu finden. Aber da stellte sich heraus, daß die Vögel zwar Saatgut, daneben aber auch allerlei Schädlinge verspeist hatten, die sich nun ungestört vermehrten.

Später Naturschutz in Deutschland

Erst spät, etwa um 1900, fängt der Mensch an einzusehen, daß er auf dem besten Wege ist, die Grundlagen seines Daseins selber zu zerstören. Er gründet Natur- und Heimatschutzvereine und legt Naturschutzgebiete an. (98 Naturschutzverbände sind heute dem Deutschen Naturschutzring angeschlossen.)

Ein schon bestehendes Gesetz beschränkt sich darauf, zahlreiche Tiere und Pflanzen, die auszusterben drohen, unter besonderen Schutz zu stellen. Die Tiere dürfen nicht gejagt oder eingefangen werden. Die Pflanzen dürfen weder beschädigt noch von ihrem Standort entfernt werden.

Geschützte Tiere sind alle Vögel mit Ausnahme der als Folge der laufenden Eingriffe in die Landschaft stark zugenommenen Krähen, Elstern, Eichelhähern, Sperlingen, Amseln, Staren und Silbermöwen. (Eichelhäher sind schlimme Nesträuber und konnten sich so stark vermehren, weil ihre Gegenspieler Habicht und Sperber fast ausgerottet sind. Ferner sind geschützt Igel, Spitzmäuse, Feuersalamander, Unken, Kröten, Laubfrösche, Fledermäuse, Siebenschläfer, Eidechsen, Blindschleichen, Ringelnattern, Kreuzottern, Hirschkäfer, Rote Waldameise, Segelfalter und Apollo, zwei seltene Schmetterlinge. Zu den geschützten Pflanzen gehören unter anderem Edelweiß, Enzian, Alpenrose, Türkenbund, Knabenkräuter, Akelei, Küchenschelle, Seidelbast, Weidenkätzchen (die erste Bienenspeise im Frühling), Kuckucksblumen, gelber Fingerhut, Felsennelke, Sonnentau, Wacholderstrauch, Schwertlilie, Narzissen, Tausendgüldenkraut und Leberblümchen.

Doch was nützt ein gutes Gesetz, wenn es nicht beachtet wird?

Wanderer, die nicht auf den Wegen bleiben, sondern quer durch den Wald laufen, „Alpinisten", die unbedingt in den Felsen ohne Rücksicht auf die dort brütenden Vögel ihre Kletterübungen veranstalten müssen, „Naturfotografen und Naturfreunde", denen die Beobachtungen oder die „Naturkunde" wertvoller sind als das erfolgreiche Ausfliegen der Brut — die alle tragen dazu bei, unsere gefährdeten Vögel auszurotten. Die Tätigkeit von Wilderern, die die Jungen ausheben, um sie zu verkaufen und die „Arbeit" geschäftstüchtiger Eiersammler geben schließlich mancher bedrohten Tierart endgültig den Rest.

Der Jugend möchte man ganz besonders zurufen:

„Naturschutz ist auch eure Pflicht!

Vielleicht wißt ihr gar nicht, wie alle diese geschützten Pflanzen und Tiere aussehen. Doch Unwissenheit schützt vor Strafe nicht. Von der Strafe wollen wir ruhig absehen; denn auch ohne diese Drohung möchtet ihr doch euren Teil dazu beitragen, die Natur zu schonen. Ihr werdet also nichts mutwillig zerstören und Blumen nur dann in bescheidenem Maße pflücken, wenn sie in großer Zahl zu finden sind, also kaum zu den seltenen, geschützten gehören können. Tiere, die euch begegnen, dürft ihr betrachten, aber niemals mitnehmen. Es schadet nichts, wenn ihr eine Eidechse, einen Frosch und dergleichen einmal in die Hand nehmt, zur genaueren Betrachtung. Das muß aber sehr sorgfältig geschehen. Danach gebt ihr dem Tier die Freiheit wieder. Verlaßt eure Wanderwege nur, wenn ihr sicher seid, auf dem Gelände nichts zu beschädigen."

Besonders Besorgnis erregend ist unser Eifer, den Forderungen von Wirtschafts- und Bevölkerungswachstum nachzugeben. Dabei opfern wir scheinbar wohlbegründeten Sonderinteressen oft unersetzliche Naturkleinode mit ihrer Pflanzen- und Tierwelt. Die Wohnverhältnisse haben sich geändert. Früher baute der Mensch bei der geringen Bevölkerung eine einfache Hütte ohne Rücksicht auf den Raum. Heute muß der Lebensraum geordnet werden. Straßen für den Nah- und Fernverkehr, Kanäle, Flughäfen, öffentliche Verkehrsmittel, Wasserleitungen, Abflußleitungen, Strom- und Gasanschlüsse, Grünanlagen, Krankenhäuser und Geschäftsmittelpunkte sind notwendig. Aber bei solcher Raumordnung und Landesplanung sind Gesetze nötig zur Erhaltung der Landschaft. Sonst bleibt jeder Naturschutz sinnlos.

Gesamtplanungen für größere Gebiete gibt es kaum. (Eine der wenigen Ausnahmen bildet der Siedlungsverband Ruhrkohlenbezirk.) Entschieden wird auch ohne Gutachten. Ebenso findet bei der Gestaltung der Landschaft eine Zusammenarbeit der Behörden kaum statt. Kampf gegen Gewässer-, Luftverschmutzung und Einrichtung von Naturschutzgebieten bleiben isolierte Einzelhandlungen. — Im Gebiet der Unterelbe entsteht ein neues Industriegebiet. Es besteht aber kein einheitlicher Raumordnungsplan für die vier dortigen Bundesländer (Hamburg, Bremen, Niedersachsen, Schleswig-Holstein). So droht die Zerstörung einer der letzten deutschen Naturlandschaften. Offenbar ist es leichter, gemeinsame Wirtschaftsgegenden mit dem Ausland zu bilden als zwischen Bundesländern.

Tatsächlich ist durch bösen Willen und durch Gedankenlosigkeit das Gleichgewicht in der Natur schon derartig gestört, daß sich mitunter fast unlösliche Aufgaben ergeben. Das trifft auch für die

Schädlingsbekämpfung

zu. Betrachten wir vor allem die chemische Schädlingsbekämpfung. (Die Bekämpfung der Pflanzenkrankheiten lassen wir dabei außer acht.)

In der Bundesrepublik gibt es ungefähr 1000 „Pflanzenschutzmittel". Sie vernichten aber nicht nur Schädlinge, sondern auch Nutzinsekten. Vor allem darf kein bienengefährlicher Stoff in Blüten gespritzt werden. Freiburger Wissenschaftler wiesen im Herbst 1968 auf einer Ausstellung im Frankfurter Zoo darauf hin, daß bis zum Jahre 2000 die Bienen den giftigen Pflanzenschutzmitteln zum Opfer gefallen sein würden. Diese bringen außerdem für die gesamte Lebewelt für Boden und Wasser des bespritzten Gebietes Gefahren mit sich.

Zwar weisen die Verfechter der chemischen Schädlingsbekämpfung gern auf die Duldungsgrenze (Toleranzgrenze) hin. Doch nie kann man mit der wünschenswerten Sicherheit rechnen. Man legt z. B. im Wasser die Duldungsgrenze von DDT auf 7 mg je Liter (die Menge ist jetzt geringer) fest. Aber das DDT im Flußwasser wird in der Nahrungskette angereichert, zuerst in den Algen, dann im tierischen Plankton, dann in den Fischen. Diese Anreicherung beträgt sicher das Mehrhundertfache, wahrscheinlich sogar das Mehrtausendfache. In englischen Künstengewässern wurden Rückstände von Giften in Küstenvögeln gefunden und in deren Nahrung, den Sand-Aalen. Sogar in der Antarktis wurden in der Leber und im Fettgewebe von Pinguinen und Robben Spuren von DDT entdeckt. 1972 wurden auch Salmonellen in den Tierbeständen der Antarktis festgestellt. Darüber hinaus kennen wir auch Gifte (Summationsgifte), bei denen eine kleine Menge zwar eine kleine, unwesentliche, aber bleibende Wirkung verursacht. Viele solcher kleinen Wirkungen können sich daher sehr wohl zu einer erheblichen Schädigung „summieren". Ferner kennen wir die Kumulationsgifte, bei denen der Stoff selbst im Organismus angesammelt wird, bis er die Duldungsgrenze überschritten hat und nun als Gift zu wirken beginnt.

So entsteht auch für den Menschen durch manche Mittel eine bisher viel zu wenig beachtete Gefahr. 1962 erschien in den USA ein Buch „Silent-Spring" (Stummer Frühling) von Rachel Carson (deutschsprachige Ausgabe im Biederstein-Verlag, München 1963, und im Deutschen Taschenbuch-Verlag, 1968. In ersterem Verlag erschien auch Frank Graham jr. „Seit dem stummen Frühling", 1971). Die mutige Schriftstellerin schreibt ungefähr folgendes:

„Ich behaupte, daß wir giftige und biologisch machtvolle Chemikalien in die Hände von Leuten gegeben haben, die weitgehend oder überhaupt keine Ahnung haben, was für Unheil sie anstellen. Wir haben eine ungeheure Zahl von Menschen der Berührung mit diesen Giften ausgesetzt, ohne ihre Zustimmung und oft ohne ihre Kenntnisse ... Ich behaupte weiterhin, daß wir die Benutzung dieser Chemikalien mit wenig oder gar keiner Erforschung ihrer Einwirkungen auf Bodenwasser, Wildleben und den Menschen selber erlaubt haben ... Wie die Dinge nun stehen, sitzen wir alle am reichgedeckten Tisch und laben uns am Gift. Alles, was wir schlucken, Brot, Wein, Obst, Gemüse, Fleisch, Milch, Wasser — ist seit mehreren Jahrzehnten vergiftet worden. Das Gift sitzt bereits in unseren

Knochen, unseren Zellgeweben. Es wird mit den Kindern mitgeboren. Es ist allgegenwärtig. Es erzeugt Krebs, Leukämie, Kreislaufstörungen. Es kommt aus dem DDT, aus den zahllosen Insektengiften, die über die Weiden, die Wiesen, die Quellen, die Gärten, die Weizenfelder und Weingärten der zivilisierten Welt gestäubt werden. Um unsere Lebensunterhaltung zu verbessern, spielt die chemische Industrie mit dem Bestehen des Menschen. Unseres augenblicklichen Behagens wegen belasten wir ungeborene Geschlechter mit Pein, Mißbildung, Elend und Wahnsinn."

Etwa 10 % der Quecksilbererzeugung werden für die Herstellung von pilztötenden Mitteln für die Landwirtschaft verwendet. Als Folge davon verenden saatfressende Vögel wie Fasanen, Rebhühner, Tauben und ihre Gegenspieler, die Greifvögel. Etwa 50 quecksilberhaltige Beizmittel sind in der Bundesrepublik noch zugelassen.

DDT ist 1971 aus dem Handel herausgezogen worden, aber leider noch mit Einschränkungen und nicht in allen Staaten, z. B. nicht in Polen, vor allem nicht in den Entwicklungsländern. Völliges Aufgeben der Herstellung auf dem gesamten Erdball ist nötig. Außerdem werden Dieldrin, Andrin, Endrin und die übrigen beständigen Pestizide in steigenden Mengen verkauft. Zu den mannigfachen Gefahren kommt hinzu, daß die Schädlinge nach einer gewissen Zeit unempfindlich (resistent) werden. Von den die Krankheitserreger der Malaria übertragenden Insekten sind es z. B. über 200 Arten. Dann erfindet man neue und noch stärkere Gifte, die aber auch nach einiger gewissen Zeit ihre Wirksamkeit verlieren. Im allgemeinen dauert es fünf Jahre, bis die Schädlinge wieder so zahlreich sind, wie sie es zu Beginn waren. Aber die natürlichen Feinde der Schädlinge sind verschwunden.

(Empfehlend sei hingewiesen auf Gert Wohlfahrth. Die Erde hat keinen Notausgang, Mercator-Verlag, Duisburg, 1971.)

Feuerameisen, vom Amazonas nach Norden marschierend oder fliegend, erobern seit 1918 die USA. Das chemische Mittel Mirex richtet mehr Schaden als Nutzen an.

Leider ist nur wenig bekannt, daß ein kranker Boden kranke Pflanzen hervorbringt (siehe auch „Düngung"). „Schädlinge" merzen diese kranken Pflanzen aus. (Bei Monokulturen allerdings werden auch gesunde Pflanzen überfallen.)

Eine ähnliche Bedeutung wie die Schädlinge hat das Unkraut. Es baut den Boden auf und hilft im Zusammenwirken mit Nutzpflanzen, diesen die Nährstoffe im Boden verfügbar zu machen. Anstatt das Unkraut chemisch zu vernichten, wodurch die Bodengüte immer weiter herabgesetzt wird, sollte man darangehen, den Boden aufzubauen, so daß das Unkraut auf natürliche Weise zurückgeht. (Siehe auch Seiten 12 und 26.) Außerdem fallen häufig durch zu viel Gift am Wegrand Kulturpflanzen der Unkrautvernichtung zum Opfer. Um die Straßenrandgebiete und die Böschungen nicht mehr mähen und vom Strauchholz von Zeit zu Zeit befreien zu müssen, werden sie einfach mit „wachstumshemmenden Mitteln" besprüht. Die so „sparsam" behandelten Gebiete gleichen einer verbrannten Erde.

Große Möglichkeiten als vorbeugender Schutz gegen das Massenauftreten bestimmter Schädlinge haben die

Anbau- und Pflegemaßnahmen

Durch geeignete Fruchtfolge (im Gegensatz zu Monokulturen, siehe folgende Seite), Pflanz- und Aussaatzeit sowie durch nicht zu enge Aussaat läßt sich im Feld- und Gartenbau manche Schwierigkeit von vornherein abwenden. Im Wein- und Obstbau vermag der regelmäßig und sachkundig durchgeführte Schnitt nicht nur bestimmte Überwinterungsformen verschiedener Pflanzenkrankheitskeime zu vernichten, sondern darüber hinaus auch Bedingungen zu schaffen, die die Wiederbesiedlung oder Ausbreitung dieser Krankheitskeime in der kommenden Wachstumszeit sehr erschweren.

Geradezu umstürzlerisch sind die Erkenntnisse, zu denen Prof. Dr. Alwin Seifert nach 35 Jahren eingehender Versuche kam. In seiner Fibel „Der Kompost im Garten ohne Gift" (Biologische Buchhandlung, München, 1963) führt er den Nachweis, daß es oft möglich ist, keine chemische Schädlingsbekämpfung anzuwenden.

Weitere Schäden entstehen durch

Monokulturen

(Massenanpflanzungen gleicher Art und gleichen Alters).

Die Natur liebt nicht nur den Wechsel, sondern sie braucht ihn auch, weil sie sich ohne ihn totläuft; denn Bestände, deren Pflanzen alle die gleichen Nährstoffe aufnehmen, saugen den Boden einseitig und über Gebühr aus. Dazu kommt die Störung des Gleichgewichtes zwischen den Tieren und Pflanzen. Die natürlichen Gesetzmäßigkeiten vom Ausgleich der biologischen Kräfte können nicht mehr wirksam werden. Es fehlt also das Wechselspiel zwischen einer Vielheit verschiedener Tier- und Pflanzenarten, die sich gegenseitig Raum und Nahrung streitig machen und sich dadurch „kurzhalten". So können sich Schädlinge, die ihre Nahrung gerade auf den in so großem Umfange angebauten Pflanzen finden, außerordentlich stark vermehren. 1970 wurden 20 % der amerikanischen Getreideernte durch Meltaubefall vernichtet. Dazu kommt, daß viele schlimme Schädlinge aus fremden Ländern eingeschleppt werden, aber ihre natürlichen Gegenspieler zurückgelassen haben.

Trotz der üblen Erfahrungen werden auf dem gesamten Erdball noch viele Monokulturen betrieben. In den Industriestaaten wachsen durch die Bildung immer größerer bäuerlicher Betriebe auch die Monokulturflächen (in der Bundesrepublik bei Kartoffeln, Getreide, Gemüse und Obst).

Auch die Tierzucht

wird immer mehr fabrikmäßig betrieben, eine abscheuliche Tierquälerei. Zwei Drittel aller Eier, die bei uns verkauft werden, stammen von Hühnern, die das Sonnenlicht nie gesehen haben. Kälber werden bis zu ihrem Tode in ständiger Dunkelheit gehalten, um sie künstlich blutarm zu machen und damit verfälschtes helles Kalbfleisch zu erzeugen. Hier finden wir ebenfalls höchst verheerende Krankheiten. Z. B. wurden 1971 in Kalifornien durch die unter dem Namen Newcastle-Krankheit bekannte Hühnerpest ganze Geflügelfarmen vernichtet. Diese Krankheit bedroht inzwischen die Geflügelindustrie von 118 anderen Ländern.
Die Verwendung von Antibiotica bei der Tiermast kann zu Gesundheitsschädigungen beim Menschen führen. Den Tieren werden Hormon-Präparate eingegeben oder eingespritzt. Die so widernatürlich zu schnellem Wachstum gebrachten Tiere werden für ansteckende Krankheiten anfällig. Deshalb gleicht man diese Gefahr durch vorbeugende Gaben von Antibiotica aus. Zwar ist es in der Tiermedizin nicht erlaubt, Penicillin einzusetzen. Zahlreiche andere Antibiotica aber stehen zur Verfügung, wenn nicht vom Tierarzt verordnet, dann auf dem „grauen Markt" leicht zu erhalten. Kälber, Rinder, Schweine, Hühner werden jährlich für rund 150 Mill. DM mit Medikamenten „vollgepumpt". Durch diese Fütterung aber entstehen Bakterienstämme, die gegen Antibiotica resistent sind. Der Genuß von Nahrungsmitteln wie Fleisch, Milch und Käse, die mit diesen Bakterien infiziert sind, kann zu menschlichen Erkrankungen führen, die durch die in der menschlichen Medizin verwendeten Antibiotica nicht mehr geheilt werden können. Durch einen Schock kann sogar plötzlicher Tod eintreten. Sowieso werden einige Arten von für Menschen unschädlichen Bakterien resistent gegen bestimmte Medikamente, die zu leichtfertig eingenommen wurden. In der Bundesrepublik wurde durch Stichproben 1972 festgestellt, daß 82,5 % des Kalbfleisches, 15 % des Schweinefleisches und 6 % des Rindfleisches mit Antibiotica verseucht waren. Ab 1973 verboten die USA Viehmast mit Arzneimitteln.

Schädigungen durch Fremdstoffe

Es kommt vor, daß man Weizen nicht nur durch feineres Ausmahlen bearbeitet (siehe „Ernährungsfragen"), sondern auch durch chemische Zusätze, um immer „schönere Brötchen" schneller backen zu können. Auch vielen anderen Lebensmitteln werden Stoffe zur Verbesserung des Aussehens oder des Geschmacks zugesetzt. Gifte aus solchen Lebensmitteln aber können Herzinfarkte oder Arteriosklerose (Arterienverkalkung) auslösen. Besonders bei Kindern können Erkrankungen (Hyperkinesie) hervorgerufen werden. Gemüse, Obst und Kartoffeln werden den jetzigen Handelsklassen entsprechend nur nach äußeren Gesichtspunkten, wie Größe, Gewicht, Farbe, Form und Sauberkeit bewertet. Ein neues Wertungssystem ist dringend erforderlich. — Um den Güteabfall von der frischen Ware bis zum Verbrauch zu verhindern, gibt es drei Arten der Haltbarmachung: erhitzen, tiefgefrieren und chemisch erhalten (konservieren). Gefrieren ist sehr teuer, erhitzen wird nicht von jeder Nahrung in dem zum Haltbarmachen erforderlichen Hitzegrad vertragen. Seit 1958 sind statt dreißig nur noch vier Haltbarkeitsstoffe erlaubt. Auch wurde die Zahl der Nahrungsmittel, die konserviert werden dürfen, eingeschränkt. Verboten ist z. B. die künstliche Haltbarmachung von Wurst, Fleischkonserven, Mehl und Backwaren. Nach Aussage von Prof. Dr. F. Schneider (Hygienisches Institut in Hamburg) schaden die Haltbarkeitsstoffe der Gesundheit nicht. Andere Forscher halten Krebsbildung für möglich. Nach Meinung amerikanischer Wissenschaftler sind auch Gallensteine möglich. — Die Anwendung von Elektronen- und Gammastrahlen zur Lebensmittelhaltung kann schädliche Spätwirkungen hervorbringen. Im Battelle-Institut in Frankfurt wurde 1972 erstmalig eine Schädigung des Organismus durch Ernährung mit bestrahlten Fischmarinaden nachgewiesen. — Haushaltssprays gegen Fliegen und Mücken enthalten giftige Stoffe. Viel problematischer sind von Pflanzen und Tieren mitgebrachte Belastungen, die durch Restmengen von Schädlingsbekämpfungsmitteln und Umweltstoffen hineingebracht werden können.

Vergessen wir auch nicht, daß die Umsatzziffern für Zigaretten und Alkohol weiter ansteigen. Die Wohlstandsbürger haben 1972 fast 30 Milliarden DM für alkoholische Getränke ausgegeben.

Gesundheitsschäden durch Kosmetika treten — besonders bei Frauen — immer häufiger auf. Dabei handelt es sich z. B. um Haarausfall, Hautausschläge und schwere Allergien, verbunden mit Juckreiz und Hautrissen. Bakterien oder Schmarotzerpilze können in Augenkosmetika auftreten und Augeninfektionen hervorrufen. Dazu kommen die Verschwendung und die umweltschädigende Herstellung. Auch dadurch, daß die Haut und die Schleimhäute der Menschen dauernd dem Industriestaub und den Reizstoffen ausgesetzt sind, werden die Menschen viel stärker anfällig für Allergien. Jeder fünfte Deutsche reagiert bereits allergisch auf irgendeinen Stoff seiner Umgebung.

Biologische Schädlingsbekämpfung

Vor allem muß angestrebt werden, die chemischen Bekämpfungsverfahren einzuschränken und statt dessen das

Wirken natürlicher Gegenspieler

zu sichern und praktisch zu nutzen. Man setzt die Gegenspieler ein, indem man ihre Ausbreitung fördert und in das befallene Gebiet bringt. Dieses Verfahren wird jetzt im großen z. B. in Usbekistan (Sowjetunion) angewendet. — Fünf Virusarten wurden in den USA mit Erfolg bei der Vernichtung von Schädlingen in Forstgebieten eingesetzt.

Ameisen als Helfer des Menschen

Ein neuer Weg zur Bekämpfung von Schädlingen, vor allem in Nadelwäldern, wurde von Prof. Dr. Gößwald, Würzburg, mit kleinen Roten Waldameisen beschritten.

Ein einziger Staat dieser unermüdlichen Waldpolizisten, durch Maschendrahtgestelle geschützt, erledigt am Tag bis zu 100 000 Schädlinge. In der Erde jagen sie Larven und Puppen, auf der Erde säubern sie Baumstrünke und krankes Holz, und bei ihren Feldzügen in den höchsten Baumwipfeln töten sie übermächtige Gegner. So sind die fleißigen Waldameisen die Straßenkehrer der Natur. Durch die manchmal 1—2 m tief in den Boden reichenden Schächte wird dieser örtlich umgeschichtet, mit Humus angereichert, durchlüftet, die Krümelung wird verbessert und die Versäuerung aufgehalten. Waldbäume in alten Ameisengebieten zeichnen sich durch besonders üppigen Wuchs aus. — Seit geraumer Zeit läuft in Niedersachsen ein Versuch, die Fichtenblattwespe durch rote Waldameisen zu bekämpfen. — In Nordrhein-Westfalen sollen 2400 „Neststützpunkte" aufgestellt werden.

Häufig werden die Gegenspieler aus fremden Ländern eingeführt.
Zu den biologischen „Kampfmitteln" gehört auch die Erzeugung von Seuchen unter den Schädlingen. Oder man setzt unfruchtbar gemachte Schädlinge aus und dämmt dadurch ihren Nachwuchs (Selbstvernichtungssystem).
Doch sind insgesamt gesehen die Ergebnisse der biologischen Schädlingsbekämpfung noch recht bescheiden. Deshalb sollte vor allem die Züchtung resistenter Pflanzen und Tiere sowie die Schaffung neuer Arten, die daher noch keine natürlichen Feinde haben, gefördert werden. Siehe auch angestrebtes verstärktes Biologiestudium, „Schlußkapitel". (Empfehlend sei hingewiesen auf Anton Zischka, Die Trillionen Invasion, Verlag Stalling, Oldenburg, 1971.)
(Näheres über biologische Schädlingsbekämpfung in Sorauer, Handbuch der Pflanzenkrankheiten, Band IV, 3. Lieferung, 2. Auflage, 1961, Verlag Paul Parey, Hamburg.)

Besondere Bedeutung verdienen die Singvögel

Groß ist ihre W o h n u n g s n o t. Der forstwirtschaftlich gepflegte Wald bietet weniger natürliche Nistmöglichkeiten als früher. Hecken, Gestrüpp und Gehölz sind kleiner geworden. Heiden und Moore wurden urbar gemacht. (Siehe Seiten 7 und 63.) Für tote und absterbende Bäume gibt es in unseren Wäldern keinen Platz mehr (Buntspecht, Waldkäuze). Während Kohlmeisen, Baumläufer und Gartenrotschwänze in ihrer Not an Hochsitzen, Waldhütten, Futterkrippen und Bienenständen Brutmöglichkeiten suchen, weichen andere Arten, wie Blau-, Sumpf- und Tannenmeisen, auf den Erdboden aus und brüten in Stubben, Stein- und Holzhaufen und in Felsspalten. Aber auch diese weitgehende Anpassung kann keinen vollwertigen Ersatz für die fehlenden Bruthöhlen bieten.

Die Nester sind nicht so gut geschützt und werden oft von Eichhörnchen, Krähen, Elstern und Hähern geplündert, und an den Bodennestern suchen Füchse, Katzen, Wiesel, Iltisse und Igel leichte Beute. Während die natürlichen Bodenbrüter durch ihre Schutzfarbe und instinktive Vorsicht ihren Lebensbedingungen besser angepaßt sind, verraten die in ihrer Umgebung fremden Vögel durch ihr unbekümmertes Verhalten und die meist auffällige Farbe und Zeichnung der Alt- und Jungtiere oft das Nest, und so fällt manche Brut der feindlichen Umwelt zum Opfer.

Im allgemeinen großer Nutzen der Vögel

Zwar gibt es unter den Waldvögeln auch Nesträuber sowie Kulturpflanzenschädlinge wie Krähen, Eichelhäher, Elstern, Stare — wenigstens im Spätsommer und Herbst — und in zunehmendem Maße Amseln, fälschlich Schwarzdrosseln genannt. (Am besten vertreibt man die Stare durch Überlistung mit arteigenem Warnruf, der auf Tonband aufgenommen und mit Lautsprechern ausgestrahlt wird. Neuerdings können die Winzer ihre Weinberge mit einem Netz abdecken, vor dem die Vögel große Angst haben. Während der Sommermonate verrottet das Netz-Material langsam, so daß es im Herbst mit den überschüssigen Trieben abgenommen und verbrannt werden kann. Die Winzer versprechen sich von dieser Methode eine erhebliche Ertragssteigerung.) Auch gibt es Vertilger von Nutzpositiv.

Aber unsere insektenfressenden Vögel vertilgen überwiegend schädliche Insekten, z. T. in erheblichen Mengen. So wurde z. B. einwandfrei festgestellt, daß die Kohlmeise und die Klappergrasmücke in 90 Minuten über 30 Raupen des Tannentriebwicklers verzehrten, das sind 10—16 % des eigenen Gewichtes dieser Vögel. Für den ganzen Tag können etwa 300 Raupen gerechnet werden. (Näheres bei Bruns: Die wirtschaftliche Bedeutung der Vögel im Walde, Naturwissenschaftliche Rundschau, Heft 3, 1961, Wissenschaftliche Verlagsanstalt Stuttgart.)

Ohne jegliche medizinische Vorbildung dienen die Singvögel neuerdings sogar als

Gehilfen von Kur- und Badeärzten

Durch die Vermehrung künstlicher Brutstellen in manchen Badeorten konnte die Siedlungsdichte der gefiederten Parkbewohner innerhalb weniger Jahre um das 10—30fache gesteigert werden. Vogelparadiese sind an die Stelle einst schweigender und einsamer Wandergärten getreten. Die Vögel haben jegliche Scheu vor den Menschen verloren. Das zunächst nur geringe Interesse der Patienten an den fröhlichen und gefiederten Nachbarn wuchs von Tag zu Tag. Heute tauschen sie bei abendlichen Gesprächen ihre Vogelbeobachtungen aus. Die Ärzte werten dies insekten.

Vogelhege und Vogelschutz

Für Höhlenbrüter hänge man Nisthöhlen auf. Die Massenvermehrung der Insekten hängt von der Witterung, Krankheiten, Nahrung und ihren Vertilgern ab. Unser Ziel muß es daher sein, die Vögel zahlreich genug anzusiedeln, und zwar bereits v o r Ausbruch einer Insektensteigerung. Während man früher je Hektar durchschnittlich nur e i n e n Nistkasten aufhängte, weiß man seit einigen Jahren, daß es sich lohnt, bis ungefähr 60 Kästen anzubringen. Selbst wenn keine Massenvermehrung eines bestimmten Schadinsektes besteht, steht den Vögeln noch genügend andere

Nahrung zur Verfügung; denn Voraussetzung für die Menge der Vögel ist weniger die Nahrungssorge, als vielmehr die Anzahl g e e i g n e t e r Nistkästen.
Durch den Einbau von Nistgelegenheiten an Brücken, Bahnübergängen oder Rasthäusern könnte die fortschreitende Technik, die der Vogelwelt weithin die Lebensgrundlagen entzieht und die Landschaft oft so veröden läßt, beitragen zur Behebung der Wohnungsnot in der Vogelwelt. Doch sollte man dies nur tun, wenn auch die Möglichkeit einer regelmäßigen Kontrolle besteht.
Im Spätsommer reinige man die Nistkästen von den alten Nestern. In Hausmauern baue man Niststeine ein. Nistkästen aus Kunststoff verwende man nur, wenn der Kunststoff porös ist.
Für F r e i b r ü t e r (Grasmücke, Heckenbraunelle, Zaunkönig, Singdrossel, Buch- und Grünfink, Girlitz, Rotkehlchen) kann man durch das Zusammenbinden einiger Zweige eines Busches Nestunterlagen schaffen. Es ist ratsam, das Zusammenbinden erst nach dem Austreiben der Büsche im Frühjahr vorzunehmen, damit der Nestrand rund herum dicht belaubt ist. Oder man binde an Baumstämme von Erdbodennähe bis zu einer Höhe von 1,50 m 60—70 cm lange Kiefern- oder Ginsterzweige so mit Kordel an, daß sie die Möglichkeit zur Anlage von Nestern geben. Zum Schutze gegen die Nesträuber Elstern und Eichelhäher umgebe man die Nisttaschen mit weitem Maschendraht. (Lies auch „lebende Hecken".)

Laßt die Schwalben nicht aussterben!

In unseren modernen zementierten Bauernhöfen und geteerten Land- und Dorfstraßen werden die Schlammpfützen als Lieferanten von Baumaterial für die Schwalbenburgen immer seltener. Auch auf weichen Straßen ist die Aufnahme von Baustoff der Autos wegen kaum möglich, da die Schwalbe mit ihren langen Flügeln nicht so rasch vom Boden auffliegen kann. Rauchschwalben finden immer weniger Öffnungen, um auf die Speicher zu gelangen. In den Städten sind die Schwalben in den letzten 100 Jahren sogar allmählich ausgestorben. Auch hier kann durch Aufhängen von Holzbeton-Nestern geholfen werden, für Mehlschwalben an der Außenwand der Häuser unter dem Dach und für Rauchschwalben im Innern von Ställen und Scheunen. In den Vororten von Ludwigshafen wurden im Jahre 1966 von 150 künstlichen Nestern 78 bewohnt. Weitere Vorschläge zur Hege der Rauchschwalben sind zu finden in Kap. XIII des Buches „Die Rauchschwalbe" von Arnold Frhr. von Vietinghoff-Riesch, Verlag Dunker & Hambloch, Berlin und München.

Im Winter lege man windgeschützte und katzensichere

Futterplätze

an. Buchfinken, Amseln und Rotkehlchen fliegen ungern zum Futterhaus hoch. Sie wollen, wie sie es gewohnt sind, ihr Futter vom Boden aufnehmen. Das gegen Feuchtigkeit geschützte Weichfutter für diese Gefiederten wird auf der Erde in einem überdachten Futterhäuschen untergebracht, das nach zwei Seiten offen ist, nach den Windseiten aber mit Wänden aus immergrünem Reisig vor Schneeverwehungen geschützt ist. Man füttere die Vögel nicht mit Fleisch- und Wurstresten, mit Brot, gesalzenen Speckschwarten und Kartoffeln, sondern mit entsprechendem Vogelfutter. An einem aufgeschnittenen Apfel können die Vögel ihren Durst löschen. Reiches Futterangebot und große Vogelscharen bewirken, daß ein Teil des Futters mit dem Kot der Tiere in Berührung kommt. Man füttere deshalb immer nur wenig und reinige die Umgebung des Futterplatzes hin und wieder gründlich. Für Greifvögel lege man Schlächtereiabfälle aus. Eulen und Käuze haben es im Winter nicht so leicht, denn sie nehmen nur lebende Beute an. Am Waldrand schaufele man eine etwa 10 qm große Fläche von Schnee frei, lege eine Schicht Stroh darauf und kippe darüber Druschabfälle sowie Körner oder Unkrautsamen. Bald werden sich Mäuse einstellen.

Vogel-Massenmorde

In Italien (und z. T. in Südfrankreich, Spanien und Portugal, vor allem auch in Libanon) werden durch Fang in Netzen, in Fallen, auf Leimruten, mit Pferdehaarschlingen und durch Schrotflinten jährlich viele Millionen Singvögel gemordet. Auch nach einem neuen Gesetz in Italien von 1968 ist die Herbstjagd auf Vögel immer noch erlaubt. 1,8 Mill. „Jäger" morden jährlich über 100 Mill. Vögel. — In Belgien gibt es 28 000 zugelassene Vogelfänger.

Jährlich werden mindestens 12—22 Mill. Vögel gefangen. Gewissenlose Händler schmuggeln ihre Beute über die Grenzen in unsere Bundesrepublik oder nach Holland. Zahllose Vögel sterben dabei einen grausamen Tod in der qualvollen Enge ihres Gefängnisses, einem verknoteten Nylon-Strumpf. Wahrscheinlich wird die Hälfte der Vögel verzehrt und die andere Hälfte als Stuben- und Ziervögel verkauft.

Auf der Insel Mallorca ist durch die sinnlose Vogeljagd die Zahl der Vögel so klein geworden, daß die Insekten das Feld beherrschen. — In Afrika, Spanien und Südfrankreich wird unser Hausstorch häufig abgeschossen. — Neuerdings gibt es auch bei uns „schwarze Vogelfänger".

Allgemeiner Vogelschutz

Das Abbrennen des Bodenüberzuges auf Weiden, an Feldgrenzen und Hecken, das sogenannte „Flämmen", ist nicht nur wegen der Brandgefahr zu unterlassen. Es ist auch zwecklos; denn die Annahme, der Graswuchs werde dadurch gefördert, ist ein Irrtum. Im April und Mai sprossen auf den nicht verbrannten Flächen mindestens ebenso viele, meist sogar erheblich mehr Grastriebe hervor als auf den abgebrannten. Das Flämmen ist sogar schädlich.

Es vernichtet nur Flachwurzler. Grobe Unkräuter und tiefreichende Wurzeln, Wurzelknollen und Ausläufer bleiben erhalten. Sie schießen nach dem Flämmen schnell empor und können sich ausbreiten, weil sie kaum noch Konkurrenzpflan-

zen antreffen. Das trifft z.B. zu für Besenginster, Ackerschachtelhalm, Distel, Ackerwinde und Huflattich. Vor allem aber werden die in der Bodendecke lebenden Kleintiere vernichtet, und den erd- und heckenbrütenden Vögeln werden die Brutplätze geraubt.
Schießen mit Luftbüchsen auf Vögel aller Art müßte viel strenger bestraft werden.

Kampf dem Vogeltod an Fenstern!

Große Glasflächen sind tödliche Fallen für Vögel. Sie erkennen nicht den Unterschied zwischen Glas und Luft. Anfliegende Vögel prallen gegen die Glaswände. Meistens wird dabei die Schädeldecke zerschmettert. Sie sind sofort tot oder sterben wenig später.
Schutzmaßnahmen können beim Zoofachhändler erfragt werden.

Durch falsch verstandenen Vogelschutz

ergeben sich in Großstädten regelrechte Vogelplagen. Möwen gelangten in den letzten 50 Jahren bis zum Bodensee. Als Vielfraße und durch ihre ätzenden Ausscheidungen richten sie große Schäden an, besonders bei der Fischindustrie. (Über die Ursache der Vermehrung siehe Seite 27.) Außerdem sind sie Typhus- und Paratyphus-Träger. Sie finden ihre Nahrung in zunehmendem Maße in den üppigen Abfallhaufen. Dadurch vermehrt sich ihre Zahl ständig. Sie verdrängen mehr und mehr andere Arten von den Nistplätzen, besonders die Seeschwalben.
Wirtschaftliche und gesundheitliche Schäden bereitet uns in den Innenstädten auch das Millionenheer der verwilderten Haustauben.
In Stuttgart hat die tierärztliche Untersuchungsstelle festgestellt, daß drei Viertel der verwilderten Stadttauben verseucht sind. Seit 1970 erhielten Hannovers Tauben eine Art Anti-Taubenbaby-Pille. Darauf verringerte sich im Frühjahr 1971 die Zahl der Jungtauben um die Hälte.
Manche Vögel können sogar zu regelrechten Feinden der Menschen werden. Wenn ein Flugzeug bei hoher Geschwindigkeit mit einem Vogel zusammenstößt, hat der Körper des Vogels eine Durchschlagskraft, die der eines Geschosses vergleichbar ist. Trotz Vorbeuge- und Abwehrmaßnahmen werden auf der gesamten Erde durch Vogelschläge alljährlich Schäden in Höhe von einigen Millionen Dollar verursacht.

Säugetiere als Schädlingsvertilger

Fledermäuse (Säugetiere) gelten wegen ihrer nächtlichen Lebensweise als besonders nützlich, da dann vorzugsweise unsere schädlichen Nachtschmetterlinge, vor allem die Motten, fliegen. Bei Neubauten ist zu überlegen, wie man ihnen Versteckmöglichkeiten verschaffen kann.
Besonders für sie hergestellte Holzbetonhöhlen hänge man in größerer Anzahl auf engem Raume auf. In verschiedenen Gebieten der Bundesrepu-

blik sind Ansiedlungsversuche für die Waldfledermäuse im Gange. Im Bezirk der Fledermaus-Forschungsstelle Halle/Saale wurden 1964 1000 Fledermaus-Schlafkästen in den Wäldern angebracht.
Außer Insekten gibt es noch andere Schädlinge. Deshalb sind Maulwurf, Igel, Spitzmaus, Wiesel und Baummarder vor planmäßiger Verfolgung zu schützen.

Schutz auch den Greifvögeln!

Darunter versteht man die Vögel, die ihre Beute mit den Fußkrallen (Fängen) greifen, festhalten und töten. Nur einige von ihnen, z. B. die Falken, töten durch Schnabelhiebe am Boden.
Früher war man allgemein der Meinung — manche Menschen sind es noch heute —, diese Vögel seien nicht nur unnütz, sondern müßten mit allen Mitteln verfolgt werden, weil sie nur Schaden anrichteten. Daher die Bezeichnung Raubvögel. Heute wissen wir, daß sie als „Herren der Lüfte" nicht nur eine der schönsten Zierden unserer heimatlichen Natur sind, sondern daß auch sie eine sehr wichtige Aufgabe im Haushalt der Natur zu erfüllen haben.
Zu den Greifvögeln gehören Adler, Turmfalke, Baumfalke, Mäusebussard, Habicht, Sperber, Roter Milan und Schwarzer Milan. Häufig werden die Brutstätten durch tränentreibende Abgasluft vernichtet.

Da die alten, mit Einflugslöchern versehenen Häuser, die diesen Vögeln Brutstätten bieten, mehr und mehr fehlen, will man „Schutzstationen" bauen. (Zu der Familie der Eulen — Nachtgreifvögel, die aber den Nachtschwalben näherstehen als den Greifvögeln —, gehören auch die Käuze.) Zur Zeit aber werden 30 000 bis 50 000 Greifvögel und Eulen von „Liebhabern" gefangen gehalten. Das Halten und Hegen von geschützten Arten muß verboten werden. — In der DDR ist die Wildkatze im Harz wieder heimisch geworden. Der Biber lebt wieder an der mittleren Elbe, den angrenzenden Fluß- und Grabensystemen. In den Thüringer Wäldern ist auch der Uhu bereits in großer Zahl zu finden.

III. Naturschutz und Landschaftspflege werden immer lebenswichtiger

1. Nöte und Aufgaben in der Forstwirtschaft

Rücksichtslose Abholzungen nach dem Zweiten Weltkrieg

erfolgten in vielen Gegenden unseres Vaterlandes auf Veranlassung einiger Siegermächte. Der dadurch entstandene Schaden wird auf 30 Milliarden DM geschätzt. Sogar dem waldärmsten Lande Schleswig-Holstein brachten die Kahlschläge von 1945 bis 1948 einen Verlust von rund zwei Dritteln seines Holzvorrates. Besonders wurde Raubbau in unseren verlorenen Ostgebieten betrieben.

Trotzdem Wachstum des deutschen Waldes

Die entstandenen Kahlflächen sind inzwischen wieder bepflanzt worden, und zwar mit 7 Milliarden Bäumchen. Durch alte Chroniken in Schleswig-Holstein ermutigt, fand man heraus, daß auch Eichen und Bergahorn im Seewind gedeihen.
Dazu wurden Ödland, Niederwald und Brachland zum Teil aufgeforstet. So wurde die gesamte Waldfläche vergrößert und beträgt nunmehr 7,1 Mill. ha (= 29 % der Bodenfläche). Doch bestehen die Neuanlagen leider meistens aus Fichten.

Interessante Aufforstungen

nach dem 2. Weltkrieg sollten dem deutschen Wald neuen Auftrieb geben. Von der Bundesforschungsanstalt für Forst- und Holzwirtschaft in Reinbek bei Hamburg wurden in einer dreijährigen Versuchszeit Eukalyptusarten aus Samen im Glashaus aufgezogen. Leider wurden jedoch bisher noch keine für Westdeutschland geeignete Arten dieses schnellwüchsigen und hartholzigen Riesenbaumes gefunden; denn alle ins Freiland gebrachten Pflanzen (etwa 6000) sind erfroren, sowohl in Reinbek als auch in Breisach am Rhein, in Badenweiler und in Kaldenkirchen.
Seit 1953 wurden in zunehmendem Umfang von Zahnarzt Dr. Martin, Kaldenkirchen, Anpflanzungen mit dem kalifornischen Mammutbaum (Sequoiadendron giganteum), Tiefwurzler, schnellwüchsig, hervorragende Holzbeschaffenheit und ungewöhnlich widerstandsfähig gegen Fäulnis und Insekten, vorgenommen.
1966 gibt Dr. Martin folgendes hoffnungsvolle Urteil ab:
„Die Mammutbäume in unserem Wald haben sich ganz hervorragend entwickelt. Die aus 1951 stammenden Sequoien, die 1953 auf die Fläche gebracht wurden, sind zum Teil 10 m hoch und haben einen recht beacht-

lichen Stammumfang. Die Versuche laufen an den verschiedensten Stellen weiter; die bisherigen Erfolge ermutigen zur Fortsetzung. Neben dem Mammutbaum (Sequoiadendron giganteum) werden die Küstensequoia (Sequoia sempervisens) in ihrer hier selektierten harten Form und der chinesische Urweltmammutbaum (Metasequoia glyptosterbrides) in den Versuch einbezogen. Natürlich dauert es Jahrzehnte, bis ein endgültiges Urteil abgegeben werden kann." Auch 1969 waren die Ergebnisse noch verheißungsvoll.

Vielleicht noch mehr verspricht man sich von den schnell wachsenden Pappeln, die schon nach 25 bis 40 Jahren verwendbar sind. 50 Mill. wurden im Bundesgebiet angebaut.

Allerdings liefert die Pappel nur Weichholz, für das man früher kaum Verwendung hatte, das aber in jüngster Zeit beträchtliche Bedeutung als besonders leichtes Füllmaterial in der modernen Holzplattenindustrie für Möbel und Fertighäuser gewonnen hat sowie in der Zellstoff-, Papierholz- und Zündholzindustrie. Doch gedeiht die Pappel nur in feuchtem, aber nicht nassem, krümeligem, gut durchlüftetem Boden.

Der im Jahre 1967 92jährige Forstmeister i. R. Schmitz-Lenders, Düsseldorf-Benrath, hat allerdings bewiesen, daß die sogenannte Harffer-Pappel (Pappel regenerata Henry-Harff, Harff am Niederrhein an der Erft) weitaus mannigfachere Anbaumöglichkeiten besitzt und auch mehr Verwendungsmöglichkeiten als allgemein bekannt. (Näheres in dem 200 Seiten umfassenden Buch „Mein Pappel-Testament", J. D. Sauerländers-Verlag, Frankfurt/Main 1954.)

Aber auch andere Pappelarten können bei fachgemäßer Berücksichtigung des Standortes Höchstleistungen vollbringen, z. B. in Süddeutschland die „Gebrica" und „Flachslanden".

Eine Abnahme des Waldes

ist festzustellen durch Inanspruchnahme des Bodens für industrielle und militärische Zwecke, für Siedlungen, Verkehrsanlagen und landwirtschaftliche Bebauungen (technisches Ödland). 1962 gingen in unserer Bundesrepublik dadurch täglich 70 ha land- und forstwirtschaftlich genutzter Boden verloren. Seit 1965 sind es sogar 120 ha. Betroffen werden leider vor allem stadtnahe Wälder. Die Käufe, wie auch bei Waldsiedlungen und dem unten behandelten Kiesabbau, sind so bequem, weil die Unternehmer es nur mit einem Verhandlungspartner zu tun haben (Gemeinde oder Staat).

Kiesabbau und Baggerseen

Seit etwa 25 Jahren nahm die Bautätigkeit gewaltig zu und damit auch die Sand- und Kiesausbeutung, insgesamt auf 30 000 ha. Damit aber wurde offenbarer Raubbau an der Natur getrieben. Ganz allgemein muß der Abbau von Kies, Sand, Steinen, Ton, Erde usw. mit den berechtigten Forderungen zum Schutze der Natur in Einklang gebracht werden. (Ausführlich dargelegt in der Schriftenreihe von Hubert Weinzierl, Kiesgrube und Landschaft, zu beziehen bei dem Deutschen Naturschutzring, 807 Ingolstadt, Parkstr. 6.) Statt der großen Zahl verstreut liegender Gruben müßte Kiesabbau nur auf großen Flächen gestattet werden, die später rekultiviert werden könnten.

Im Wiehengebirge, bekannt durch die Porta Westfalica, sind durch Abbaugebiete ehemals geschlossene Waldflächen von den Unternehmern abgeholzt und zu Steinbrüchen gemacht worden. Das kalkige Gestein weist viele durchhaltende Klüfte auf, die sich beim Abbau zu Spalten erweitern. Rutschungen und Erdbewegungen machen bei Hangneigungen von 30 bis 40° eine Rekultivierung unmöglich. Schon heute hat das Gebirge auf weite Strecken keinen Erholungswert mehr. Dabei könnte bei einer Steingewinnung im Wesergebirge die zerstörte Landschaft rekultiviert werden.

Seit Ende des Zweiten Weltkrieges wurde im Laacher-See-Gebiet mit der Bimsförderung in großem Umfang begonnen. Geblieben sind oft Karstlandschaften, in denen selbst die neu gepflanzten Fichten nur kümmerlich gedeihen können. Man müßte wenigstens verhindern, daß auch die letzten Vulkane der Zerstörung zum Opfer fallen.

Leider sind erst die wenigsten Baggerseen öffentlich genutzt, in Niedersachsen z. B. nur 5 %. In Nordbaden ist die Rekultivierung von 2445 ha bereits vollzogen, teils noch im Gange. Im südlichen Oberrheingebiet befinden sich 253 Baggerseen und Kiesgruben. Hiervon sind 187 noch rekultivierungsbedürftig. 58 Baggerseen werden bereits für Zwecke der Erholung benutzt, obwohl erst 17 rekultiviert sind.

Der Deutsche Naturschutzring hat bei Neustadt an der Donau vier Baggerseen so ausgebaut, daß dort neben Bibern und Fischottern nun wieder Sumpfschildkröten in freier Natur leben können. (Biber wurden neuerdings auch an dem Flüßchen Gründlach im Reichswald bei Nürnberg, in Simbach am Inn und am Südufer des Ammersees angesiedelt und bearbeiten dort Pappeln und Weiden.) Da aber die Baggerseen mit Grundwasser vollgelaufen sind, trägt ihre Umgebung landschaftsfremde Steppenflora.

Baggerseen, die sich harmonisch in die Landschaft einpassen und nicht nur den Menschen, sondern auch der Tier- und Pflanzenwelt zugute kommen, finden wir z. B. bei Hilden am Stadtrand von Düsseldorf und im Landschaftsschutzgebiet Öjendorf bei Hamburg. Der „Töppersee" zwischen den linksrheinischen Gemeinden Rheinhausen und Rumeln-Kaldenhausen wird voraussichtlich bis 1978 zu einem neuen Erholungsmittelpunkt ausgebaut.

Im Ruhrgebiet im Kreise Dinslaken entstanden und entstehen in der „Schwarzen Heide" durch Aussandungsbetriebe große Baggerseen. Der Kreis ist bereit, dieses Gebiet der Bevölkerung des Ruhrgebietes für Erholungszwecke zugänglich zu machen.

Vor allem wird in dem 2500 qkm großen rheinischen Braunkohlenrevier zwischen Köln, Aachen und Neuß eine umfangreiche

Rekultivierungsarbeit geleistet. Vor dem Abbau der Braunkohle im Tagebau wird der für die Landwirtschaft besonders wertvolle Löß, der zu den besten Böden der Bundesrepublik überhaupt gehört, gesondert gewonnen, teilweise bis zu 30 km befördert und auf die unfruchtbare Rohkippe in den ausgekohlten Tagebaubereichen aufgetragen. Der Löß steht in manchen Tagebauen in einer Mächtigkeit bis zu 20 m an; für einen guten Ackerboden ist jedoch nur eine Auflage von 1 bis 2 m Mächtigkeit erforderlich.

Als Betriebsfläche beansprucht wurden bisher fast 16 000 ha, davon sind nach dem Stand von Anfang 1973 bereits über 10 200 ha wieder urbar gemacht worden. Sie werden überwiegend landwirtschaftlich und forstlich genutzt.

Bei der forstlichen Rekultivierung werden Monokulturen bewußt vermieden. Auf einem Boden aus einer Mischung von Löß, Kies und Sand wächst ein abwechslungsreicher Wald mit rd. 60 Baum- und Straucharten heran. Dieser neue Wald dient im Großraum Köln mit mehr als 1,5 Mill. Bewohnern als Naherholungsmittelpunkt. In die Waldflächen sind 39 Weiher und Seen mit einer Gesamtfläche von 570 ha eingestreut, die das Landschaftsbild zusätzlich beleben. Einige Seen sind Vogelschutzbereiche, andere — der Heiderbergsee bei Brühl, der Liblarer See, der Echtzer See und der Dürener See — sind Dorados für den Wasser- und Schwimmsport geworden. Größere Bereiche, vor allem im südlichen Revier, sind in die Betreuung des Erholungsparks Ville/Kottenforst übertragen worden.

Nur rd. 30 km von Köln entfernt befindet sich der größte Bergwerksbetrieb der Erde. Es ist der Tagebau Fortuna-Garsdorf, in dem wie in allen Braunkohlentagebauen des Rheinlandes Schaufelradbagger eingesetzt sind, die 7600 t schwer, 200 m lang und 70 m hoch sind. Bei einem Bedienungspersonal von nur 5 Mitarbeitern erreichen sie eine Tagesleistung von 100 000 cbm; diese Geräte werden sowohl bei der Abraumbewegung zur Freilegung der Kohlenflöze als auch der Kohlenförderung verwendet. Neue Schaufelradbagger mit 200 000 cbm Tagesleistung sind bestellt und werden von 1976 an im Tagebau Fortuna Garsdorf in Betrieb gehen.

Die Förderleistungen der Rheinischen Braunkohlenwerke AG (Rheinbraun) werden in der zweiten Hälfte der 70er Jahre auf 110 bis 115 Mill. t/Jahr ausgeweitet. Von dem gesamten rheinischen Braunkohlenvorrat in Höhe von 55 Mrd. t sind in den heutigen Tagebauen 2,7 Mrd. t aufgeschlossen, noch weitere 6,7 Mrd. t können mit der z. Z. vorhandenen Technik wirtschaftlich gewonnen werden. Der Kohlevorrat allein in dem geplanten Tagebau Hambach im Grenzgebiet der Kreise Düren/Jülich und Bergheim beträgt rd. 5 Mrd. t.

Bergwerksdirektor Dr. Erwin Gärtner, Vorstandsmitglied von Rheinbraun, hat Pläne entwickelt, die die Einrichtung von Großwasserspeichern in einem ausgekohlten Tagebau vorsehen; in Frage kämen der Tagebau Fortuna Garsdorf oder der geplante Tagebau Hambach. Auf diese Weise könnte wesentlich zur Sicherstellung der Wasserversorgung weiter Teile

Westdeutschlands beigetragen werden. In dem noch nicht begonnenen Tagebau Hambach beispielsweise könnten nach der Auskohlung 3,5 Mrd. cbm Wasser gespeichert werden; die Speicherkapazität dieses Tagebaues würde damit den gesamten, gegenwärtig vorhandenen Speicherraum in den Talsperren der Bundesrepublik übersteigen. Über die Füllung eines solchen großen Wasserbeckens gibt es bereits genaue Vorstellungen. Die Schönheit der Landschaft wird durch einen solchen See zweifellos gefördert. (Jedoch bestehen Bedenken der Naturschützer gegen diesen Plan.) Die Rekultivierung des rheinischen Braunkohlenbergbaus hat weltweite Anerkennung gefunden. Die hierbei in mehr als einem halben Jahrhundert gesammelten Erfahrungen sind wesentliche Hilfen bei der Verwirklichung ähnlicher Aufgaben in zahlreichen Ländern.

Waldverhältnisse und Abnahme der Landwirtschaft

Neue Waldflächen bekommen wir dort, wo wir sie nicht brauchen. Das zeigt die Verwilderung der Höhen, z. B. des Spessarts, der Schwäbischen Alb und des Hochschwarzwaldes.

Im Norden reicht der dunkle Tann bis tief in die engen Täler. Im Süden mit seinen weiten Hochflächen sorgten die Bauern mit ihren Viehherden dafür, daß der Wald nicht überhand nahm. Da es aber kaum noch landwirtschaftliche Vollerwerbsbetriebe gibt, wachsen die Wiesen in dem weiten Hochland am Fuße des Feldberges allmählich zu, auch Skipisten. Die auf dem Wechsel von Wald, Feld, Wiese, Berg und Tal beruhende Anziehungskraft wird sehr eingebüßt.

Doch gibt es auch Fälle, wo eine fachgemäße Aufforstung besser unterbleibt. Sich selbst überlassenes Brachland (Wohlstandsbrache), von der es zur Zeit im Bundesgebiet etwa 500 000—700 000 ha gibt, wird gewöhnlich als „Ödland", „Steppe", „Wüstenei" abgeurteilt. Es trägt jedoch vielleicht zur Luftreinhaltung mehr bei als Grün- und Ackerland. Außerdem entwickelt es sich unterschiedlich. Nach einer verschieden langen Steppenzeit kommt die natürliche Reihenfolge der Pflanzengesellschaften wieder in Gang. So ist das „Verwildern" der natürliche Weg zur Wiederbewaldung mit vorwiegend Eichen-, Hainbuchen- und Buchenbeständen. (Siehe auch Seite 18.)
Doch soll nicht einem unkontrollierten Verwildern das Wort geredet werden. Durch Verunkrautung, Vernachlässigung des Pflanzenschutzes, Uferabbrüche, Erosion — im Alpenraum sogar mit erhöhter Lawinengefahr verbunden —, Verkarstung, Verfall des Wegenetzes ist die Landschaft unansehnlich geworden. Die Nutzungsmöglichkeit für Erholung und Freizeit entfällt. Der Ertrag benachbarter Wirtschaftsflächen wird beeinträchtigt.
Augenblicklich erbringt die deutsche Forstwirtschaft meistens

Fehlbeträge,

selten einen kleinen Überschuß. Schuld an den beständig bleibenden Holzpreisen ist die hohe Holzeinfuhrquote von fast 50 %. Die billigen Einfuhren

stammen aus der Ausplünderung von Urwäldern in den Entwicklungsländern, aus Großkahlschlägen in kaum besiedelten Gebieten Kanadas und Skandinaviens sowie aus Ländern mit staatlich festgelegten Preisen und Löhnen des Ostblocks.
Die Hauptursache für die heutige Ertragsschwäche des deutschen Waldes ist der Mangel an einem hochwertigen Holzvorrat. Je älter der Wald, desto wertvoller wird er. Aber die jungen Altersklassen als Folge der Übernutzungen zwischen 1944 und 1950 überwiegen. So fehlt der Gewinn. Dazu kommt fehlende Stammespflege, ein großes Sündenregister wider Wald und Holz. Darauf macht Werner Grandjöl in einem Aufsatz aufmerksam im Kosmos, Heft 10, 1967. Infolge fehlender Überschüsse ergeben sich immer geringere Abtriebszeiten. Es ist aber sinnwidrig, die Förderung und Pflege des Waldes zu fordern, adbei aber gleichzeitig seine Besitzer (44 % unseres Waldes sind Privatbesitz) einem Verlustgeschäft zu überlassen.
Deshalb schlägt Prof. Dr. Hilf (Reinbek) zur Behebung der eben geschilderten Mängel im „Forstarchiv" 1971 eine gezielte Wald-Bausparprämie vor, die den Waldbesitzer entschädigen soll, wenn er einen vorzeitigen Abtrieb zurückstellt.
Für die Erprobung dieser neuen — von Bund und Land zu gebenden — Mittel bietet z. B. der planmäßige Aufbau einer Douglasien-Kiefern-Wirtschaft in der Lüneburger Heide die beste Möglichkeit.

Bundeswaldgesetz

Überall versperren Stacheldraht, Bretterzäune und Verbotsschilder den lufthungrigen Wanderern den Weg. Deshalb fordern Millionen erholungsbedürftiger Bundesbürger seit langem:

Gebt endlich alle großen und kleinen Erholungsgebiete frei!

(Allerdings muß man berücksichtigen, daß der Privatwald hoch besteuert wird, der Staatswald wenig und der Gemeindewald gar nicht. Siehe auch Seite 42. Auch werden Wälder, besonders die Waldränder, zunehmend durch verbotenes Müllabladen verunstaltet.)
Weil ein einheitliches Forstgesetz fehlt, hat jedes Bundesland andere Gesetze. In Nordrhein-Westfalen sind die Wälder seit 1970 freigegeben. Die Seen können in Schleswig-Holstein von jedem benutzt werden, aber in Bayern sind zwei Drittel der Seeufer in Privatbesitz. Dabei gibt es hier 720 km Seeufer, die für Spaziergänger und zum Baden geeignet sind. Nach einem geplanten Bundeswaldgesetz sollen die Wälder freigegeben werden. Die privaten Waldbesitzer werden für Ausgaben entschädigt, die sie aufwenden, um die Wälder für Erholungsuchende anziehender zu machen.
Im übrigen bietet das Bundeswaldgesetz, wie es im Entwurf vorliegt, kaum eine Handhabe, den „gänzlichen Ausverkauf der Umwelt zu stoppen". (Naturschutz-Präsident Hubert Weinzierl.)
Nimmermehr darf der Weisheit letzter Schluß darin bestehen, den Laubwald zu opfern!

Städtebau und Umwelt

Unsere Städte machen krank, einsam und gewalttätig. Eintönige Wolkenkratzer wirken nüchtern wie Maschinen. Selten sind Hochhäuser vielgestaltig wie eine Naturlandschaft zu finden: Terrassen-, Geschoßbauten, Element-System. (Das Vorhaben „Habiflex" in Wulfen mit 40 Wohneinheiten ist eine Wohn-Oase mit Geschmack.) Erholungsgebiete sind selten. Überall bedrohen Lärm, Schmutz und Gestank die Gesundheit. Städte, aus denen Arbeitskräfte fortziehen, betreiben Industrie-Ansiedlung zu fast jedem Preis (Gewerbesteuer)! So treiben Angst vor Krankheiten und Lärm die besser gestellten Bewohner in die

Vororte, Satelliten-Städte.

Aber der leere Raum um das herkömmliche Einfamilien-Vorstadthaus schafft nur scheinbar Bewegungsfreiheit. Die Einzelgrundstücke „fressen" die Landschaft, an der sich zu freuen die Menschen aus der Stadt gezogen sind. Wo einst Wälder, Wiesen, Äcker und grüne Hügel waren, sieht man jetzt Dächer, qualmende Schornsteine, Fernsehantennen, Verkehrsschilder und asphaltierte Straßen. Um Vorgärten, Seitenhöfe, Garagen und Zufahrten zu schaffen, wurden Bäume gefällt, Blumenbeete und Grünflächen betoniert. Hier ist kaum noch Platz zum Spielen für Kinder. Die Planung ist auf die Wünsche der jüngeren Familie mit kleinen Kindern zugeschnitten, und weiter wird auch nicht geplant. Kindergärten, Schulen, Rathaus, Wohnungen, Treppen, Lifts, Fernmeldeeinrichtungen, Badestrand sind zu klein geraten. Die Gemeinde ist gar nicht darauf eingerichtet, diese Einrichtungen und den Straßenbau, Energie- und Wasserversorgung, Abwasser- und Abfallbeseitigung zu verkraften.

Das schlimmste am Einzelbausystem ist, daß der hübsche Garten und der leere Raum als Abstand zum Nachbarn uns immer weiter aus der Stadt hinausdrängen. Zukunftsforscher rechnen damit, daß in 20, 30 Jahren Bonn und Duisburg mit Köln, Brüssel und Amsterdam zusammenwachsen werden. In London ist die Bevölkerungszahl von 8,6 Mill. im vergangenen Jahrzehnt auf 7,4 Mill. gesunken. Bis 1981 erwartet man eine Zahl von 6,9—6,4 Mill. Aber in den Gebieten um London ist in den vergangenen 20 Jahren die Bevölkerungszahl von 3,5 auf 5,2 Mill. gestiegen. 1981 sollen es 6 Mill. sein. — Hochhäuser zwischen Rasen, dessen Betreten verboten ist, stehen da als einsame Wohnklötze auf Wiesen.

Die Absicht, durch Lockerung der Bebauung und durch Begrünung dieser Anlagen die Forderung nach mehr Licht und Luft und Ruhe zu erfüllen, zeigt als nicht beabsichtigtes Ergebnis: Trostlosigkeit. — Bei Heidelberg entsteht zwar eine Muster-Trabantenstadt Emmertsgrund. Aber die Mieten werden viel zu hoch.

Nicht nur die Vorstädte in ihrer heutigen Form, sondern auch die Verlegung von I n d u s t r i e n in die Dörfer erwies sich in vielen Fällen als sehr fragwürdig. Die Tragfähigkeit der kleinen Gemeinden für Verkehr und Abwasser war viel geringer als die in den alten Industriemittelpunkten. Die Industrie läßt sich viel eher technisch durchorganisieren als die Städte; denn industrielle Erzeugungen können miteinander verzahnt werden. Der eine verarbeitet die Abfälle des anderen, einem dritten genügt das Kühlwasser, das ein anderer bereits verwendet hat; alle zusammen aber sind an die großen Verkehrswege angeschlossen und betreiben gemeinsam riesige Wasserfilterungsanlagen. Hier, bei der Zusammenstellung von Industrieparks, braucht man praktisch nichts dem Zufall zu überlassen. Da läßt sich ein Kreislauf planen und bemessen, der das Ganze in Bewegung hält und damit für Ordnung sorgt. — Wasser- und Luftreinigung, Abfallbeseitigung und Lärmschutz müssen ineinandergreifen, wie man es im Volkswagenwerk in Wolfsburg von Anfang an durchgeführt hat.

Probleme der Wohlstandsgesellschaft in den ursprünglichen Städten

Durch das Wohnen in den Vororten werden die Anfahrtswege immer länger, der Verkehrsstrom auf den Zufahrtsstraßen wird immer dichter. In Frankfurt/M. z. B. quälen sich 110 000 Pendler mit ihren Autos zu ihren Arbeitsstätten. Frauen schaffen sich in ihrer Isoliertheit häufig Zweitwagen an. Unter den auf die Stadtkerne ausgerichteten Verkehr hat die Bevölkerung in den Gebieten, die die Stadtkerne unmittelbar umschließen, besonders zu leiden, da sich hier das Verkehrsnetz mit zunehmender Nähe des Kerngebietes immer mehr verdichtet.
Mit der Verkehrsfrage hängen die Probleme der Umweltverschmutzung und des Bodenwuchers (siehe nächste Seite) zusammen. Auf die Städte dringen auch die Kosten ein für gemeinsame Einrichtungen wie Wasser, Strom, Gas, Kanalisation und Müllabfuhr. Auf die Städte dringen ferner die Massenansprüche ein auf mehr Kindergärten, bessere Schulen, Hochschulen, Theater, bessere Gesundheitsvorsorge, Altersheime, mehr und bessere Krankenhäuser, Notdienst und Versorgung über den öffentlichen Markt. (Noch vor 100 Jahren sorgte die städtische Gemeinschaft eigentlich nur für Gerichte, Polizei, Schulen und Straßen.) Verwahrloste Jugendliche leben genußsüchtig, frech dahin, haben vor nichts Ehrfurcht. Es besteht kein Zweifel, daß die modernen Massen-Siedlungen mit ihrem anonymen Gepräge und häufigen Fehlen eines dazugehörenden Landschaftsbildes sehr wesentlich zur Entwurzelung beitragen. (Siehe z. B. „Wald als Gesundbrunnen für Leib und Seele".) Der „kritische Abstand" nimmt ab, und der „Dichte-Streß" nimmt zu. Bürgerwehren, die sich vor allem durch Drogenmißbrauch und unheimliches Ansteigen der Gewaltverbrechen bilden, können die höheren Kosten für die Polizei nicht aufhalten.
Aber für den wachsenden Katalog neuer und immer teurer werdender Maßnahmen stehen weniger Mittel als bisher zur Verfügung. Die Grundsteuer für die Wohnhäuser der Pendler werden nicht mehr an die Stadt,

sondern an die Vorstadtbehörde entrichtet. Außerdem werden die frei gewordenen Häuser von Angehörigen der niederen Einkommensgruppen bezogen, wodurch ihr Steuerwert sinkt.
Ferner hatte der — in den ersten Jahren nach dem Zweiten Weltkrieg notwendige — Mieterschutz zur Folge, daß die gutbürgerlichen und herrschaftlichen Wohnungen in den Innenstadtrandbereichen von Minderbemittelten bewohnt wurden und immer mehr verfielen. Nach Aufhebung des Mietstopps 1960 kam es angesichts der starken Zunahme der Bevölkerung durch 1,2 Mill. Flüchtlinge und der Gastarbeiter und der dadurch bedingten ungeheuren Zunahme der Nachfrage nach Boden zu katastrophalen Verhältnissen auf den Bodenmärkten. Die Vermieter wurden häufig zu Spekulanten. Ihre Wohnhäuser wurden aufgekauft und abgerissen. An ihre Stelle traten seelenlose Hochhäuser. Etwa 100 Milliarden DM, die die Steuerzahler für den sozialen Wohnungsbau aufgebracht hatten, konnten nicht — wie vorgesehen — für die Verbilligung der Mieten verwendet werden, sondern mußten zum Ausgleich der Bodenkostensteigerungen herausgezogen werden. Gemeinden haben seit 1960 für den Ankauf von Grundstücken mindestens 30 Milliarden DM mehr aufbringen müssen.

Es ist allerdings nicht so, daß auf der einen Seite die Interessen einer kleinen Minderheit von Bodenspekulanten und Großkapitalisten stehen, auf der anderen Seite die Gemeinschaft aller „Wohlgesinnten". Vielmehr ist die Bereitschaft, überhöhte Bodenpreise zu fordern, bei allen Bevölkerungsschichten vorhanden — sobald sich ihnen eine günstige Gelegenheit dazu bietet.

Durch die schwindelerregenden Bodenpreise in der City — sie stiegen seit 1960 von 500 DM je qm bis auf 15 000 DM je qm — werden die Wohnhäuser „verdrängt", da diese je Flächeninhalt weniger Gewinne einbringen. An ihre Stelle treten die vornehmlich städtische Berufe umfassenden Geschäfte, Banken, Versicherungen und sonstige private Dienstbetriebe. Grund: Durch zahlreiche Standortvorteile (Nähe eines großen Absatz- und Arbeitsmarktes, gute Infrastruktur) lassen sich höhere Gewinne erzielen. Bei den öffentlichen Betrieben kommt noch hinzu, daß sie auf gegenseitige Ergänzung (Fühlungsvorteile) angewiesen sind und deshalb von enger, räumlicher Nachbarschaft Vorteile haben.
Als Folge der Stadtflucht steht die Innenstadt schließlich als Getto da. In den USA ist das vielfach schon schauderhafte Wirklichkeit geworden. (Siehe Seite 189.) Bei uns bahnen sich Gastarbeiter-Gettos und Elendsviertel an. Seit Januar 1975 drohen mehr denn je Ausländerslums der neuen Kindergeldregelung wegen. 70 % der Ausländerkinder verlassen die Hauptschule ohne Abschluß; dabei gehen nur zwei Drittel überhaupt zur Schule.

Ausbau der Dienstleistungsbetriebe

Nach den beiden Weltkriegen, den Wirtschaftskrisen und den Geldentwertungen wurden die Menschen von Lebensangst erfüllt. Ihr Streben nach Sicherheit und nach verbessertem Wohlstand führt zu einem Ausbau der zivilisatorischen Einrichtungen. (Siehe auch die eben erwähnten Massenansprüche.) So entwickelt sich neben dem erzeugenden Gewerbe (Industrie, Handwerk, Bergbau, Bauwirtschaft, Energiewirtschaft) und neben der Landwirtschaft, Fischerei und Forstwirtschaft eine Dienstleistungsgesellschaft, und zwar privater als auch behördlicher Art. Letztere wird „öffentliche Hand" genannt. Dazu gehören der Bund mit seinen Unternehmen Bahn und Post, Länder, Gemeinden, Ämter und Verwaltungen mit ihren vielen Gliedern. 1952 waren in den privaten und staatlichen Dienstleistungsbetrieben zusammen 32,7 % der Arbeitskräfte beschäftigt, 1972 aber 44,1 %.

Über besonders starke Aufblähung der „öffentlichen Hand" siehe „Schlußkapitel"

Ende 1974 waren in ihr 3,42 Millionen Menschen beschäftigt. Die fortwährend steigenden Löhne und Gehälter können nicht mehr verkraftet werden. Siehe New York.

Im Wohnungsbau sorgen auch gutgemeinte öffentliche Förderungsmittel für negative Auswirkungen; denn die Grundstückspreise steigen dadurch, die Wohnungen werden immer teurer. Damit sie dennoch vermietet werden können, zahlt der Staat Wohngeld in immer höheren Beträgen an einen ständig größer werdenden Kreis von Berechtigten. Außerdem wird die Fehlbelegung billiger Sozialwohnungen zu einem öffentlichen Ärgernis. Der Staat schmeißt dadurch jährlich weit über eine Milliarde Mark zum Fenster hinaus. Eine Lösung wäre über eine Abgabe an das Finanzamt möglich. — Kein Wunder, daß notwendige Vorhaben des Umweltschutzes, wie z. B. Klär- und Müllanlagen, häufig zu kurz kommen.

Je mehr die Außenbereiche der Städte zersiedelt werden, desto mehr rücken die Erholungsgebiete in die Ferne, desto mehr treibt es die Großstädter zu ungeordnetem und durch Planung kaum gesteuertem verhängnisvollem Drang nach draußen.

Je kürzer, desto fragwürdiger wird die Erholung. Noch niemand hat versucht, den volkswirtschaftlichen Schaden zu errechnen, der an jedem Wochenende durch Benzin- und Reifenverbrauch, durch Körper- und Blechschäden, Umweltvergiftung und Nervenverbrauch (Verkehrsstreß), Flur- und Forstschäden entsteht. Außerdem: Je weiter die Erholungsgebiete, desto mehr Straßen, desto längere Fahrten, desto mehr Autos, desto weniger Benutzung von öffentlichen Verkehrsmitteln (Eisenbahnen), desto teurer dieselben, folglich noch geringere Benutzung und noch mehr Autos.

Wochenendhäuser führen zum „Ausverkauf" schönster Landschaften. Außerdem zählt man davon etwa 100 000 ohne Genehmigung errichtete, davon allein in Bayern 30 000.

Dazu kommen die von Behörden genehmigten „Waldsiedlungen". Die Leute flüchten angesichts der wirtschaftlichen Unsicherheit in Sachwerte, koste es, was es wolle. Sie suchen einen Ruhesitz oder Zweitsitz, vielleicht nur für vier Wochen im Jahr. Schließlich ist die Erholungslandschaft zersiedelt und damit die Natur zerstört, die die Erholungshungrigen dort zu finden glauben.

In viel besuchten Gebieten (z. B. Seeufern, Meeresküsten und Bergen) sollten Zweitwohnungen nicht zugelassen werden (höchstens in zusammenhängender

Form). Es gibt aber auch Landschaften, in die oft jahrelang kein Erholungssuchender kommt. Sie und Brachflächen könnten einer geplanten Erholungsnutzung auch durch Zweitwohnungen erschlossen werden. In Landschaften, wo durch Flurbereinigung Infrastrukturen vorhanden sind, könnten Neubauten behutsam eingebaut und damit landschaftspflegerische Auflagen verbunden werden. Heute (1975) findet die Zweit- und Ferienwohnung nach wie vor interessierte Käufer, allerdings vor allem im Naherholungsbereich.

Auf jeden Fall ist es Verschwendung, wenn Besitzern oder Bauherren von Zweitwohnungen, von Zweithäusern oder sogar von Ferienwohnungen staatliche Unterstützung zuteil wird. Die Campingplätze weiten sich zu Wohnwagenstädten aus.

Außerdem legten ungefähr 200 000 Bundesbürger ihre Gelder in Häusern und Grundstücken im Ausland an (investierten in Immobilien). Dies geschah wegen steuerlicher Vergünstigungen, vor allem in Spanien. Dieses im Ausland angelegte Kapital, das z. B. 1972 rund 605 Mill. DM betrug, wird aber dringend zur Verbesserung der Wohnungsversorgung und zur Erneuerung der Städte in der Bundesrepublik benötigt. 1975 wird die „Sonnenkammer der Schweiz" (Tessin) von Spekulanten beherrscht.

In diesem Zusammenhang muß auch die Steuerhinterziehung durch Errichtung von Scheinfirmen, besonders in der Schweiz, Luxemburg u. Liechtenstein, erwähnt werden. Allein im Jahre 1970 verschwanden so 5 Milliarden Mark.

Mit der Zersiedlung ist häufig eine Verschandelung der Natur verbunden. Die deutschen Baumeister haben mit der Verschandelung der geschichtlichen Stadtbilder in den Wiederaufbaujahren eine schwere Schuld auf sich geladen. Sie ist aber verständlich; denn 1945, als Deutschland in Trümmern lag, war keine Zeit für weitgehende Zukunftsplanungen. Unverzeihlich aber ist die Zerstörung der harmonischen und lieblichen Landschaften von den deutschen Meeresufern bis in das Alpenland durch häßliche Betonbauten. Andererseits würde bei dem steigenden Fremdenverkehr die Landschaft ohne Hochhäuser noch mehr zersiedelt werden. Ein wahrer Teufelskreis!

Die schon erwähnten 54 Naturparks sind als Erholungsgebiete nur eine halbe Lösung; denn sie dürfen keine öffentlichen Tummelplätze sein.

Leistungsfähige Naherholungsgebiete

müssen mit dem Fahrrad oder sogar zu Fuß zu erreichen sein. Bei größeren Städten ist eine Tiefe von 3—10 und mehr Kilometern des Gebietes erstrebenswert. Bestehende Industrieanlagen sind durch Bepflanzungen in die Landschaft einzufügen. Ungenutzte Truppenübungsplätze, verlassene Bauernhöfe, Steinbrüche, Kies- und Sandgruben müssen wieder in Landschaft verwandelt, Stangenwälder (Fichten) gelichtet, Laubhölzer angesiedelt, Wandererpfade und Radfahrwege angelegt werden. Auch Schulen sollten ihre Gebäude und Sportanlagen an Wochenenden oder Ferientagen der Öffentlichkeit zugängig machen. Und wenn sich die Vorstadtbauern,

die den größten Teil dieser Gebiete besitzen, auf Fremdenverkehr und Weidewirtschaft umstellten, würden sie sich besser stehen als jetzt.
Die Anstöße zur Entwicklung von Naherholungsgebieten müssen von allen Seiten kommen: von Landschaftspflegern und Naturschützern, von Planern, Wissenschaftlern, Lehrern, Eltern und tatkräftigen jungen Leuten.

Die Gesundung (Sanierung) der Städte wird immer brennender

a) Gesundung des Verkehrs

Zwischen Landesplanung, Städtebau und Verkehr besteht eine starke Wechselwirkung. Deshalb ist eine klare wechselseitige Zuordnung von Flächennutzung und Verkehrssystem zu fördern. Die Uferlandschaften des Rheins z. B. bedürfen dringend einer Großplanung.
Wir können es uns nicht leisten, dem Verkehr immer mehr Platz zu opfern. Der Bau von Parkplätzen und Parkhäusern in den Innenstädten sollte nicht mehr gefördert, sogar „unterbunden" werden. Wir müssen den Straßenbau in den Städten begrenzen und stattdessen ein Straßensystem errichten, mit dessen Hilfe der Durchgangsverkehr um die Innenstadt herumgeleitet werden kann. Straßendurchbrüche, die das Weichbild der Großstädte vom Verkehr entlasten sollten, haben im Gegenteil den Durchgangs- und Umgehungsverkehr erst recht in die Innenstädte gezogen (Hannover, Rom).

Nach Meinung vieler Städteplaner allerdings müßten Vororte und Wohnviertel in den ursprünglichen Städten leistungsfähige Autobahnen erhalten. Große Baugebiete dürften natürlich daran nicht ausgewiesen werden (München, Nürnberg). Die jetzt vorhandenen Straßen hätten vor allem Zubringerdienste zu leisten. In der City sollen die Fußgänger völlig ungestört über den Autos gehen.

S-Bahn, U-Bahn, Stadtbahn und Straßenbahn können einen großen Zustrom von Autofahrern gar nicht verkraften, am wenigsten in den Stoßzeiten. Ihr Ausbau würde deshalb zu weiteren Fehlbeträgen der Städte führen. (Der öffentliche Nahverkehr trägt die Hauptschuld an dem Milliardenfehlbetrag der Bundesbahn, siehe „Schlußkapitel".) Von den zur Zeit im Bau befindlichen 16 U-Bahnen sind 13 nach der Meinung von Fachleuten zu viel. (Nur in ganz wenigen Städten, wie Hamburg und München, werden die öffentlichen Verkehrsmittel gleichmäßiger während des Tages benutzt.) Außerdem können sie nicht die Fläche erschließen. So bleibt das private Auto das wichtigste und billigste Verkehrsmittel. Es muß allerdings durch andere Systeme ergänzt werden.
Hier bieten sich umweltfreundliche und immer bequemere und schneller werdende Busse an (siehe „Verminderung der Luftverschmutzung"). Die in manchen Großstädten in verkehrsarmen Abendstunden eingesetzten Linien-Taxis vermindern Bus-Betriebsunkosten. Wenn der Verkehr in der Fläche mit Bussen wegen des notwendigen Fahrpersonals problematisch wird, sind automatische Kabinenbahnen die Lösung. Ein derartiges Kabinenbahnsystem wird von Siemens und Düwag unter dem Namen „H-Bahn" entwickelt.

Für eine gründliche Gesundung des Gesamtverkehrs wird auch ein völlig neues Landverkehrssystem für den Fernverkehr gesucht. Dieses Verkehrssystem soll umweltfreundlich, leistungsfähig und spurgebunden sein und Geschwindigkeiten erlauben, welche in Mitteleuropa eine echte andere Möglichkeit zum Kurzstreckenflugzeug sind. Ein derartiges System kann die Magnetschwebebahn sein, welche von AEG, BBC und Siemens zur Zeit in Erlangen und später auf der Großversuchsanlage in Donauried erprobt wird.

An dem Thema Magnetschwebetechnik für den spurgebundenen Landverkehr arbeiten auch die Firmen Kraus-Maffei und Messerschmitt-Bölkow-Blohm.

Die neuen Schnellbahnen für den Fernverkehr sollen auch für den Güterverkehr geeignet sein und sich zweckmäßig zur Übernahme vollständiger Lastwagen eignen. Die Züge sollen dann mit einer Geschwindigkeit bis zu 500 km/h fahren. Erste Pläne zeigen eine Linienführung von München über Stuttgart, Frankfurt, Ruhrgebiet nach Hamburg.

Es gibt aber keinen Zweifel daran, daß eine Hochleistungs-Schnellbahn wegen der hohen Unkosten erst im europäischen Raum sinnvoll wäre. Neben der Bundesrepublik wälzen auch Großbritannien und Frankreich entsprechende Pläne. Man beginnt, die Forschungsergebnisse international abzustimmen bezw. zu ergänzen.

b) Wiederbelebung der City und der citynahen Mischgebiete

Früher war der Stadtkern der ideale Ort der Zusammenkunft, der Zerstreuung und der Begegnung. In den neuen Städten aber ist, wie wir sahen, der Stadtkern nichts weiter als ein bevorzugter Verwaltungs- und Einkaufsmittelpunkt. Durch diese Verringerung der Bevökerungsdichte im Stadtkern stirbt das Herz der Stadt ab. Hier macht Stadtluft nicht frei, sondern unfrei; denn hier bedeutet Stadtluft nur Technik und Fortschritt. „Kultur aber (auch die bäuerliche) blüht nur inmitten der Menge." So hat sich die Aufteilung in Wohngebiete, Geschäftsbereiche, Industriezonen und Vergnügungsmittelpunkte nicht bewährt.

Die City-Bau KG, Leverkusen, errichtet Stadtmittelpunkte nach dem sogenannten „Leverkuser Modell". Auf engstem Raum wird die Möglichkeit des Kaufens, Wohnens, Verwaltens, einer Reihe von Dienstleistungen und einer Trennung von Fußgänger- und Fahrbereich (unterirdischen Parkplätzen) geboten. Die Eigentumsverhältnisse werden nach den Möglichkeiten des Wohnungseigentumsgesetzes geregelt. Danach wird der Fortbestand des Ganzen gesichert und dennoch den einzelnen Raumeigentümern das Sondereigentum an bestimmten Gebäudeteilen in einer dem Alleineigentum gleichberechtigten Weise verbürgt. — Solche Vorhaben wurden in Leverkusen, Hannover, Marl, Bergkamen, Ludwigsburg, Peine und Ludwigshafen errichtet. Geplant sind Vorhaben in Königswinter, Villingen, Düsseldorf, Osnabrück und Leinfelden.

Außerdem muß der Freizeitwert unserer Städte außerhalb der Wohnungen gesteigert werden

Eine menschenfreundlichere Umgebung ist anzustreben. Vielleicht ein Altstadtviertel unter Denkmalschutz, verspielte Formen (Brunnen, Straßenlaternen), Waldzipfel, Flüßchen, Hügel. Geschickt gewählte Farben könnten die Stein- und Betonwüsten beleben. Aber auch gemütliche Gaststätten, Diskussionsräume, Kindergärten, eine Altenstube, eine Experimentierbühne, Sport- und Spielstätten sind wünschenswert. Die jetzigen Spielplätze befriedigen das Spielbedürfnis der Kinder nicht. Spielplätze müssen Anreiz geben, sich zu beschäftigen (Abenteuerplätze). Das fängt bei den Kleinen im Krabbelalter an und schließt auch die Leute im Altersheim nicht aus. Eine größere Ausnutzung der Sportanlagen ist zu überlegen.

Vor allem sind mehr Erholungsgebiete zu schaffen, also Grünflächen mit Baumbeständen. Unbegrünte Straßen und Plätze werden bei Sonneneinstrahlung äußerste Wärmespeicher. Überhitzte und staubreiche Luft ergibt ungesundes Kleinklima. (Auch das Grundwasser ist wärmer als in der Umgebung. Dadurch wird die Wirkung als Kühlwasser gemildert und die Güte des Trinkwassers beeinträchtigt.) Begrünte Straßen und Plätze aber verbessern das Kleinklima durch Schatten, Verminderung von Wärmestaub, Staubfiltrierung, größere Luftfeuchtigkeit und Luftdurchmischung. Ungeschützte Wohngebiete leiden unter Staub- und Lärmeinwirkung und haben somit ein ungesundes Industrieklima. Schutzpflanzungen aber filtern Staub und Lärm und verbessern das Wohnklima. Bei langfristigen Flächennutzungsplanungen kann die Stadt Reserveflächen für eine Anzahl Jahre als Kleingärten zur Verfügung stellen.

So könnten sich die Großstädter in der Stadt wohlfühlen, und die „Fortschrittsprobleme" könnten besser gelöst werden.

— — —

Bei rund 6 Mill. Wohnungen lohnt sich eine Modernisierung. Wünschenswert ist, daß geschichtliche Zeugnisse der Stadtbaukunst nicht verlorengehen. Aber öffentliche Zuschüsse sollten nicht nur für die Neugestaltung der äußeren Formen (Fassaden), sondern erst recht für die Verbesserung des inneren Wohnwertes (Durchbau) gezahlt werden. Manche verfallene Altbau-Siedlungen werden zu Gastarbeiter-Ghettos. — Bei Neubauten sind größere Wohnungen anzustreben!

Seit 1952 werden, besonders im Bereich des R u h r g e b i e t e s, die Wälder auf Hölzer umgestellt, die u n e m p f i n d l i c h gegen Abgase sein sollen, z. B. Erle, Robinie, Birke, Weide, Ahorn, Ulme, Eiche und Pappel. Das ist besonders wichtig wegen der Waldarmut des Ruhrgebietes, vor allem in der Kernzone zwischen Duisburg und Dortmund. (Die ausgedehnten Fichtenwälder des Erzgebirges sind durch Schwefelwolken vergiftet.)

So ging man nach dem Zweiten Weltkrieg mit großem Eifer an die Schaffung von

Grünflächen mit Baumbeständen

Vorgesehen und bereits stark in Angriff genommen ist die planmäßige Anlage von Grüngürteln rings um die Städte. Vor allem wird der Naturpark Hohe Mark die wichtige Aufgabe übernehmen, als Erholungsgebiet für die Bevölkerung des Ruhrgebietes zu dienen. Er zieht sich im Norden ungefähr von Dinslaken bis Haltern hin.
Tatkräftig wurde ferner begonnen mit der Begrünung und Bepflanzung von Werkshöfen, brach liegendem Werksgelände, Müllkippen, Straßenböschungen und Bergbauhalden. Von 1952—1972 wurden mit 12 Mill. Bäumen und ungezählten Sträuchern 500 ha Halden, 600 ha Ödland, 200 ha Abfallkippen und 300 ha Böschungen an Straßen, Eisenbahngleisen und Wasserläufen begrünt. Gegenwärtig gibt es an der Ruhr rund 300 Halden. Davon wurden etwa 100 abgetragen. 150 wurden bereits in Grünflächen verwandelt. Der Rest wird in den nächsten Jahren folgen.
Man verwandelt die Halden mittels umfangreicher Erdbewegungen in abwechslungsreich gestaltete Gebirge.
Gleichzeitig werden auch Straßen neu bepflanzt und Spielplätze, Parkplätze und Fußwege. — Andererseits hat leider der Kampf um die letzten Grüngürtel des Reviers bereits begonnen.
Auch in vielen anderen Städten wächst die Bereitschaft, Bäume und Sträucher in die Städte zu holen, sie zu schützen und zu hegen (aber siehe „Luftverschmutzung").
Im Gebiet der Lippe von Wesel über Haltern und Lüdinghausen nach Oelde beginnen Erkundungsbohrungen nach Kohle, aber unter Beachtung aller Erkenntnisse des modernen Umwelt- und Landschaftsschutzes.
Mit Ölen, Raffinerierückständen, mit Bitumen (künstliche Abdunstungsreste von Erdölen) und mit Kunstschaumstoff wurde in jüngster Zeit die

Befestigung des Bodens

versucht. Gewiß waren mit Schaumstoff z. B. auf etwa 400 ha großem Poldergebiet bei Antwerpen, auf einer 100 x 40 m großen Sandfläche in Saudi-Arabien, im Aachener Steinkohlengebiet, im Saargebiet und auf einem 50 ha großen Basalt-Geröllfeld auf dem Hohen Meißner und mit Ölfilmen in Libyen Erfolge erzielt.
Gemessen an der Wirksamkeit erforderten jedoch fast alle diese Mittel einen so hohen Arbeitsaufwand, daß man sie als unrentabel bezeichnen muß. Oder sie erwiesen sich in vielen Fällen als ungeeignet zur Erhaltung oder Wiederherstellung der Bodenfruchtbarkeit. Wirksam halfen bisher nur langfristige Maßnahmen. Wirkliche Methoden für schnelle Hilfe fehlten.
C u r a s o l (hergestellt von Hoechst, Frankfurt/M.) ist eine Kunststoff-Dispersion (in wässriger Lösung fein verteilte Kunststoffteilchen), die als zeitweiliges (temporäres) Erosionsschutzmittel eingesetzt wird. In Ver-

bindung mit Düngemitteln, Samen und Zellstoffen (z. B. Rohpapier oder andere Cellulose) kann Curasol diese Zusätze vor Wind- und Regenerosion so lange schützen, bis die aufgegangene Saat den natürlichen Erosionsschutz übernimmt. Curasol ist gesundheitlich unbedenklich und besitzt keine pflanzenschädigenden Eigenschaften. Curasol ist mit allen gebräuchlichen Sprühgeräten, wie sie in der Land- und Forstwirtschaft eingesetzt werden, zu verarbeiten.

Im Zusammenhang zu Seite 45 müssen auch die Rutsch-Hänge erwähnt werden. Sie entstehen durch Abholzung, aber auch beim Bau von Straßen, Bahnen und Kraftwerken. Sie können durch „lebende Verbauungen" befestigt werden. Wichtig ist, daß im Zuge der Straßenbaumaßnahmen, und nicht erst nachträglich, alle Bepflanzungen an hohen Böschungen ausgeführt werden.

Im sogenannten „Buschlagenbau" werden als Baumaterial Zweige und Äste jener Holzart verwendet, welche im Sommer durch Neubildung von Wurzeln und Trieben anwachsen (Weiden, Liguster, Pappeln, Goldregen). Die unbegrünten Flächen zwischen den Buschlagen werden mit einer dicht geschlossenen Pflanzendecke gegen Erosion geschützt. Wo Bebuschung oder Wald das Endziel ist, muß nach einigen Jahren eine Zwischenpflanzung mit geeigneten Baumarten erfolgen.

Böschungssicherung, Uferbefestigung, Grabenfußsicherung und Grubenauskleidung werden in Deutschland seit 1964 mit Hilfe gelochter und geschlitzter Tafelbahnen aus Hostalen (= Hart-Polyäthylen) durchgeführt. Dieser Kunststoff wird von den Farbwerken Hoechst hergestellt und wird allen Anforderungen des Wasserbaues in hohem Maße gerecht. Gelochte Tafelbahnen aus Hostalen werden auch an der See bei Sandfangzäunen und Lahnungen verwendet. (Lahnungen bestehen aus weit ins flache Meer geführten Pfahlreihen. Zwischen den Pfählen wird die gelochte Tafelbahn geführt. Die ganze Konstruktion dient zur Brechung der Kraft des Wassers.) Für die Abdichtung von Talsperren, Rückhaltebecken, Kläranlagen, Schlammgruben sowie bei Deichbauten werden speziell entwikkelte Folien mit einseitiger Aufrauhung bevorzugt, auf der die darüber liegenden Überdickungen bis zu einer Neigung von etwa 1:2 nicht abrutschen können. Die bei „Wasserwirtschaft" beschriebenen Uferbefestigungen sind demnach überholt. (Allerdings ergibt sich bei Hostalen keine biologische Selbstreinigungskraft.) Außerdem helfen Großrohre aus Hostalen, daß Seen und Flüsse wieder sauber werden.

Hostalen ist auch gegen Nagetiere widerstandsfähig (siehe Seite 93).

Interessant ist auch die moderne Wildbachverbauung.

Nach Hochwassern sind Felder und Wiesen oft mit Steinen bedeckt und ganze Flußläufe verschottert. Verschiedene Arten von Querwerken und kleine Anpflanzungen oder Querflechtwerke von Erlen und Weiden, mitunter auch Eschen, sollen das Geschiebe (Steine und Geröll) der Wildbäche schon in den kleinen Hochgebirgstälern aufhalten, ohne daß dadurch der Abfluß des Wassers behindert wird.

Ähnlich wie die Wildbachverbauung wirken die Bannwälder. Die Vorarbeiten für 22 neue im Odenwald, Neckarland, Schwarzwald, der Schwäbi-

schen Alb, dem Alpenvorland und dem Oberrheinischen Tiefland sind angelaufen.
Bei Hochwasser sollen von Hoechst entwickelte wassergefüllte Sperrschläuche aus Polyester und PVC-Beschichtung, einen Meter dick und 30 Meter lang, die bisher üblichen Sandsackdämme ersetzen.

Luftverschmutzung

Unter den „Luftverschmutzern" steht der Kraftfahrzeugverkehr mit 40 % an erster Stelle. Es folgen die Industrie mit 30 % und die Haushaltungen mit 30 %. Automotoren stoßen Kohlenmonoxyd (CO, ist auch im Zigarettenrauch enthalten), Kohlenwasserstoffe, Stickoxyde (NO), auch Stickstoffoxyde genannt, Blei, Schwefeldioxyd (SO_2) und Ruß aus. Die Kohle-, Öl- und Gasverbrennung von Industrie und Haushaltungen fügt teils dieselben Gase bei, vor allem SO_2, teils andere Gase, z. B. Fluorverbindungen.

Indirekte Schmutzeinwirkung

Die Bäume in unseren Städten sterben an Autoabgasen, an ausströmendem Erdgas, am Industrie-Smog und am Streusalz. Sie werden langsam eingemauert, von den Asphaltdecken erstickt oder erreichen mit ihren Wurzeln nicht mehr den sinkenden Grundwasserspiegel. Vom Blei im Benzin (siehe nächste Seite über weitere „Autogifte") wird noch nach 100—200 m neben Autobahnen und Bundesstraßen bei Pflanzen ein Gehalt festgestellt. Bei oberirdischem Gemüse ist er um das zwei- bis dreifache größer als bei Gemüse aus verkehrsarmen Standorten. Gewisse Tierarten, wie sie vor allem in zoologischen Gärten gehalten werden, sind für bleihaltige Abgase besonders empfindlich. In der Nähe von Industrieballungen verzehrt Weidevieh häufig vergiftete Gräser.
(Im Römischen Reich fand Blei in Gestalt von Trinkgefäßen und Töpfen besonders bei den oberen Schichten Verwendung. Dazu würzte man den Wein mit Bleioxyd. Bleivergiftung hat erheblich zum Untergang des Weltreiches beigetragen. — Bei uns besteht immer dann Gefahr, wenn kadmiumhaltige Emaillierungen gußeiserner Küchengeräte oder bleihaltige Farben keramischer Töpfe und Schüsseln durch zu große Hitze abblättern und sich mit den Speisen vermengen. Weiteres über Kadmium siehe Seiten 58 und 74.)
Der Bleigehalt in Lebensmitteln ergibt Krankheiten. — Kohlenwasserstoffe, übrigens auch im Zigarettenrauch enthalten und damit direkt wirkend, sind ein Gemisch verschiedenartiger organischer Verbindungen, deren Giftigkeit unterschiedlich ist. Einige, wie Benzpyren, sind bereits in geringer Menge gesundheitsschädlich. Es wird durch den Rauch von Fabrik- und Hausschornsteinen sowie durch Autoabgase niedergeschlagen. Es gelangt auch in Wasser oder bleibt an Gräsern haften, oder wird von

den Pflanzen aus dem Boden aufgenommen, die dann u. U. vom Vieh gefressen werden und auf diesem Wege durch den Verzehr des Fleisches solcher Tiere mit dem Menschen in Berührung kommen kann. Benzpyren kommt auch in Gemüsen und Salaten vor. Waschen mit kaltem Wasser entfernt nur etwa 10 % des Stoffes. 1973 wurde festgestellt, daß die Rückstände von Schwermetallen in Lebensmitteln steigen.

Obwohl im allgemeinen Pflanzen viel empfindlicher gegen Luftverschmutzung sind als Tiere und Menschen, so ist doch die

d i r e k t e Einwirkung der Schmutzstoffe auf die Menschen

recht verhängnisvoll. Dabei sind die Abgase schlimmer als der Staub. Feiner Staub ist schädlicher als grober.

Kohlenmonoxyd (CO) führt in größeren Mengen zu Atemlähmung und zum Tod. — Diejenigen Kohlenwasserstoffe, die unverbrannt aus dem Auspuff sowie bei Ölfeuerungsanlagen entweichen, kommen als Blutgifte in Betracht. Die bereits verbrannten Verbindungen machen sich durch stechenden Geruch, Augenreiz und allgemeine Schleimhautreizungen bemerkbar. — Stickoxyde (NO) entstehen bei hohen Verbrennungstemperaturen in Automotoren und Kraftwerken und sind starke Blutgifte. Zuerst bildet sich Stickstoffmonoxyd, dann bei Sonnenlicht und freier Luft das viermal so giftige Stickstoffdioxyd. — Blei, das schon in geringen Mengen hochgiftig ist, kann u. a. das Calzium in den Knochen zersetzen. — Nach neuesten Feststellungen könnte bald Cadmium-Staub aus Müllverbrennungsanlagen für die Gesundheit des Menschen gefährlicher werden als Blei aus dem Autoauspuff. — Auch der Gummiabtrieb ist gefährlich. Allein in München werden jährlich etwa 7000 t pulverisierte Reifen in die Luft gewirbelt.

Außerdem wird durch Verbrennungsvorgänge in Autos, Industrie und Privathaushaltungen Sauerstoff verbraucht. Selten hat eine Verbrennung nur eine einzige Wirkung. Neben den eben erwähnten Stickoxyden siehe auf der nächsten Seite die Bildung von Schwefelsäure und auf Seite 73 die von Salzsäure.

Die Verschmutzung der Luft ist in Deutschland im Verhältnis zu unserem engen Lebensraum siebenmal schlimmer als in den USA und wird nur noch von Japan übertroffen. Die Dosis an Schmutz- u. Giftstoffen in der Luft darf 150 Milligramm je Kubikmeter nicht übersteigen. In unseren Ballungsgebieten aber sind bis zu 12 000 Milligramm keine Seltenheit. Allein der Bleigehalt in der Luft unserer Großstädte erreicht in Spitzenzeiten das Zehnfache der zulässigen Menge. Jährlich verpesten 3 Mill. t Kohlenwasserstoffe und 2,5 Mill. t Stickoxyde die Luft. Von den 20 Mill. bundesdeutschen Autos werden jährlich mindestens 8000 t Blei in der Luft zerstäubt. (Der für Anfang 1976 geplante „Klingelsprit" allerdings, wodurch der Bleigehalt im Benzin von 0,4 Gramm auf 0,15 Gramm je Liter gesenkt werden soll, bleibt umstritten.)

Die Anfälligkeit für Krankheiten wird vermehrt durch die Bildung einer „Dunstglocke" von Abgasen und Staub, insgesamt 300 Fremdstoffen. Sie lagert bei einem Durchmesser von mehr als 10 km bei geringerem Luftaustausch oft tagelang über unseren Großstädten. Dadurch dringen im Ruhrgebiet etwa 30 % weniger Sonnenlicht und 90 % weniger ultraviolette Strahlen durch als in ländlichen Gegenden. Durch die oft baumlosen Betonwüsten entsteht ein verzerrtes Klima.

An der Spitze der Erkrankungen stehen Asthma, Bronchitis, Herzleiden und Krebs.

Beim Atmen sättigt sich das Blut in der Lunge mit Sauerstoff; in den Arterien wird es den Körperzellen zugeteilt. Die Stoffwechselvorgänge sind stille Verbrennung der Nahrungsstoffe. Ist die Atmung der Zelle durch niedrige Sauerstoffzufuhr oder durch giftige Stoffe der Luft stark gedrosselt, behilft sich der Organismus mit einer anderen Verbrennungsart, der Gärung. Dann beginnt die Zelle wild zu wuchern. Ein Krebsgeschwür entsteht. So ist täglich Sport und Bewegung die beste Vorbeugung gegen das Schreckgespenst Krebs. Aber bei Smog heißt es: Atme nicht zu tief! — Unabhängig von der Atmung ätzt verseuchte Luft die Haut.

Trotz der augenblicklichen Krise wird die Zahl der Autos wachsen. Außerdem scheint besonders von der chemischen Industrie Schlimmes für die künftige Luftverschmutzung zu drohen. — Die Gefahren durch die Atombombe sind genügend bekannt. — Die Luft im Hochgebirge wird durch Motorschlitten immer mehr verschlechtert werden. Vor allem wird durch die geplanten Überschallflugzeuge die Vergiftung der höheren Atmosphäre Ausmaße annehmen, die weltweit wirken. Außerdem kann der Ozonschutzgürtel zerstört werden, der die Erde vor dem „ungebremsten" Einfall von ultravioletten Strahlen bewahrt.

Die verseuchte Luft gefährdet nicht nur Lebewesen. Aus Schwefeldioxyd, einem der am weitesten verbreiteten Pflanzenschadstoffe, entsteht durch Verbindung mit Luftfeuchtigkeit und Vanadinoxyden Schwefelsäure, die Gebäude und Kunstdenkmäler zersetzt. Betroffen sind auch die heute verwendeten Baustoffe und ganz besonders Beton.

Der Zersetzungsvorgang beim Kölner Dom verläuft folgendermaßen. Schwefelsäure greift Kalziumkarbonat (Kalk) des Domgesteins (Sandstein) an. Übrig bleiben Wasser, Kohlendioxyd und Kalziumsulfat. Letzteres ist bekannt unter dem Namen Gips. Da er ein größeres Volumen einnimmt als das Gestein, zersprengt er es. Das ist der gleiche physikalische Vorgang wie beim Einfrieren einer Wasserleitung. Basalt ist unempfindlich gegen die Schadstoffe. Da aber die Ausbesserungsarbeiten viel zu langsam vor sich gehen, drohen Teile des Domes einzustürzen. — Allerdings tragen im allgemeinen Hitze, Frost, Regen und Wind größere Schuld am Zerfall der Bauten.

Der Tod fährt mit

Tag für Tag rollen die dicken Lastwagen mit Sprengstoffen, Säuren und Giften mitten durch unsere Städte. 90 Mill. t Treibstoff und rund 30 Mill. t Chemikalien vom Äther bis zum Zyanid werden Jahr für Jahr über die Straßen unserer Bundesrepublik gefahren. Sie müßten aber mit der Bundesbahn befördert werden.

2. Wasserwirtschaft

(Wer sich eingehender mit der Wasserwirtschaft beschäftigen will, sei auf das Standardwerk „Wasser — bedrohtes Lebenselement" hingewiesen, Montana-Verlag, Zürich, 1964. Auf 294 Seiten nehmen 76 Fachleute zu allen Wasserproblemen in allgemein verständlicher Sprache mit Abbildungen Stellung. Auch sei empfehlend hingewiesen auf Pierre Rondière, Kampf um das Wasser, Verlag J. F. Schreiber, Esslingen, 1971.)

Rückblick: Vorbildliche Wasserwirtschaft bei alten Völkern.

Kunstvolle Trinkwasserversorgung

Nach genauen wissenschaftlichen Berechnungen legten die Könige Salomo und Hiskia in J e r u s a l e m Wasserleitungen an.

Um B a b y l o n mit Wasser zu versorgen, wurden 360 große Sammelbecken angelegt, die tief in den Felsgrund getrieben wurden und zum Aufspeichern des Wassers zweier Flüsse dienten. Ein in den Kalkfels gemeißelter Kanal brachte dieses Wasser mitten in die Stadt, wo es in offenen Brunnen der Bevölkerung zugänglich gemacht wurde. — Der aus dem Alten Testament bekannte assyrische König Sanherib ließ für N i n i v e eine Wasserleitung bauen in Form von mehreren Kanälen, deren wichtigster ungefähr 30 km lang war und eine Breite von 12 m hatte. In den Kanal waren mehrere Wasserstufen mit Schleusenanlagen eingebaut.

Die Städte der I n k a s und A z t e k e n hatten weiterverzweigte Wasserleitungen mit Anschlüssen in fast jedem Haus.

Unbestrittene Meister in der Anlage von Wasserleitungen aber waren die R ö m e r. Offene und bedeckte, zum Teil über steinerne Bogenbrücken geführte gemauerte Kanäle (Aquädukte = Wasserleitungen) leiteten den Städten von den Gebirgsquellen das Wasser in natürlichem Gefälle zu. Eine der besterhaltenen Anlagen befindet sich in Süd-Frankreich bei der Stadt Nîmes. (Das Bauwerk ist 48 m hoch, 269 m lang und überspannt das tief eingeschnittene Tal des Flusses Gard. Es besteht aus drei aufeinander gesetzten Bogenbrücken. In der oberen ist eine etwa 1,5 m tiefe und 1 m breite, mit Steinplatten überdeckte Rinne eingelassen). Die ganze Leitung war 49 km lang.

Das alte Rom besaß im 2. Jahrhundert n. Chr. bei einer Bevölkerung von einer Million neun solcher Leitungen, von denen die erste $16^1/_2$, die zweite 63, die dritte aber schon 91 km lang war. Die Römer verstanden bereits die Herstellung von Bleirohren, die es ermöglichten, auch die oberen Stockwerke, zumindest jene der reicheren Bürger, mit Wasser zu versorgen. Die Druckrohrleitungen waren mit Einzelhähnen, sogar mit einem Haupthahn, ausgestattet. Drei Aquädukte des alten Rom dienen noch heute der römischen Wasserversorgung. — Bonn und Köln bekamen Quellwasser der Eifel durch einen 78 km langen gemauerten wegen der Frostgefahr in der Erde vergrabenen Kanal.

Nicht nur die Beschaffung des Trinkwassers, sondern auch die

Bewässerung der Felder

zwang die Menschen dazu, immer wieder nach neuen Lösungen zu suchen. Wir technischen Menschen wundern uns, wie geschickt mit oft primitiven Hilfsmitteln das Wasserproblem gelöst wurde und teilweise noch wird. Die Ägypter betrieben ihre mit großen Holzzahnrädern ausgerüsteten Kübelschöpfräder mit Ochsen. (Siehe „Ägypten"). Die Chinesen sind die Erfinder des Schöpfrades. Ein besonderes Kunstwerk ist ein altes chinesisches Schöpfrad, 25 m hoch und nur aus Bambusstangen und -rohren bestehend.

Auch für Abwasserleitungen wurde gesorgt, die gleichzeitig das Regenwasser aufzunehmen hatten (Mischkanalisation). Sie erreichten in den großen Städten gewaltige Abmessungen.

Nöte und Aufgaben der Wasserwirtschaft heute

„Alles wird durch das Wasser erhalten." Hydrologie ist die Lehre vom Wasser mit seinen Erscheinungsformen über der Erde, auf der Erde und unter der Erdoberfläche mit seinen natürlichen Zusammenhängen. Wasser ist der wichtigste Rohstoff.

In knapp 150 Jahren hat sich die Bevölkerung der Erde um 1800—1950 um das Dreieinhalbfache von 900 Mill. auf 3,5 Milliarden vermehrt. Der Verbrauch an Nutz- und Trinkwasser aber ist in dieser Zeit um das achtzigfache gestiegen und erreicht heute in Westdeutschland jährlich ungefähr 15 Milliarden cbm. Die jährliche Steigerung beträgt 3—3,5 %.

Während früher die Menschen mit wenig Wasser auskamen, steigt heute der Verbrauch in den

Haushaltungen

ständig. Auch auf dem Lande setzt sich das Bedürfnis nach einer „städtischen Wohnung" mit Wasserleitung, Spülklosett und Bad immer mehr durch.

Von der Gesamtwasserförderung verbrauchte

die Industrie

ungefähr 63 %. Die Grundstoffindustrien (Kohle, Koks, Roheisen) und die Verarbeitung von Zellstoff benötigen besonders viel Wasser. Z. B. erfordert ein einziger moderner Hochofen täglich zum Kühlen durch Berieselung etwa 8000 cbm. Allerdings wird durch Umlauf im Betrieb erreicht, daß nur ungefähr 11 % davon verbraucht (verdunstet) und 89 % wieder benutzt werden. In der Stahlindustrie sank der Wasserverbrauch je Tonne Stahl von rund 20 cbm auf 4—5 cbm.

10—20 l Wasser sind notwendig, um 1 l Bier herzustellen.

Auch in der

Landwirtschaft

hat der Wasserverbrauch stark zugenommen und beläuft sich auf jährlich etwa 60 Milliarden cbm für die pflanzliche Erzeugung. (Ungefähr 189 Milliarden cbm Regen fallen jährlich auf das Bundesgebiet). Ackerflächen und Wiesen wurden beträchtlich vermehrt bei gleichzeitiger Verminderung des Waldes. (Aber seit ungefähr einem Jahrzehnt gibt es in Mitteleuropa eine rückläufige Entwicklung. Wald nimmt zu, Landwirtschaft ab. Siehe Seite 41.) Außerdem stieg der Wasserverbrauch der Kulturpflanzen gewaltig durch Verwendung von bestem Saatgut, durch richtige Düngung und Bearbeitung.

So beträgt der Wasserverbrauch je kg erzeugte Erntemasse bei Wiesen und Weiden 350—780 l, bei Roggen und Weizen 350—520 l, bei Hafer 370—660 l, bei Hackfrüchten 200—300 l, bei Hülsenfrüchten 250—400 l.

Glücklicherweise nimmt die Verdunstung nicht im gleichen Verhältnis zu wie der Ertrag des Bodens. Sonst hätten wir — bei einer reichlichen Verdreifachung der landwirtschaftlichen Erträge in den letzten 100 Jahren (seit Justus von Liebig um 1850) — kaum mehr eine Grundwasserbildung. Immerhin aber ist die Verdunstung nachweislich vermehrt, jedoch nicht in solchem Ausmaß, daß die Grundwasserbildung entscheidend gemindert wurde. Aber über die Gesamtabnahme des Grundwassers siehe Seite 68.

(Zwar gibt der Wald, vorwiegend der Laubwald, infolge seiner größeren Verdunstungsfläche durch Höhe und Umfang der Bäume mehr Wasser ab als Äcker und Wiesen; aber die Grundwasserbildung durch die restlichen Niederschläge ist bei ihm bedeutender, weil kein Oberflächenabfluß stattfindet.)

Ferner muß neuerdings in sehr vielen Orten gutes Trinkwasser zur Viehtränke herangeholt werden, da Bäche und Flüsse wegen Verschmutzung hierfür nicht mehr in Frage kommen. Der Gesamtverbrauch der Landwirtschaft an gepumptem oder zugeleitetem Wasser einschließlich Beregnung und Verrieselung beträgt jährlich ungefähr 1,2 Milliarden cbm.

Entwässerung

Die Regelung der Wasserverhältnisse im landwirtschaftlich genutzten Boden ist ebenso wichtig für das Wachstum der Pflanze wie die ordnungsgemäße Bodenbearbeitung und die richtige Düngung.

Allerdings liegt bei zwei Dritteln der Böden der Grundwasserspiegel so tief, daß unsere Kulturpflanzen keinen Nutzen vom Grundwasser haben. Sie werden also bevorzugt aus dem Haftwasser versorgt. (Haftwasser ist der Teil des in den Boden eindringenden Niederschlagwassers, der durch die Oberflächenkruste des Bodens gegen die Schwerkraft festgehalten wird. Lehmboden kann 3- bis 4mal so viel Haftwasser aufnehmen als ein Sandboden. Siehe Seit 64.)

Bei zu hohem Grundwasserstand oder bei Böden mit einem zu großen Kolloidgehalt (Ton), weil zuviel Haftwasser vorhanden ist, besitzt die Pflanze kein ausreichend durchlüftetes Wurzelwerk. Es fehlen ihr somit die Voraussetzungen für ein gutes Wachstum. Ackerland verträgt auf längere Zeit keinen höheren Grundwasserstand als 80 cm unter Gelände, Weiden und Wiesen 50—70 cm. Überschwemmungen dürfen auf Ackerland gar nicht eintreten, bei Grünland während des Wachstums nur kurze Zeit. Höhere Grundwasserstände (stauende Nässe) haben zur Folge: Versauerung des Bodens, Zurückbleiben der Pflanze im Wachstum, Auswinterungsschäden, Verunkrautung. Auf Ackerflächen wachsen Hahnenfuß und Schachtelhalme, auf Grünland die besonders schwer zu beseitigenden Binsen, Simsen, Seggen und Sauergräser. Außerdem erschwert übermäßige Bodennässe die Bodenbearbeitung und verhindert die rechtzeitige Frühjahrsbestellung. Zu hoher Grundwasserstand erfordert Entwässerung durch Gräben (offene Vorfluter) und durch Dräne (verdeckte Vorfluter, unterirdisches Röhrensystem).

Der wichtigste Teil der Entwässerung ist die Herstellung und Erhaltung einer ausreichenden Vorflut (Abflußmöglichkeit) im Wasserlauf.

Entwässerung von Acker- und Wiesenflächen

Die maßvolle Anlage von Gräben und besonders durch Dräne wirken im allgemeinen wasserwirtschaftlich sehr günstig. Das Zuviel an Grundwasser fließt langsam ab. Die Erde wird gut durchlüftet. Schwere Böden gewinnen dadurch die dem Landwirt so erwünschte Krümelstruktur (siehe Seite 93). Die als Viehfutter wertlosen, viel Wasser verbrauchenden Seggen und Binsen machen den wasserwirtschaftlich sparsameren Kulturpflanzen Platz.

Moorbildung

Moore entstehen überall dort, wo ein ganzjähriger Wasserüberschuß nahe der Bodenoberfläche vorhanden ist. Nährstoffreiches Wasser (Überschwemmung, Grundwasser) führt zur Niedermoorbildung (Niederungsmoore). Nährstoffarmes Wasser (Niederschlag) führt zur Hochmoorbildung (siehe Seiten 18 und 77).

Bei früheren Urbarmachungen konnte allzu leicht eine

übermäßige Entwässerung

bei Mooren und damit ein zu starkes Sinken des Grundwasserspiegels erfolgen.

So traten z. B. Veränderungen ein bei den Entwässerungen im Havelländischen Luch westlich von Berlin, im Dachauer und Erdinger Moor nördlich von München, im Donauried bei Leipheim in Baden-Württemberg, im Wiener Becken und im Inntal bei Innsbruck. Der kalkreiche Niedermoorboden der genannten Berliner und Münchener Moore wurde im Lauf der Zeit „puffig" und damit gegen Verwehung stark anfällig. Immer wieder kommt es vor, daß dieser mühsam gewonnene Mutterboden im Frühjahr, wenn die Äcker ohne Pflanzendecke daliegen, als dunkler Staubsturm entführt wird. Man weiß heute, daß man diese Moore niemals gänzlich hätte kultivieren dürfen. Und der kultivierte Anteil hätte durch Busch und Baum neu gestaltet werden müssen, um der Winderosion begegnen zu können.

Genauer betrachtet, ergaben sich die Schäden aber nicht durch die falsche Kultivierung, sondern vorwiegend durch die falsche Nutzung. Moore sollten nicht als Ackerland verwendet werden. (Es sei denn, man gebraucht die teure Sanddeckkultur). Für eine Grünlandnutzung sind Niederungsmoore aber die günstigsten Flächen.

Weitere Schäden

Der Lebensraum der immer seltener werdenden Sumpfvögel, z. B. der Störche, Bruchvögel und Uferschnepfen, wird durch die Trockenlegung zerstört. Ferner werden im Frühjahr durch das Walzen der entwässerten Moorböden die Gelege und die Jungvögel vernichtet. Außerdem liegen die neu kultivierten Flächen oft schon nach wenigen Jahren brach. Nunmehr entstehen wirklich Öd- oder Unländer. Die zuvor vernichteten ursprünglichen oder doch wenigstens naturnahen Lebensgemeinschaften der Pflanzen und Tiere kehren nämlich nicht zurück.
Daß allerdings auch heute noch eine Urbarmachung in landwirtschaftlicher Hinsicht angebracht ist und daß sie zugleich das Landschaftsbild verschönt, kann an dem Beispiel der Lüneburger Heide bewiesen werden.

Zu tiefer Grundwasserstand bei Böden mit geringem Wasserhaltevermögen — Haftwasser — (Sand, lehmiger Sand) verlangt

Bewässerung

durch Berieselung oder Beregnung. (Siehe auch „Ungarn".)

Gegenüber den wasserverschwendenden und umständlichen Stau- und Rieselverfahren, die teilweise mit teuren Planierungsarbeiten verbunden sind, gewinnen die künstlichen Beregnungsanlagen immer mehr an Bedeutung. Sie sind einfach, billig und gestatten die beste Ausnutzung des Wassers, weil es zu jeder Zeit und in beliebiger Menge verabreicht werden kann. (Allerdings ersetzt künstlicher Regen nicht vollkommen den natürlichen.)
Wo es möglich ist, verwendet man auf weiten Flächen, besonders in Ebenen, die Landbehandlung des Abwassers durch Beregnung (landwirtschaftliche Abwasserverwertung) an, vor allem auf Wiesen und Weiden. Dadurch wird nicht nur vermieden, daß Schmutzstoffe die offenen Gewässer verunreinigen, sondern sie werden sogar als Dünger ausgenutzt. Dasselbe gilt auch für die Abwässer von Molkereien, Käsereien, Brauereien und Zuckerfabriken. Ein Sonderfall ist die Landbehandlung des Abwassers bei Bielefeld. (Auf den Sandflächen der Senne sickert das in der oberen Bodenschicht gereinigte Abwasser in das Grundwasser und wird dann erneut für die Trinkwassergewinnung von Bielefeld verwendet. Die Gefahr der Salzanreicherung im Grundwasser besteht, wenn der Anteil des Abwassers zu groß wird). Eine ähnliche Anlage entstand bei Braunschweig. Kunstregen kann sogar im Wein-, Obst- und Gartenbau Schäden bei leichterem Frost verhüten. (Frostschutzberegnung.)

Die Pflanzensäfte sind nicht reines Wasser, sondern enthalten zahlreiche Nährsalze und gefrieren deshalb erst bei minus 1—2° C. Wenn man eine Pflanze bei Frostantritt mit Wasser benetzt, wird dieses zu Eis. (Dabei wird Erstarrungswärme frei, 89 Kilokalorien je kg Wasser. Diese kommen der Pflanze zugute). Setzt man die Benetzung die ganze Nacht hindurch fort, so ist es unmöglich, daß die Temperatur unter Null Grad Celsius sinkt und dann die Pflanze schädigen würde. Für dieses Verfahren werden Schwachregner verwendet, da nur solche Regner die feinen Tropfen erzeugen können, die nicht von den Pflanzen abprallen, sondern den schützenden Eispanzer bilden. Sie haben auch den geringsten Wasserbedarf und müssen oft bis zu 10 Stunden je Nacht ununterbrochen regnen. (Beregnungsapparate liefert Fa. Mannesmann, Düsseldorf, siehe auch „Ungarn", vor allem Fa. Perrot in Calw/Württemberg.)

Auch in fremden Erdteilen wird die Beregnung vielfach angewendet. Bei der alten Bewässerung drang das Wasser tief in die Erde und löste die Salze der unteren Schichten, die dann in dem kapillaren Aufstieg den Boden versalzten. Bei der Beregnung aber erreicht das Wasser die Salzschicht nicht. Ein Hauptproblem aber bleibt ein zur Beregnung geeignetes, salzfreies Grund- oder Flußwasser.

Nachteile infolge von zu starken Flußbegradigungen

Die Einflüsse auf die ablaufenden Hochwasser sind nach Kulturart, Hanglage, Bodenbeschaffenheit und Bebauung recht verschieden.
Besonders die Oberläufe der Flüsse zeigen von Natur aus viele Windungen. Zur Zeit starker Regenfälle oder der Schneeschmelze wird dadurch der Abfluß des Wassers gehemmt, und es folgen Überschwemmungen. Um dieses Übel zu beseitigen, hat man vielerorts die Oberläufe der Flüsse begradigt und so einen schnellen Abfluß der Fluten erreicht. Dies erfolgte besonders in den dreißiger Jahren durch den damaligen Reichsarbeitsdienst.
Die der Axt zum Opfer gefallenen Bäume und Sträucher entziehen der Vogelwelt ihre natürlichen Lebensbedingungen. Die Glättung und Pflasterung der Ufer rauben den Fischen und den an Flüsse gebundenen Vögeln die natürlich geschützten Schlupfwinkel, die ruhigen Laichgründe und besten Futterplätze, vom Verlust heimatlicher Naturschönheit ganz abgesehen. (Große Bruchsteine aber sichern die Ufer der größeren Flüsse besser als Pflaster und bieten dazu Fischen und Wassertieren Unterschlupf.) Die durch die vielen Windungen entstandenen Weiher und Altwässer verschwanden und damit weitere seltene Tiere und Pflanzenarten. Für die Selbstreinigung der Gewässer blieb nicht mehr viel Zeit. (Über moderne Uferbefestigung siehe Seite 70.)

Mit Befriedigung stellten die Anlieger des begradigten Flusses in den ersten Jahren fest: Die regelmäßigen Überschwemmungen haben aufgehört, und es ist die Gefahr beseitigt, daß die Wiesen mit Geröll bedeckt werden oder daß die Ackerkrume wegschwemmt. In raschem Laufe eilte das Wasser zu Tal. Damit aber stand es besonders in den Trockenzeiten dem Menschen nicht mehr genügend zur Verfügung.
Außerdem konnte das Wasser mehr Sand und Geröll aus dem Flußbett mitreißen, wenn dieses nicht gepflastert wurde. Somit vertiefte der Fluß sein eigenes Bett mehr und mehr. Der Grundwasserstand im Ufergelände wird aber bestimmt durch den Wasserstand des Flusses. In den erhöhten Ufern sank das Grundwasser stärker ab, so daß die oberen Bodenschichten leichter austrockneten. Mit der Befriedigung war es vorbei.

Beschleunigter Wasserabfluß wird weiter betrieben

Selbst kleine und kleinste Bäche, Rinnsale von weniger als 20 cm mittlerer Wassertiefe werden begradigt, ihres Uferbewuchses beraubt, auf lange Strecken mit Betonplatten ausgelegt, ja sogar auf Hunderte von Metern verrohrt. Sie werden so zu toten Abflußrinnen, die, abgesehen von der Aufnahme von Sauerstoff aus der Luft, der Selbstreinigungskraft entbehren. Falls es sich um Wasserläufe innerhalb von Siedlungsflächen handelte, könnte man eine Verrohrung vielleicht noch verstehen. Es handelt sich aber fast ausschließlich um Wiesen, ja sogar um Dauerweiden. Unverständlich ist auch die geplante Regulierung der Ems und ihrer Nebenflüsse.

Bei rutschenden Ufergeländen werden in Beton eingefaßte Flußränder immer wieder eingedrückt, so im schweizerischen Rheingebiet. Viel billiger und erfolgreicher wäre die Entwässerung der Rutschhänge.

Begradigung des Rheins (Rhein-Korrektion unter Tulla)

In der Oberrheinischen Tiefebene wurde im vorigen Jahrhundert der Flußlauf des Rheins von Basel bis Mainz um 72 km verkürzt. (Grund: Häufige Hochwasser, Geröllaufschüttungen und sprunghafte Laufveränderungen, rund 2000 Inseln und sumpfige Nebenarme). Deshalb strömte der Rhein erheblich schneller dahin, baute dadurch mehr Material von Flußufer und Flußsohle ab und führte es in die Nordsee, so daß sein Wasserspiegel sank. (Deutschlands Urwald liegt am Rande des Rheines. Das Landschaftsschutzgebiet „Taubergießen" erstreckt sich in 12 km Länge und 0,5—2 km Breite vom Leopoldskanal, der die Elz mit dem Rhein verbindet bis Schwanau—Wittenweier).

Nach Ableitung von Wasser des Oberrheins in den Rhein-Seiten-Kanal, der bis Breisach reicht, erfolgte eine weitere Senkung des Rheinwasserspiegels um etwa 2 m und damit eine Senkung des Grundwasserspiegels um 1,25 m. Der Kanal liegt zwar höher, kann aber seiner Umgebung kein Grundwasser abgeben, da seine Wassermassen in undurchlässige Betonwände eingeschlossen sind. So wurde auch die Wasserversorgung der Bevölkerung durch Brunnen noch schwieriger. Auf weiten Strecken trat eine Verkümmerung der Landwirtschaft und Forstgebiete ein. Die weitere Senkung des Rheinwasserspiegels ist aber durch den Bau eines Kulturwehres bei Breisach aufgehalten worden. Dadurch ergab sich auch wieder in bestimmten Bereichen eine Grundwasseranreicherung und die Sicherung der Wasserversorgung auf deutscher Seite.

Nach dem Oberrheinvertrag von 1956 hat Frankfreich den Rhein zwischen Breisach und Straßburg nach der sog. Schlingenlösung mit 4 Stauhaltungen ausgebaut. Jede Stauhaltung umfaßt ein Wehr im Rhein, eine Flußstrecke im Staubereich des Wehres und eine jeweils wieder in den Fluß einmündende Kanalstrecke auf dem linken Ufer (Schlinge) mit Kraftwerk und Doppelschleuse. Durch den Einbau von festen Schwellen in den verbliebenen Restrheinstrecken dieser Staustufen konnte ein weiteres Absinken des Grundwasserstandes verhindert werden.

Auf Grund des Vertrages vom 4. Juli 1969 bauen die Bundesrepublik Deutschland und die Französische Republik gemeinsam den Rhein zwischen Kehl/Straßburg und Neuburgweier/Lauterburg aus. Es sind der Bau von Staustufen bei Gambsheim (Bauh. Frankreich, Rhein-km 309,100) und Iffezheim (Bauherr Bundesrepublik Deutschland, Rhein-km 334,00) mit Wasserkraftwerken sowie ein Ausbau des Rheins unterhalb von Iffezheim sowie Hochwasserschutzmaßnahmen vorgesehen. Sie umfassen im wesentlichen folgende Bauwerke:

ein bewegliches Wehr mit einem Abführungsvermögen von mindestens 7200 m^3/s (Gambsheim) bzw. 7500 m^3/s (Iffezheim); ein Kraftwerk mit Nebenanlagen; einen Querdamm durch das Rheinbett zwischen dem beweglichen Wehr und dem Kraftwerk; Seitendämme, soweit notwendig mit Seitengräben versehen, und einen Schiffahrtskanal mit 2 Schleusen mit je 270 m Kammerlänge und 24 m Breite.

Die Vorteile für die durchgehende Rheinschiffahrt werden dann voll wirksam werden, wenn die Bundesrepublik die unterhalb anschließende Strecke entsprechend leistungsfähig ausgebaut hat. Die notwendige Verbesserung der Fahrwasserverhältnisse bis nach St. Goar (190 Stromkilometer) ist bereits in Angriff genommen. Außer Begradigungen des Fahrwassers und Beseitigung von Engpässen soll vor allem der Strom von 1,70 auf 2,10 m unter gleichwertigem Wasserstand gebracht werden. Die schwierigste Arbeit wird bei Bingen ausgeführt.

Die erste Fahrrinne, das sogenannte „Binger Loch", wurde im 17. Jahrhundert aus der überaus harten Gesteinsrippe gesprengt. Später entstand ein neues 30 m breites Fahrwasser. Es ist ein Teil der nunmehr geschaffenen 120 m breiten Fahrrinne. Die höchsten Teile des Riffs liegen daneben und bleiben erhalten.

Durch diesen Ausbau wird erreicht, daß in der Binger-Loch-Strecke künftig gleiche Schiffahrtsverhältnisse wie in der übrigen Gebirgsstrecke herrschen. Der Rheinspiegel bei Duisburg sank seit 1820 bis 1950 um 2,20 m. Mit ihm fällt auch der Wasserspiegel der Duisburg-Ruhrorter Häfen, aber nicht die Hafensohle, da die Hafenanlagen außer Reichweite der reißenden Rheinströmung liegen. Der gesamte Hafen (rund 44 km lange Ufer, größter Binnenhafen Europas) wurde immer seichter.

Alle Hafenanlagen wuchsen von Jahr zu Jahr mehr aus dem Wasser heraus. Die Reichweite der Kräne mußte verlängert werden, weil die Schiffe an den schrägen Böschungen nicht mehr nahe genug an die Krananlagen herankamen. Außerdem wurde es ihnen mit der auf dem Rhein möglichen Ladetiefe immer schwerer, die Hafenbecken aufzusuchen.

Die Hafensohle wurde parallel zur Erosion der Rheinsohle laufend durch Baggerungen vertieft, so daß die Häfen immer dieselbe Tiefe wie der Rhein aufwiesen. Den Hafen Duisburg-Walsum ließ man von 1956 bis 1968 durch den Abbau der unter dem Hafen liegenden 1,2 Mill. t Kohle absinken, entsprechend dem bis dahin abgesunkenen Rheinwasser. — In den nächsten Jahren wird untersucht, wie der Erosion der Rheinsohle zu begegnen ist, damit fortschreitende Anpassungsmaßnahmen vermieden werden können.

Die Marientor-Schleuse, die den Ausgang des Hafens zum Rhein-Herne-Kanal bildet, wurde bereits vorher in zweijähriger Meisterleistung gesenkt. Die Schleuse Friedrichsfeld des Weser-Datteln-Kanals (Lippe-Seitenkanal) bei Wesel ist 1953 um 1,30 m vertieft worden.

Besonders unheilvoll wirkt sich die Begradigung der meisten Flüsse im Voralpengebiet aus.

Die Wertach, linker Nebenfluß des Lechs (mündet bei Augsburg) wurde in den Jahren vor dem ersten Weltkrieg bis zum Anfang der dreißiger Jahre ausgebaut. Als Folge stellte sich eine Eintiefung bis zu 6 m, durchschnittlich etwa bis zu 4 m ein. — Die bis 1844 zwischen Ulm und Passau begradigte Donau vertieft sich alljährlich um 1,5 cm. — Durch die um 1880 um 76 km erfolgte Begradigung der Donau unterhalb Wiens sank das Grundwasser in der fruchtbarsten Gegend Österreichs, dem Marchfeld, bis zu 8 m.

Besonderer Wert des Grundwassers

Es ist das einfachste und gesündeste Getränk. Es ist für uns wichtiger als Kohle und Stahl. Außerdem bietet das nahezu überall vorhandene Bodenwasser (Haft- und Grundwasser) die natürliche Grundlage für das Wachsen und Gedeihen der gesamten Natur.

Aber seit längerer Zeit weiß man, daß der Unterschied zwischen weichem und hartem Wasser eine besondere Rolle spielt.

Ersteres (jedes Regenwasser) ist nützlich für die Haut des Menschen und zum Waschen von Textilien, während bei letzterem die Seife sehr schlecht schäumt. Aber das harte Wasser ist mit seinen verschiedenen Mineralien, besonders Kalium, dem Körper bekömmlicher. Der englische Professor Grawford erkannte, daß in nahezu allen Grafschaften, die sich durch weiches Trinkwasser auszeichnen, die Verkalkung der Herzkranzgefäße gehäuft auftritt. Zur gleichen Zeit machten Forscher in den USA ähnliche Erfahrungen. Leider fehlen in der Bundesrepublik noch diesbezügliche Forschungsergebnisse. Sie könnten aber gerade bei uns sehr aufschlußreich sein, da die Härtegrade zwischen 1 und 37 schwanken. Auf jeden Fall sind die Entkalkungsanlagen für Trink- und Kochwasser, die manche Haushalte besitzen, oft unnötig.

Ein Schaden ganz besonderer Art

ergab sich in Schleswig-Holstein.

Die niedrig liegenden Marschgebiete der Nordseeküste sind durch das unterirdische Vordringen des Meeres-Salzwassers bedroht. Unter den Deichen ziehen sich durchlässige Untergrundschichten hin, in denen sich das salzige Meerwasser mit dem süßen Grundwasser trifft. Wenn ersteres infolge der stärkeren Entwässerung der Marsch keinen genügenden Gegendruck findet, drängt es allmählich in das Binnenland nach. Seit 1950 wurden Grundwasservorkommen in der Geest erschlossen und durch überörtliche Rohrleitungen in die Gemeinden der Marsch befördert. Damit ist aber nicht die Gefahr der Versalzung der Marschen beseitigt.

Nach einem Gutachten des Frankfurter Battelle-Institutes werden bis zur Jahrhundertwende die Ansprüche an das Grundwasser die nach den natürlichen Gegebenheiten mögliche Grundwassererneuerung aus den Niederschlägen überschreiten. Die Ausführungen gelten vor allem für die Ballungsgebiete.

Folgen der Verminderung des Grundwassers

Durch den steigenden Wasserverbrauch und die geschilderte Verminderung wird das Grundwasser knapper. Es kann bei uns nur noch etwa 40 % des Gesamtbedarfes decken, während 60 % auf Fluß-, See- oder Talsperrenwasser entfallen. Über die Folgen siehe nächsten S. Besonders in den ländlichen Gebieten werden zahlreiche Brunnenbohrungen mit Anschluß an das Leitungsnetz durchgeführt. Man muß in größere Tiefen vordringen, um den ohnehin schon gestörten Grundwasserhaushalt der oberen Erdschichten durch weiteren Wasserentzug nicht noch mehr zu belasten. Dabei müssen Brunnenfiltrierrohre aus Edelstahl verwendet werden.

Suche nach Auswegen und Ersatz

Dem Aufsuchen und der Verwendung unterirdischer Wasservorkommen muß größere Aufmerksamkeit geschenkt werden.

Solche Grundwasserströme können in grobporigen Böden entstehen, z. B. in Schotter-, Kies- oder Sandböden, auch in porösem Sandgestein oder bei dichtem Fels, wenn er z. B. infolge geologischer Bewegungen der Erdkruste oder infolge chemischer Einwirkungen, wie bei Kalkstein durch eingedrungenes Grundwasser, klüftig geworden ist. Im Jahre 1959 wurden z. B. im Raum zwischen Harz und Lüneburger Heide 50 % Grundwasser mehr festgestellt, als bisher angenommen wurde. In einigen Ländern hat man die Möglichkeit, wasserführende Felsschichten anstelle teurer oberirdischer Wasserspeicher auszunutzen. Man versucht, überschüssiges Regenwasser in die Hohlräume (Spalten, Klüfte bei Festgestein sowie Poren bei Locker- und teilweise bei Festgestein) abzuleiten.

Eines der modernsten Flußwasserwerke Deutschlands wurde 1954 in Krefeld-Uerdingen fertiggestellt und in Betrieb genommen.

Am linken Strompfeiler der Rheinbrücke wurde das Einlaufwerk als unten offener Kasten (Caisson) in die Rheinsohle abgesenkt. Durch eine Heberleitung wird von diesem Einlaufwerk das Rheinwasser in den am Ufer stehenden Sammelbrunnen geleitet. Nach mechanischer und chemischer Reinigung gelangt es in einen Reinwasserspeicher und von dort teils zur Industrie, teils zur Anreicherung eines kombinierten Grundwasser- und Anreicherungswerkes. Gegenwärtig werden stündlich etwa 1500 cbm gefördert. Diese Leistung kann jedoch durch zusätzliche Erweiterungsbauten gesteigert werden.

Allgemein muß die Forderung gelten: Wasser zurückhalten!

Bei Flußbegradigungen gilt heute das Gesetz: Wird ein Fluß im Oberlauf reguliert, so muß für einen Hochwasserrückhalteraum gesorgt werden, der dem Abfluß des Wassers entspricht. Wo es noch möglich ist, leitet man einen Teil des Hochwassers in die Auenwälder und verzichtet darauf, noch mehr von diesen in Ackerland umzuwandeln. (Auenwälder sind Wälder im Überschwemmungsgebiet im Tal, deren Baumarten Überflutung vertragen: Weide, Erle, Esche und einige Eichenarten. Befruchtet vom Wasser und Schlamm der Flüsse gehören die Auenwälder zu den artenreichsten Lebensgemeinschaften.) Wo man den Hochwasserwellen diesen natürlichen Ausdehnungsraum genommen hat, muß man im Ober- und Mittellauf große

Rückhaltebecken

schaffen. Sie stehen meist leer und füllen sich erst bei starkem Hochwasserzufluß, können im übrigen als Grünland benutzt werden. Diese Art der Wasserzurückhaltung wurde an der Ohm bei Kirchhain in Hessen sehr großzügig durchgeführt. Das Becken bei Kirchhain faßt 15 Mill. cbm. Außerdem muß man noch eine Vielzahl von kleineren Rückhaltebecken errichten.

In der Ebene bringe man

Stauweiher

an. Bei der geringen Tiefe ermöglicht sich eine nutzbringende Fischerei. Sie können natürlich nur begrenzt wirken, da sie schon v o r Hochwassergefahr Wasser enthalten.

Wasser wird natürlich erst recht zurückgehalten durch

S t a u s e e n (Staustufen) und T a l s p e r r e n.

Beide verhüten Überschwemmungen unterhalb der Stauung. Oberhalb derselben tritt eine gewünschte Hebung des Grundwassers ein. Längst ausgetrocknete Altwasser werden wieder zu klaren Forellenbächen. Die Fruchtbarkeit der Natur kehrt zurück. (Allerdings wird im Fluß durch die geringere Strömungsgeschwindigkeit der Sauerstoffgehalt geringer.)

An südbayerischen Staustufen entstand ein neuer Ufersaum aus hohen Eschen, Ulmen und Pappeln mit ihrem dichten Unterwuchs von Sträuchern. Das längst vergessene Arbeiten mit Faschinen, Wippen, Spreitlagen und Steckholz ist geradezu modern geworden. Diese standortlich ausgewählten Pflanzen sind dem toten H o l z gegenüber nicht nur beträchtlich überlegen. Sie helfen auch, die biologische Selbstreinigungskraft der Gewässer wieder herzustellen.

Leider sind diese Arbeitsverfahren sehr viel mit Handarbeiten verbunden, so daß diese Art der Ufersicherung in Zukunft sehr teuer sein wird. Hoffentlich scheitert sie nicht daran. (Überholt, siehe „Hostalen".)

Besondere Empfehlung über die Wasserprobleme in Süddeutschland verdienen die Abhandlungen von Prof. Dr. Otto Kraus, München, in Orion Nr. 22, 1952, Nr. 2, 1957 und Nr. 5/6, 1954.

Der Hauptzweck der meisten Talsperren in Deutschland ist die Bereitstellung von Trink- und Brauchwasser.

Im Gegensatz zu Talsperren, wo das Gelände erst geräumt werden muß, wird bei Staustufen nur der Flußquerschnitt durch einen Staukörper (Wehr) verbaut. Er hat bei schiffbaren Flüssen eine Schleuse. Staustufen erschließen aber nicht nur die großen Flüsse für die Großschiffahrt, sondern dienen auch — wie die meisten Talsperren — der Gewinnung elektrischer Kraft.

Am unteren Ende der Staumauer schießt das Wasser unter hohem Druck heraus und treibt Turbinen an, durch deren Drehungen Elektrizität erzeugt wird. (Soll Land bewässert werden, so hebt an anderen Stellen die gewonnene elektrische Kraft das Wasser so weit empor, daß es mit natürlichem Gefälle durch die Bewässerungskanäle fließen kann).

Die auf der 270 km langen Strecke zwischen Koblenz und Diedenhofen kanalisierte Mosel war am 1. 6. 1964 voll gestaut.

Die Elbe-Staustufe Geesthacht

bei Elbe-km 585,900 oberhalb von Hamburg verdient eine besondere Beachtung. Die Elbe war für die im Laufe der Zeit vergrößerten Schiffstypen nicht mehr tief genug.

Die Oberelbe führte bei Niedrigwasser nach Zeiten mit geringen Niederschlägen nur wenig Wasser, so daß die Schiffahrt ständig Schwierigkeiten hatte. Der Abfluß des Niedrigwassers wurde noch aus folgendem Grunde verstärkt:
Um größeren Seeschiffen das Anlaufen des Hamburger Hafens zu ermöglichen, wurde die Fahrrinne von der Nordsee bis Hamburg (Unterelbe) vertieft. Dadurch vergrößerte sich der Tidehub im Bereich von Hamburg. So wurde eine starke Austiefung des Stromschlauches (Sohlenerosion) hervorgerufen. Diese Austiefung setzte sich weiter elbeaufwärts fort.

Aus diesem Grunde war es notwendig, oberhalb von Hamburg bei Geesthacht, 30 km südöstlich von Hamburg, die Elbe abzuriegeln und eine Staustufe zu errichten. Sie verbessert auch die Schiffahrtsverhältnisse. Der Stau wird zur Zeit auf NN + 4 m gehalten.
Die Elbe fließt am nördlichen Ufer der Urstromrinne entlang, am Rand der Geest. (Siehe Seite 18.) Bei Geesthacht fällt diese auf dem rechten Ufer steil ab. Ein Pumpspeicherwerk wurde errichtet, dessen oberes Speicherbecken 85 m über der Elbe auf dem Geesthang liegt. Es deckt die Hauptbelastungsspitzen der Großstadt Hamburg.

Da nachts weniger Strom gebraucht wird, pumpt man mit dem überschüssigen Nachtstrom Wasser aus der Elbe in das Speicherbecken durch Rohrleitungen. Drei Pumpen können in 9 Stunden das Becken mit einem Fassungsraum von 3,3 Mill. cbm Inhalt füllen. Am Tage, wenn zu den Spitzenzeiten viel Strom verbraucht wird, läßt man das Wasser aus dem Becken ablaufen, leitet es durch Turbinen und erzeugt so den zusätzlichen elektrischen Strom.
Erwähnt sei, daß das erste Pumpspeicherwerk der Welt 1928 am Harkortsee/Ruhr in Betrieb genommen worden ist. Das größte Pumpspeicherwerk der Welt befindet sich in Luxemburg an der Our bei Vianden.
Deutschlands größtes und bedeutendstes Pumpspeicherwerk ist das Schluchseewerk im südlichen Schwarzwald. Hier wird, von der Natur weitgehend unterstützt, Rheinwasser in drei Stufen insgesamt 600 m hoch in den natürlichen 900 m hoch gelegenen Schluchsee gefördert.

Weitere Planungen an Flüssen und Kanälen:

Außer dem Rhein sind zu modernisieren der Mittellandkanal, der Küstenkanal, der Weser-Datteln-Kanal, der Datteln-Hamm-Kanal, der Rhein-Herne-Kanal, der Dortmund-Ems-Kanal und der Elbe-Lübeck-Kanal (Ausbau des letzteren soll später geregelt werden).
Außerdem gibt es zwei Neubauten zur Vervollständigung des Binnenwasser-Straßennetzes. Sie sind von besonderer europäischer Bedeutung: 1. Der Bau des von Artlenburg an der Oberelbe (Kreis Lüneburg) nach Süden füh-

renden, bei Sülfeld (bei Wolfsburg) in den Mittelland-Kanal führenden 115,2 km langen Elbe-Seiten-Kanals (Baubeginn Mai 1968) mit Häfen in Lüneburg, Uelzen und Wittingen, und der Möglichkeit, Wasser zur Berieselung trockener Landstriche aus dem Kanal abzugeben. Aber die 1350-t-Schiffe können auf dem Mittellandkanal nicht weiterfahren, da dieser nur 600-t-Schiffe zur Benutzung erlaubt. 2. Die Vollendung der Rhein-Main-Donau-Schiffahrtsstraße durch den Main-Donau-Kanal von Bamberg über Nürnberg bis Kelheim bei Regensburg und die Kanalisierung der Donau von Kelheim bis Bilshofen. 1972 wurde Nürnberg Hafenstadt. — Österreich wird eine Kette von 15 Staustufen bauen, wovon 5 fertiggestellt sind. Die Tschechoslowakei und Ungarn werden ihre Häfen modernisieren. Über Jugoslawien und Rumänien siehe Seite 106. Außerdem haben die Ostblockstaaten Planungen für einen Donau-Elbe- und einen Donau-Oder-Kanal erneut aufgegriffen.

So hofft man, daß in 10 Jahren der gesamte Donauraum an das westeuropäische Binnenschiffahrtsnetz angeschlossen sein wird. Aber bei dem gegenseitigen Handel werden die deutschen Firmen vielleicht in Schwierigkeiten geraten, weil die Schiffer der Ostblockschiffe geringere Löhne erhalten.

Bei der Planung eines neuen Kanales kann auch die Struktur des Landes eine große Rolle spielen.

Der linke Niederrhein z. B. hat erhebliche Strukturschwächen, die vom Bergbau, der Textilindustrie und der Landwirtschaft ausgehen. Zur Ansiedlung neuer Industrien könnte der Rhein-Maas-Kanal mit der geplanten Strecke Bora-Erkelenz-Rheydt-Stürzelberg (Mittellinie) mit Stichkanal Siersdorf beitragen. Er könnte auch die notwendigen Vorräte an Brauchwasser liefern. Doch ist seine Bedeutung umstritten. — Die Kanalisierung der Saar von Saarbrücken bis zur Einmündung in die Mosel wird der saarländischen Wirtschaft erhebliche Vorteile für die Massengüter-Förderung bringen und gleichzeitig eine Verbindung zum Rhein-Ruhr-Gebiet schaffen.

Gefährdetes Grundwasser

Durch die Abwässer der Industrie und der Siedlungen sowie durch Müllkippen, Schlackenhalden und Dunghaufen ist das Grundwasser vielfach verseucht. Kies- und Schotterschichten im Boden sind gegenüber konzentrierten Abwässern nicht genügend imstande, es von Schmutzstoffen zu reinigen und bakterienfrei zu machen. Auch Flugplätze können zu einer ernsten Gefahr werden, wenn Benzin im Boden versickert. Ähnliche Folgen sind durch die vielen neuen Ölleitungen und Ölbehälter möglich, desgleichen durch die Tankstellen. Ein einziges Liter Öl genügt, um eine Million Liter Wasser zu verseuchen. Aus 1,5 Mill. Behältern versickern jährlich große Mengen Heizöl und Benzin in dem Boden. 1971 versickerten 1900 t Altöl im Boden oder in Abflüssen, weil jeder sechste Autofahrer den Ölwechsel selbst vornimmt. — Streusalz dringt in das Grundwas-

ser. — Etwa ein Drittel der gestreuten Düngemittel wird von den Pflanzen nicht aufgenommen, sondern gelangt in das Grundwasser. — Verschmutzung bedroht sogar die Heilquellen.
Die Abfallbeseitigung ist ein schweres Problem. 350 Mill. cbm Abfallstoffe mußten 1972 beseitigt werden. Von 1950 bis 1970 ergab sich eine Steigerung der Verpackungsmittel um das Dreizehnfache. Auch die Mill. billiger Einwegflaschen, Teller und Tassen aus Pappe verteuern die Müllabfuhr. Stahlerzeugnisse aber sind umweltfreundlich; denn als Schrott gelangen sie wieder in den Erzeugungsvorgang.
Übertragungen von Krankheitserregern durch Insekten sind nachgewiesen. Auch besteht diese Gefahr durch Rattenplage, Schwärme von Krähen und Möwen. Spätere Begrünung kann eine Vergiftung des Bodens und vor allem des Grundwassers nicht beseitigen. Von den etwa 50 000 Müllplätzen in der Bundesrepublik wandert nur etwa bei 1030 der Müll in einwandfreie Aufbereitungsanlagen. In erschreckendem Maße wurde im Sommer 1971 offenbar, daß auch auf diesen Anlagen mit Aufsichtspersonal große Mengen giftiger Industrieabfälle rücksichtslos abgelagert wurden. Die dünnen Blechwände der vergrabenen Fässer sind Zeitbomben. Kein Fachmann kann beweisen, daß alle Fässer beseitigt wurden. Die Industrie- und Sondermüll-Probleme sind überhaupt nicht geklärt: Auf dem westdeutschen Wirtschaftsmarkt fallen jährlich 500—600 t zyanidhaltige, also sehr giftige, Stoffe an. 1974 wurde ein noch größerer Müll-Skandal bekannt.
Humusarmut wird auch durch giftige Abfallstoffe bewirkt. Unter dem Mutterboden befindet sich der „unbelebte Boden". Er hat jedoch auch Bedeutung für das Pflanzenwachstum. Aus ihm werden z. B. die Mineralien der Pflanzen gezogen. Die Ablagerung von Schadstoffen kann ihn als Mineralienspeicher erheblich beeinträchtigen; denn er vermag auch solche Stoffe anzusammeln, die über die Kulturpflanzen der menschlichen Gesundheit schaden können. Auch können durch seine Verbindung mit dem Grundwasser Schadstoffe über große Entfernungen wirksam werden.
Es gibt drei Methoden für Abfallbeseitigung: 1. Geordnete Deponie (Ablagerung). 2. Verbrennung und 3. Kompostierung.

Zu 1. Spätere Wiedereingliederung des Geländes in ein natürliches Landschaftsbild ist möglich.
Zu 2. Verbrennung kommt nur in Ballungsgebieten in Frage und ist teurer. Bei der Verbrennung von PVC (Polyvinylchlorid) entsteht zusätzlich Chlorwasserstoff (gasförmige Salzsäure). 54 % dieses Gases stammen aber aus streusalzhaltigem Straßenkehricht, kochsalzhaltigen Garten- u. Küchenabfällen, Papier, Asche und Schlacke. Diese löslichen Salze gefährden in hohem Maße das Grundwasser und enthalten fast immer noch unverbrannte organische Bestandteile, die bei Faulungsvorgängen zu Ungeziefer- und Geruchsbelästigungen führen. Die Entstehung von Schadstoffen durch den Verbrennungsvorgang selbst von dem zum Teil krebserregenden Schadgasen bis zum Staub müßte als weiterer Grund gegen eine Verbrennung dienen. — Bei der Herstellung von PVC werden manche Arbeiter von einer grausigen Berufskrankheit befallen. Leider ist PVC noch nicht zu ersetzen.
Zu 3. Kunststoffe gehören zu denjenigen Müllbestandteilen, die als nicht verwertbar abgelagert oder verbrannt werden müssen. Manchmal werden sie auch so zerkleinert, daß sie im Müll wie Sand zur Bodenauflockerung beitragen. Solche

Anlagen arbeiten hauptsächlich in ländlichen Gegenden. Man könnte den Abfall auf Eisenbahnwaggons umladen, wodurch ein wesentlich größeres Einzugsgebiet ermöglicht würde. In Holland werden Siedlungsabfälle bis zu 100 km befördert. Über weitere Verwendungsmöglichkeiten von Müll siehe „Schlußkapitel".

Unheimliche Verschmutzung der Flüsse

Sie werden durch alle auf der Seite 72 erwähnten Ursachen erst recht immer mehr verunreinigt. Diese Gefahr beginnt schon bei dem Standort der Industrie. Jeder Fluß braucht im Einzugsbereich Grünzonen, die Wasser festhalten, es langsam abgeben und so einen gleichmäßigen Abfluß gewährleisten. Hier liegen noch große Aufgaben der Landesplanung. (Siehe z. B. „Ruhr".)

Besonders unheilvoll wirken sich die nicht abbaufähigen Stoffe aus, die eine langdauernde Giftwirkung besitzen und darüber hinaus von den Lebewesen angereichert werden. Hierher gehören einige Insektenvertilgungsmittel wie das DDT und Metalle wie Cadmium, Thallium, Zink, Chrom, Nickel, Arsen, Kupfer und vor allem die Schwermetalle Blei und Quecksilber. Von Quecksilber unterbinden schon die geringsten Mengen die Entwicklung von Plankton. Methyl-Quecksilber, eine Verbindung, die 100mal so giftig ist wie reines Quecksilber, gelangt in verhängnisvoller Weise in die Gewässer.

Die Menge des durch Zusammenstöße und andere Unglücksfälle auslaufenden Öles nimmt ständig zu. Aus der Luft kommen die chemikalienhaltigen Dämpfe aus den Industrieschornsteinen hinzu.

Nicht nur den Fischen, sondern auch uns M e n s c h e n droht von Jahr zu Jahr größere direkte Gefahr durch verschmutzte Gewässer, die Salmonellen, die Erreger gefährlicher Darmkrankheiten, Kolibakterien, Erreger von Typhus, Paratyphus, Gelbsucht, Tuberkulose, Ruhr und Kinderlähmung enthalten können. (Das Bakterium coli ist ein im Darm lebendes Bakterium, das einen Maßstab für die Verschmutzung des Wassers durch ansteckungsfähige menschliche Abfälle gibt. Es ist jedoch kein Krankheitserreger.) Blei wird von Menschen sowohl durch Atmung als auch durch Verdauung aufgenommen. Die Gefahr der Bleivergiftung war früher größer als heute (bleihaltige Wasserrohre, Wasser in Zisternen gesammelt von bleihaltigen Dächern, Töpfe mit bleihaltigen Glasuren, bleihaltige Farben und Kosmetika). Von 1957 bis 1969 stieg in der Bundesrepublik die Gesamtbelastung der Gewässer durch Schmutzstoffe um 48 %. Gleichzeitig nahm die Abwassermenge um 75 % zu. Bis 1975 hat die Verschmutzung der Gewässer weiter zugenommen.

Nur 7 % der Industrieabwässer gelangen ungereinigt in Flüsse, aber 26 % der Abwässer aus öffentlichen Kanalisationen. Weitere 40 % werden nur mechanisch gereinigt. Selbst das Regenwasser ist wegen der starken Luftverschmutzung nicht mehr ohne weiteres genießbar. Auch gibt es durch Schwefelsäuregehalt eine „Bodensäuerung".

Auch die

Verseuchung der Meere

nimmt immer bedrohlichere Formen an. Schon jetzt ist die Verschmutzung vor den Küsten sehr groß. Aber hier werden nicht nur die Entsalzungsanlagen entstehen, sondern hier werden auch die meisten Fische gefangen (siehe Seite 296). Natürlich wird auch die Züchtung in Fischfarmen, die 1972 4 Mill. t Fische und Schalentiere betrug, immer mehr in Frage gestellt. Nordsee und Ostsee gehören als flache Randmeere zu den besonders gefährdeten Meeren. Dazu sind beide von dicht bevölkerten und hoch industrialisierten Staaten umgeben. In Belgien gibt es noch kaum Kläranlagen. In Großbritannien werden 70 % der industriellen Abwässer direkt und ohne Klärung in öffentliche Gewässer gespült. Durch die Ansiedlung von chemischer Industrie im Unterelbegebiet wird die Nordsee weiter belastet werden.

Die Ostsee ist noch stärker verschmutzt als die Nordsee. Schweden, Finnland und die Sowjetunion pumpen die größten Mengen Gift hinein. Lange bevor Menschen Abwässer in die Ostsee einleiteten, gab es zwar Zeiten, in denen große Teile — ähnlich wie die Tiefen des Schwarzen Meeres — von natürlicher Alterung betroffen wurden. Heute aber ist die Ostsee auf dem besten Weg zu einem toten Meer. Über 80 % der industriellen und städtischen Abwässer werden ungeklärt in die Ostsee entlassen. — Die nach Kriegsende versenkten Gasgranaten (Senfgas) beginnen durchzurosten. — Eine Strandung der seit 1971 fahrenden Großtanker (115 000 t) würde weit größere Schäden anrichten als im weiten Ozean. Von Ostsee-Badeorten gehen jedoch mehr Anträge ein auf den Bau von Warmwasser-Hallenschwimmbädern mit künstlicher Brandung als auf den Bau von Kläranlagen. Dies ist um so unverzeihlicher, da in den nächsten fünf Jahren an der deutschen Ost- und Nordseeküste 100 000 neue Hotelbetten zur Verfügung stehen sollen. Dazu kommen die allgemeinen Nachteile des Massentourismus.

Obwohl die Ostsee das am meisten verschmutzte Meer der Erde ist, hat das Mittelmeer Aussicht, in absehbarer Zeit die Ostsee noch zu übertreffen. Hier bleibt die Anziehungskraft des Mondes, die in den übrigen sechs Weltmeeren mit ihren Flut- und Ebbeströmen den reinigenden Austausch der Wassermassen fördert, unwirksam. Die von Schiffen dicht befahrene Straße von Gibraltar bleibt einziger Zu- und Abfluß des gesamten Mittelmeerbeckens. Da sie nur sehr flach ist, das Mittelmeer selber aber Tiefen von Tausenden von Metern aufweist, ist der Zufluß von frischem Wasser und der Abfluß von „gebrauchtem" Wasser gering. Falls die Verschmutzung nicht eingedämmt werden kann, wird das Mittelmeer in 15—20 Jahren tot sein. Noch immer fließen 90 % aller Abwässer ungeklärt und nicht einmal vorgefiltert ins Wasser.

Aber auch die Ozeane mit ihren großen Tiefen werden in immer stärkerem Maße vergiftet. Versuche, die Verseuchung unter Hinweis auf die Mengen der Wassermassen und die Verdünnung zu verharmlosen, sind

widerlegt. Schädliche Stoffe durchlaufen die gesamte Nahrungskette (siehe „Schlußkapitel") bis hin zu den Fischen und werden angereichert. Meeresströme und wandernde Fische sorgen für eine weltweite Ausbreitung. Am Ende der Nahrungskette stehen Seevögel und Menschen, die sich von Fischen ernähren. Außerdem ist Plankton für Gifte besonders anfällig.
Das Ausspülen der Tanks und die Reinigung von Schiffsmaschinen auf See geschieht ständig, obwohl es durchaus möglich ist, die Ölrückstände auszuwaschen und in Tanks abzulagern. Nach neuesten Forschungen wird die Ölverschmutzung der Meere zu zwei Dritteln durch verbrauchte Getriebe- und Motoröl verursacht. Jährlich fließen 3 Mill. t Öl ins Meer. Sogar aus der Luft fällt Schmutz herab. Mit der wachsenden Zahl der Ölbohrungen im Meer wird das Risiko einer Verschmutzung der Tiefsee immer größer. Auch die Ausbeutung von Zinn, Sand, Kieselstein und vielleicht von Manganerzen kann Störungen im Meeresgrund hervorrufen. Ein großes Schreckgespenst in den USA war 1970 die Versenkung von Kampfgas. 5—10 Mill. t Öl lagern auf dem Meeresgrund in versenkten Schiffen. Die Wände dieses „Kriegserbes" rosten jetzt durch. Dabei sind nach Feststellungen des Tiefseeforschers Cousteau in den letzten 30 Jahren schon 50 Meer-Tiergattungen verschwunden und während der vergangenen 25 Jahre 40 % des Meereslebens vernichtet worden (1975).
Durch die Kläranlagen kann beim Rhein nicht erfaßt werden die Versalzung, insbesondere die aus dem Kalibergbau, die Direkteinleitung der von rund 8000 Motorschiffen anfallenden Abfallöle und die in einigen chemischen Werken anfallende Abfallschwefelsäure.
Letztere belastet den Rhein sehr stark. Deshalb wird sie verschifft und weit von der Küste in die Nordsee gefördert. Ein hochseegängiges Schiff verteilt sie dort in Schraubenstrahl 1:7000 mit Meerwasser. Trotz der anerkennenswerten Anstrengung der chemischen Industrie ist zu befürchten, daß das Verfahren doch zur Verschmutzung des Meeres beitragen wird.

Natürliche Reinigung der Gewässer

Es gibt abbaufähige (organische, sauerstoffzehrende) und nicht abbaufähige Stoffe. Bei geringen Abwassermengen kann bei ersteren eine Selbstreinigung durch Bakterien erfolgen. Die Mineralstoffe wie Kalium-, Calcium-, Phosphor-, Magnesiumverbinden u. a. werden von Bakterien (luftholden oder aeroben) aus ihrer organischen Bindung herausgelöst und an das Wasser abgegeben. Sie dienen auch als anorganische Nährstoffe für die Bakterien (siehe „Düngung"). Die organischen Bestandteile der Schmutzstoffe (Kohlehydrate, Eiweiß, Fett) werden durch Bakterien mineralisiert, d. h. in Kohlendioxyd (Kohlensäure) und Wasser verwandelt. Für alle diese Vorgänge wird der Sauerstoff des Wassers benötigt; denn ohne Sauerstoff sterben die Bakterien ab. Die Selbstreinigung kommt heute durch die große Menge der eingeleiteten Abfallstoffe immer weniger vor.
Neben den Bakterien hat Plankton (das Treibende) für das Leben im

Wasser eine entscheidende Bedeutung. Algen (pflanzliches Plankton) sind zwar einzellig, leben aber wie die höheren Pflanzen und geben wie diese Sauerstoff ab, und zwar an das Wasser und etwas an die Luft. Zum Teil nimmt das Wasser auch aus der Luft Sauerstoff auf. Dort bringen Stürme von Ozeanen — und großen Waldgebieten — auf jeden Fall Sauerstoff in die Industriegebiete. Der in das Wasser gelangende Sauerstoff ist nicht nur für die Zersetzung der abbaufähigen Stoffe, sondern auch für tierische Wasserbewohner nötig. (Über die besondere Bedeutung des Meeres-Planktons als Anfang der sog. Nahrungskette siehe „Schlußkapitel".) — Nach neuesten Forschungen können bestimmte Arten von Algen, Muscheln und Krebsen Verunreinigungen aus Abwässern beseitigen.

Natürliche „Alterung" der Gewässer

Wie wir sahen, verläuft die Zersetzung der abbaufähigen Stoffe und dadurch die Bildung von Nährstoffen nur, wenn genügend Sauerstoff vorhanden ist, mindestens vier Milligramm je Liter. Aber sprudelndes Fließwasser, das der Durchmischung mit Sauerstoff dient, fehlt bei Seen. Der Wechsel des Oberflächenwassers ist also gering. Sobald sich nämlich das Wasser durch Sonneneinstrahlung auf 4° C erwärmt, dehnt es sich aus und wird leichter. Es vermischt sich nicht mit der kälteren Schicht darunter. Die Grenzlinie zwischen beiden Schichten nennt man Sprungschicht. So kommt von der Oberfläche kein Sauerstoff nach unten und von dort kommen keine mineralischen Nährstoffe an die Oberfläche. Nur Bakterien, die den gebundenen Sauerstoff aus chemischen Verbindungen nehmen (anaerobe), halten sich. Sie führen den Abbau fort. Aber durch ihre Tätigkeit entstehen nicht Kohlendioxyd und Wasser, sondern das unangenehm riechende brennbare Schwefelwasserstoffgas (H_2S) und Ammoniakverbindungen, die unter Umständen für Wassertiere giftig sind. Die aber schon fertigen, abgebauten Nährstoffe bleiben ungenutzt, bis sich im Herbst das Oberflächenwasser stark abkühlt, während die unteren Wasserschichten verhältnismäßig wärmer bleiben. So vermischen sich die beiden Schichten, Stürme beschleunigen diesen Vermischungsvorgang, Sauerstoff kommt nach unten, und Nährstoffe gelangen an die Oberfläche, was dort während des Winters zu einer Anhäufung der mineralischen Nährstoffe führt. Die Algen aber, die, wie wir sahen, Sauerstoff abgeben, sind stark vom Sonnenlicht abhängig. Bei kürzeren Tagen sinkt daher ihre Sauerstofferzeugung: Dann sterben sie ab und sinken nach unten. Hier werden sie nach dem Grundsatz der Selbstreinigung abgebaut.
Im Frühling beginnt mit den wärmeren längeren Tagen der „böse Kreislauf" von neuem. Allmählich verwandeln die anaeroben Bakterien den Boden des Gewässers in eine Schicht von faulendem Schlamm. Gasblasen steigen vom Grund auf, Schlamm lagert sich an den Ufern ab. Der See „kippt um", er „altert", er „stirbt". Schließlich entstehen Niederungs- und später — bei genügend jährlichen Niederschlägen — Hochmoore.

Beschleunigte „Alterung" durch Düngungs-Abwässer

geschieht vor allem bei Seen, wo, wie eben erwähnt, sprudelndes Fließwasser, das der Durchmischung mit Sauerstoff dient, fehlt. Die Düngung wird bewirkt durch Stickstoffdünger und Phosphate. Sie stammen zu je einem Drittel aus Waschmitteln, menschlichen Fäkalien und aus nicht verbrauchtem Mineraldünger. (Bei Verunreinigung durch zu viele eigentliche Schmutzstoffe stirbt der See natürlich erst recht.)
Solche Abwässer haben zunächst eine günstige Wirkung. Geringe Beimischungen der Düngungs-Abwässer steigern meist den Wuchs. Zunächst nehmen die Bestände der höheren Pflanzen zu. Algen vermehren sich rascher. Dadurch wird dem tierischen Plankton (kleinen Krebsen) mehr Futter geboten. Es vermehrt sich also stärker. Da es die Lebensgrundlage für Fische bildet (siehe „Nahrungskette"), steigen die Fischereierträge.
Erhöht sich aber durch Abwässerzufuhr der Nährstoffgehalt zu sehr, beginnen die Algen stark zu wuchern („Algenblüte"). (Erst durch diese Vermehrungsmöglichkeit der Algen werden Algenfarmen gewinnbringend.) Ein großer Teil kann nicht mehr vom tierischen Plankton gefressen werden. Dann sinken mehr Überbleibsel auf den Seegrund, wodurch sich die natürliche Alterung verstärkt. Auch das fehlende Sonnenlicht wirkt dabei mit. — Nach einer Ablösung der Waschmittelphosphate durch das synthetische NTE (Nitrilotriessigsäure) droht, vor allem in der kalten Jahreszeit, ein Anstieg des Schwermetallgehaltes in den Gewässern. Besser wäre es, dieses Problem durch eine chemische Phosphat-Ausfällung in den Kläranlagen zu lösen, wodurch außerdem alle phosphorsauren Salze in den Abwässern erfaßt würden. Das Seeufer wird mit „Seenkraut" bewachsen. — Über Sauerstoffmangel durch Kühlwasser der Kraftwerke siehe nächste Seiten. — Die in Europa weitgehend unbekannte Pflanze, der hochgiftige „flutende Hahnenfuß", ist seit 1970 infolge der phosphathaltigen Abwässer dabei, den Rhein zwischen Bodensee und Basel zu zersetzen. Einige Algen leiten außerdem Giftstoffe in das Wasser. Schilfsterben wurde als Beweis für verseuchte Seen viel zu spät erkannt.

Wasserreinigung durch menschliche Anlagen

In der frühchristlichen und mittelalterlichen Zeit kannte man Derartiges nicht; denn die manchen alten Völker bekannten Erkenntnisse in der Wasserwirtschaft waren verlorengegangen.

Zwar waren bei dem Fehlen der Industrie die Bäche und Flüsse, außer im Bereich der bedeutendsten Städte, sauber; aber man dachte nicht an Abwasserleitungen. In dumpfer Ergebenheit ließen die Menschen in den engen, schmutzigen, mit zahlreichen Ratten belebten Städten furchtbare Seuchen über sich ergehen. — Baden im Freien kannte man nicht. Auch das — allerdings ausschweifende — Leben in den Badestuben ließ nach, als man im 16. Jahrh. die Gefahr der Krankheitsübertragung durch Wasser erkannte (Syphilis). Statt dessen griffen die Damen vorzugsweise zu Puderquaste und Salbentopf, vielfach noch bis zur Mitte des 18. Jahrhunderts. Lange Zeit glaubte man, daß die „Wohlgerüche Arabiens" — mit Ausnahme des Weihrauchs — als wirksames Gegenmittel gegen die Pest verwendet werden könnten. Selbst im Berliner Schloß war keine Bademöglichkeit vorhanden.

Heute kennt man die Reinigung der Abwässer durch Kläranlagen und Abwasserlandbehandlung und die Reinigung von Trink- und Brauchwasser (durch Aufbereitungen). Auch ein Teil des Grundwassers muß aufbereitet werden. Die Wasserversorgung der Bundesrepublik wird mehr und mehr über Verbundnetze durchgeführt. Da dies Zusammenleiten der verschiedenen Härtegrade der Rohwässer zu Rost im Leitungsnetz oder zu Kesselsteinbildung in den Haushaltsgeräten führen kann, ist es notwendig, das Wasser auf den gleichen Härtegrad zu bringen. Immer wird in Zukunft nicht nur Brauchwasser, sondern auch Trinkwasser aus verschmutzten Flüssen gewonnen werden müssen.

Reinigung von Trink- und Brauchwasser

Bei den neueren Wasserwerken läßt man das aus dem Fluß gepumpte und gefilterte Wasser zunächst wieder in die Grundwasser führenden Kies- und Sandschichten versickern, um durch Filterwirkung und durch Bakterien die Reinigungskraft des Bodens auszunutzen. Im Wald eignen sich die oben befindliche schwarze Humusschicht und die darunter durch Verwitterung von Mineralien und Gestein entstandene braune Schicht besonders gut, chemische Filter zu sein. Erst dann wird das Wasser endgültig als Trinkwasser gefördert (siehe auch „Ruhr"). Aber Eisen- und Manganverbindungen, Gips und Kalkablagerungen verstopfen das durchlässige Flußbett und vermindern den Zustrom zu den Brunnen oft bis auf die Hälfte. Außerdem bereitet die zunehmende Menge der schwer abbaubaren Stoffe größte Sorgen, da dann die Filterkraft überfordert wird und die Giftstoffe in tiefere Schichten dringen. Die Aufbereitung erfolgt nicht wegen der in Abwässern eines Kernkraftwerkes enthaltenen radioaktiven Stoffen. Dieses rücklaufende Kühlwasser enthält außerdem mehr Sauerstoff als vor seinem Eintritt in das Kraftwerk. Zur Zeit sind 3,3 Mill. Menschen durch 16 Wasserwerke zwischen Ludwigshafen und Homberg am Niederrhein auf ufergefiltertes Wasser angewiesen. (S. auch „Niederlande".) — Das zum Schutze gegen Krankheiten dem Wasser zugefügte Chlor kann Schäden auf der Haut bewirken. Über Beigabe von Fluor siehe „Düngung".

Hoffnungsschimmer

Im Rahmen eines Forschungsvorhabens der Krupp Maschinenfabriken, Atlas, Bremen, wurde gemeinsam mit dem Krupp Forschungsinstitut im Februar 1974 die Möglichkeit untersucht, bei entsprechender Vorbehandlung des Rohwassers mit Chlorbleichlauge, Natriumsulfitlösung und Schwefelsäure mit einer Meerentsalzungsanlage durch Verdampfung ein verwendbares Trinkwasser zu erzeugen. Als Aufstellungsort wurde Rheinhausen gewählt. Das gewonnene Wasser war kristallklar und geschmacklich einwandfrei. Für diesen Vorgang steht in vielen Großbetrieben der chemischen Industrie und der Stahlindustrie oft ausreichende Abwärme zur Verfügung.

Hohe Kosten für Kläranlagen

dürfen nicht gescheut werden. Es besteht ein Nachholbedarf von 40 Milliarden DM. Giftstoffe werden in die Kläranlagen gespült. Dort töten sie die Bakterien, die das Wasser säubern sollen. In Nürnberg wurde die Hauptkläranlage durch in die Kanalisation geleitete Chrom-Salze stillgelegt. Fachleute schätzen, daß nur jede zehnte Kläranlage einwandfrei arbeitet, 60 % dagegen wegen Mangel an Fachpersonal und ungenügender Kontrolle niemals die erwartete Leistung erreichen.

Bei der mechanischen Reinigung werden im allgemeinen nur die ungelösten Schmutzteile erfaßt. Die gelösten gehen in das offene Gewässer und verschmutzen dieses.

Es muß also eine biologische Klärung (d. h. durch Lebewesen) folgen. Man hat unter Verwendung von Lavastücken oder grobstückigem Koks große Oberflächen für die Besiedlung mit Algen geschaffen, die den biologischen Abbau der organischen Stoffe des Abwassers vollziehen. (Tropfkörperverfahren): Das andere wichtige biologische Verfahren ist das Belebtschlammbecken, bei dem Sauerstoff in das sich dort umwälzende Wasser gebracht wird. — Von den 6050 Kläranlagen Deutschlands arbeiten nur 2500 biologisch.

Diese biologische Reinigung verringert die Verschmutzung um 90 %.

Unter einer biologisch-physikalischen Reinigung versteht man in erster Linie die Entfernung der Phosphate und Nitrate aus dem Abwasser durch Ausfällen mit Eisen- oder Aluminiumsulfaten.

Schweden hat zuerst dreistufige Kläranlagen gebaut, zuerst am Mälersee bei Stockholm. Der anfallende Schlamm wird wegen seines Phosphatgehaltes auf Äcker gekarrt. Selbstverständlich wird auch ein Teil der Bakterien bzw. Keime mitgefällt und damit aus dem Abwasser entfernt. Die Kosten liegen nur um 20 % höher als bei den zweistufigen Kläranlagen.

In Oberbayern wurden bei einer Anzahl Seen durch „Ringleitungen" in einem einzigen Rohrverbundsystem sämtliche Abwässer um die Seen gesammelt und zentralen Kläranlagen zugeführt.

Neuerdings werden in Österreich nach einem Vorschlag von Dr.-Ing. Werner Lengyel die Rohre nicht mehr um einen See herum im Erdboden verlegt, sondern ganz einfach im Wasser versenkt, zuerst am Ossiacher See, dann am Traunsee, am Wörther See, am Zeller See und am Neusiedler See. Diese Methode kostet weniger Geld und weniger Zeit. Pumpstationen am Seeufer drücken die gesammelten Abwässer durch die Rohrleitung zum Hauptsammler und von dort in die Kläranlage.

Wenn zuviel Stickstoff im Abwasser enthalten ist und der Stickstoff in dem Vorfluter Minimumstoff ist, kann man nach einem im Zürich entwickelten Verfahren (Prof. Dr. Wuhrmann) durch zeitweises Abstellen der Luftzufuhr zu den Belebtschlammbecken in einem anaeroben Zustand den Stickstoff zu einem hohen Prozentsatz zu atmosphärischem Stickstoff vermindern lassen, so daß er dann in die Atmosphäre entweichen kann.

Die erste vollbiologische Kläranlage der Welt, die auch mit stark salzhaltigen Abwässern fertig wird, arbeitet im Werk Stade der Dow Chemical GmbH an der unteren Elbe. Die bei der biologischen Klärung bisher eingesetzten Mikroorganismen konnten starken Salzgehalt im Abwasser nicht überleben. Aber US-Chemiker fanden im Toten Meer und in den großen Salzseen Kleinstlebewesen, die auch bei hohem Salzgehalt lebensfähig sind.
In Blaubeuren ist 1973 die Verarbeitung des Abwasserschlammes (Klärschlammes) zu einwandfreiem Kompost anscheinend gelungen. — In Geiselpullach bei München wird der Klärschlamm seit 1973 durch radioaktive Strahlen entgiftet.

Reinigung von Abwässern ohne herkömmliche Kläranlagen

Dr. Werner von der „Gesellschaft zur Förderung aquatischer Ökotechnik" läßt Plastiknetze, die umweltneutral, äußerst zugfest und federleicht sind, in Seen. Man zieht die Netze einfach aus dem Wasser, streift den Algenbewuchs ab und verwendet die Nitrate und Phosphate in der Landwirtschaft. Derzeit laufen erste Versuche im Ossiacher See (Kärnten), im Piburger See (Tirol) sowie in der Donaustaustufe Wallsee-Mitterkirchen in der Nähe von Linz (Oberösterreich).
Dem Grebiner See in Ostholstein wurde durch den Kieler Professor Ohle mit einem besonders entwickelten Gerät Sauerstoff zugeführt, ohne Schlamm und Tiefenwässer an die Oberfläche zu wirbeln, die den See noch mehr verseuchen würden. Dieses in Schweden erfundene „Limnu-Gerät" wurde schon an vier Seen erfolgreich erprobt.
Untersuchungen laufen, ob auch Pflanzen, z. B. die Binse, zur Reinigung von Abwässern verwendet werden können. Prof. Dr. Käthe Seidel von der Limnologischen Station in Krefeld kann in letzter Zeit sehr große Erfolge aufweisen. In Finnland hat man bei der Zellstoffherstellung aus anfallenden Abwässern durch Mikroorganismen das Futtermittel Pekilo gezüchtet, wodurch teures Viehfutter gespart wird. Zugleich werden den Schmutzwässern umweltfeindliche Stoffe entzogen.
Dem Dipl.-Chemiker Dr. Otto Heimbold und Labormeister Fritz Becker von der chemischen Fabrik Giulini in Ludwigshafen ist es gelungen, aus Abfallstoffen ein weißes Pulver „Ferri-Flex" herzustelllen. Ins Schmutzwasser stehender Gewässer geschüttet, bindet es den Dreck in Form von Flocken, die zu Boden sinken. Zwar ist die Anwendung von chemischen Wasserreinigungsmitteln in der freien Natur, also auch in den Seen, verboten. Der Gesetzgeber ist der Meinung, daß die Flockenschicht den See von „unten tötet". Aber das Mittel darf in Kläranlagen verwendet werden. — Außerdem ist das von der BASF entwickelte Abwasser-Reinigungsmittel „Sedipur" schon seit längerer Zeit im Einsatz im Kohlenbergbau, bei Erdölraffinerien, in der Lederindustrie, in Porzellanfabriken und in der Zuckerindustrie.

Ein in Speyer gebautes 15 m langes Spezialschiff, „Ölfresser" genannt, saugt in Flüssen und Küstengewässern das ölverschmutzte Wasser ein, filtert und pumpt es gereinigt zurück. Das an Bord gesammelte Öl kann in den Raffinerien wieder verwendet werden. — Die Versuchsanstalt für Binnenschiffbau in Duisburg hat ein neues Verfahren zur Erneuerung sterbender Binnengewässer entwickelt. Von dem Motorschiff „Bilgenentöler 7" erfolgt künstliche Zufuhr mit Sauerstoff. Der erste Versuch auf dem Rhein gelang.

Erst recht schwierig ist die W i e d e r b e l e b u n g d e r S e e n. Kläranlagen verbessern wohl die Beschaffenheit des Wassers an der Oberfläche, bremsen aber nicht die Fäulnis, die vom Grund aufsteigt. Man müßte den Schwarzschlamm räumen. Von 1970—1971 wurde der südschwedische Trummen-See gereinigt. Aber die Kosten sind hoch, obwohl der See nur 1 qkm groß ist. Beim 25 000 qkm großen Erie- oder beim Michigan-See wäre eine solche „Operation" nur bei ungeheuer hohen Kosten durchführbar.

Der Apparatebau der Siegener AG, 593 Hüttental-Geisweid, hat in jüngster Zeit besondere Abhitzekessel hinter Abfallsäure-Spezialöfen und Abhitzekessel hinter Chemie-Müllverbrennungsanlagen gebaut. Zur Verbrennung gelangen z. B. Rückstände von Altsäure, Altöl, Lösungsmittel, Laugen, Teer, Ruß, Gummi, PVC, Äthylen und Polyäthylen. Weitere Möglichkeiten tun sich in Zukunft auf, wenn Abfallbeseitigung und Energiegewinnung verbunden werden. Es handelt sich um bahnbrechende Neuerungen. — Außerordentlich starke Magnetfelder, wie sin in der Festkörper- und Hochenergiephysik gebräuchlich sind, sollen zukünftig zur Abwasserreinigung, zur Entschwefelung von Kohle und zur Anreicherung von Erzen verwendet werden.

Fernziele hinsichtlich Reinhaltung der Gewässer

Vor allem gilt es, möglichst viele A b f a l l s t o f f e in den Erzeugungsvorgang z u r ü c k z u f ü h r e n. (Besonders erfolgreich darin ist die Standard Messo Duisburg Gesellschaft für Chemietechnik.)

Große R ü c k h a l t e b e c k e n an allen Flüssen sind im Gegensatz zu den auf Seite 70 geschilderten nicht als Hochwasserschutz gedacht. Vielmehr sollen sie von möglichst vielen kleinen Bächen und bei Hochwasser von den Oberläufen mit noch verhältnismäßig sauberem Wasser gefüllt werden und dann ihren Inhalt an die fließenden Gewässer zu ihrer A u f f r i s c h u n g abgeben. (Eine der Aufgaben, die die Eder-Talsperre für Fulda und Weser übernimmt.)

Bedeutung, Herkunft und Knappheit der Energie

(Siehe auch „Schlußkapitel".)

Der Bestand der zivilisierten Menschheit hängt von Nahrung und Rohstoffen ab. Beides aber kann nur mit Energie in ausreichendem Maß zur Verfügung gestellt werden. (Siehe auch „Ernährungsfragen".)

Gegenwärtig stammen 97 % der von Menschen industriell genutzten Energie aus Kohle, Öl und Erdgas. (Erdöl wird in Raffinerien in Heizöl und Benzin gespalten. Bei der Erzeugung von 1 t Benzin fallen — grob gerechnet — 4 t schweres und leichtes Heizöl an. Außerdem werden eine Reihe anderer Erzeugnisse gewonnen, z. B. die Flüssiggase Propan und Butan. Sie verflüssigen sich bereits bei wenigen Atmosphären Druck. Man kann sie in Stahlflaschen füllen und bequem befördern. — Das meist bei Erdölbohrungen gefundene Erdgas verbrannte man noch vor wenigen Jahrzehnten als „lästige Nebenerscheinung".)

Seit mehreren hundert Millionen Jahren lagerten sich auf dem Meeresboden Schlamm, Ton, Mergel, Kalk, Sand usw. ab. Mit diesen Ablagerungen häuften sich vor allem vor Flußmündungen und in seichten Küstengewässern unzählige abgestorbene Körper von Kleinstlebewesen. Neue Ablagerungen schlossen diese organische Masse von Sauerstoff ab, so daß sie nicht verwesen konnte. Sie verwandelte sich in unendlich langer Zeit in Kohlenstoff, in Erdgas und Öl.

Die Entwicklung der Wirtschaft und der Lebenshaltung beruhte im Zeitraum von 1960 bis 1972 auf dem „billigen arabischen Öl". Tragisch ist es, daß durch die berechtigten Forderungen des Naturschutzes der Energiebedarf teilweise beträchtlich gesteigert wird. Gewaltige Energiemengen sind notwendig, um Kläranlagen, Müllanlagen und Elektrofilter in den Fabrikschornsteinen zu errichten, Kohle zu vergasen und zu entschwefeln. Und welche Energiemengen sind nötig zur weltweiten Steigerung der landwirtschaftlichen Erzeugung! Siehe „Schlußkapitel".

Schon 1972 wurde Energie in den USA knapp. Im Herbst 1973 wurde die Energiekrise durch den Ölboykott der Araber verschärft und ging auch auf die Industriestaaten Westeuropas und auf Japan über. Über Verschlechterung der wirtschaftlichen Lage in den Entwicklungsländern siehe „Schlußkapitel".

Fernziele hinsichtlich Energiegewinnung und Verminderung der Luftverschmutzung.

Die USA haben dabei den Vorteil, daß sie größere Kohlenvorräte besitzen (Tagebau). Auch gehen sie, ebenso Kanada, jetzt daran, mit Hilfe von heißem Wasser und Dampf die in Ölschiefern und Ölsänden lagernden ungeheuren Mengen Öl zu fördern. Der US-Präsident verlangt von den Autoherstellern, ihre Modelle in nur vier Jahren so abzuändern, daß sie 40 % weniger Benzin verbrauchen als heute. — Durch neue Modelle wird die Ölsuche in tiefsten Gewässern ermöglicht werden (bisher nur bis 200 m möglich). — In den USA wird eine Studie für ein Kraftwerk unter Wasser geprüft. Es soll die Temperaturunterschiede zwischen Meerestiefe und Meeresoberfläche ausnutzen.

Sonne, Wind, vulkanische Hitze, Heißwasser und Dampf aus dem Erdinneren stehen zwar nur in wenigen Teilen der Erde zur Verfügung. Doch könnten diese Energiequellen insgesamt Beträchtliches leisten. Z. B. ist in den Ebenen des amerikanischen Mittelwestens ausreichend Wind vorhanden, um die Hälfte des elektrischen Stromes der USA zu erzeugen. A. Rangé und P. South vom National Research Council of Canada (Ottawa) haben eine preiswerte und leistungsfähige Windmühle gebaut, die wahlweise elektrische und mechanische Energie liefern kann.

Das Bonner Forschungsministerium legt in den nächsten 5 Jahren insgesamt 110 Mill. DM in Entwicklungsarbeiten für Sonnenenergie an. — Bessere technische Verfahren müßten gesucht werden zur Ausbeute der Ölfelder, aus denen zur Zeit nur höchstens 50 % der vorhandenen Vorräte genutzt werden können. — Der Bau von Magnet-Schwebbahnen ist wegen der hohen Kosten vorläufig eingestellt worden. Dampfautos lösen alle Abgasprobleme und benötigen weder ein Getriebe noch eine Kupplung, haben aber andere Nachteile.

Eine Umstellung auf E r d g a s bei Industrie und Hausbrand wird zur Verbesserung der Luft beitragen; denn es ist ungiftig und verbrennt sauber ohne Rauch und Ruß, ohne Schwefel und Kohlenmonoxyd. Der Stickstoffoxydgehalt ist geringer als bei der Verbrennung von Heizöl und Kohle. Außerdem braucht Erdgas wegen seiner hohen Klopffestigkeit keine Bleizusätze. (Nebenbei sei erwähnt, daß Maare keine Vulkankrater-Seen sind. Sie sind vielmehr durch Erdgasausbrüche entstanden.)

Die Industrie arbeitet fleißig an Fahrzeugen mit neuen Antriebsarten. So entwickelte Daimler Benz in Verbindung mit anderen Firmen schadstoffarmen Dieselmotor für Nutzfahrzeuge, geräuschisolierten Dieselmotor, Omnibus mit erdgasbetriebenem Motor, Müllwagen mit flüssiggasbetriebenem Motor, Omnibus mit Elektroantrieb, Lastwagen mit Elektroantrieb. Aber diese neuen Modelle können der hohen Kosten wegen nur in örtlich begrenzten Stadtbereichen angewendet werden. Bei Fahrzeugen mit Elektroantrieb und Bleibatterien als Energiespeicher (Schleicher) erklärt sich die schlechte Wirtschaftlichkeit dadurch, daß die Batterien zu schwer sind. Ein neues Strom-Auto kann jedoch mit einer Batterie-Ladung 100 km weit fahren. Es kostet 7500 DM. Stromkosten 1½ Pfennig je km. — Der erste „Duo"-Bus mit wahlweiser Stromabnahme durch Batterie oder Oberleitung wurde am 7. 4. 75 in Esslingen vorgestellt.

Der japanische Konzern Nissan stellt einen Elektrobus vor, der die Vororte einer Großstadt „abklappern" soll, um dann auf seiner Fahrt in die City auf eine Leitschiene gebracht zu werden. Nun rollt er, von Computern gesteuert, auf einer eigenen Trasse, unbekümmert um die Stauungen auf den normalen Straßen, zu den wichtigsten Haltepunkten in der City. Wichtig ist, daß er auch unabhängig von den Leitschienen unterschiedliche Strecken befahren kann. Theoretisch könnte man eine Vielzahl solcher Busse auch in Leitschienen zu ganzen Zügen zusammenkoppeln. Dieser Erfindung entspricht das von den Firmen Demag und MBB entwickelte Kabinentaxi (Cat), das seit 1974 in Hagen erprobt wird.

Kurz- und mittelfristig gesehen kann M e t h a n o l (CH^3 OH) am ehesten als Ersatzkraftstoff für Benzin herangezogen werden. Die Schadstoffe Kohlenmonoxyd (CO) und Kohlenwasserstoffe können auf etwa die Hälfte, die von Stickoxyden auf ein Drittel vermindert werden. Blei ist überhaupt nicht vorhanden. Das Bundesministerium für Forschung und Technologie testet VW-Fahrzeuge auf 85:15-Benzin-Methanol-Gemisch. Der Umbau auf dieses Gemisch kostet zwar kaum 50 DM. Aber Methanol hat nur den halben Energiegehalt wie Benzin, also bei reinem Methanol entweder doppelt so große Tanks wie zur Zeit oder kleinere Reichweite. Auch muß noch geklärt werden, ob sich reines Methanol nicht nachteilig auf den Verschleiß des Motors auswirkt. Einer kurzfristigen Einführung steht das fehlende Verteilernetz und die ausreichende Erzeugungsmöglichkeit entgegen. Methanol könnte aus Kohle oder sogar aus Kalk in größeren Mengen hergestellt werden.

Vor allem scheint in der Atomenergie ein Ausweg gefunden zu sein hinsichtlich Energiegewinnung und Verminderung der Luftverschmutzung.

Jedes Atom besteht aus einem Kern, um den kleinste Elektrizitätseinheiten — „Elektronen" genannt — kreisen, etwa wie die Erde und die Planeten um die Sonne. Der Atomkern selbst besteht aus Teilchen, die elektrisch positiv geladen sind und Protonen heißen, und anderen Teilchen, die elektrisch neutral sind und darum „Neutronen" genannt werden.

Die Atomsorten einiger sehr schwerer Stoffe wie Uran, Radium, Plutonium, haben die Eigenschaft, ihren Kern umzubilden. Die Elektronen bewegen sich mit unvorstellbarer Geschwindigkeit um den Kern. Ein auslösendes Neutron — im Atomreaktor künstlich angeregt — spaltet einen Atomkern in Trümmerkerne und freiwerdende Neutronen, die wiederum andere Atomkerne spalten. Dadurch wird unaufhörlich ein Teil der Energie frei, die sonst den festen Zusammenhang der einzelnen Bestandteile bewirkt. Mit aus dieser Energie erzeugtem heißen Gas wird Wasser erhitzt. Der Wasserdampf treibt Turbinen, und diese treiben Generatoren zur Stromerzeugung an.

Als ein Schlüsselproblem der Atomenergie gilt die Errichtung von Wiederaufbereitungsanlagen, in denen die noch verwertbaren Brennstoffe aus den bestrahlten Elementen herausgeholt und von den radioaktiven Abfällen getrennt werden. Für die Lagerung dieser Abfälle zeichnen sich schon Möglichkeiten ab.

Man sucht auch nach weiterführenden Anwendungsmöglichkeiten der Kernenergie, etwa zur Meerwasserentsalzung (siehe Seite 308), Erzgewinnung, Erzverhüttung, Förderungsmöglichkeit, indem zähflüssigen Erdöl in leichtflüssiges verwandelt wird. Eine „Wüstenschlange", die auf 52 Mammuträdern mit einer Spurweite von fast 7 m rollt und 135 m lang ist, soll die Wüsten- und Öllandgebiete Afrikas, Kanadas und Alaskas erschließen.

Auf der Suche nach einer nutzbringenden und umweltfreundlichen Verwendung der Abwärme von Kraftwerken sind die Fachleute des Bonner Forschungsministeriums jetzt auf eine neue Möglichkeit gestoßen: statt riesige Kühltürme zu bauen, die möglicherweise das Kleinklima der Umgebung verändern, könnte die überschüssige Wärme (Abwärme) der Kraftwerke in 70 cm tiefen Rohren unter landwirtschaftlich genutzte Flächen geleitet werden. Auf dem erwärmten Boden könnten Erzeugnisse gewonnen werden, die sonst in der Bundesrepublik nicht vorkommen, z. B. Sojabohnen. Über weitere Ausnutzung der Abwärme siehe „Schlußkapitel".

Wie die amerikanische Weltraumbehörde NASA im März 1975 mitteilte, sollen Nuklearsysteme entwickelt werden, die ihren eigenen radioaktiven Abfall neutralisieren.

Der Kernbrennstoff Uran ist eine sehr ergiebige Energiequelle. Deshalb gibt es bei Kernkraftwerken keine Probleme bezüglich Beförderung und Lagerung des Brennstoffes, aber bei der Gewinnung! (Trennanlagen, Ultrazentrifugen).
Die ersten auf Leichtwassergrundlage entstandenen Kernkraftwerke nutzen den Kernbrennstoff Uran verhältnismäßig schlecht. Augenblicklich ist Westeuropa noch völlig auf die USA angewiesen in der Versorgung seiner Kernreaktoren mit angereichertem Uran. Dies wird 1980 sehr knapp. Allerdings versuchen ab 1968 Holland, die Bundesrepublik und Großbritannien, es billiger herzustellen als die Supermächte. Auch mit der Sowjetunion wurden Anreicherungsverträge geschlossen.
In 20 Jahren werden sehr wahrscheinlich die Uranvorräte erschöpft sein. Aber etwa 4 Mill. t Uran schwimmen in Form von Salzen im Meer. Im Kernforschungszentrum Jülich wurde ein Weg gefunden, das kostbare chemische Element zu gewinnen. Als Vermittler werden Algen tätig. Wenn man Grünalgen fließendem Seewasser aussetzt, reichern sie sich in hoher Verdichtung mit Uran an.
Der Reaktortyp der Zukunft ist der „Schnelle Brüter". Uran wird in einem sogenannten Brutvorgang zu spaltbarem Plutonium umgewandelt. Dadurch entsteht mehr Kernbrennstoff als für den Eigenbetrieb notwendig ist. Der „Brüter" wird nicht mehr mit Wasser, sondern mit flüssigem Natrium gekühlt. In Deutschland wird der erste 1980 in Kalkar am Niederrhein in Betrieb genommen werden. Doch ist noch manches Ungeklärte zu erwägen. Auch brütet der „Schnelle Brüter" noch zu langsam. Lassen wir die Frage offen, ob der Atomkraft die Zukunft gehören wird. In überschaubaren Zeiten jedenfalls bietet sich vor allem die Kohle an. Aber ein mittleres Kohlenkraftwerk spuckt täglich ungeheure Mengen Kohlendioxyd aus. Auch sind nach den heutigen Abbaumethoden die Ruhrkohlenvorräte nach 30—40 Jahren erschöpft.
Nikolaus Laing aus Aldingen am Neckar will Europas Energieversorgung vom Erdöl unabhängig machen mit heißem Wasser und Dampf durch Sonnenglut aus der Sahara.

Langfristig gesehen kann sehr wahrscheinlich nur

Wasserstoff

für den allgemeinen Ersatz von Benzin in Frage kommen. Es verbindet die Vorteile der (allerdings umweltbelastenden) Kohlenwasserstoffe (Kohle, Erdöl) mit den umweltschonenden Eigenschaften der Elektrizität. Gleichgültig, ob dieselbe als Licht, Kraft, Wärme oder Kälte eingesetzt wird, immer geschieht es ohne Rückstände. (Aber bei der Stromerzeugung gehen zwei Drittel ungenutzt als Abwärme verloren.)
Beförderung von gasförmigem Wasserstoff über mehr als 400 km ist billiger als die von Elektrizität. Flüssiger Wasserstoff, bei — 250° C gelagert, ist dreimal leichter als Benzin, Treibstoff für Flugzeuge und Autos und kann in Industrie und Haushalt in verschiedenster Form eindringen. In der Heizung, an der sich außer dem Brenner nichts ändern wird, verbrennt

er zu Wärme und zu dem dringend benötigten einwandfreien klaren Wasser.
Die Lagerung des flüssigen Wasserstoffes macht einen zu hohen technischen Aufwand nötig. Die Lagerung von gasförmigem Wasserstoff in Gestalt von Metallhydriden (Hydride sind Anlagen von Wasserstoff. Sie erfordern keinen zusätzlichen Verbrauch von Pimärenergie) erlaubten Reichweiten, die bis zu sechsmal höher sind als bei Elektrofahrzeugen mit Bleibatterien (getestet von Daimler-Benz). Diese Feststellung gilt nur, wenn die Volumen (Inhalte) der Energiespeicher bei den Vergleichsfahrzeugen gleich sind. — Wasserstoff, sowohl als Gas wie als Flüssigkeit, nimmt zu viel Raum in Anspruch.

Gewinnung von Wasserstoff aus Wasser

Das größte Hindernis bei der Gewinnung von Wasserstoff war bisher die teure und aufwendige Herstellung durch Elektrolyse. (Zersetzung chemischer Verbindungen, in diesem Falle von Wasser durch den elektrischen Strom.) Der Sonnenofen auf Mont Louis (siehe „Frankreich") zeigt indes, daß es mit diesen Temperaturen grundsätzlich möglich ist, ohne den Umweg über die Elektrolyse die Wassermoleküle zu spalten, um Wasserstoff herzustellen (Thermolyse), obwohl noch riesiger Aufwand an technischer Arbeit zu leisten ist, um die Wasserstoffmoleküle von den gleichzeitig freigesetzten Sauerstoffmolekülen getrennt zu halten. Im Forschungszentrum der Europäischen Atomgemeinschaft in Ispra/Italien entwickelte man sogar an einem Verfahren, das im Bereich von 600—800° C arbeitet. Kalziumbromid wird mit Wasser umgewandelt. Dabei entsteht Kalziumhydroxyd und Bromwasserstoff. Letzterer wird dann mit Quecksilber umgesetzt als Quecksilberbromid und Wasserstoff.
Auch soll der Bau der Schnellen Brüter beschleunigt werden. Bonn prüft den Bau vor der Nordseeküste. Vielleicht steht einmal ein derartiges Kraftwerk. Dort wird es gasförmigen Wasserstoff gewinnen, der durch Rohrleitungen, vielleicht in den bestehenden Erdgasleitungen, in die Fabriken und Häuser kommt. — In den USA wird die Erzeugung von Wasserstoff auf künstlichen Inseln nahe der Küste durch Atomstrom bereits vorgenommen.
Insgesamt arbeiten drei Dutzend Forschungsteams in Amerika, Europa und Asien an Versuchen, Wasserstoff im Auto verwendbar zu machen. (Über die Verwendung des Wasserstoffes zur Nahrungsgewinnung siehe „Schlußkapitel".)

Eine zweite Art der Energiegewinnung aus Kernreaktionen ist das

Verschmelzen zweier leichter Atomkerne

zu einem neuen Kern: Die Kernverschmelzung (Fusion). In dem Gasballon Sonne schmelzen Kerne von Wasserstoffatomen zu Helium und senden die Sonnenstrahlen aus. Bei einer Hitze von 20 Millionen Grad und einem Druck, der das Sonnengas 92mal schwerer werden läßt als Blei, verschmelzen in dem kosmischen Ofen die Atomkerne des leichtesten chemischen Elements Wasserstoff (aus dem die Sonne überwiegend besteht) zu dem zweitleichtesten Element Helium. Dabei verwandeln sich in jeder Sekunde 657 Millionen Tonnen Wasserstoff in 652,5 Millonen Tonnen Helium. Die restlichen 4,5 Millionen Tonnen Material werden bei dieser fortwährenden H-Bomben-Explosion vollständig in Energie (Sonnenstrahlen) umgewandelt.

Die Nachahmung dieses Vorganges in einem Reaktor verspricht, eine unerschöpfliche Energiequelle zu werden. Dabei dreht es sich nicht um den gewöhnlichen Wasserstoff, sondern um den sogenannten schweren (Deuterium) oder überschweren Wasserstoff (Tritium). Kernverschmelzung von Deuterium und Tritium ist möglich, aber auch von Deuterium allein. Betrachten wir nun den zweiten Vorgang. Schwerer Wasserstoff kommt zwar nur als geringer Bruchteil des normalen Wasserstoffs vor; in jeder Tonne Wasser befinden sich davon etwa 34 Gramm. Bei der Verschmelzung zweier Deuteriumatome enthält jedoch eine Volumeneinheit sehr viel Wasserstoffkerne. Auf dem Weg zur Kernfusion und damit zur Erzeugung künstlicher Sonnenenergie hat man in der Kernforschungsanstalt Jülich (Prof. Hermann Schulten) 1974 wichtige Schritte getan. Man will mit Kernspaltung soviel Wärme gewinnen, daß Helium, das bisher auf 950° erhitzt wurde, eine Temperatur von 1100° erreicht. Weil man für die Stromerzeugung aber nur 700° braucht, kann die darüberliegende Wärme zur Stein- oder Braunkohlenvergasung genutzt werden. Auch das Max-Planck-Institut für Plasmaphysik in 8046 Garching bei München hat große Erfolge auf dem Gebiet der Arbeiten zur kontrollierten Kernfusion aufzuweisen. Dennoch werden wir den großtechnischen Einsatz der Energieerzeugung auf diese Art wohl kaum vor dem Jahr 2000 erwarten dürfen.

Vorteile des Fusionsreaktors (künstlicher „Sonnenofen") gegenüber den heute üblichen Kernspaltungs-Kraftwerken: Schwerer Wasserstoff ist in den Weltmeeren für unbegrenzte Zeit vorhanden. — Der Fusionsreaktor enthält viel weniger radioaktive Stoffe. — Die Abfallerzeugnisse sind wesentlich geringer als bei den heutigen Atomkraftwerken.

Israelische Forscher in Haifa konnten zeigen, daß die Energie freisetzende Kernverschmelzung sogar in der Nähe des Nullpunktes ablaufen kann, wenn man die Dichte der verschmelzungsfähigen Teilchen auf das 20 000fache der normalen Festkörperdichte erhöht.

Andere Hoffnungsschimmer

Die „Abteilung Kohleverwendung, Veredelung" der Bergbauforschung GmbH, Essen, unter Leitung von Prof. Peters entwickelte eine Fülle von neuen Verwendungsmöglichkeiten für Kohle: von Aktivkohlen, die bei der Abwasserreinigung eine bedeutende Rolle spielen, bis zu neun Werkstoffen für Chemie und Bauindustrie. Versuche, Kohle mit Wasserdampf bei Drücken von 40 atü und Temperaturen um 900 Grad Celsius zu ver-

gasen, verliefen erfolgreich. Die Kohle dient also nicht mehr als Wärmelieferant, sondern nur als Rohstoff für das zu erzeugende Gas. Letzteres läßt sich auch in Methanol (Benzinersatz) umwandeln.
Die Gewinnung von Benzin aus Kohle (Hydrierung) gehört zu den aufwendigsten technischen Verfahren. Peters hält einfachere Lösungen für sinnvoller. Er schlägt vor, das in den Kraftwerken und Hochöfen eingesetzte Schweröl durch Kohle zu ersetzen und dieses Schweröl zu leichtem Heizöl (Haushalte) aufzuarbeiten.
Nach Ansicht des Wiener Biophysikers Broda könnte die Nutzung der Photosynthese der Pflanzen eine ganze Reihe der Energieprobleme lösen. Pflanzen seien in der Lage, die Sonnenenergie mit hohem Wirkungsgrad zur Spaltung von Wasser in Wasserstoff und Sauerstoff auszunutzen. Sollte es möglich sein, diesen Vorgang großtechnisch nachzuahmen und zur Wasserstofferzeugung anzuwenden (Bioenergetik), würde die Menschheit über genügend Wasserstoff verfügen.

Gänzliche Abgasreinigung für SAG-Bandbeschichtung

Die Siegener AG Geisweid hat in ihrem Werk Ferndorf eine Abgasreinigung eingearbeitet, die die erste Anlage dieser Art in der Bundesrepublik ist. Die Kosten betragen 30 % der Gesamtanlagen. Dieser hohe Kostenanteil für Umweltschutzmaßnahmen liegt weit über dem Durchschnitt vergleichbarer Industriewerke. Da die anfallende Abluft nur bei Temperaturen zwischen 700 und 800 Grad Celsius verbrannt werden kann, entstehen zusätzlich hohe Kosten. Deshalb wurde auf Energierückgewinnung größter Wert gelegt. Und schließlich erhalten die Kunden ein ausgesprochen umweltfreundliches Vormaterial; denn das farbbeschichtete Stahlblech ersetzt in vielen Verarbeitungsbetrieben die Lackieranlagen, so daß dort entsprechende Maßnahmen der Abgas- und Abwasserreinigung entfallen können.

Bei Neubauten und Sanierungen bietet die Industrie neue Wärmeschutzmittel an von der Gipsplatte bis zum Computer. Bei Benutzung von Gasbeton z. B. sinkt der Aufwand an Heizenergie bis zu 40 %.
Gelingt bei den erwähnten Versuchen der Großeinsatz, könnten aus Erdöl mehr Kunststoffe (Kleidung, Heilmittel, Baumaterial und Eiweiß für Futterzwecke, siehe „Schlußkapitel") gewonnen werden. Fast alles, was uns heute die organische Chemie liefert, stammt letztlich aus Erdöl und Erdgas. Aber nur 2 % der gesamten Erdöl- und Erdgas-Erzeugung werden zu chemischen Erzeugnissen verarbeitet, während 98 % als Treibstoff oder Heizöl weit unter Wert eingesetzt werden.

Reines Wasser ist an vielen Stellen nur noch durch

Fernleitungen

an die Stelle des Verbrauchers zu befördern.

An das Wasserwerk der Sösetalsperre bei Osterode/Harz schließt sich die rund 200 km lange Fernwasserleitung Osterode—Hildesheim—Nienburg—Bremen an. In diese Leitung speisen auch Grundwasserwerke ein, weil der Wasserbedarf erheblich gestiegen ist. Abzweigungen von der Hauptleitung haben eine Gesamtlänge von 250 km. — Aus der Oker-Talsperre oberhalb Bad Harzburg werden durch eine 80 km lange Leitung die Städte Goslar, Braunschweig und Wolfsburg versorgt. — Aus der Bodetalsperre sind zwei Leitungen vorgesehen, die eine nach Magdeburg, die andere in das mitteldeutsche Industriegebiet um Halle, Leipzig, Leuna, Merseburg. — Münster i. W. ergänzt seinen Wasserbedarf durch eine 38 km lange Leitung aus Haltern (Krs. Recklinghausen). — Wuppertal bekommt einen Teil seines Trinkwassers aus dem etwa 30 km entfernten Grundwasserstrom, der den Rhein begleitet. — Frankfurt a. Main erhält sein Trinkwasser zum Teil vom Vogelsberg (65 km) und vom Spessart (60 km). — München bekommt sein Trinkwasser z. T. aus dem Mangfalltal. Die südlichste Anlage ist ungefähr 40 km lang. Eine geplante 60 km lange Leitung aus den Dörfern Farchant, Oberau und Eschenlohe ist umstritten. — Im industriereichen Neckartal wird der Wasserbedarf vom Bodensee für 10 Millionen Menschen gesichert. Aber der See leidet an Überdüngung durch Abwässer. Außerdem bereitet die beängstigende Vermehrung der Wander- oder Dreikantmuschel (Dreissena Polymorpha) den Forschungsinstituten rund um den Bodensee erhebliche Sorge.

Weitere überörtliche Wasserversorgungen

In den süddeutschen Wassermangelgebieten der Schwäbischen Alb, der Fränkischen Alb, des Frankenwaldes und des nordwestbayerischen Gipskeupergebietes, das sich von der Frankenhöhe (Crailsheim, Rothenburg o. d. T., Ansbach) über den Steigerwald bis in die Haßberge (nördlich des Maines; Königsberg i. Bay.) erstreckt (mit unbrauchbarem, zuviel Calcium- und Magnesiumsalze enthaltendem, sog. hartem Wasser) wurden überörtliche weiträumige Wasserversorgungsnetze gebaut.

Um die Notlage in dem nordbayerischen

Industriemittelpunkt Nürnberg—Fürth—Erlangen

zu mildern, will ein Zweckverband von mittelfränkischen Städten und Landkreisen aus dem mehr als 100 km südlich gelegenen Donautal in den schwäbischen Landkreisen Neuburg und Donauwörth täglich 170 000 cbm Wasser holen, später bis zu 430 000 cbm.

Ferner plant man, von der zur Donau fließenden Altmühl Wasser zur Schwäbischen Rezat überzuleiten und dem Großnürnberger Industrieraum zur Aufbesserung der Flußwasserführung zugute kommen zu lassen. Später, wenn die Rhein-Main-Donau-Großschiffahrtsstraße fertig sein wird, soll sie zusätzlich benutzt werden, um Donauwasser hinüberzupumpen. (Vorsorglich werden im Donaugebiet jetzt schon Talsperren gebaut, die dann — neben ihrem Hauptzweck, dem Hochwasserschutz — auch noch geeignet sind, in Niedrigwasserzeiten der Donau deren durch das Überpumpen bewirkten Verluste auszugleichen.)

Wasserwirtschaft im größten Ballungsgebiet Europas

Das 4600 qkm große Ruhrkohlengebiet setzt sich zusammen aus Teilen des Einzugsgebietes der Ruhr, der Emscher und der Lippe. Für die Versorgung von über 5,5 Mill. Einwohnern und für ihre Industrie werden jährlich rund 2 Milliarden cbm Wasser verbraucht, wovon ungefähr vier Fünftel auf die Industrie entfallen. Die jährliche Steigerung beträgt in den letzten Jahren 3—5 %. Während vom Rhein her und aus dem Lippegebiet

je etwa 15 % des Wasserbedarfs gedeckt werden, liegt der Schwerpunkt des rechtsrheinischen Industriegebietes an der Ruhr, die zur Zeit etwa 70 % des Bedarfes zu decken hat.
Um diese gewaltige Leistungsfähigkeit sicherzustellen, wurden im Sauerland 14 Talsperren mit rund 471 Mill. cbm Fassungsvermögen gebaut. 100 Wasserwerke im Bereich des Ruhrgebietes drücken das Wasser in die Versorgungsnetze.

Reinigung der Abwässer

Der wieder in die Ruhr gelangende Anteil der Förderung fällt größtenteils als Abwasser an. 112 Kläranlagen sorgen für seine Reinigung. Nach Rückführung in die Ruhr gelangt das Wasser wieder in den allgemeinen Kreislauf. Dabei wird das Ruhrwasser entweder unmittelbar aus dem Fluß entnommen oder mittelbar aus den Grundwasserschichten. Deren Zustrom umfaßt auch das Ruhrwasser, das aus dem Flußbett oder über Anreicherungsbecken, die längs des Flußlaufes errichtet worden sind, dem Untergrund zuläuft und auf diesem Weg gleichzeitig gefiltert wird. Die eben erwähnten Wasserwerke fördern es wieder zutage. Das Wasser der Ruhr wird dreimal aufbereitet und dreimal genutzt.
Da durch die Klärwerke keine restlose Reinigung erfolgen kann, wurden als weitere Maßnahme zur Reinhaltung der Ruhr vier flache Stauseen geschaffen: der Hengsteysee bei Hagen, der Harkortsee bei Wetter, der Baldeneysee bei Essen und der Kettwiger Stausee. Ein neuer Stausee von 1,5 qkm Größe ist zwischen Herbede und Blankenstein geplant.
Durch Verlangsamung der Fließgeschwindigkeit sinken die im Ruhrwasser noch vorhandenen Schwebestoffe auf die Sohle. Auch ermöglichen die Ausbreitung des Wassers und seine geringe Tiefe eine starke Durchsonnung und die Aufnahme von Sauerstoff. Eine stärkere Belüftung findet beim Abfluß über die Wehre statt.
Oft reicht aber die natürliche Ergänzung aus der Luft nicht mehr aus, vor allem bei massenweisem Auftreten von einzelligen Algen. So kam es im Baldeneysee im Sommer 1963 unvermutet zu einem großen Fischsterben. Der Ruhrverband schuf darauf drei verschiedene Einrichtungen künstlicher Belüftung zu Sauerstoffanreicherung vom Boden aus.
In letzter Zeit wird das Ruhrwasser immer schlechter. Dies ist eine Folge des wirtschaftlichen Aufschwunges im Sauerland. Für die wasserwirtschaftliche Ordnung im Ruhrgebiet sorgen Ruhrverband und Ruhrtalsperrenverein.

Die Emscher ist besonders stark verschmutzt

Sie hat die Aufgabe, die Abwässer der zusammengeballten Bevölkerung und der Industriewerke des Emschergebietes dem Rhein zuzuführen. (850 qkm mit 2,8 Mill. Einwohnern. Das sind rund 3300 Einwohner je qkm gegenüber 248 im gesamten Bundesgebiet.)
Bevor der Kohlenbau begann, bestanden an der Emscher infolge ihres teilweise geringen Gefälles zwischen Herne und Oberhausen große Niederungen (Emscherbruch). Durch die starken Senkungen über den abgebauten Kohlenflözen, bis heute durchschnittlich 2,6 m, an manchen Stellen sogar bis über 10 m, bildeten sich hier ausgedehnte Senkungssümpfe von mehr als 2000 ha. Bei höheren Wasserständen kamen weitere 2000—3000 ha unter „Wasser". Die Krankheitserreger

von Malaria, Ruhr und Typhus konnten sich in erschreckender Weise verbreiten. Besserung trat erst durch die 1904 gegründete Emschergenossenschaft ein. Durch die Regulierung der Emscher wurden die vielen Flußkrümmungen beseitigt, so daß sich der Lauf von Aplerbeck bis zum Rhein von 102 km auf 77 km verkürzte. Sämtliche 15 Mühlenstaue in der Emscher wurden entfernt. Dadurch wurde das Gefälle größer. Auch bei stärkstem Hochwasser sollte keine Überschwemmung mehr eintreten. Daher wurde das Flußbett durchschnittlich 3 m tiefer gelegt und der Querschnitt und das anliegende Gelände so gestaltet, daß auch bei den noch zu erwartenden Bodensenkungen eine weitere Vertiefung möglich blieb. Der abgesunkene Emscherunterlauf von Oberhausen bis zum Rhein wurde nach Norden verlegt.

Neben dem Emscherlauf wurden bisher rund 300 km Nebenbäche ausgebaut und zur schnellen Ableitung des Wassers mit Betonplatten ausgekleidet. Wo kein natürliches Gefälle mehr vorhanden ist, müssen Pumpwerke gebaut werden. Zur Zeit sind 75 derselben vorhanden, die 22 % des Emschergebietes trockenhalten.

Tiefe Senkungen im Hamborner Raume führten dazu, den Emscherunterlauf nach dem Zweiten Weltkrieg zum zweiten Mal mit großen Kosten nach Norden in höher gelegenes Gebiet zu verlegen.

Die zweite wichtige Aufgabe der Emschergenossenschaft ist die Reinigung der Abwässer.

Täglich werden zur Zeit im Emschergebiet in 22 Kläranlagen etwa 2 Mill. cbm Abwässer gereinigt. 1972 wurde ein Schwerpunktprogramm zum Ausbau neuer Kläranlagen geschaffen. Ferner werden in 18 Entphenolungsanlagen z. Z. jährlich rd. 7000 t Phenol aus dem Ammoniakwasser der Kokereien zurückgehalten. Insgesamt fallen jährlich rd. 6 000 000 cbm stichfesten Schlamms an, für die kaum noch Lagerflächen beschafft werden können. In der Nähe der Emschermündung wurde 1966 auf einem 60 ha großen Gelände mit dem Bau des größten europäischen, biologischen Klärwerks (Flußklärwerk) begonnen, in dem das gesamte Emscherwasser bis 30 cbm vor Einleitung in den Rhein biologisch gereinigt werden soll.

Der Lippeverband

hat die Aufgabe, zu verhindern, daß ähnliche Mißstände, wie sie z. Z. der Gründung der Emschergenossenschaft im Emschergebiet bestanden, auch im Lippegebiet auftreten. (Gebiet des Lippeverbandes 2780 qkm mit 1,2 Mill. Einwohnern.) In 27 Kläranlagen werden z. Z. täglich etwa 400 000 cbm Abwässer behandelt und dabei rd. 1000 cbm Schlamm zurückgehalten.

Der Lippeverband ist nicht nur für die Regelung der Vorflut und die Abwässerreinigung, sondern auch für die Unterhaltung des Lippelaufs und seiner Ufer verantwortlich. Durch den Bau von Deichen, vor allem im Raum Hamm, Lünen und Dorten, sind Siedlungen und Industriebetriebe vor dem Hochwasser der Lippe geschützt worden. Bei Hamm wird der Lippe Wasser zur Speisung der Schiffahrtskanäle entzogen. In Zeiten der Niedrigwasserführung kann das für die Selbstreinigungskraft des Flusses zu einer schweren Belastung werden. Das zeigte sich im Trockensommer 1964. Mit der zunehmenden Industrialisierung im Lippegebiet wächst der Verbrauch an Brauchwasser. Es wird unerläßlich sein, den Wasserentzug aus der Lippe einschränken und für die Speisung der Kanäle das nötige Wasser mit Hilfe einer Pumpwerkskette von der Ruhrmündung her über den Rhein-Herne-Kanal vorzunehmen.

Die Wasserwirtschaft in Mittel- und Westeuropa wird durch die einst nach Böhmen eingeführten Bisame immer mehr gefährdet. Unaufhaltsam wandern diese Schädlinge weiter. Sie graben Röhren und Höhlen in die Ufer von Bachläufen, Flüssen und besonders gern in die künstlichen Dammbauten. Die Folgen sind Ufereinbrüche, Löcher in den Hochwasserdeichen (Deichbrüche) und Dammbrüche an Staubecken.
Die Bisame sind auch indirekt Schädlinge der Fischzucht. Sie fressen oder zerstören viele Unterwasserpflanzen. Diese aber geben bei Tageslicht an das Wasser Sauerstoff ab.

Düngung

Der durch fachmännische Wald- und Wasserwirtschaft erhaltene Mutterboden muß nun sorgfältig behandelt werden, um gute Ernten zu erzielen. Außer Fruchtfolge und der ausführlich besprochenen Schädlingsbekämpfung kommt es dabei auf einwandfreies Saatgut, einwandfreie Bearbeitung und vor allem auf die Düngung an.
Anorganische oder unbelebte Bestandteile des Bodens sind Steine, Kiese, Sande, Schluffe, Kolloide (Ton), Kohlensäure (CO_2 = Kohlendioxyd) und Pflanzennährstoffe. Die organischen Bestandteile im Boden bestehen aus dem Bodenleben (alle lebenden Pflanzen und Tiere) und dem Humus (alle abgestorbene, abgebaute organische Masse). Die anorganischen Bestandteile bilden den Grundstock. Anorganische und organische Stoffe kommen in fester, gelöster, gasförmiger Form und als gallertartige Bestandteilchen (Bodenkollloide) vor. (Streng wissenschaftlich ist die Unterscheidung organisch — anorganisch, belebt — unbelebt nicht.)
Humus ist von zahlreichen Hohlräumen durchsetzt, die der Durchlüftung dienen. Die Umwandlung der organischen Masse geschieht durch eine unvorstellbare Menge von Bakterien, Pilzen, Algen und Würmern, indem sie Gestorbenes in sich aufnehmen und als fruchtbare Erdbestandteile wieder ausscheiden (Verwesung).
Die Kleinwelt gedeiht üppig, wenn genügend organische Masse, Wasser und Luft (Sauerstoff) vorhanden sind, wenn also der Boden feucht, locker und gut erwärmt ist. Er wird „gar" wie ein lockerer Kuchenteig. Er hat jetzt die günstige Krümelstruktur. Jeder Krümel bildet einen kleinen Wasserspeicher, der sich bei Niederschlägen rasch auffüllt, um dann das Wasser langsam abzugeben. Außerdem ist genügend Luft zwischen den Krümeln vorhanden, so daß günstige Voraussetzungen für die Kleinlebewesen und die Wurzeln bestehen. Ein gut gekrümelter Boden hat außerdem die Fähigkeit, größere Nährstoffmengen festhalten zu können. Curasol — siehe Seite 55 —, Torf, Stallmist und Mineraldünger — siehe nächste Seite — sollten für die besten Bodengare zusammenwirken. Die Kleinstlebewesen kommen in der Hauptmasse nur bis 30 bis 40 cm unter der Erdoberfläche vor. Deshalb dürfen wir diesen fruchtbaren sogenannten „Mutterboden" beim Umgraben nicht in die unfruchtbare Bodentiefe befördern.

Die F ä u l n i s geschieht durch luftfeindliche (anaerobe) Bakterien, da wo organische Stoffe sich unter Luftmangel oder sogar Luftabschluß befinden (Methangas CH_4). Lösliche Teile des wegen seines Säuregehaltes pflanzenfeindlichen Rohhumus (siehe Seite .) werden ausgewaschen und führen in tieferen Bodenschichten in Verbindung mit Eisen zu humussauren Bodenschichten, die sich zementartig verhärten und als Ortstein und Raseneinstein bekannt sind.

Früher meinte man, die anorganischen Stoffe wären für das Wachstum ohne Bedeutung. Da man nicht genügend organische Dünger hatte, wendeten im Mittelalter die Bauern Europas die Dreifelderwirtschaft an.

Sie teilten ihr Land in drei Teile auf und bestellten jährlich stets nur zwei davon, den dritten ließen sie liegen. Auf diesem Brachland weidete das Vieh, dessen Dünger den Boden anreicherte. Zugleich bekämpfte man auf diese Weise die „Bodenmüdigkeit", die als Folge mangelnden Fruchtwechsels auftreten kann.

Da trat Liebig (1803—1873) auf und erklärte: „Die Nährstoffe aller grünen Gewächse sind anorganische Stoffe, die also der angeblich toten Natur entstammen." Liebig fand, daß sich im bestellten Acker mehr und mehr ein Mangel einstellt an den Grundstoffen Stickstoff, Kali, Phosphorsäure und Kalk, weil sie in großer Menge verbraucht werden. Die anderen Grundstoffe Kohlenstoff, Wasserstoff, Sauerstoff, Schwefel, Eisen und Magnesium sind fast überall vorhanden. (Grundstoffe sind Elemente, die man nicht weiter zerlegen kann.) Magnesium und Natrium, das auch zu den Pflanzennährstoffen gehört, sind allerdings auf den Milchviehweiden häufig nicht ausreichend vorhanden. (Auskünfte darüber erteilt die Landwirtschaftliche Beratungsstelle, 44 Münster, Königstr.)

Durch solchen M i n e r a l d ü n g e r (Handelsdünger, fälschlich häufig Kunstdünger genannt) werden dem Boden die entzogenen Nährstoffe wieder zugeführt. (Siehe auch giftige Abfallstoffe, Seite 73.) Kalk (aus Kalzium gewonnen) dient zur Erhaltung und Verbesserung der Bodengare, spielt aber als Pflanzennährstoff kaum eine Rolle. — Neuerdings wird in den USA Kohle pulverisiert, mit Salpetersäure behandelt und mit Ammoniumhydroxyd neutralisiert. Sie bildet dann Verbindungen zu stickstoffhaltigen Humusstoffen. Mais, Weizen und Gerste sind bereits erfolgreich damit gedüngt worden.

Luft ist ein Gemisch von etwa 78 % Stickstoff und 21 % Sauerstoff. Dazu kommen geringe Mengen Argon, Wasserdampf und Kohlendioxyd.

Kreislauf des Stickstoffs

1. Stickstoff wird gebunden durch Pflanzenbakterien (vor allem bei Schmetterlingsblütlern), übergeführt in Pflanzeneiweiß, umgesetzt im Tier in Tiereiweiß, übergeführt im Menschen zum Mencheneiweiß, wird abgegeben als Kot, Harn und Leiche zu Bodenstickstoff.
2. Bodenstickstoff, gelöst durch Quellen und Flußwasser, wandert zum Meer als Meerstickstoff, durch Meerbakterien gespalten zu Luftstickstoff, wird gebunden durch Bodenbakterien, übergeführt in Bodenstickstoff und außerdem übergeführt in chemischen Fabriken zu einer Anzahl Düngemittel.

Dabei wird seit 1913 nach dem Haber-Bosch-Verfahren zunächst Wasserstoff aus Koks gewonnen. Bei Temperaturen von 400° C und einem Druck von etwa 200 Atmosphären vereinigt sich dieser Wasserstoff mit dem Stickstoff der Luft zu dem Ammoniakmolekül. Der so eingefangene Luftstickstoff wird dann in zahlreichen Verschiedenheiten zu anderen chemischen Verbindungen und vor allem zu Kunstdünger verarbeitet.

Den Bedarf an Kali decken unsere Kalibergwerke. Phosphorsaure Kalksteine, die sogenannten Phosphorite, finden sich massenhaft. Aber die Pflanzenwurzeln nehmen sie nicht auf, weil sie sich nicht im Wasser auflösen. Man übergießt die Phosphorite mit Schwefelsäure, so erhält man das lösliche Superphosphat. Auch verwendet man Thomasschlacke.

Die Mineralien werden eingeteilt in Stickstoff-, Kali-, Phosphorsäure- und Mischdünger (Volldünger), der zwei oder mehrere Nährstoffe vermittelt. Planlos darf nicht gedüngt werden. Wir müssen vielmehr wissen, was dem Boden fehlt und was wir durch Mineralien ersetzen müssen. Das ist bei Lehmboden anders als bei Sand- und Moorboden, wiederum anders bei Schwarzerde (Löß ist häufig Ausgangspunkt), bei allen Bodenarten anders, wenn Hackfrüchte oder Gräser wachsen sollen. Und erst recht anders ist die Düngung, wenn Steppen- und Wüstenboden durch Bewässerung nutzbar gemacht werden sollen; denn die Art der Düngungen muß sich hier auch nach der Beschaffenheit des Wassers richten.

Seit kurzem wird in Schleswig-Holstein dem Boden der notwendige Stickstoff nicht mehr als Streudünger zugeführt, sondern versuchsweise als Flüssiggas (NH_3-Gas) und als Ammon-Nitrat-Harnstofflösung.

Die Erhaltung des auf Seite 93 geschilderten Bodenlebens geschieht durch Zufuhr von organischem Dünger, W i r t s c h a f t s d ü n g e r. Dazu gehören Stallmist, Jauche, Schwemmentmistung (Flüssigmist), Gülle (Alpenvorland), gehäckseltes Stroh, Kompost und Torf für Garten). Die Mistarten und Jauche enthalten außerdem natürliche Nährstoffe (Mineralstoffe).

Die Bodenlebewesen verbessern aber den Humus nicht nur, sondern leben auch von ihm. Der Wirtschaftsdünger mit Ausnahme von Jauche und Flüssigmist dient auch zur Ergänzung dieses Humusabbaues. Deshalb ist Stallmist der Jauche, dem Flüssigmist und der Gülle vorzuziehen. Wichtig ist, daß er nicht zu tief in den Boden eingegraben wird. Auch darf Kalk nicht gleichzeitig mit Mist oder Jauche gegeben werden, da sich dann beide in ihrer Wirkung beeinträchtigen.

Bei Humusarmut unterbleibt die Bildung von Krümeln. Der Boden wird der Erosion durch Wasser und Wind um ein Vielfaches mehr gefährdet.

Höchsterträge werden erzielt, wenn Mineral- und Wirtschaftsdünger nebeneinander verwendet werden. Die Pflanzen nehmen die Nährstoffe in Form von Jonen auf. Dabei spielt es keine Rolle, aus welchem Dünger diese kommen. Trotzdem ist die folgende Abhandlung beachtenswert.

Biologisch-dynamische Wirtschaftsweise

Mineraldünger zerstört die naturgegebenen Gleichgewichte des Bodens und des Lebens im Boden. Einzelne Mineraldünger dürfen deshalb nur über organische Düngemittel, aber auf den Boden, angewendet werden. Die Salze wirken sonst auf das Bodenleben schädlich ein. Der Regenwurm wandert ab. Die Haltbarkeit von Gemüsen und Früchten leidet.

Überhaupt ist jegliche Überdüngung schädlich. Bei den mit solchen Pflanzen gefütterten Tieren treten Krankheitserscheinungen auf. Eine Pflanze zum stärkeren Wachstum zwingen, bedeutet Änderung ihres biochemischen Haushaltes. So schwächt zu viel Stickstoff die Pflanze. Sie neigt zur Bildung von üppigen, wässerigen Geweben und hat eine geringere Eiweißgüte. Statt dessen bildet sie mehr Kohlehydrate. Gemüse wird giftig. Insekten aber bevorzugen solche unausgeglichenen Pflanzen. Sie finden gerade bei ihnen ihre Lieblingskost und ihren wohlgedeckten Tisch.

Die Erfahrungen in der aus Ratschlägen von Dr. Rudolf Steiner entwickelten biologisch-dynamischen Wirtschaftsweise zeigen, daß ein Qualitätsanbau ohne Verwendung triebiger Dünger und hochgiftiger Schutzmittel und Antibiotika auch heute noch wirtschaftlich möglich ist. Eine Fülle einschlägiger Literatur, z. B. „Biologische Landwirtschaft von Kopf/Pettersen/Schaumann, Ulmer Verlag, 7 Stuttgart-O sowie die Zweimonats-Zeitschrift „Lebendige Erde" bietet der „Forschungsring für Biologisch-Dynamische Wirtschaftsweise" 61 Darmstadt-Land.

Nach dieser Methode bestellen in der Bundesrepublik etwa 500 Bauern den Boden. Die Erzeugnisse dieser Höfe werden, soweit sie nach den entsprechenden Richtlinien angebaut sind, unter dem Schutznamen „Demeter" weiterverarbeitet und den Verbrauchern zugeführt. Es sind sowohl Frischwaren an Gemüse und Obst wie auch Obstsäfte, Gemüsesäfte und weiterverarbeitende Getreideerzeugnisse, wie Brot, Haferflocken, Nudeln usw. Die treuhänderische Qualitätskontrolle wird von dem „Demeter-Bund" ausgeübt, der seinen Sitz in 7251 Schafhausen hat. Von dort sind nähere Auskünfte und ein Informationsblatt erhältlich. Die Erzeugnisse können über die Reformhäuser bezogen werden. — Auch andere Lebensmittelläden führen immer mehr Erzeugnisse, die frei von schädlichen Umwelteinflüssen sind. Wann folgen gesetzlich geschützte Gütemarken für Eier von frei lebenden Hühnern, für Milch und Butter von „glücklichen" Kühen auf der Weide?

Wir sahen, daß zehn Elemente für alle Pflanzen notwendig sind. Aber nur Kohlenstoff, Wasserstoff, Sauerstoff und Stickstoff werden für die

Bildung der Nahrungsstoffe für Mensch und Tier

(Kohlehydrate = Stärke und Zucker, Fett, Eiweiß, Wachse, Harze)

verwendet.

Die Pflanze entnimmt Kohlenstoff aus der Luft, aus dem von Menschen und Tieren ausgeatmeten Kohlendioxyd, meist fälschlich Kohlensäure genannt (bestehend aus Kohlenstoff und Sauerstoff). Mit den Wurzeln saugt sie Wasser auf (bestehend aus Wasserstoff und Sauerstoff). Mit Hilfe der Sonnenstrahlen bildet sie in den grünen Blattzellen durch den Farbstoff Chlorophyll aus diesen drei Grundstoffen Kohlehydrate und Fette her. Ein Unterschied zwischen beiden besteht nur in der Zahl und Zusammensetzung der Elemente. Durch die Verbindung aller vier Grundstoffe Kohlenstoff, Wasserstoff, Sauerstoff und Stickstoff, entnommen aus dem Boden, entstehen Eiweißstoffe. Eiweiß gehört zu den wichtigsten Bestandteilen allen Lebens und ist der eigentliche Träger des Stoffwechsels. Nimmt ein Mensch kein Eiweiß zu sich, geht er unweigerlich zugrunde, während er, wenn er sich nur von Eiweiß ernähren würde, zur Not aus dem Eiweiß die übrigen Baustoffe seines Körpers herstellen und auch den Stoffwechsel eine Zeitlang aufrechterhalten könnte. (Die Verarbeitung in den grünen Blattzellen nennt man Fotosynthese, früher weniger zutreffend als Assimilation bekannt. Dabei wird zusätzlich Sauerstoff freigesetzt und an die Luft abgegeben.)

Über die Energiebildung im tierischen — und menschlichen — Körper siehe „Ernährungsfragen". Der tierische Körper kann die Kohlehydrate selbst nicht herstellen. Auch für das Eiweiß ist die Pflanze der Lieferant. Aus ihren Eiweißbausteinen fertigt das Tier allerdings eigenes Eiweiß in Fleisch, einige Tiere auch in Milch und Eiern, an. Auch gibt es tierische Fette.

Aber nur die Pflanzen sind imstande, den Energiestrom der Sonne zu nutzen, um daraus Nahrung herzustellen. So hängen die Tiere immer von den Pflanzen ab, auch indirekt als Fleischfresser. Der Körper des Menschen ist ebenfalls nicht imstande, Kohlehydrate selber zusammenzubauen. Je üppiger also die Pflanzen durch Düngung gedeihen, desto mehr Nahrungsstoffe können für Tiere und Menschen gebildet werden. So kommt rechte Düngung sowohl den Pflanzen als auch dem Tierreich und damit dem Menschen zugute, und zwar hinsichtlich Nahrung und Atmung.

Weitere Vorgänge und Mittel zur Steigerung des Pflanzenwuchses

Versuche der kanadischen Biologin Dr. P. Weinberger ergaben, daß Schallwellen auf das Pflanzenwachstum Einfluß haben. Keimender Weizen, der ständig Schallwellen von 3000 Kilohertz ausgesetzt ist, wiegt bald dreimal soviel wie unbeschallte Keimlinge.

Bei der Anwendung von Flachfolien aus Lupolen erreicht man heute beim Gemüseanbau eine Ernteverfrühung bis zu vier Wochen. Die Jungpflanzen finden gleichmäßigere Temperatur- und Feuchtigkeitsvoraussetzung. Im Herbst wird die Erntezeit durch die Folienüberbauung um sechs Wochen verlängert. (Näheres bei Badische Anilin- und Soda-Fabrik, Ludwigshafen.)

In jüngster Zeit hat man auch die Bedeutung der Wuchsstoffe erkannt. Das sind Wirkstoffe in Pflanzen, die in kleinsten Mengen die Wachstumsvorgänge und die wechselseitigen Beziehungen der Pflanzenorgane Blätter, Blüten und Wurzeln regeln. Neuerdings sind künstliche Wuchsstoffe hergestellt worden. Sie haben zum Teil große Bedeutung bei der Stecklingsbewurzelung, Jungtieraufzucht und Unkrautbekämpfung. Allerdings ist zu befürchten, daß sich im letzteren Falle im Laufe der Zeit schädliche Folgen auf die Lebensgemeinschaften einstellen werden.

Bei dem damaligen Stand der zerlegenden (analytischen) Methoden entgingen dem großen Chemiker Liebig gewisse Elemente, die später mit unseren verfeinerten Methoden nachgewiesen und ebenfalls als lebensnotwendig für die Pflanzen erkannt wurden. Da diese Stoffe in Pflanzen und Tieren in Spuren vorkommen, prägte man den Namen Spurenelemente. Zusammen mit den zehn Grundstoffen bezeichnet man sie als Mineralstoffe. (Für die menschliche Nahrung fallen unter diesen Begriff auch andere Stoffe. Siehe „Ernährungsfragen".)

Abhängigkeit der Gesundheit des Menschen von der Gesundheit des Bodens

Wie eben gesagt, kommen die Spurenelemente in Pflanzen und Tieren in Spuren vor. Im Boden genügt ihr Vorhandensein in Spuren jedoch nicht. Die Wissenschaft hat sich daher entschlossen, den Begriff „Spurenelemente" durch den Begriff „Mikronährstoffe" zu ersetzen. (Im Gegensatz dazu stehen die zehn Grundstoffe, die „Makronährstoffe".) Mikronährstoffe sind Kupfer, Zink, Mangan, Molybdän, Silicium, Bor und Kobalt. (Jod und Fluor sind für den Pflanzenaufbau nicht nötig, zum Teil sogar schädlich. Sie kommen aber, da sie im Boden vorhanden sind, in geringen Mengen auch in der Pflanze vor. Die Beigabe von Fluor im Trinkwasser gegen Zahnfäule ist abzulehnen. Die Zahnfäule wird nur um etwa zwei Jahre verzögert, aber nicht geheilt). Außerdem können andere Krankheiten die Folge sein. (Über Fluor aus der Luft siehe „Luftverschmutzung".)

Durch das Studium von Mangelerscheinungen bei Pflanzen und Tieren (siehe z. B. „Australien") können wir vielleicht auch Hinweise für die Heilung menschlicher Krankheiten gewinnen. Es ist möglich, daß dies auch für Krebs zutrifft. Bestimmt wissen wir es vom Kropf.

Nachdem die Ursachen erkannt waren, hat man verschiedene Methoden zur Heilung dieser Krankheiten entwickelt. Am ergiebigsten sind wohl die Metall-Legierungsdünger (bei denen Rückstände aus kupferverarbeitenden Industrien verwendet werden). Dabei ist auch bei größeren Mengen keine Vergiftung zu befürchten.

So wird durch eine sinnvolle Düngung erst die Gewähr gegeben, daß in der Kette Boden, Pflanze, Tier, Mensch, Boden alle Glieder gesund bleiben. (Näheres in „Sünden an der Natur", Verlag Beck, München 1963 und „Die Düngung mit Metall-Legierungen" von Walter Jost, Iserlohn.)

(Bei den außerhalb Deutschlands vorkommenden Stichworten, vor allem geschichtlicher und erdkundlicher Art, sei zur Ergänzung empfehlend hingewiesen auf das 1968 im Fackelverlag Stuttgart erschienene „Lexikon der Weltgeschichte".

IV. Das übrige Europa (außer der Sowjetunion)

Jugoslawien

(20,8 Mill. Einw.)

Der Karst

In dem weiten Bergland hinter der Küste des Golfes von Triest wiegten sich einst mächtige Wälder im Winde. Die Küstenbezirke fielen bereits den Römern zur Beute. Den Todesstoß aber versetzten den Wäldern im 15. Jahrhundert die venezianischen Welthandelsherren. Sie brauchten Holz für die Pfahlroste ihrer Paläste und vor allem für den Bau der zahllosen Schiffe. Was diese rücksichtslosen Krämer von den Waldungen übrigließen, vernichteten die Bewohner selbst durch die Ziegenherden.
So wurden die Hänge vom Pflanzenwuchs entblößt und lagen schutzlos unter der sengenden Sonne. Eine Quelle nach der anderen versiegte. Ungehemmt stürzten nach Regengüssen die Fluten zu Tal, rissen tiefe Rillen in den Boden, unterhöhlten die Ufer und ließen die fruchtbare Erde in ganzen Schollen herabstürzen. Der Spaltenfrost zersprengte den harten Kalk. Diese Vorgänge begannen langsam, nahmen aber von Jahr zu Jahr schlimmere Ausmaße an. Zuletzt brachten die Sturzfluten keine fruchtbare Erde mehr zu Tal, sondern breiteten Geröll und Sand über alte Fruchtgründe in den Niederungen.
Das Lachen der frohen Menschen bei der Ernte auf den Feldern, in den Obsthainen und Weinbergen verstummte. Die Bewohner verließen das öde Land, um an der Küste ein neues Leben zu beginnen. Hier konnte man vom Fischfang, vom Handel und in jüngster Zeit vom Fremdenverkehr leben.
Auf dem nackten Gestein sonnen sich heute Eidechsen und lauern Insekten. Unter den gewaltigen Kalkmassen gurgeln unterirdische Flüsse. Der Bau einer modernen Autostraße entlang der Küste durch den wild zerklüfteten Karst verlangt ungeheuren Aufwand.
Wie bald haben Raffgier, Unwissenheit und Leichtsinn den Menschen aus einem Paradies eine Wüste gemacht! Und wenn er heute seine Technik, die Unglaubliches zu schaffen vermag, zu Hilfe rufen würde: Er kann das Verbrechen seiner Vorfahren nicht wieder gutmachen. Der Karst (4000 qkm) bleibt ein mahnendes Beispiel für das unheilvolle Wirken der Unvernunft des „Homo sapiens" (weisen Menschen).
Im übrigen Jugoslawien jedoch gibt es noch genügend Wald (32 %). Doch ermöglicht der Mangel an Beförderungswesen nur die wirtschaftliche Ausnutzung von 62 %. Die Abholzung von jährlich 190,00 ha wird durch keine entsprechenden Aufforstungsmaßnahmen ausgeglichen. Die be- und verarbeitende Holzindustrie ist zersplittert, nicht voll ausgenutzt und erzeugt daher zu Preisen, die weit über denen des Weltmarktes liegen. Wohl selten wurden natürliche Reichtümer so vergeudet.

Dabei leben im gebirgigen Inneren die Bewohner hauptsächlich von Viehzucht und Waldwirtschaft. So herrscht im südlichen Serbien und in Mazedonien noch viel Armut. Hier gehört Jugoslawien zu den rückständigsten Ländern Europas. So sind noch 37 % der Bevölkerung in der Landwirtschaft beschäftigt.
Der Ackerbau, für den sich die nördlichen Ebenen eignen, spielte im Wirtschaftsleben stets die entscheidende Rolle. Auch verfügt das Land über reiche Bodenschätze. Es geht seinen eigenen kommunistischen Weg. Doch gibt es mancherlei Nachteile gegenüber unserer Marktwirtschaft, wobei die Gegensätze zwischen den fünf Volksgruppen, drei Religionen, vier Sprachen und zwei Alphabeten eine Rolle spielen. Tatsächlich gliedert sich das Land in sechs Republiken und zwei sich selbst verwaltende Provinzen. Vor allem belasten sinnlose Investitionen zwischen Serben und Kroaten die Wirtschaft stark. Bei völkischen Auseinandersetzungen wurden viele Kroaten ermordet. In 20 Jahren mußte der Dinar fünfmal abgewertet werden.

ALPENLÄNDER: Schweiz und Österreich

In Gebirgsländern sind die Bedingungen für den Ackerbau nicht günstig (karge Böden, kaum Wirtschaftswege, seltener Maschineneinsatz). Um so wichtiger sind für sie die Kornkammern in den Niederungen. Die Schweiz hat hohe Hektar-Erträge im Mittelland (ein 40—50 km breiter und 300 km langer Streifen vom Genfer bis zum Bodensee). Österreich besitzt fruchtbares Tiefland besonders an der Donau. Das Land kann zu 90 % seine Bewohner aus eigener Scholle ernähren, die Schweiz aber nur zu 55—60 %.
Weitere Einnahmen kommen aus Milchwirtschaft und Industrie. Österreich hat bei 7 Mill. Einw. 2 Mill. Kühe. Obwohl zum Teil bedeutende Bodenschätze (Eisen, Magnesit) mit entsprechender Industrie vorhanden sind, steht doch die Bedeutung des Holzes noch an erster Stelle. Dazu kommen die Erzeugnisse der Papierindustrie. — Obwohl in der Schweiz nur geringwertige Bodenschätze vorkommen, hat sich dennoch eine hochwertige Veredelungsindustrie entwickelt (Uhren, Webmaschinen, Seidenwaren und Stickereien).
Die Schweizer haben einen sehr hohen Lebensstandard und erreichen pro Kopf die höchste Ausfuhr der Welt. Die Milchwirtschaft tritt demgegenüber zurück, obwohl das Land bei 6,5 Mill. Einwohnern 1½ Mill. Kühe zählt. Für den Milchpreis zahlt der Staat sogar Unterstützungen. Der Schweizer Frank ist eine der härtesten Währungen der Welt. Siehe auch Seite 314. — In Österreich wird die Hälfte der Wasserkräfte genutzt. Da Kohle, Erdöl und Erdgas bald abgebaut sein werden, will man die Energiegewinnung neben sowjetischem Erdgas durch Wasser weiter ausbauen. Auch in der Schweiz hat die Ausnutzung der Wasserkräfte die Industrie bedeutend gefördert. Man sollte jedoch in allen Alpenländern darauf verzichten, Wasserkraftwerke dort zu errichten, wo großartige

Naturschönheiten am Wasser, z. B. Wasserfälle oder Wildwasserstrecken, verlorengehen würden. Auch sind viele österreichische Alpentäler durch die Wasserableitung für Energiegewinnung vom Aussterben bedroht.
In beiden Ländern, die früher wegen ihrer kristellklaren Seen und Flüsse weithin bekannt waren, ist heute die Wasserverschmutzung groß. Die Besiedlungsdichte des bewohnbaren Gebietes der Schweiz beträgt 570 Menschen je qkm.

Einen Schaden besonderer Art bilden im Hochgebirge die Lawinenkatastrophen. Sie ereignen sich in größerem Umfange erst seit über 400 Jahren, nachdem die Bauern die Hochgebirgswälder auch auf Hängen (Bannwälder) gerodet hatten, um Almweide zu schaffen. So entwickelte sich zwar eine bedeutende Viehzucht und Milchwirtschaft; aber der natürlichste und beste Lawinenschutz war vernichtet. In Tirol und in Bayern hat man sogar festgestellt, daß 70 % von den hier jährlich abgehenden 2000 Lawinen erst unterhalb der ursprünglichen Baumgrenze entstehen. Sie könnten sich also bei Fortbestand der ehemaligen Wälder gar nicht bilden. Im Mittelalter verlief die Waldgrenze noch in 2000 m Höhe, heute bei 1700—1800 m. (Diese Verschiebung der Waldgrenze ist bei allen Hochgebirgen um das Mittelmeer zu beobachten, siehe „Marokko".)

Über den Almmatten schließen sich kahle Felsengebirge und Gletscher an (etwa bei 3000 m).
In Süddeutschland gibt es hohe Gebiete, in denen jegliche Pflege und Nutzung unterbleibt. Sie werden auch als Bannwälder bezeichnet.)
Seit 1934 haben allein 160 bayerische Almen ihre Bewirtschaftung eingestellt. Die Frage, ob die Erhaltung der Almen dem Naturschutz dient, ist je nach der Lage verschieden zu beurteilen. Schäden entstehen an den Hängen sowohl bei Auflassung als auch bei Bewirtschaftung. Deshalb sollten alle über 25° geneigten Grünlandflächen aufgeforstet und die Waldweiderechte schneller abgelöst werden. Auf den Restalmflächen sollten Bauern mit staatlicher Unterstützung intensive Grünlandwirtschaft mit gedüngten Koppeln (eingezäunt) und Gemeinschaftsställen treiben.
Auch entstehen Schäden durch Wildfütterung und künstlich hochgehegte Bestände an Rotwild, Gamswild und Rehwild. Durch die Monokultur von Fichte und Buche hat die Artenvielheit an Pflanzen und Tieren erschreckend abgenommen. So wird das Wild trotz fast ganzjähriger Zufütterung in vielen Monokulturen nicht ausreichend ernährt, weshalb es fast überall junge Forstpflanzen verbeißt, die es in einem gesunden Mischwald nicht anrühren würde. (Dasselbe trifft für unsere Bundesrepublik zu.) Überhöhte Wildbestände können zur Verarmung der Waldbestände führen.
Im Alpengebiet lebt das Wild heute auch in der kalten Jahreszeit ausschließlich im Hochgebirge, während es in vergangenen Jahrhunderten in die Auenwaldungen des Alpenvorlandes zog.
Wenn weiter Waldweide, überhöhter Wildbesatz und Bevorzugung der

Fichte wirksam bleiben, wird in etwa 100—140 Jahren die Waldgrenze auf 1400 m herabgesunken sein. Durch diese falsche Forstwirtschaft hat sich die Geschiebeführung der Wildbäche in einem bedrohlichen Ausmaß gesteigert.
Sowieso sind die Alpen durch hohe Niederschläge und steile Geländeformen durch Erosion, Steinschlag, Lawinen und Hochwasser besonders gefährdet. Dabei sind gerade die Alpen wichtig als Wasserspeicher und Erholungsland.
Außerdem hat in den gesamten Alpen (Bayern, Schweiz, Frankreich, Italien, Österreich) der Fremdenverkehr das Höchstmaß überschritten. Die Bebauung der Freifläche schreitet ständig fort. Flußauen werden zu Campingplätzen, Berghänge zu Skipisten, Seeufer zu Badeanstalten und die Gipfel zu Endstationen von Sesselbahnen, asphaltierte Straßen mit Parkplätzen und Pendelbussen werden geschaffen, als Zufahrten zu immer mehr Hotels und Zweitwohnungen. Waldteile werden oft abgeholzt, Hindernisse gesprengt oder gar die Bodenkrume eingeebnet. Weiter schreitet durch Fehlplanungen mit Bergbahnen, Hochhäusern, Zweitwohnungen, Industrialisierung am falschen Ort und Abwanderung der Bergbauern — umweltfreundliche Industrien, wie z. B. in Südtirol Feinmechanik, Lebensmittel, Holzbearbeitung sind sinnvoll — die Zerstörung der Natur unaufhaltsam fort. In den letzten 100 Jahren haben sich die Erosionsflächen im bayerischen Alpengebiet um mehr als das Dreifache vergrößert.

OSTBLOCKLÄNDER

Tschechoslowakei

(14 Mill. Einwohner)

Vor dem Zweiten Weltkriege

war die Tschechoslowakei die Schweiz Osteuropas. Auch sie war arm an Rohstoffen, aber reich an Facharbeitern und Fachleuten. Man verarbeitete eingeführte Rohstoffe zu Qualitätserzeugnissen wie Schuhen, Heilmitteln, Meßgeräten, Glas- und Porzellanwaren. Schwer- und Verbrauchsgüterindustrie waren ausgewogen. Durch Ausnutzung und Neuaufschließung der günstigen Wasservorräte hatte die Industrie eine gute Zukunft. Der Anteil der Sowjetunion am Außenhandel betrug nur 6 %.

Nach der Februar-Revolution von 1948

aber wurde das Land planmäßig politisch und wirtschaftlich in das sowjetische Großreich eingegliedert. Die Herstellung von Verbrauchsgütern wurde vernachlässigt, die Schwerindustrie dagegen gefördert. Zu ihrer

Herstellung aber war die Tschechoslowakei nur fähig, wenn sie als rohstoffarmes Land aus der Sowjetunion Erze, Erdöl und Erdgas erhielt. In diesem Kreislauf wurde sie von der Sowjetunion immer abhängiger. Von letzterer wurden die Preise festgelegt, ohne Anpassung an den Weltmarkt. So bekam die Tschechoslowakei z. B. für ihr Uran 4 Milliarden Mark zu wenig, mußte aber für eine Tonne Erdöl 18 Rubel zahlen, das ihr der Westen für 8 Rubel geliefert hätte. (Eine ähnliche Ausbeutung findet in allen Ostblockstaaten statt.) 1967 waren für die Schwerindustrie nicht weniger als 56 Milliarden Mark für Baumaterial und Ausrüstung festgelegt. Unvollendete Fabrikgebäude der Schwerindustrie waren über das ganze Land verstreut. Da blieb vom Volkseinkommen für die Unterhaltung der arbeitenden Fabriken nur wenig übrig. Zwei Drittel des Maschinenparks der Verbrauchsgüterindustrie war 1967 veraltet. Sogar die Fertigung von Ersatzteilen wurde vernachlässigt. Die Reallöhne stiegen von 1954—1965 um 37,5 %, in der Bundesrepublik dagegen um 93 %.

Die Landwirtschaft

war bis 1948 gesund. Der Boden ist für landwirtschaftliche Nutzung sehr geeignet. Die Landwirtschaft hatte einen beachtlichen Anteil an der Ausfuhr. Der reichlich vorhandene Wald (33 %) wurde zwar im Krieg stark beschädigt, konnte sich aber unter guter Pflege erholen. Von 1948 bis 1956 wurden 750 000 ha aufgeforstet. Man beabsichtigt, noch eine Mill. ha Neuland für Ackerbau und Viehzucht zu gewinnen.

Trotzdem ist die Abhängigkeit von der Sowjetunion bei der Landwirtschaft noch verhängnisvoller als bei der Industrie. Sie ist durch den jahrelangen Vorrang der Schwerindustrie veraltert ohne vorgebildeten Nachwuchs und infolge der gänzlichen Kollektivierung durch einen riesigen bürokratischen Apparat gelähmt und belastet. In manchen landwirtschaftlichen Erzeugungsgenossenschaften arbeiten 80 % der Kolchosmitglieder in der Verwaltung. Die Landwirtschaft ist nicht mehr in der Lage, die eigene Bevölkerung zu ernähren. 43 % der eingeführten landwirtschaftlichen Erzeugnisse kommen aus der Sowjetunion, bei einigen Nahrungsmitteln sogar noch wesentlich mehr (Weizen 90 %). Damit besitzen die Sowjets ein Druckmittel; denn für Einfuhren aus dem Westen reichen die Devisen nicht aus.

1968 wollte sich die neue Regierung in Prag Schritt für Schritt aus der allzu kräftigen „Umarmung" des großen Bruders, der Sowjetunion, befreien. Aber durch den brutalen Einmarsch der Sowjets am 21. 8. 1968 fand der „Prager Frühling" ein jähes Ende — noch ehe sich eine Knospe geöffnet hatte. Heute (1975) bezieht ein Bürger der CSSR an Lohn ein Drittel von dem, was er in einem westlichen Land als Gegenwert für seine Leistung bekäme.

Ungarn

(10 Mill. Einwohner)

(Empfehlend sei hingewiesen auf Heinz Siegert, „Ungarn heute", — Econ-Verlag, Düsseldorf, 1967.)

Die Ungarische Tiefebene und das Gebiet westlich der Donau zählen zu den reichsten landwirtschaftlichen Gebieten Europas. 1938 konnte Ungarn Weizen bei einer Erzeugung von 2,2 Mill. t ausführen. Trotzdem war die Rückständigkeit und die unzeitgemäße Bewirtschaftung der Felder groß.
Die kommunistischen Machthaber hätten also sehr gut die Möglichkeit gehabt, die landwirtschaftliche Erzeugung zu steigern und damit den gesamten Wohlstand des Landes zu heben; denn die Industrie spielte bei der Armut an Rohstoffen nur eine untergeordnete Rolle. Allerdings bilden Bauxitvorkommen (die größten Europas) eine wesentliche Industriegrundlage. Auch bildet der Maschinenbau von jeher das Rückgrat der ungarischen Industrie.
Aber nach russischem Vorbild wurde auch dem rohstoffarmen Ungarn der Ausbau der Schwerindustrie befohlen und das gesamte Leben vom „Plan" bestimmt. Von 1950 bis 1954 verdoppelte sich zwar die Industrieerzeugung, doch die Löhne blieben auf dem Stand von 1949. Nach der ersten Bildung von Genossenschaften in der Landwirtschaft wurde das Weizenanbaugebiet etwa auf die Hälfte vermindert und der Anbau von Hülsenfrüchten, Zuckerrüben, Ölsaaten und Gemüse wesentlich erhöht. Die Hektarerträge blieben jedoch infolge der zurückgebliebenen Mechanisierung, des Fehlens von Kunstdünger und nicht zuletzt durch den Unwillen der Bauern über die Zwangskollektivierung und ausbeuterischen Pflichtablieferungen weit hinter dem europäischen Durchschnitt zurück. So mußte Ungarn 1962 bei einem Ertrag von nur 1,9 Mill. t Weizen beträchtliche Mengen davon einführen.
Eine beständige wirtschaftliche Aufwärtsentwicklung begann erst seit dem Revolutionsjahr 1956. Man versuchte, die schwerfällige Planung allmählich elastischer zu gestalten. Die künstliche Bewässerung wurde ausgebaut. Das Klima der Ungarischen Tiefebene, in der vorwiegend Mais und Weizen angebaut werden, ist trockener und niederschlagsärmer als im übrigen Mitteleuropa. Immer wieder verursachen Dürreperioden Ernteausfälle und Millionenschäden. Eines der Mittel zur Überwindung der Trokkenheit ist die Beregnung.

Die Firma Mannesmann (Düsseldorf) hat im Rahmen eines vom ungarischen Staat durchgeführten Planes zur Steigerung des Ernteertrages zahlreiche Anlagen für die Beregnung weiter Acker- und Grünlandflächen geliefert. Die Erträge der beregneten Maisfelder konnten schon bei der ersten Ernte nahezu verdoppelt werden.

Die **Pußta**, zwischen Donau und Theiß, war einst ein recht fruchtbares Gebiet mit einer dicken Schlammschicht. Bis ins 19. Jahrhundert überflutete die Theiß jährlich zweimal etwa 2 Mill. ha Boden.Es gab 52 blühende Dörfer. Doch dann kam der große Mongolensturm (1241), und die Ansied-

lungen fielen in Schutt und Asche. (Auch die um 896 nach Chr. von Osten eingewanderten Magyaren waren ein Reitervolk. Man denke an die Einfälle nach Deutschland.) Einige wurden nach dem Abzug der Mongolen wieder aufgebaut. Sie hielten sich bis zum 16. Jahrhundert, ehe sie im Kampf gegen die Türken dem Erdboden gliechgemacht wurden. Dann holzte man alle Wälder ab. Wind und Trockenheit formten eine Steppenlandschaft, der später durch die Theißregulierung (beginnend 1879, Verkürzung etwa 500 km) das Überschwemmungswasser ferngehalten wurde. Der Grundwasserspiegel sank stark ab. Die im Ereboden gelösten Salze „blühten" an der Oberfläche aus. Nach der Türkenherrschaft wurde das Gebiet zuletzt von etwa 40 Familien besiedelt. Die Steppe diente lediglich als Weide für Pferde, Rinder, Schafe und Schweine.
Durch den Bau von zwei Kanälen wurde durch Bewässerungsanlagen entlang dieser Kanäle die Urbarmachung begonnen. Nun aber sollen 60 000 ha der 115 000 ha großen Hortobagy-Pußta mit ihren interessanten Vögeln als Nationalpark erhalten bleiben.
Da der Waldanteil von 17 % gering ist, plant man eine Aufforstung von 600 000 ha, was insgesamt 23 % ergeben würde.
In den letzten Jahren deckt Ungarn seinen Brotgetreidebedarf. Nach der jüngsten Statistik halten die Kleinbauern auf sogenannten Hofparzellen 83 % allen Geflügels, 52 % der Schweine und 47 % der Kühe. Knapp die Hälfte des beliebten Ungarnweines stammt aus privaten Rebstöcken.
Ministerpräsident Kadar hat von 1968 an den Betrieben erlaubt, sich den Marktbedürfnissen anzupassen. So nimmt Ungarn trotz fehlender Rohstoffe eine Sonderstellung unter den Ostblockstaaten ein. Das Wirtschaftswachstum hat sich 1973 weiter beschleunigt.

Bulgarien

(8 Mill. Einwohner)

(Empfehlend sei hingewiesen auf Heinz Siegert „Bulgarien heute", Econ-Verlag, Düsseldorf, 1964.)

Bulgarien besteht zu 57 % aus dem Balkangebirge und den Rhodopen. In beiden ist der Waldbestand noch üppig. Bis zur Höhe von 1300 m befinden sich herrliche Wälder von Eichen und Rotbuchen, bis 1900 m noch ausgedehnte Nadelwälder. Ein reicher Wildbestand, darunter auch Bären, belebt die Forste.
In weiten Teilen des Landes aber hat eine rücksichtslose Abholzung für Verfeuerung und Bergwerke große Lücken in die Waldbestände gerissen, die schon durch das Niederbrennen der Wälder in den Türkenkriegen und durch Schaf- und Ziegenweide schwer gelitten hatten.
Etwa ein Drittel der Gesamtfläche ist noch mit Wald bedeckt. Die Zeitung „Trud" Sofia schrieb am 24. 12. 1955: „In den letzten 10—11 Jahren wurden mehr als 310 000 ha Wald aufgeforstet. Aber in unserer Waldwirtschaft sind auch viele Unzulänglichkeiten vorhanden. Große Waldflächen sind

von Schädlingen befallen. In einzelnen Bezirken wird fast nichts dagegen unternommen. Vielerorts wird ungesetzlicher Einschlag geduldet."

Die Landwirtschaft

war früher hauptsächlich bekannt durch Lieferung von Rosenöl und Tabak. Die dem Balkangebirge nördlich vorgelagerte fruchtbare Hochebene wird der Kornspeicher Bulgariens genannt. Der sonnige und windgeschützte Südhang des Balkangebirges ist wie ein großer Garten von Blumen und Obstbäumen. Wer im Mai dort durchfährt, den führt der Weg durch schier unendliche blühende Rosenfelder. Darum heißt der Südhang auch „Das Rosental". Die Maritzaniederung hat ein mildes Klima mit Mittelmeerpflanzen.
Es gab keinen Großgrundbesitz. Die Kleinbauern wurden radikal kollektiviert. Gegenüber 1960 soll die Lebensmittelerzeugung bis 1980 auf das 2,5fache anwachsen, u. a. durch 100 000-ha-Farmen. (Aber s. „Düngung" und „Schädlingsbekämpfung".) Der Bau von Bewässerungsanlagen steht an erster Stelle. 1973 bekamen die Bauern einen Teil des Landes als Privateigentum zurück. Die Landwirtschaft wurde inzwischen von

Industrie und Gewerbe

überholt. Die Energie-Gewinnung wurde durch den Bau großer Wasserkraftwerke verzehnfacht. Seit 1961 wird das Rhodope-Gebirge in zunehmendem Maße für die Energie-Erzeugung aus Wasserkraft erschlossen. Das in vier Stauseen gespeicherte Wasser soll auch zur Bewässerung von großen Gebieten der thrakischen Ebene dienen. Außerdem ist das Rhodope-Gebirge eine gewaltige Schatzkammer von Erzen aller Art. Auch ist ein Netz von Kernkraftwerken geplant. Mit dem Bau des ersten 2000-Megawatt-Werkes wurde bereits begonnen. Bulgarien, von allen Ostblockstaaten am wenigsten industriell entwickelt, bemüht sich jetzt, auf westeuropäischem Markt, besonders mit Frankreich und der Bundesrepublik, ins Geschäft zu kommen.

Rumänien

(19 Mill. Einwohner)

(Empfehlend sei hingewiesen auf Heinz Siegert, „Rumänien heute", Econ-Verlag, Düsseldorf, 1969.)

Früher ein reiches Land — aber mit armer Bevölkerung!

Der Reichtum bestand in fruchtbaren Ebenen und in Wäldern. Aber jahrhundertelang kam die breite Masse des rumänischen Volkes nicht in den Genuß dieser Reichtümer.

Von fremden Herrschern und einheimischen Fürsten und Großgrundbesitzern wurde besonders die Landbevölkerung ausgebeutet und wie Leibeigene behandelt. Amtsmißbrauch und Bestechung waren vielleicht noch krasser ausgeprägt als in den anderen Balkanstaaten. Die fruchtbaren Böden wurden schlecht bewirtschaftet, die Wälder, vor allem in den Karpaten, meist im Raubbau genutzt. Ein Aufstand der hungernden und entrechteten Bauern im Jahre 1907 wurde schließlich vom Militär niedergeschlagen.

Auch als in n e u e r e r Z e i t Kohle, Erze und vor allem Erdöl und Erdgas entdeckt wurden, blieb das Volk arm.

Die Gewinnung der Bodenschätze, sogar der Bau der Straßen, waren an ausländische Gesellschaften verpachtet. Der königliche Hof, einige Großgrundbesitzer und Bankiers kassierten riesige Summen ein und legten sie bei ausländischen Banken an. Für die Schaffung einer Industrie im eigenen Lande fehlten sie. So wurden nur schwache Industrien ohne einheitlichen Plan geschaffen.

1975 trotz sichtbarer Leistungen immer noch arme Bevölkerung

Auch heute wird die Waldwirtschaft nur z. T. planmäßig betrieben. Hebung der Bodenschätze und Förderung der Industrie treten in den Vordergrund wie in keinem anderen Ostblockstaate. Allerdings ist die zu wenig zahlende Sowjetunion nach wie vor Hauptabnehmer. Außerdem blockiert die Schwerfälligkeit der Bürokratie jede Eigeninitiative. Auch ist die Entwicklung nicht einheitlich. Trotzdem ist es erstaunlich, wie trotz des früheren Analphabetentums dem Land in wenigen Jahren der Durchbruch zur Industrienation gelungen ist. Neben einer vielseitigen Eisenindustrie (z. B. Hütten-Kombinat Glatz) werden auch Rohöl und Erdgas industriell verwertet (Petrochemie). Mit einer jährlichen Steigerung von 11 bis 13 % hat das Land eine der höchsten Erzeugungsraten der Erde. Wasserwerke lieferten den nötigen Strom. In der Donau entstand das drittgrößte Flußkraftwerk der Welt. Es wurde am 6. 5. 1972 in Betrieb genommen.

Im Herbst 1963 begannen Rumänien und Jugoslawien gemeinsam mit dem Bau eines 110 km langen und 1—4 km breiten Stausees westlich des „Eisernen Tores" zwischen den rumänischen und jugoslawischen Ufern. An der schmalsten Stelle ist die vorher oft bis zu 2 km breite Donau nur noch 170 m breit und wird folglich zu einem reißenden Gewässer mit gefährlichen Strudeln und tückischen Felsriffen. In trockenen Sommern kommt deshalb die Schiffahrt ganz zum Erliegen, oft monatelang.

Durch die Anhebung des Wasserspiegels um 34 m und den Bau zweier 310 m langer Großschleusen (übereinander angeordnet) soll die Durchschleusungsfähigkeit des „Eisernen Tores" von 12 Mill. t auf 90 Mill. t Schiffsraum jährlich gesteigert werden. Das schwierigste Vorhaben dieser Anlage war ein 1,2 km langer, 50 m hoher und 36 m breiter Damm als Straße und Schienenweg, zu dessen beiden Seiten je ein rumänisches und jugoslawisches Großkraftwerk entstanden ist. Seit 1972 können beide je 5,5 Milliarden kWh jährlich erzeugen.

Aber einen starken Gegensatz zu all den industriellen Leistungen bildet die knappe Versorgung der Bevölkerung mit Lebensmitteln, wenn es auch keine „Menschenschlangen" mehr gibt. Die Hauptursache für diese Versorgungsschwierigkeiten liegt in der Kollektivierung der Bauern. Auch reicht das monatliche Einkommen vieler gerade aus, um Lebensmittel einzukaufen. Rumänien und Bulgarien haben mit ihren wirtschaftlichen Reformen erst zögernd begonnen. (Aber siehe „Ungarn".)

Besondere Naturschäden

Durch die Höherlegung der Donau um 34 m wird der Grundwasserspiegel bis weit ins Hinterland stark ansteigen. Man rechnet mit Versalzungen und Versumpfungen. Außerdem schwemmt die Donau am „Eisernen Tor" jährlich rund 1 Mll. t Schwebstoffe an. Diese ungeheure Menge wird sicher eine Gefahr für die Schleusenanlagen bedeuten.

Das Schilf des Donaudeltas wird seit einigen Jahren für die Zellulosegewinnung nutzbar gemacht. Das 5000 qkm große Delta mit seinem Gewirr aus Wasserläufen, Tümpeln und Seen ist aber auch das größte Vogelparadies Europas. Über 500 Vogelarten wurden festgestellt. Kann die Tierwelt aber geschützt bleiben, wenn neben der industriellen Verwertung des Schilfes und der Fische von Jahr zu Jahr mehr Touristen das Vogelparadies bewundern wollen und mit ihren Booten tief in das Schilf eindringen? Hinzu kommt die Verminderung der Fischbestände durch Wasserverschmutzung und den Massenmord an den Vögeln.

Polen

(34 Mill. Einwohner)

Fehlplanungen

Nach 1945 stand die Entwicklung der Schwerindustrie im Vordergrund. Auch die Rohstofferzeugung (von Erdgas, Kohle, Kupfer und Schwefel) wurde vorrangig gefördert. Während Polen vor dem Kriege zu 90 % landwirtschaftliche Erzeugnisse und Rohstoffe ausführte, entfiel 1970 mit 57 % der wichtigste Ausfuhranteil auf Industrieerzeugnisse.

Aber das Prämiensystem richtet sich immer noch nach Stückzahl und Größe, nicht nach Güte. Fehlplanungen entstehen. Ersatzteile sind kaum zu haben. Immer noch gibt es 300 000 Arbeitslose (1970). Außerdem besteht ein unvorstellbarer Kapitalmangel. Deshalb schränkt man die Erzeugung von Verbrauchsgütern ein. Dadurch ergeben sich hohe Preise. Die Zunahme des Einkommens aber ist gering. Deshalb tun die in der Industrie Beschäftigten nicht mehr als sie müssen.

So erklärt es sich, obwohl das Schulsystem vorbildlich ist, daß die angebotenen Ausfuhrerzeugnisse noch als bescheiden bezeichnet werden müssen. Doch soll nach einem Fünfjahresplan von 1971 bis 1975 ein moderner Industriestaat entstehen. Dabei hofft Polen auf technische und wirtschaftliche Zusammenarbeit mit der Bundesrepublik.

Unbegreiflich ist, daß bei dem großen Kapitalmangel Fidel Castro (Kuba) jährlich 365 Mill. Dollar geschenkt werden, den Arabern Waffen, den Entwicklungsländern Geld in Gold oder Dollar, ebenso Nordvietnam und den südamerikanischen Revolutionären.

Vernachlässigung der Landwirtschaft

Um durch Ausfuhr Devisen zu bekommen, wurde zu viel Holz geschlagen, besonders in den ehemalig deutschen Gebieten. Dabei sind die Polen von Natur aus ein Waldvolk. Der sehnlichste Wunsch des Durchschnittspolen ist, ein Stück Land zu besitzen, auf dem er Bäume pflanzen kann, lieber Bäume als Blumen.
Polen hat mehr als 60 % leichte Böden, im Südosten auch noch erosionsgefährdet. 3,5 Mill. Bauernhöfe haben eine sehr kleine Bodenfläche. Die Bauern lösten selbst die technisch gut ausgestatteten Genossenschaften auf. Noch im Januar 1970 lehnten 72,7 % der befragten Bauern „Maschinenringe" ab. Die im Familienbetrieb arbeitenden Bauernstellen aber aus eigener Kraft zu mechanisieren, schafften die Bauern finanziell nicht, obwohl sie auf eigener Scholle meist hart arbeiten. Landwirtschaftliche Erzeugnisse stiegen weniger im Preis als Geräte und Kunstdünger. So konnte die veraltete Landwirtschaft, besonders da die Bevölkerung seit 1954 um mehr als 5 Mill. stieg und sich 1968 und 1969 Mißernten ergaben, kaum den Bedarf decken.

Aufstand

Die meisten hohen Verbraucherpreise wurden durch staatliche Unterstützungen (Subventionen) niedrig gehalten. Als man aber vor Weihnachten 1970 diese Unterstützungen aufhob und dadurch die Grundnahrungsmittel bis zu 37 % teurer wurden, ferner z. B. Textilien bis zu 54 %, Schuhe um 25 %, kam es in einigen Städten zu erbitterten Straßenkämpfen.

Erfreuliches

Da nur 80 % des Nahrungsmittelbedarfes mit den Erzeugnissen der privaten Kleinbetriebe gedeckt werden, ergeht die Aufforderung: Freiwillige Zusammenschlüsse! Bis zu 50 ha dürfen Privatpersonen bebauen. — Seit 1972 wird für Umweltschutz doppelt so viel ausgegeben wie für das Bildungswesen. — Im Gegensatz zu der DDR werden Kleinbetriebe reprivatisiert und Großunternehmen, vor allem im Einzelhandel, entbürokratisiert. Man hofft, in zehn Jahren den heutigen Lebensstandard der Bundesrepublik zu erreichen. Allerdings ist Bonn mit Milliardenbeträgen sehr großzügig gewesen. (Siehe „Jugoslawien".)

NORDEUROPA

Finnland

(357 000 qkm, 300 000 Inselchen, 4,7 Mill. Einwohner)

Ein Land mit besonders großen Sorgen

Obwohl von 1920 bis 1937 die Anbaufläche um fast 30 % erweitert und obwohl seit 1945 die Front der finnischen Neurodungen nach Nordosten und Norden, nach Lappland, verschoben wurde, stehen der Landwirtschaft nur 9 % des Bodens zur Verfügung, vor allem im Süden und Südwesten. Sie vermag darum nicht den Eigenbedarf an Brot und Kartoffeln zu decken. Da die Viehzucht weniger vom Klima abhängt, werden vor allem in der Milchwirtschaft gute Erträge erzielt. 1 % sind Wiesen oder Weiden. Finnland führt sogar Viehwirtschaftserzeugnisse aus. Etlichen Gewinn bringt die Fischerei.

Das „Land der tausend Seen" (in Wirklichkeit 55 000 Seen, die durch Wasserstraßen miteinander verbunden sind, 10 % der Gesamtfläche, von wandernden Gletschern herausgefräste Vertiefungen) wird zu zwei Drittel von Wald bedeckt. Der Wald ist die wahre Heimat des Finnen, sein Schutz, seine Wehr und auch sein Reichtum, sein „grünes Gold". Die Holzfäller lassen hier und da einen besonders kräftigen Baum als Samenspender stehen. Nur alle 25 oder 30 Jahre wird der Baum reifen Samen ausstreuen können. Aber die Winde werden ihn über die Kahlflächen wehen, und in 50 Jahren wird ein neuer Urwald grünen. (Eine solche Wiederbewaldung ist nur in ebenen nordischen Ländern möglich.) Außerdem werden heute finnische Wälder trainiert — der Anteil der Torfböden umfaßt ein gutes Drittel der gesamten Waldfläche — und gedüngt, Kahlflächen werden mit Setzlingen bepflanzt, die man durch sorgfältige Kreuzungen erhalten hat.

Trotzdem übersteigen vorläufig noch der Einschlag und der natürliche Verderb den Nachwuchs. Finnlands Industrie muß zum Teil Holz einführen. — Die holzverarbeitende Industrie bestreitet über zwei Drittel der Ausfuhr. Immer mehr verlagert sie sich von Rohwaren und Halbfabrikaten auf hochveredelte Industrieerzeugnisse (vollständige Fabrikanlagen für Holzverarbeitung, schnelle Fischereifahrzeuge, Tanker, Eisbrecher).

Das Sinken der internationalen Holzpreise wirkt sich auf die Holzausfuhr sehr ungünstig aus. Die gegenwärtigen Arbeitslosen sind hauptsächlich Wald- und Holzarbeiter. Dazu kommt durch die Bildung größerer Bauernhöfe ein Abströmen der Arbeitskräfte aus dem ohnehin dünn besiedelten in den am dichtesten besiedelten Teil.

Vor allem sind die hohen Zuschüsse des Staates an die Landwirtschaft mit den ausgedehnten sozialen Leistungen — Finnland hat sich in seiner Wohlstandspolitik das bedeutend reichere Schweden als Vorbild gewählt — die Hauptgründe, daß die Staatskasse leer ist.

Obwohl sich Finnlands Außenhandel seit 1960 fast vervierfacht hat, zeigt der Außenhandel einen immer größer werdenden Fehlbetrag. Es fehlt an Kapital. Dazu kommt die ungünstige Verkehrslage.

Finnland braucht deshalb eine stärkere, schnellere Entwicklung in neuen Industriezweigen, besonders in der Metallindustrie. Durch spezialisierte Industrie beginnt eine günstigere Entwicklung. Allerdings sind die seichten Seen im Süden schon stark verschmutzt. Die Hauptstadt Helsinki bezieht ihr Trinkwasser aus einem 250 km entfernten See.

Schweden

Wohlstandsquellen durch Landschaft

Kennzeichen der schwedischen Landschaft ist der eigenartige Zusammenklang von Wald und Wasser: unendliche Wälder, unendliche Seen, reißende Stromschnellen. Zielbewußt werden die Hauptquellen des natürlichen Reichtums erschlossen: Wälder, Wasserkräfte und in Mittelschweden und im Norden Erze.

Im Mittelalter wurden die Wälder für den Bau von Schiffen und Fischfässern übermäßig ausgebeutet. In der Neuzeit erreichte der Raubbau seinen Höhepunkt durch die Herstellung von Holzkohle und Teer. Steinkohle war nicht vorhanden. Es gab im 17. Jahrhundert über 2000 Eisenhütten. Als in der Mitte des vorigen Jahrhunderts die Großindustrie ihren Holzbedarf anmeldete, mußte sie auf die Waldreserve des Nordens zurückgreifen. Seit hundert Jahren ist man jedoch zu einer umsichtigeren Nutzung und seit der Jahrhundertwende zu einer planmäßigen Forstwirtschaft übergegangen.

Das langsame Wachstum verlieh von jeher dem schwedischen Holz besonderen Wert. Noch ist Schweden (54 % Wald) durch die billige Beförderung auf reißenden und wasserreichen Strömen ein Hauptholzlieferant der Welt. Aber der jüngste Überblick ergibt, daß während der kommenden Jahrzehnte die Jahreshiebsätze auf ungefähr 60 % des gegenwärtigen Umfanges eingeschränkt werden müssen. Schon jetzt wird die Holzausfuhr überboten durch die von Erzen und Industrieerzeugnissen.

Außerdem zieht es immer mehr Waldarbeiter in die Städte.

Als im vorigen Jahrhundert englische Ingenieure herausfanden, daß man Eisen besser mit Kohle oder Koks zum Schmelzen bringen könnte als mit Holzkohle, brach der schwedische Markt völlig zusammen, weil Kohle fehlte. Er erholte sich erst, als man lernte, aus hochwertigen Erzen aus Mittelschweden mit Holzkohle hochwertige Stähle zu erzeugen. Die Erzberge von Kiruna und Gülliva verwertete man bis dahin überhaupt nicht. Dies geschah erst, als man lernte, das 1- bis 2%ige Phosphor vom Eisen zu lösen. Schweden selbst aber verhüttet diese Erze nicht.

Nur 10 % der 8 Mill. zählenden Bevölkerung sind noch in der allerdings vorbildlich entwickelten Landwirtschaft tätig. Ihr Schwerpunkt ist der südliche Teil der Provinz Schonen. Obwohl der Ackerboden nicht mehr als 9 % der Gesamtfläche einnimmt, ist es Schweden im wesentlichen gelungen, sich selbst mit Lebensmitteln zu versorgen. Aber Schweden ist das einzige europäische Land, in dem seit 1950 die landwirtschaftliche Erzeugung nicht gestiegen ist. Der Grund ist in der vollständigen Mechanisierung auch der kleinsten Höfe zu suchen. Billiger wäre nachbarliche Zusammenarbeit.

Schweden hat es auf dem Wege zum Wohlfahrts- und Fürsorgestaat (Altersversorgung, Krankenversicherungen und Gesundheitsdienst) von allen westeuropäischen Staaten am weitesten gebracht. Doch hat dieses System auch viele Schattenseiten; vor allem sehr hohe Steuern. Als Kostgänger des Staates kann man heute besser leben als ein Berufstätiger. Trotz einer vom Januar 1975 aus erfolgten Steuersenkung haben die Schweden immer noch die höchsten Steuersätze Europas. Freie Arzt- oder Krankenhauswahl besteht nicht. Monatelange Wartezeiten auf ein Krankenhausbett müssen von den Kranken in Kauf genommen werden. Ein großer Ärztemangel herrscht. Obwohl 1973 als eines der besten Jahre Schwedens gilt, betrug 1974 in den ersten acht Monaten der Außenhandelsfehlbetrag 550 Mill. DM. Die Grundnahrungsmittel stiegen 1974 um 12 %.

Aber seit 1965 etwa ist Schweden mit neuen, einfachen Methoden, die sich überall anwenden ließen, auf dem besten Wege, die erste Gesellschaft der Neuzeit zu werden, die keine Umweltverschmutzung mehr kennt.

Norwegen

umfaßt 324 279 qkm, hat aber nur 4 Mill. Einwohner. Die landwirtschaftliche Nutzfläche beträgt nur 10 310 qkm. Davon sind 1770 qkm Wiesen und Weiden und 8540 qkm Ackerland. Eine weitere Ausdehnung ist unwahrscheinlich. Während im Süden Weizen und Obst gedeihen, dringen nur vereinzelt Roggen, Gerste und Kartoffeln über den Polarkreis vor. Aber sie reifen immerhin noch jenseits des 70. Breitengrades. Diese außergewöhnliche klimatische Gunst verdankt das Land den Ausläufern des Golfstromes. 14,7 % der Berufstätigen sind in der Landwirtschaft beschäftigt.

Die höheren Lagen sind forstlich ziemlich wertlos. 7000 qkm sind von Gletschern bedeckt, und das nördliche Drittel jenseits des Polarkreises hat fast nur Heide, Moor und nackten Fels aufzuweisen. Insgesamt sind drei Viertel Norwegens Ödland.

Das Innere der nördlichen Gebiete Schwedens und Norwegens bildet eine 500—600 m hohe Hochebene. Hier wächst das Rentiermoos, das die wichtigste Nahrung des Rens bildet. Aber auch dieses Moos (Flechten) gedeiht hier nicht überall; auf den hohen Felsen und weit gen Nordosten ist alles wüst und leer. Flechten bilden eine Lebensgemeinschaft von einer Alge und einer Pilzart. Der Pilz erzeugt Säuren, die das Gestein zersetzen und die lebenswichtigen Salze herauslösen. Über Algen siehe Seite 297.

22 % des Landes bestehen aus Wäldern. Bauholz und andere Forsterzeugnisse spielen eine besondere Rolle in der Wirtschaft.

Der Gesamtwert ihrer Ausfuhr liegt noch etwas höher als der von Fischen und Fischereierzeugnissen. Der größte Devisenbringer aber ist die Handelsflotte, die viertgrößte der Welt.

Aber die Ausfuhranteile verschieben sich; denn Norwegens Industrie ist in der Nachkriegszeit dank reichlich vorhandener Erzvorkommen sehr vielseitig geworden. Große Bedeutung kommt der Errichtung von Klein- und

Mittelbetrieben zu. Die Ausnutzung der Wasserkräfte war bis 1975 auf 75 Milliarden kWh gesteigert. Seit Anfang 1973 ist in der Ausfuhrindustrie ein Aufschwung festzustellen.

Die große Wende in der Wirtschaft Norwegens wird erfolgen durch die Entdeckung gewaltiger Erdölvorkommen vor seiner Nordseeküste. Damit sprudeln den Norwegern allerdings auch Probleme ins Haus: Aufgabe des Fischfangs und Verschmutzung des Meeres.

Dänemark

Das Inselreich besitzt im Gegensatz zu Schweden keine natürlichen Reichtümer (Erze, Öl, Kohle, Mineralien, Stromschnellen) und nur 10 % Wälder. Sein Reichtum beruht nur auf dem Unternehmungsgeist und der Arbeitskraft seines Volkes, das seine rund 500 Inseln zur Speisekammer und Werkstatt ausgebaut hat. Besonders bewundernswert ist die Urbarmachung Jütlands. Die Halbinsel umfaßt zwei Drittel des Landes.

Ursprünglich war der Boden auf den Inseln nicht besonders gut, vor allem in Jütland. Vor 100 Jahren war dies schlecht entwässert, mit ungesunden großen Seen bedeckt, von Heidekraut bestanden, fast ohne Baumbestand.
Das Land wurde entwässert, gepflügt, bearbeitet und aufgeforstet. Millionen cbm Mergel wurden von den Steinbrüchen Seelands herbeigeschafft. Dänemark baute so ein völlig neues Jütland. Nur einige Flecken Heide und Sümpfe widerstanden allen Bemühungen. An sie wird jedoch mit den modernsten Mitteln herangegangen. Seit 1880 wurden 700 Mill. Bäume gepflanzt, um der Dünen- und Flugsandgefahr zu begegnen.

Heute besteht von den 24 900 qkm Dänemarks etwa ein Viertel aus Heide, Dünen, Laubwäldern und Städten. Der Rest ist Ackerland und Viehweide. Das kleine Land ist einer der Hauptlieferanten von Butter, Käse, Speck und anderen Lebensmitteln für die Industrieländer Europas. Wie in Holland werden für billige ausländische Futtermittel keine Einfuhrzölle erhoben. Das Genossenschaftswesen ist musterhaft ausgebaut. Der Landwirtschaft ist der Anschluß an die EG noch besser bekommen als erwartet.

Die hohen Erträge würden sich noch steigern bei stärkerer Bewaldung, da dadurch die mitunter auftretenden heftigen Sandstürme gehemmt würden. Wenig bekannt ist, daß trotz der erstaunlichen Leistung nur 11,9 % der Erwerbstätigen in der Landwirtschaft tätig sind. Mehr als die Hälfte arbeitet in der Industrie.

Mit der Veredelung dänischer Landwirtschafts- und Fischereierzeugnisse fing es an. Die Notwendigkeit sicherer Beförderung dieser Erzeugnisse führte zur Herstellung von Schiffskühlanlagen, aus der sich eine vereinigte Kühlindustrie entwickelte.

Aber die Ausgaben des öffentlichen Dienstes, in dem 600 000 von 5 Mill. Einw. beschäftigt sind, sind in den letzten 10 Jahren schneller gestiegen als die Erzeugung. Die Inflationsrate ist nach Italien die größte Europas.

GROSSBRITANNIEN UND IRLAND

England

Schon vom 12. Jahrhundert an begann die

Vernichtung von Wäldern

Im Mittelalter gewann die Schafzucht an Bedeutung, und Wolle spielte eine immer wichtigere Rolle. In großen Teilen des Landes wurde Wald abgeholzt und der Feldfruchtbau eingestellt. Heinrich VIII. (1491—1547) jagte die Bauern, die sich diesen Anordnungen widersetzten, von Haus und Hof. Unter der Regierungszeit Karls I. (1600—1649) hatte die Waldvernichtung ihren Höhepunkt. Um mehr Korn anzubauen, setzte er sogar Belohnungen für Rodungen aus. Schiffswerften und eine mächtige Industrie schluckten weitere Wälder. Als dieselben nicht mehr schnell genug nachwuchsen, holten sich die Briten das Holz für ihre Eisenwerke von der irischen Insel. 1676 überlegte das englische Parlament ernsthaft, ob nicht wegen des Holzmangels die gesamte Eisenindustrie stillgelegt werden. solle. Da besann man sich der Kohle. Starke Eingriffe brachten die beiden Weltkriege (3200 und 4000 qkm). Dabei sind auch Teile der wasserversorgenden Gebiete von London, Birmingham und Liverpool betroffen worden. Heute muß England bei einem Waldbestand von nur 5,5 % (der Gesamtfläche Großbritanniens) jährlich rund das 20fache seiner eigenen Holzbestände einführen.

Aufforstungen begannen vor und erst recht nach dem Ersten Weltkriege. Man plant bis zum Jahre 2000 eine Steigerung des Waldes auf 8 %. Doch ist die Erreichung dieses Zieles fraglich wegen Verbiß der jungen Pflanzen durch Weidevieh, besonders durch Schafe. Außerdem fehlt dem Briten die Liebe zum Wald.

Allerdings benötigen die Engländer den Wald nicht als Regulator, da die Regenfälle das ganze Jahr hindurch ziemlich gleichmäßig und wenig heftig sind. Auch fehlen Hochgebirge, bei denen sich Abholzungen besonders verhängnisvoll auswirken.

Im 19. Jahrhundert wandte man sich immer mehr von der

Landwirtschaft

ab und führte stattdessen ohne Zölle billige Lebensmittel ein. Man bezahlte sie mit den Erzeugnissen der Industrie. So stand um 1900 die englische Landwirtschaft vor dem Ruin. Die ehemaligen Kornanbauflächen waren der Viehzucht und Jagd dienstbar gemacht.

Nach den beiden Weltkriegen aber trat ein Wandel ein. Die Landwirtschaft erzeugt heute, obwohl sie nur 2,9 % der Erwerbstätigen beschäftigt, 40 % der Lebensmittel. Mehr steckt allerdings nicht drin; denn im Norden macht die Kälte und im Westen die Feuchtigkeit die Ernte zur Glückssache. Der

einzig gute Ackerboden befindet sich im Osten. So muß England eine größtmögliche Menge Industriegüter erzeugen, um seinen Lebensstandard aufrecht zu erhalten.
Aber das Land ist in großen finanziellen Schwierigkeiten.

Zwar haben die Elektrotechnik — in Calderhall entstand das größte Atomkraftwerk der Erde — und die Autoindustrie einen erstklasigen Ruf. Aber als Gesamtheit ist das englische Volk (56 Mill.) in den langen Zeiten der Ausfuhr auf bequeme Märkte selbst bequem geworden. Das gilt nicht nur für die Technik, sondern auch für die Arbeitsweise in den Betrieben, im Handel und in der Regierung. Die zweite Verstaatlichung der Stahlindustrie hat zu einem beträchtlichen Fehlbetrag geführt. Außerdem leistete man sich nach dem Zweiten Weltkrieg den Luxus eines allgemeinen Versorgungsstaates. Dennoch herrscht auf seiten der Arbeitnehmer ein Wirrwarr von 320 Gewerkschaften mit zahlreichen selbstmörderischen Streiks. So verursachte Anfang 1972 ein Bergarbeiterstreik — der Bergbau ist ebenfalls verstaatlicht — von sieben Wochen ungeheuren Schaden. 32 Schachtanlagen gingen verloren. Die Bergleute blieben gleichgültig, weil sie bei Arbeitslosigkeit 14 Pfund erhalten, bei der Arbeit aber nur 18 Pfund.
Um die riesigen Ausgaben für Renten, Gesundheitsfürsorge und niedrige Mieten bezahlen zu können, zog die Regierung die Steuerschraube kräftig an. Diese hohen Steuerlasten sind es aber vor allem, die es vielen Unternehmern verleidet, Gelder anzulegen zur Modernisierung und Vergrößerung der Betriebe (Investitionen).

Erfreulich ist jedoch, daß infolge Benutzung von rauchloser Kohle der berüchtigte Londoner Smog 1962 zum letztenmal aufgetreten ist. Auch das Wasser ist in England sauberer geworden.
Trotz der Labour-Regierung (ähnlich unserer SPD) wurde aber 1974 mehr gestreikt als je zuvor. Der Kampf gegen die Geldentwertung hat noch nicht begonnen. 1974 betrug sie 20 %. Der Handelsfehlbetrag, der 1973 schon 20 Milliarden DM betrug, nimmt immer mehr zu. England nähert sich der Gesetzlosigkeit. Zu der kritischen Lage der Industrie, an der allerdings auch die Klassengegensätze — Hochmut der Arbeitgeber — schuld sind, kommt noch die Belastung durch Nordengland und

Schottland

Die ausgedehnten Wälder wurden im Mittelalter abgeholzt. Dadurch ist Schottland mit Ausnahme der Lowlands hauptsächlich von Moor, Heide, Sümpfen und Seen bedeckt. (Siehe „Irland".)
Im 19. Jahrhundert wurde das dadurch hervorgerufene Elend übergroß. Die Bevölkerung konnte von den mageren Weiden und dem Torfstich kaum noch leben. Große Teile wanderten aus, hauptsächlich nach Süden, in den Raum von London. Das Land wurde immer einsamer und verlassener. Straßen und Eisenbahnen gab es fast nicht. Die nördlichen Hochlande machen oft den Eindruck völliger Weltabgeschiedenheit. In dem freundlicheren südlichen Teil finden wir Schafzucht.
Nur in der Senke zwischen beiden Teilen (Lowlands) ist Landwirtschaft in größerem Umfange möglich. In bedeutenden Städten haben große Indu-

strien ihren Sitz (Kohlenbergbau). Hier wohnen 4 Mill. von der 5 Mill. betragenden Gesamtbevölkerung.
Aber Modernisierung der Fischereien, Aufforstungen und Verbesserungen der Energieversorgung sollen helfen, einen Umschwung zu vollziehen. Die neuen Wasserkraftwerke sollen 10 Milliarden kwH im Jahr erzeugen. Vor allem plant man neue Industriestädte.
Aber all das erfordert viele Milliarden, und England muß jetzt endlich sparen. So verließen allein in den letzten 20 Jahren 10 % Schotten ihr Land. Die Selbstversorgung mit Öl ist das Ziel für 1980. Aber das Öl wird teuer sein. Außerdem ist für den Unfall ohnehin bisher recht wenig getan worden. Nur eine gründliche Gesinnungsänderung kann Großbritannien retten.

Irland

(70 282 qkm, 2,8 Mill. Einw.)

Gebirge und Ebene liegen in einem milden, überfeuchten Klima (Golfstrom und Westwinde). Felsen, Seen, Flüsse, Moore, Felder und Weiden bestimmen das Bild der Landschaft.
Über die Entstehung der Hochmoore siehe Seite 63. Als die Insel noch großenteils von dichten Wäldern bedeckt war, ging diese Moorbildung nicht so schnell vor sich, weil die Bäume viel Feuchtigkeit verbrauchten. Wo sich Sumpfwasser und das nicht abfließende Regenwasser in Erdvertiefungen ansammelte, entstanden die vielen Seen — über 800.
Seit etwa 1915 bemüht man sich, den Waldanteil wieder zu erhöhen. Besonders in der Nachkriegszeit wurde die Aufforstung mit neuen Pflanzmethoden verstärkt vorangetrieben. Nach einem langfristigen Plan sollen rund 400 000 ha aufgeforstet werden, das sind 5,75 % der Gesamtfläche.
Von den Folgen der durch die Kartoffelfäule verursachten Hungersnot in der Mitte des vorigen Jahrhunderts, als 1½ Mill. Menschen umkamen und 1 Mill. auswanderten, hat sich Irland nie ganz erholt.
Die Feuchtigkeit belastet den Ackerbau mit einem dauernden Wagnis. Darum sind verlassene Bauernhöfe und Güter keine Seltenheit. 72 % der bewirtschafteten Fläche sind Wiesen und Weiden („Grüne Insel"). Bei nur ganz geringer Industrie, die vor allem landwirtschaftliche Erzeugnisse verarbeitet, bilden so Viehzucht und Molkereierzeugnisse den Hauptanteil des Erwerbslebens und Außenhandels. Aber die Einfuhren liegen immer noch beträchtlich höher als die Ausfuhren. So herrscht große Armut. Viele Iren wanderten nach den USA aus.

SÜDEUROPA

Griechenland

In alter Zeit

Etwa um 1900 v. Chr. drangen die Achäer (siehe Forts. von Seite 8) in den Südteil der Balkanhalbinsel ein. Als politischer Mittelpunkt dieser Streitwagenleute, der Vorväter der späteren Griechen, erscheint im 16. Jahr-

hundert v. Chr. im Nordosten der Peleponneshalbinsel Mykene mit trotzigen Burganlagen und Kuppelgräbern. (Herakles war der mykenische Halbgott.) Die kostbaren Beigaben, die Schliemann aus den Königsgräbern in Mykene hob, waren nicht der Schatz des Agamemnon. Der Goldschatz gehörte einem Fürstengeschlecht, das Jahrtausende früher gelebt hatte. (Die mykonische Kultur faßte später auch auf Kreta und Zypern Fuß.)
Wahrscheinlich vollzog sich um 1100 v. Chr. die Südwanderung der Dorier in den Peleponnes und die der Jonier nach den ägäischen Inseln und der gegenüberliegenden Küste Kleinasiens. (1922 wurden aus Kleinasien von den Türken die letzten Griechen vertrieben bzw. ermordet.) Später gründeten griechische Städte kraftvolle Siedlungen am westlichen Mittelmeer: Ischia 770 v. Chr., Messina 757, Syrakus 734, Tarent 707, Marseille 700, Pästum 650, Neapel 600, außerdem auf Sizilien Agrigent, Taormina und Gefala. Viele Orte an der Riviera verraten durch ihren Namen den griechischen Ursprung, wie Antibes (Antipolis) und Nizza (Nikaia). Im 7. Jahrhundert erschienen Griechen auf der iberischen Halbinsel (Spanien). Besonders dicht war die griechische Besiedlung in Süditalien und auf Ost-Sizilien. Man nannte diesen Raum „Groß-Griechenland". 280—272 v. Chr. kam es in Süditalien zum Krieg zwischen Rom und Tarent (Pyrrhus). Süditalien geriet dadurch in Abhängigkeit von Rom.

Verfall

Im Mutterland waren zur Zeit Homers (ungefähr 800 v. Chr.) 60 % bewaldet. Aber die waldreichen Hänge wurden rücksichtslos abgeholzt. Der Abholzung folgten Geröllaufschüttungen und Versumpfungen in den Niederungen. Damit kam 400 v. Chr. die Malaria in das Land. Viele Bauern verließen die Felder. Die Folge war Lebensmittelmangel, die Kraft und Macht der Griechen begann zu schwinden. (Über Malaria siehe Seite 199.)
Später war — wie auch in anderen Provinzen des Römischen Weltreiches — die Habsucht der Statthalter verhängnisvoll. Sie und ihre Steuerpächter lösten einander häufig ab, und alle dachten daran, so schnell wie möglich reich zu werden. — In der Türkenzeit war Athen kaum mehr als eine verödete Kleinstadt. 1821 erhoben sich die Griechen und erhielten 1830 ihre Selbständigkit. Aber nach dem Ersten Weltkrieg wurden alle Griechen in Kleinasien entweder vertrieben oder ermordet. (Siehe oben.)

Bodenfragen in der Gegenwart

Auf dem griechischen Festland gibt es kaum 14 % Wald, wobei sogar Gestrüpp mitgezählt ist. 60 % sind felsiges Land, davon ungefähr die Hälfte karge Bergweiden. (Über Schäden durch Ziegen siehe „Karst".) Nur 26 % sind als Ackerland nutzbar. Wie in Japan liegen die Felder terrassenförmig an den Hängen. Aber hier rieseln nicht wie dort von vulkanischen Bergen Wasserläufe, die fruchtbare Erde mitbringen. An felsigen Hängen gedeiht höchstens der Weinstock (mit seinen bis zu 30 m in die Feuchtigkeit der Erde reichenden Wurzeln). Nur selten bietet ein Flußtal oder ein schmaler Küstenstrich Raum für (nur geringe Ansprüche an Boden und Feuchtigkeit stellende) Oliven.

Vor einigen Jahren führte die griechische Regierung mit Forschern der Welternährungsorganisation eine Untersuchung durch. Sie ergab, daß die bewässerte Fläche Griechenlands verdoppelt werden könnte, wenn man die Grundwasservorräte in großem Umfang in Anspruch nähme. Bis jetzt wird weniger als 10 % des Grundwassers genutzt. Zum größten Teil ergießt es sich in unterirdischen Strömen ins Meer.

So bietet die Landwirtschaft für 47 % der Bevölkerung bei einem durchschnittlichen Besitz von nur 3,5 ha meist noch auf fünf Parzellen verteiltes Land nur bescheidene Verdienstmöglichkeiten. Zwar sind nach einem Fünfjahresplan (1967—1972) die Erträge von Gerste und Weizen gesteigert worden. Auch die Industrie ist in Kleinbetriebe zersplittert. So wird der Fehlbetrag im Außenhandel immer größer.

Italien

Überschwemmungen infolge von Abholzungen

In Oberitalien ereigneten sich in der Po-Ebene in den Jahren 1951, 1966 und 1968 furchtbare Überschwemmungskatastrophen, ebenso in Mittel- und Süditalien. Die Wassermassen spülen rascher über die Deiche. Außerdem sind nicht genügend Deiche vorhanden. Erdgas wurde in der Po-Ebene in einer Tiefe von 300 bis 600 m in großen Mengen gefördert, wobei sich allein 1959 die Oberfläche um 30 bis 35 cm senkte.

Italien hat 10,4 Mill. ha Gebirgsland, 11 Mill. Hügelland und nur 6 Mill. Flachland. Deshalb begann eine rücksichtslose Abholzung der Berge und Hügel, um Felder und Weiden zu gewinnen. Das dauerte bis zum Zweiten Weltkrieg. Danach aber strömte fast die Hälfte der Landarbeiter in die Städte. Die Terrassen verfielen, die durch sie festgehaltenen Erdschichten rutschten ab und wurden von den Flüssen weggespült. Zurück blieben kahle Felsen. Die industrielle Entwicklung beschleunigte die Abholzung.

Venedig — eine sterbende Stadt

Die Flüsse haben nach und nach durch Erde und Geröll eine lange Sandbank aufgeworfen und weit ins Meer hinausgeschoben. Hinter diesem gewaltigen Damm dehnt sich eine Wasserfläche von 520 qkm (Lagune). — Häuser wurden auf den 117 Schlamminseln und Inselchen aufgerichtet. In den weichen Boden versenkte Eichen bildeten den tragenden Rost. 150 Kanäle dienen als Straßen und Gassen. Sie müssen vor Versandung bewahrt werden. Das Meer muß weitere Lasten von Uferstraßen (Kaien), festen Plätzen und gemauerten Gäßchen tragen. — 400 Brükken sind kühn über die Wasserarme geschwungen. Als Abschluß und Krönung dieser Arbeit wurden einige Kanäle zugeschüttet und wurde ein 3,6 km langer, 9 m breiter Eisenbahndamm mit 222 Bogen und 228 Pfeilern gebaut, der Venedig mit dem Festland verbindet.

Die Paläste rutschen jährlich einen halben Zentimeter in die Lagune. Aus dieser haben Müll und Abwässer eine stinkende Kloake gemacht, so daß die Gebäude von unten vermodern. Vor allem ist das Meer zum Feind Nr. 1 geworden. Für die wachsende Schiffahrt wurden die drei Öffnungen zum Meer im Laufe der Zeit auf ungefähr je 1 km Breite erweitert. So dringt das Hochwasser ungehindert bis in die Erdgeschosse der Patrizierhäuser vor, 1974 sogar 46mal. Man könnte die Öffnungen mit Gummischläuchen auf 200 m einengen und sie dann durch einen feinen Mechanismus bei Hochwasser schließen.
Aber auch dann wird Venedig untergehen, weil die chemische Industrie am Festlandufer — Marghera und Mestre — weiterhin Luft und Wasser verpestet. So verfaulen die Fundamente — Baumstämme — der tausend Paläste und hundert Kirchen. An den oberen Teilen der Gebäude zerfressen giftige Industriegase — Marghera ist nur 5 km vom Markusplatz entfernt — Marmor, Bronze und Stein. Marmor und Bronze verfallen weiter unter dem Ansturm Hunderttausender von Tauben.
Brände vernichten jährlich rund 50 000 ha Waldbestand. Das ist das Doppelte der gleichzeitig aufgeforsteten Fläche. Viele Feuer gehen auf Brandstifter zurück, die so der Bodenspekulation wertvolles Bauland zuführen wollen. 100 000 Bäume wurden allein zwischen 1962 und 1964 gefällt, um Platz für Straßen zu schaffen. Jährlich gibt es durchschnittlich 3000 Erdrutsche, 50 % aller italienischen Städte leiden im Sommer an chronischem Wassermangel.

Im Römischen Reich

ruhte die Steuerlast hauptsächlich auf der ländlichen Bevölkerung. Dazu kam die Zerstörung der Natur, die die Römer in Italien genauso betrieben wie in Nordafrika. (Siehe „Afrika".) Nachkommen von ehemaligen Bauern lebten als Proletarier in Rom und waren mit Spielen und geschenktem Brot (Fleisch war wegen Teuerung unerschwinglich) zufrieden, zur Zeit des Kaisers Augustus etwa 200 000 gleich einem Sechstel der Bevölkerung.
Im 3. Jahrhundert n. Chr. waren große Landgüter vorherrschend. „Die Reichen fügen ein Grundstück zum andern und vertreiben die Armen aus ihrem Land." Dieser Grundbesitz wurde von großen Landsitzen aus verwaltet. Der Bevölkerung in der Umgebung konnten die befestigten Herrensitze Schutz bieten. So wurden diese Leute Pächter der Großgrundbesitzer. Sie sanken rasch auf die Stufe von Leibeigenen herab. Ein System, das sich auf Sklaven, halbfreie Pächter oder Leibeigene stützte, bot keinen Anreiz zu technischem Fortschritt. Im Osten des Römischen Reiches allerdings wurden die Pächter nach 600 annäherend frei. Im Westen aber wurde die Leibeigenschaft schließlich zur charakteristischen Einrichtung des Mittelalters.

Erwerbsmöglichkeiten in Norditalien heute

Auf den fruchtbaren Äckern der Po-Ebene werden sehr gute Ernten erzielt. (Die Arbeit auf den Reisfeldern allerdings wird nicht gut bezahlt.) Auf den vorbildlich berieselten Wiesen kann bis siebenmal im Jahr gemäht wer-

den. Allein im Dreieck Mailand—Turin—Genua entwickelte sich eine erstklassige Industrie. Begonnen wurden die Arbeiten an dem Mailand-Cremona-Po-Kanal. Ein zweiter Kanal soll Padua mit Venedig verbinden.
In den Gebirgen aber herrscht Armut, auch in Nord- und Mittelitalien. — In ganz Italien wurde die Aufteilung des Großgrundbesitzes durchgeführt. — Eine besonders schwierige Aufgabe ist die Weiterentwicklung des Landes südlich von Rom.
Sie wurde bis zum Jahre 1952 von allen Regierungen aufgegeben. Dann aber versuchte man, ein Viertel der landwirtschaftlichen Nutzfläche Süditaliens (einschließlich der Inseln) zu verbessern. Bei allen geplanten Maßnahmen steht im Gegensatz zum Norden die Notwendigkeit der Wasserzufuhr im Vordergrund.

Sizilien

war im Altertum eine Kornkammer Roms, besonders Mittelsizilien zwischen Agrigento und Enna.

Heute sind die Städte Palermo, Messina, Catania, Syrakus, Agrigent, Marsala wie kostbare Perlen an der Küste aufgereiht. Bilder einer fruchtbaren Natur und wasserreichen Erde mischen sich mit denen einer großen Vergangenheit. Im gebirgigen Inneren jedoch, wo große Ebenen verhältnismäßig selten sind, verliert Sizilien schnell seine Üppigkeit und damit seinen Glanz. Erdrutsche, als Folge der beinahe völligen Vernichtung der Wälder, gefährden und zerstören das in harter Arbeit bestellte Erdreich und setzen dem Straßen- und Eisenbahnbau oft unüberwindliche Schwierigkeiten entgegen.
Doch haben die Anstrengungen der Regierung, Siziliens landwirtschaftliche Erträge zu steigern, bei den Ernten von Olivenöl, Apfelsinen, Mandeln und Weizen die ersten sichtbaren Ergebnisse gezeigt. Auch ist Wasser in den höheren Gebirgen reichlich vorhanden. In Mittelsizilien sind Staudämme von 2,5 Milliarden cbm geplant. Rund 60 000 ha Neuland sollen dadurch gewonnen werden.

Die wirtschaftliche und politische Lage in Gesamt-Italien

Zwar sind im Süden seit 1952 unbestreitbare Fortschritte erreicht worden, vor allem in Apulien und Kampanien. Großanlagen der Chemie, der Petrochemie und der Stahlindustrie entstanden. Aber an dem dichten Gewebe kleiner und mittlerer Industrien fehlt es nach wie vor. Sie hätten einen größeren Personalkostenanteil an der Erzeugung. Es gibt eine Million kleiner Sklaven. Behörden und Schulen drücken beide Augen zu. Streiks, Skandale (Bestechlichkeit, Mafia) und die Angst vor Verschwörung lähmen das Land. — Ohne eine gründliche Gesinnungsänderung können auch die in jüngster Zeit in der Po-Ebene festgestellten Öllager dem Land keine durchgreifende wirtschaftliche Besserung garantieren.

Außerdem ein besonders teurer Preis für den Fortschritt!

Die auf den Seiten 118/119 geschilderten Schäden blieben nicht die einzigen. Italien, das stets arm an Kohle war, wurde der bedeutendste Rohölverarbeiter in Europa. Uralte Oliven- und Pinienwälder wurden durch Benzindämpfe vernichtet. Herrliche Strände ersticken im Beton geschmackloser Bungalows. Hochhäuser entstehen in Naturschutzparks. Die freilebende Tierwelt ist nahezu ausgerottet, viele Pflanzenarten sind bedroht. Ende August beginnt die berüchtigte Jagdsaison. Zehntausend von „Hobbyjägern" schießen dann auf alles, was sich in der freien Natur regt. Siehe auch Vogel-Massenmorde Seite 38. Nur 25 % der Gemeinden haben eine Kanalisation und nur 2,5 % eine Kläranlage. Das Meerwasser birgt an Dreiviertel aller Strände Gesundheitsgefahren. Siehe auch Seite 75.

Spanien

(Empfehlend sei hingewiesen auf Garian, „Spanien heute", Econ-Verlag Düsseldorf, 1967.)

Einst war das Land mit großen Wäldern bedeckt. Schon zur Zeit der Karthager und Römer begann der Raubbau. Er erreichte seinen Höhepunkt, als die iberischen Herren nach der Vertreibung der Mauren (gegen Ende des 15. Jahrhunderts) gewaltige Mengen Holz brauchten, um eine Flotte zu bauen, mit der die spanische Weltherrschaft gesichert werden sollte. (Die Abholzung geschah auch auf den Kanarischen Inseln. Hier gibt es heute kaum noch Flüßchen und Bäche. Das bißchen Regen darf man nicht für sich behalten, sondern muß es mit den Bedürftigen teilen.)

Die großen Bewässerungsanlagen der Araber (siehe Seite 301) ließen die Spanier leider verfallen. (Es gab allerdings schon v. Chr. künstliche Bewässerung in Spanien.)

Heute sind nur der Norden und Nordwesten genügend bewaldet. Dazu erhalten bloß diese Gegenden ausgiebige Regenfälle, 75 % des Landes dagegen nicht. Nur 21 % sind bebaubar. So liegt ein großer Teil der Landschaft, trotz mancher geschichtlicher Baudenkmäler, kahl und öde, wie ausgebrannt vor uns. Dies trifft besonders auf die 200 000 qkm große Hochebene im Inneren, die Meseta, zu. Heiße, trockene Sommer und harte, kalte Winter geißeln diese Großlandschaft.

Um so wichtiger sind die fruchtbaren Gebiete. Gleich neben dem Flughafen Barcelonas, im Delta des Ebro, bei Valencia und in einigen Teilen Andalusiens bringt die

künstliche Bewässerung

großartige Wirkungen hervor. Die Fruchtgärten von Valencia sind 350 qkm groß.

Das ist aber nur möglich, wenn das Wasser ehrlich und gerecht verteilt wird; nur wenn sich die Bauern an die Regeln halten, die sich ihre Vorfahren schon vor 1000 Jahren gegeben haben. Und so spricht, unberührt von den Wandlungen eines Jahrtausends, jeden Donnerstag das Wassergericht in Valencia, der älteste Gerichtshof Europas, Recht. Seine Richter sind Bauern, sein Gesetzbuch ist der gesunde Menschenverstand. (Näheres in „Das Beste aus Reader's Digest", Heft 2, 1964.)

Insgesamt aber sind von 10,5 Mill. ha bebauten Bodens erst 2 Mill. ha bewässert, weitere 2 Mill. ha können noch bewässert werden. Seit 1940 sind 228 Talsperren errichtet worden, 99 bestanden bereits, 52 sind noch im Bau. Wasser vom Tajo (im Mittelpunkt der iberischen Halbinsel) wird in Kürze zum Südosten fließen. Planungen von zwei weiteren Vorhaben sind fast abgeschlossen. Wasser vom Ebro (er hat den höchsten Wasserstand in Spanien) soll nach Barcelona und sein Hinterland gebracht werden. Eine weitere Leitung soll die Levante (Castellón, Valencia, Alicante und Murcia) mit Wasser versorgen. Nach dem „Plan Badajoz" wurden in Estremadura 50 000 Menschen in durch den Fluß Guadiana bewässerten 135 000 ha in 35 neuen Dörfern angesiedelt. Es gibt in Spanien wahrscheinlich mehr unterirdische als oberirdische Flüsse. Es wäre von außerordentlicher Bedeutung, wenn man Wege fände, sie oberirdisch zu nutzen.

Der größte Aufforstungsplan Südeuropas

Das Programm begann 1940. Nach 26 Jahren waren bereits 2 Mill. ha aufgeforstet. Insgesamt sieht der Plan die Neuanlage von 5,7 Mill. ha Wald vor. Viele sonst lehmfarbenen Überschwemmungsgebiete entlang der Bach- und Flußläufe haben sich in Pappelpflanzungen verwandelt. Diese Aufforstung ist besonders schwierig. Die meisten Flüsse haben Überschwemmungsgebiete, von denen sie gewaltige Mengen Erde bis in die Mündungen tragen und die Hafenbecken verstopfen.

Auch große Verständnislosigkeit erschwert die Wiederaufforstung

Die Ziegenzucht in weiten Teilen Spaniens, der Mangel an Forstpersonal und das mangelnde Verantwortungsbewußtsein der breiten Masse erschweren allerdings dieses Programm. So entstehen alljährlich verheerende Waldbrände. Allein im Sommer 1966 wurden 80 000—100 000 ha vernichtet. Wegen der starken Brandgefahr wird der Wald sehr stark durchforstet, es fehlt ihm jegliches Unterholz. So wirkt er eintönig. Es fehlen auch die Tiere, die bei der früheren Vernichtung der Wälder zugrunde gingen. Noch heute richten Jäger und „Schießer" im Herbst großen Schaden an. Von den etwa 1 Mill. Spaniern, die auf die Jagd gehen, haben nur ein Drittel einen Jagdschein. Dann setzt nicht nur für Hasen, Kaninchen, Schnepfen, Rebhühner, Wildenten und Fasanen die Zeit des großen Sterbens ein, sondern auch für die Zugvögel. Förster und Heger sind machtlos. Ihre Schonungen werden niedergetreten, ihr mühsam aufgezogenes Jungwild abgeschossen.
Neuerdings steht in der Rekrutenausbildung das Thema Baumpflege und Baumschutz unter den ersten Programmpunkten.

In der Landwirtschaft

besteht ungefähr die Hälfte des ergiebigen Bodens aus großen Gütern. Die Landarbeiter werden mit einem kargen Mindestlohn abgespeist. Aber der größere Teil der Güter könnte bessere Erträge bringen, vor allem in Westandalusien, Estremadura und Neukastilien. Umgekehrt sind viele Dörfer wegen ihrer Kleinheit nicht lebensfähig. So kann die Mechanisierung in den Gebirgen oft nicht durchgeführt werden. Darum ist die Landflucht besonders groß. Nur noch ein Viertel der Bevölkerung ist in der Landwirtschaft tätig. Die, zum Teil eben geschilderten, Bemühungen der staatlichen Stellen, durch Neubau von Dörfern und Verbesserung der Infrastruktur lockende Anreize zu geben, verpuffen.
Trotzdem ergaben sich seit 1966 Absatzschwierigkeiten bei landwirtschaftlichen Erzeugnissen, auch bei Wein, Olivenöl und Orangen (letztere erfrieren manchmal). Die eben geschilderte Bewässerung und Aufforstung werden das Angebot an landwirtschaftlichen Erzeugnissen steigern. Doch die europäischen Märkte haben davon schon zu viel.

Aber das Aufbautempo der

Industrie

während der letzten zehn Jahre wird nur noch von Japan übertroffen. Genügend Uran sichert ausreichende Energie. 1972 betrug die Industrieausfuhr 80 % der gesamten Ausfuhr. Trotzdem deckte 1974 der Gesamtwert der Ausfuhr nur 42,7 % der Einfuhr, die gegenüber 1973 zunahm. Die Geldentwertung betrug 20 %.
Die Monostruktur von Kohle und Stahl im nordspanischen Industriegebiet wird verändert. Asturien wird ein spanisches Ruhrgebiet.
Aber die richtige Gestaltung der durch die Landflucht entstehenden neuen Satellitenstädte mit Grünflächen und Garagen, mit ausreichender Wasserzufuhr und den Maßnahmen zum Umweltschutz ist zu gering bedacht.
Auch bringt der viel gerühmte Tourismus eine Menge von kaum beachteten Problemen mit sich.

Portugal

(hatte mit den Überseegebieten 25 Mill. Menschen)

besitzt im Vergleich zu anderen südeuropäischen Ländern mit 31,1 % noch ausreichend Wald (Pinie, Eukalyptus, Korkeiche). Zwei Mill. ha sollen aufgeforstet werden.
Im Gegensatz zu Spanien ist das Klima ozeanisch, also sowohl im Sommer als auch im Winter gemildert. Die feuchten Seewinde lassen zwar weite Gegenden im Norden, in „Europas Garten am Meer", in der Provinz Minka, in frischem Grün prangen. Dennoch liefern die zu sehr zerstückelten Bauernhöfe nur unzureichende Erträge. Im Süden — der Provinz Alentejo — ist der Boden teils sandig, teils schwer und fruchtbar. Von letzterem

sind zwar 15 % bewässert, aber das Gebiet ist doch dünn bevölkert; denn es gehört nur wenigen Großgrundbesitzern. Sie gründeten Banken, welche die Gründer und Besitzer der meisten Industrien wurden. Diese verflochtene Oberschicht zahlte kaum Steuern.
Beachtliche (allerdings noch wenig genutzte) Bodenschätze und Wasserkräfte lassen auf eine günstige Entwicklung der Industrie hoffen, z. B. im Süden in Sines. Jeder dritte Erwerbstätige ist in der Industrie beschäftigt. Dabei fehlt es keineswegs an Arbeitern, wohl aber sehr an Facharbeitern.
Es besteht eine siebenjährige Schulpflicht, beginnend mit 7 Jahren, die auf 8 Jahre ausgedehnt werden soll. Aber es gibt zu wenig Schulen, zu wenig Lehrer, zu wenig gut ausgebildete Lehrer. Wer nicht lesen und schreiben kann, darf auch nicht wählen.

So herrscht große Not

Die Auswanderung nach den Überseeprovinzen Angola und Mozambique wurde vom Staat gefördert. Jährlich wanderten von der 8 Mill. starken Bevölkerung dorthin 3000—5000 aus. Im wehrdienstfähigen Alter befindliche Flüchtlinge werden streng bestraft.
Wir kennen von Portugal nur wenig mehr als seinen Portwein, seine Erzeugnisse aus Kork und seine Ölsardinen. Deshalb waren wir gar zu leicht geneigt, von einem Polizeistaat zu sprechen.
Dabei ist es wichtig zu wissen, daß Portugal am Ende der zwanziger Jahre aufgrund eines fast 20jährigen bürgerkriegsähnlichen Zustandes am Ende seiner Kräfte war. Gesetzlosigkeit und Unsicherheit kennzeichneten das Bild. Staatshaushalt und Wirtschaft waren zerrüttet.
Unter diesen Umständen übernahm Salazar 1928—68 die Regierungsgeschäfte. Seine Politik der festen Hand brachte dem Lande schon nach kurzer Zeit stabile Verhältnisse. 1951 begann die Industrialisierung.
Manche älteren Portugiesen, besonders unter den Gebildeten, wenden gern den Blick rückwärts. Sie sprechen vom Verlust der einstigen Weltmacht wie von einem persönlichen tragischen Schicksal. Im 15. und 16. Jahrhundert öffneten die portugiesischen Seefahrer Europa ganz neue Horizonte. Diaz erreichte 1487 als Erster die Südspitze Afrikas, Vasco da Gama fand 1497—1498 den Seeweg nach Indien, Gabral entdeckte Brasilien, Magalhaes umsegelte 1519—1522 als Erster die Welt, allerdings in spanischem Dienst, und fand dabei den Tod. Von 270 Seeleuten kamen nur 18 in Sevilla an. (Über die Beweggründe zu den Fahrten siehe „Weltreligionen".)
In Portugal — wie auch in Spanien — schienen den Planern neue Erzeugungsstätten mit neuen Arbeitsplätzen wichtiger als die Beachtung der Preise. So blieb die Wachstumsrate zwar über dem europäischen Durchschnitt; aber die Geldentwertung betrug schon vor dem Regierungswechsel 20 %. In dieser Lage ging der Umsturz im April 1974 wie ein Hammerschlag auf die portugiesische Wirtschaft nieder. Streikwellen und Unsicherheit lähmen die Entwicklung. Die Einheitsgewerkschaft diktiert in den Betrieben. Die Arbeitslust läßt nach. Die landwirtschaftliche Erzeugung geht zurück.

Portugal ist zur Zeit (September 1975) auf dem Wege von einer Rechtsdiktatur in eine Linksdiktatur. Zwar ergaben die Wahlen eine bürgerliche Mehrheit, doch sind die Machtverhältnisse noch sehr unklar. Selbst eine normale Wirtschaft könnte den Zuwachs an Arbeitskräften bis zu 25 % (Afrika-Flüchtlinge, entlassenes Militär) kaum auffangen. So bietet sich zunächst als möglich nur die Bodenreform und die Modernisierung der Landwirtschaft an. Landbesitz über 500 ha (sandig und trocken) bzw. über 50 ha (bewässert) kann enteignet werden.

WESTEUROPA

Frankreich

ein nur halbbebautes, teilweise unterentwickeltes Land

45 000 qkm sind von der Wassererosion und 5000 qkm von der Winderosion bedroht. Außerdem vernachlässigte man den Boden auf mannigfache andere Weise. Deshalb beträgt bei 50 Mill. Einwohnern die Bevölkerungsdichte je qkm nur 90 Personen (bei uns 241 bei 60 Mill. Einw.). Frankreich könnte 30 Mill. Menschen mehr ernähren und brauchte dann wahrscheinlich Absatzschwierigkeiten nicht mehr zu fürchten.

Westen und Nordwesten sind fast so groß wie England. Dennoch bewohnen kaum 7 Mill. Menschen dieses Gebiet, das die vierfache Zahl ernähren könnte. Milde Luft und Feuchtigkeit fördern das Wachstum von Hecken und Buschwerk, wodurch oft der Eindruck einer Waldlandschaft entsteht. — Durch Pflege und Erweiterung des Wiesen- und Weidelandes ließe sich die Grasernte verzehnfachen. — Im Küstengebiet der *Normandie*, der *Bretagne* und der *Vendée* könnte man bei Ausnutzung der Lage und der zur Verfügung stehenden Energien eine industrielle Tätigkeit entfalten, die dreimal so groß wäre wie die gegenwärtige. (Siehe Seite 128.) — der der Westküste *zwischen* der Vilaine (*Bretagne*) *und* der *Gironde* befinden sich große Sumpfgebiete, die verhältnismäßig leicht und billig zu Kulturland zu gewinnen sind. Man schätzt die mögliche Ackererde auf 2000 qkm, die z. Z. noch von Süßwasser, Brack- und Salzwasser bedeckt sind.

Der *Südwesten* (*Aquitanien*) erstreckt sich zwischen dem Zentralmassiv und den Pyrenäen, dem Atlantik und dem Mittelmeer. Er besteht aus einer Anzahl herrlicher Landschaften. Der Boden scheint für Obstbau, Mais und alle durch Bewässerung gedeihenden Pflanzen wie geschaffen. Aber durch Gleichgültigkeit der Bewohner sind manche Landstriche verlassen und teilweise zu Ödland geworden. Die künstliche Bewässerung umfaßt nur ein paar hundert ha. Die schlecht regulierten Wasserläufe sind eine ständige Gefahr. Augenblicklich allerdings werden Garonne und Dordogne durch den Bau von je vier Sperren gebändigt. Vor allem aber ist Aquitanien nach dem 2. Weltkrieg durch Erdgas- und Ölfunde und sich ausbreitende Industrie Frankreichs reichste Provinz geworden.

Im allgemeinen schonte man in ganz Frankreich die Wälder zur Erhaltung der Jagd. Die Bauern durften das Wild sogar nicht von den eigenen Äckern vertreiben. Doch mußte in manchen Gegenden auch der Wald sehr leiden, wie besonders die folgenden Abschnitte (bis einschließlich „Rhône") beweisen.

Landes

Einst beraubte man die „Landes" ihrer Eichen- und Mischwaldungen. Dadurch entwickelten sich an der Küste Wanderdünen, die dem Wasser den Abfluß zum Meer versperrten, so daß sich ausgedehnte Sümpfe bildeten. Das übrige Hinterland wurde zu Heide, und später diente der einst so reiche Landstrich nur als spärliche Weide für Wanderherden. Die Hirten wanderten auf Stelzen von einem trockenen Hügel zum anderen.
Anfang des 19. Jahrh. begann die Regierung zielbewußt, die wasserstauende Ortsteinschicht zu durchbrechen. Entwässerungsgräben wurden gezogen, und 9000 qkm des 14 000 qkm großen Gebietes wurden mit gewöhnlichen Kiefern und den harzreichen Seestrandkiefern bepflanzt. Diese Monokultur führte allerdings später zu häufigen Waldbränden. Von 1943 bis 1949 zerstörten sie die Hälfte der Bestände. Allein 1949 wurden 5 Mill. cbm Holz auf einer Fläche von 1300 qkm ein Raub der Flammen, 83 Menschen verloren dabei ihr Leben.

Die Loire

ist mit 1002 km der längste Fluß Frankreichs. Von ihren 41 Nebenflüssen sind 13 schiffbar. Dennoch wird sie selbst durch die unaufhaltsame Versandung jährlich flacher und dadurch für die Schiffahrt ungeeigneter. Starke Regenflüsse reißen in den durchflossenen Gebirgen Teile der steinigen Böden los und zermalmen sie allmählich zusammen. Dieser Vorgang wird wesentlich begünstigt durch die im allgemeinen zu schwache Bewaldung der Quellgebiete. Vor 1890 war die Loire noch auf 825 km schiffbar, auf den letzten 50 km sogar für Seeschiffe. Heute jedoch spielen vor allem Weinbau und Fremdenverkehr eine Rolle (120 Schlösser) in dieser gesegneten Landschaft.

Zentralmassiv

Bei dem rauhen Klima und dem mageren Boden ergeben sich nur geringe Erträge. Mehrere sehr entvölkerte Teile müßten zu Naturschutzgebieten erklärt werden. Dabei sollte man durch Aufforsten nachhelfen, die Wunden zu vernarben, die der Natur durch Abholzung und Weidewirtschaft geschlagen wurden.

Südosten: Rhône

Wie bei der Loire werden auch bei dem wasserreichsten Fluß Frankreichs, der Rhône, durch die Waldverminderung in den Quellgebieten die Schwierigkeiten bei der Schiffahrt vermehrt (enge Gebirgstäler, starkes Gefälle, viele Stromschnellen, unregelmäßige Wasserführung, Sandbänke und

Schotterablagerungen). Alle Nebenflüsse kommen von hohen Gebirgen (den Alpen, dem Jura und den Cevennen) und vermehren so diese Schwierigkeiten.
Seit 1945 führt Frankreich mit dem Ausbau der Rhône das größte Wasserbauvorhaben Europas durch. 26 Staubecken dienen der Stromerzeugung (jährlich 15 Milliarden kWh), der Regulierung der Schiffahrt und der Bewässerung weiter Gebiete.

Camargue

(580 qkm, 10 000 Einw.)

Wer die Camargue nicht kennt, dieses riesige Mündungsdelta der Rhône — ursprünglich lag ihre Mündung bei Arles — mit seinen Inseln, Halbinseln und Seen, seinen weiten Steppen und Sümpfen, seinen Herden schwarzer Stiere und den Schwärmen von Millionen rosagefiederten Flamingos, den buntschillernden Enten in unzähligen Tümpeln, wer diesen flimmernden Himmel über Meer und Schilf, Seen und Land nicht gesehen hat, nicht die kleinen Inseln kennt, auf denen blaue Disteln blühen, Tamarisken und phönizischer Wacholder, wer nicht die stolzen Silberreiher auf Stelzen in den Tümpeln stehen sah oder die Schwärme der Bienenfresser wie Federwolken über sich erlebt hat, wer nie auf einem der weißen Pferde dahingejagt ist oder in einem Boot in die Stille der Sümpfe hineingeglitten ist — für den wird es schwer sein, die Camargue zu begreifen.
Doch Reisfelder dehnen sich von Norden nach Süden immer mehr aus. Und vielleicht wird dieses seelige Land trotz der Bemühungen des World Wildlife Fund einmal vernichtet und ein sogenannter „Erholungsmittelpunkt" sein.

Der Osten

(Franche Comté, Burgund, Lothringen und Champagne) ist im allgemeinen ein armes Land, dessen Boden entweder zu schwer oder zu locker ist. Das Klima ist rauh; man zählt 80—100 Frosttage im Jahr. Insgesamt gibt es 8000 qkm bisher ungenutztes Land.

Fruchtbare Gebiete

Doch die neuen Erkenntnisse in Land- und Forstwirtschaft eröffnen auch im Osten der Besiedlung ungeahnte Möglichkeiten. Der Anfang wurde 1950 in der Champagne, dem ärmsten Gebiet, gemacht. Mit dem Anbau von Weizen erzielte man Erträge von 30 bis 40 Ztr. je ha. — Am Rand von Paris beginnen die reichen Gebiete mit bestem Lehm- und Lößboden, von denen die größten Ernten von ganz Frankreich eingebracht werden. — Im Nordosten (Flandern) hört dieser gute Boden auf. Aber was ihm an natürlicher Fruchtbarkeit fehlt, ist (wie in Belgisch-Flandern) durch fleißige Arbeit und Düngemittel ersetzt worden. Hier baute Frankreich eine Industrie auf einem Boden auf, wo von jeher Ackerbau betrieben wurde. Aus diesem Nebeneinander entstanden jedoch

Schwierigkeiten. Trotz des vielen Regens behindert Wassermangel fühlbar die industrielle Ausdehnung. Die Industrie darf das für die Landwirtschaft nötige Wasser nicht zu sehr in Anspruch nehmen, da sonst die Felder verkleinert werden müßten. (Siehe „Belgien".) — Die Languedoc, westlich der unteren Rhône, ehemals bewaldet, dient heute vor allem dem Anbau von Weinrebe und Ölbau. (Siehe „Griechenland".) Von 1957 bis 1972 wurden 1400 qkm bewässert. Man hofft, mehrere ertragreiche Pflanzen heimisch zu machen und will zugleich 600 qkm Weinanbau abschaffen; denn das Einkommen der Weinbauern sinkt. — In der Provence (unteres breiter gewordenes Tal der Rhône) läßt man auf Äckern Melonen keimen unter langen Plantüchern aus einer Plastikart. Sie halten den Boden fest, auch gegen die Wirkung des Mistral und speichern zugleich die Sonnenwärme. Rund um Avignon kann man oft bis zu einer Stunde durch neue Weingärten fahren. Man sieht, wie alte, bisher nur der Jagd der Adeligen dienenden Niederwälder für den Obstanbau gerodet werden, wobei als Schutz gegen den Mistral Nadelholzreihen hier und da stehenbleiben.
Aufs ganze gesehen müssen sich die Bauern mehr auf den Fortschritt einstellen.

Etwa vor 10 Jahren jedoch begann an manchen Stellen ein

Umschwung in der Landwirtschaft

Tatkräftige junge Leute wandten sich dem Land und seinen Möglichkeiten zu. 14 % der Erwerbstätigen sind in der Landwirtschaft beschäftigt. Vor allem brachten die Afrika-Flüchtlinge Schwung in die örtlich oft erstarrten Überlieferungen, besonders in Südfrankreich. Trotzdem herrscht große Unzufriedenheit unter den Bauern.

Weite Gebiete des Südens „sterben".

Sogenannte „Siedler", ungesetzlich eingewanderte Holzfäller, plündern die Waldgebiete des Südens aus (Korkeiche). Dann kommen die Waldbrände, die sich durch den Mistral (heißen Wind aus den Wüsten Nordafrikas) in wenigen Minuten über große Flächen ausbreiten. Das umliegende Bauernland mit Wein, Pfirsich, Oliven, Weizen dörrt aus und wird zum „Manövergelände", auf dem sich die „Force de frappe" (schlagfertige Streitkräfte) tummelt. 1974 verließen täglich 350 Bauern ihren Besitz.

In technischer Hinsicht

hat Frankreich, obwohl die Straßenverhältnisse unvergleichlich schlechter sind als in der Bundesrepublik, nach dem Zweiten Weltkrieg einen gewaltigen Aufstieg erlebt. Bis in die dreißiger Jahre bestand seine Ausfuhr vor allem in Wein, Parfüm und Luxuserzeugnissen. Industrie befand sich vorwiegend im Osten und Nordosten, wo Erze und Kohle vorhanden waren.

Da die Abhängigkeit vom Öl mit 65 % besonders groß ist (Bundesrepublik 55 %), wird ein umfangreiches Programm zum Bau von Kernkraftwerken schon verwirklicht. Man hat sich aber dabei wenig um den Umweltschutz bekümmert. Die Regulierung der Seine, der Rhône und Mosel bringt neue Schiffahrtswege und neue Möglichkeiten, die Wasserkraft der Stromerzeugung dienlich zu machen. Die Loire fließt nicht mehr in den Atlantik, sondern in das Mittelmeer. Dämme und Stollen leiten die Quellen auf die andere Seite des Bergmassivs, wo sie 620 m tief zur Rhône stürzen. Leistung: 900 Mill. kWh. Das alte Flußbett wird von den Nebenflüssen gespeist. An der Mündung der Rance an der Kanalküste bei St. Malo in der Bretagne wurde 1962 bis 1966 das erste Gezeiten-Kraftwerk der Welt gebaut. 600 Mill. kWh werden jährlich gewonnen.
1965 wurde auf Mont Louis bei dem Städtchen Odeillo in den Pyrenäen das erste gewinnbringende S o n n e n k r a f t w e r k seiner Bestimmung übergeben.

Mehrere tausend Spiegel bilden eine „Schüssel" mit einem Durchmesser von 10 m. Sie sammeln die Sonnenstrahlen auf einen Punkt, auf dem man bis zu 4000° mißt. Höchsttemperaturen in Hochöfen, in Wärme- und Kernkraftanlagen, in Düsentriebwerken und Raketen lassen sich auf äußerst hitzefestem Material zwar auch mit herkömmlichen Methoden gewinnen. Aber dann erzeugt die zur Bildung einer Flamme erforderliche Luft unerwünschte Sauerstoff- und Stickstoffverbindungen, während durch Sonnenkraftwerke keine Umweltverschmutzung entsteht. So ist der Sonnenofen gut für Materialforscher, aber uninteressant für Kraftwerksbauer und Eigenheimbesitzer.

Neue Stahlwerke entstehen in den Einfuhrhäfen. Hier arbeiten die Unternehmer mit höherwertigen ausländischen Eisenerzen und mit billiger, durch Tagebau oder bis höchstens bei 150 m Tieftagebau gewonnener amerikanischer Kohle. (Der Steinkohlenbergbau ganz Westeuropas ist krank. Auch Polen liefert billiger, ebenso bald Südafrika). Ende 1969 bestimmte die französische Regierung den Atlantikhafen Le Havre zum europäischen Tanker-Bahnhof der Zukunft. Schiffe bis zu 1 Mill. t sollen hier ihre Ladung löschen können. Gleichzeitig wird eine riesige Industriezone aus dem Boden gestampft. Ein großer Hüttenwerkskomplex entsteht bis 1980 zwischen Marseille und der Rhônemündung.

In Lothringen und dem Elsaß hat Frankreich den Anschluß an die zeitgemäße wirtschaftliche Entwicklung nicht erreicht. Die Textilindustrie im Elsaß, die Kohlen- und Erzgruben in Lothringen hat man langsam verkommen lassen. Es wäre besser, wenn alle von der Landesregierung vernachlässigten unterentwickelten Randgebiete mehr Selbständigkeit bekämen. Paris bekommt diese „Bevormundung" allerdings gut. Es hat keine eigenen Bürgermeister, sondern wird von der Landesregierung direkt regiert — und daher auch mitfinanziert.

Belgien

Die günstige Lage, die milden Temperaturen im Winter wie im Sommer, der fruchtbare Boden, besonders in den Gegenden nördlich der Sambre und der Maas, und eine starke und vielseitige Industrie — allerdings steht das Ende des Steinkohlenbergbaus bevor — haben eine Bevölkerung von 9 Mill. in dem kleinen Lande ermöglicht. 4% der Berufstätigen sind noch in der Landwirtschaft beschäftigt. Mit über 300 Einwohnern je qkm steht die Bevölkerungsdichte nur ganz wenig hinter der der Niederlande zurück. Dadurch ergeben sich erhebliche Schwierigkeiten in der Wasserversorgung, obwohl Belgien große Flüsse besitzt, regenreich ist und der Wald noch 20% der Fläche einnimmt. (Allerdings ist nur die Hälfte davon Hochwald.) Während die Fabriken überwiegend Flußwasser nutzen, wird der größte Teil des Trinkwassers aus unterirdischen Gewässern und Bekken entnommen. Da aber das nachsickernde Regenwasser geringer ist als die verbrauchte Menge und es Talsperren nur im gebirgigen Süden gibt, ist der Tag nicht mehr fern, an dem der Wasserverbrauch gekürzt werden muß. Seit 1971 arbeitet aber bei Ostende eine Meerwasser-Entsalzungsanlage, die einwandfreies Süßwasser zu Niedrigstpreisen herstellt.

Die Niederlande

Obwohl die Holländer auf der Seite der Sieger standen, haben sie doch den Zweiten Weltkrieg in doppelter Hinsicht verloren. Das Land hatte nicht nur durch übliche Kriegshandlungen gelitten, sondern war außerdem teilweise durch Überflutungen eine Wasserwüste. Aber zielbewußt begannen die Holländer mit dem

Wiederaufbau

Schon seit der Entdeckung der Neuen Welt waren sie ein wohlhabendes Handelsvolk geworden, durch ihre Lage am Rheindelta. Diese wurde wieder Grundlage zu einem glänzenden Start. Hier liegen die Häfen und die großen Städte. 30 km Kaianlagen mit modernsten technischen Hilfsmitteln machten Rotterdam zum schnellsten und größten Güterumschlagplatz der Welt.

Erst in diesem Jahrhundert wurden Bodenschätze entdeckt und ausgebeutet (Kohle, Salze). Wichtiger war die für Handel und Industrie günstige Verkehrslage (siehe Seite 129). So entstand im Westen ein gewaltiger Industriemittelpunkt: Die „Randstadt Holland", das Viereck Amsterdam—Haarlem—Den Haag—Rotterdam—Utrecht. Es umschließt zwar nur ein Zwanzigstel der gesamten Bodenfläche. Aber auf diesem engen Raum lebt ein Drittel der 13 Mill. betragenden Bevölkerung Hollands mit einer Einwohnerzahl von 2400 je qkm.

Ein neuer Aufschwung erfolgte seit 1960 durch die Entdeckung eines großen Erdgasvorkommens im Nordosten, im Ems-Dollart-Gebiet. Es wird auf 1800 Milliarden cbm geschätzt. Dazu kommen in anderen Gegenden noch 200 Milliarden cbm. Bis 1975 war die letzte Steinkohlengrube geschlossen.

So wandelt sich Holland. Es ist nicht mehr in erster Linie das Land des Käses und der Klompen, der Tulpen und Windmühlen. Nur noch 7,5%

der Bevölkerung arbeiten in der Landwirtschaft. Aber wir dürfen nicht vergessen, daß der Durchbruch nach dem Zweiten Weltkrieg vor allem durch die

Landwirtschaft

kam. Im Vordergrund steht die Viehzucht; denn das dauernd sehr feuchte, windige und ausgeglichene milde Klima begünstigt in außerordentlichem Maße den Graswuchs. Futtergetreide wurde ohne Zölle eingeführt. Die niederländischen Kühe erzielen den höchsten Milchertrag der Welt, 4300 l pro Jahr. Der höher gelegene Teil im Osten und Süden und die Landesmitte bestehen zwar aus Sandböden, die nur durch künstliche Bewässerung erschlossen werden konnten. Dennoch gibt es in keinem Land so wenig Ödland. Allerdings ist der Waldbestand gering (8 %). Zwar ist bei dem feuchten Klima keine Bodenabtragung durch Wasser und Wind zu befürchten. Aber bei stärkerem Waldbestand würden die Winde gebrochen werden, wodurch die Erträge noch gesteigert werden könnten. Der Staat fördert den Erholungswald. Waldbesitzer erhalten dafür, daß die Bürger ihren Wald betreten dürfen, bis zu siebzig Gulden Entschädigung je Hektar und außerdem Steuervorteile.

Unter starkem Einsatz wissenschaftlicher Untersuchungen in der Pflanzenzüchtung und der Erzeugung im Treibhaus wird dieselbe ausgeweitet und verbessert. Zielbewußt wird die Spezialisierung auf aussichtsreiche Teilgebiete vorangetrieben.

Im Gegensatz zu Deutschland zahlt der Staat den einzelnen Besitzern keine Unterstützungen (Subventionen). Er gibt aber Beträge aus für Beratungen, Betriebsverbesserungen, Schulungen, Flurbereinigungen, Mitwirkungen bei ausländischen Messen und bei Reklame.

Einzigartig sind die

Wasserprobleme.

Da etwa die Hälfte der Niederlande nur dicht über und 20 % sogar unter dem Meeresspiegel liegen und die großen Flüsse bei Hochwasser über die Ufer treten, hat dies zu einem dauernden Kampf mit dem Wasser geführt. Die Hälfte des Landes wurde erst durch Deiche nutzbar und bewohnbar gemacht. Außerdem gewannen die Holländer Land zurück, welches das Meer entrissen hatte. Zunächst umschlossen sie die Wasserfläche, die zu Land werden sollte, vom festen Land aus mit einem Deich. Es entstand ein geschlossenes Becken, das zwar noch mit Wasser gefüllt war, aber keine offene Verbindung mehr mit der offenen See hatte. Dann pumpte man das Wasser aus. Trockenes Land, Polder genannt, (in Deutschland spricht man von einem Koog) tauchte auf, das bald bebaut wurde.

Holland wird von zahllosen Kanälen durchzogen, die es entwässern und gleichzeitig dem Verkehr dienen. In sie und in die hochdahinziehenden Flüsse muß durch Windmühlen, neuerdings meist durch Motoren, überschüssiges Wasser gepumpt werden. Das ist vor allem im niedrig gelegenen Westen der Fall, wo in stetem Kampf mit dem Wasser die niederländische Nation erwuchs.

Besondere Wasserprobleme der Gegenwart

Heute ist nicht nur der Kampf gegen, sondern auch um das Wasser eine Lebensfrage; denn außer den Niederschlägen sind die Flüsse Rhein und Maas die einzigen Süßwasserquellen. Die Natur hat den Holländern die Anlage von Talsperren verwehrt. Außerdem ist das Grundwasser in den Landesteilen, die unter dem Meeresspiegel liegen, versalzen. Es ist also kaum möglich, Brunnen zu bohren.

Süßwasserbecken im Norden

Durch den Bau eines 32 km langen, 90 m breiten, 1932 fertiggestellten Dammes wurde die Zuidersee abgeschlossen. Von fünf geplanten Feldern sind bereits vier trocken gelegt. Das gesamte Neuland wird 2200 qkm betragen. Ein Becken von 1250 qkm bleibt bestehen, in das nach wie vor ein Teil des Rheines über die Yssel mündet und jetzt Ysselmeer heißt. Es wird nunmehr Süßwasser enthalten, mehrere Milliarden cbm.
Außerdem gewinnt Holland Süßwasser aus Meerwasser. Die erste „Wasserfabrik" entsteht an der Schelde in der neuen Industriezone von Terneuzen. Sie ist vorläufig auf eine jährliche Herstellung von 10 Mill. cbm berechnet.

Die Süßwasser-Knappheit wird noch verschärft durch die

Versalzung.

Salzwasser aus dem Meer und Süßwasser, das in dem Fluß abgeführt wird, begegnen sich im Brackwassergebiet. Sind die Oberwasserabfuhren gering und ist die Flutzufuhr kräftig, so versetzt sich das Süß- wie auch das Brackwasser mehr nach innen. Führt der Fluß dagegen viel Wasser ab und ist die Flutzufuhr schwach, so wird das Salzwasser nach dem Meer zurückgedrängt. Im allgemeinen kann man von einem Gleichgewichtszustand reden. In den letzten Jahrzehnten jedoch wurde, besonders im Rotterdamer Wasserweg, der Flutstrom kräftiger, so daß sich die Salzgrenze nach innen verschob. Nicht nur der landwirtschaftlichen Wasserversorgung der Südholländischen Tiefebene, sondern auch der Trinkwasserversorgung verursachte diese Entwicklung große Schwierigkeiten.

Eine Lösung dieses Problems bietet das

Delta-Vorhaben.

Sein Hauptzweck ist allerdings Schutz vor Sturmflut.
Im Südwesten bleiben die Westerschelde offen als Zugang zum Antwerpener Hafen und im Nordosten der Neue Wasserweg als Zugang zum Rotterdamer Hafen. Dazwischen aber werden vier breite und tiefe Meeresarme,

durch welche süßes Flußwasser nach dem Meer abfließen könnte, mittels schwerer Dämme abgesperrt.
Auf diese Weise wird man imstande sein, alles Wasser von Maas und den Rheinarmen Waal und Lek, das jetzt zur Hälfte ungenutzt in das Meer fließt, teilweise an Rotterdam vorbeizuleiten. Es ist nun kräftiger als die Meeresflut und wird deshalb der Versalzung der anliegenden Gebiete entgegenwirken. Um auch bei Hochwasser hohe Oberwasserabflüsse zu ermöglichen, hat man in den nördlichsten der eben erwähnten vier Dämme eine Entwässerungsschleuse von sehr großem Ausmaße fertiggestellt. Außerdem wird man dann Süßwasser in die abgesperrten Meeresarme, den Seeländischen See, als zweites großes Süßwasserbecken, leiten. Wasserwerke werden die Süßwasserversorgung für den Südwesten der Niederlande regeln.
Ferner sollen durch den Deltaplan 200 qkm Neuland gewonnen werden. Die Küste wird um 700 km verkürzt. Die schnellen Verbindungen durch Autobahnen über Dämme und Inseln werden auch Industrie anziehen. Das 1953 begonnene technische Wunderwerk wird 1980 vollendet sein. Allerdings werden in den abgeschnittenen, nunmehr mit Süßwasser gefüllten Meeresarmen Austern, Muscheln, Krabben- und Plattfischbrut aussterben. Außerdem ist das Flußwasser von Jahr zu Jahr immer weniger als Trinkwasser geeignet. Auch hemmt es bei Bewässerung das Wachstum der empfindlichen Gemüsepflanzen. 1971 betrug der Schaden 20 Mill. DM.

Erschwerte Planungen für Wirtschaft und Umweltschutz

Im Umkreis des Schelde-Maas-Rhein-Deltas arbeiten und wohnen auf 650 km von Nord nach Süd und 550 km von West nach Ost 25 Mill. Deutsche, 12,7 Mill. Holländer, 9,5 Mill. Belgier, 336 800 Luxemburger und 9 Mill. Franzosen. Dieser einheitliche Lebens- und Wirtschaftsraum wird also durch die Grenzen von fünf selbständigen Staaten zerrissen.

Besondere landwirtschaftliche Fragen in den Industriestaaten Europas

(Die Ostblockstaaten sind nicht berücksichtigt. Die Abhandlungen treffen zum Teil auch auf andere Erdteile zu.)

1. Ernährungsfragen

Energie ist die Befähigung eines Gegenstandes oder eines Stoffes, Arbeit zu leisten.
Um leben zu können, brauchen wir Betriebsstoffe: Bewegungs- und Wärmeenergie für Muskeltätigkeit und außerdem elektrische Energie für Nervensystem und Gehirn. (Das Nervensystem unterrichtet durch die fünf Sinne das Gehirn über

die Umwelt, worauf dieses die Tätigkeit der fünf Sinne und des Seelenlebens — Verstand, Gefühl und Wille — steuert). Wir bekommen die Energien aus den Grundnährstoffen Fett, Eiweiß und Kohlehydraten. Die Zellen — etwa 60 Billionen — ziehen aus ihnen das Element Wasserstoff heraus. Dieser wird mit eingeatmeten Sauerstoff verbraucht, wobei Energie frei wird. Die auf der nächsten Seite erwähnten Fermente führen diesen Abbau aus. Am Ende des Vorganges ist Kohlenstoff in Kohlendioxyd (wird ausgeatmet), Wasserstoff mit dem Sauerstoff aus dem Blut in Wasser und der Stickstoff zum größten Teil in Harnstoff (wird mit Urin ausgeschieden) verwandelt. (Siehe auch Seite 93.)
Durch die Rationalisierung und Mechanisierung auf allen Gebieten unseres Lebens und durch die damit verbundene ungenügende körperliche Betätigung wird viel weniger Energie benötigt. Der Energiebedarf wird in Kalorien ausgedrückt. F e t t ist zwar wichtigster Energiespender — eine Reihe von Vitaminen lösen sich nur in Fett auf —, doch führt zu viel tierisches Fett (mit hohem Gehalt an Cholesterin — gesättigter Fettsäure —, also arm an bestimmten lebenswichtigen Fettwirkstoffen) zu einer ganzen Reihe von Zivilisationskrankheiten. Kaum ein Organ wird von zu viel Fett verschont. Es besteht sogar der Verdacht, daß Überernährung, vornehmlich die fettreiche Ernährung, das Entstehen von Krebs des Dickdarms und des Mastdarms begünstigt. Butter allerdings schmeckt nicht nur gut, sondern ist auch leicht verdaulich. Sie ist die vielseitigste Mischung der in der Natur vorkommenden Fettsäuren. Die geringen Cholesterinmengen sind ungefährlich. — Margarine und Öle sind so wichtig, weil sie hochungesättigte Fettsäuren enthalten. Faustregel: Beim Fettverzehr sollten sich beide Fettarten die Waage halten. — In den Kantinen und Großküchen wird häufig zu schwere, fette Kost angeboten. — Amerikanische und deutsche Wissenschaftler erproben gesündere Nahrungsfette.

Die Zunahme der nervlichen Beanspruchung verlangt eine Erhöhung des Anteils an E i w e i ß. Besonders beim alternden Menschen darf die tägliche Eiweißmenge etwas höher sein. Zuviel Eiweiß setzt sich nicht als Speck ab, sondern verbrennt einfach. Eiweiß dient in erster Linie dem Aufbau und der Erhaltung des Körpers, ist also Baustein für alle Zellen. Wir unterscheiden tierisches und pflanzliches Eiweiß. Ersteres finden wir vorwiegend in Milch, Sahne, Joghurt, Käse, Quark, Ei, Fisch, Wurst und Fleisch — je magerer, desto mehr Eiweiß. Zu viel Fleisch aber kann zu einer starken Harnsäure im Blut führen, die in den Gelenken abgelagert wird und Gicht verursacht. In Niere und Harnleitern kann es zu Bildung von Harnsäuresteinen kommen. Pflanzliches Eiweiß wird in einer gemischten Kost im allgemeinen in genügender Menge aufgenommen mit Brot, Getreideerzeugnissen (Haferflocken), Kartoffeln, Gemüse und Hülsenfrüchten. (Über Milch siehe auch „Schlußkapitel".) (Die für die Darmflora nützlichen Bakterien werden heute in Edelstahl-Rostfrei-Behältern gezüchtet und zur Herstellung besonderer Joghurt zugesetzt.)
Bausteine des Eiweißes sind 22 verschiedene Aminosäuren, 14 davon bringt der menschlche Stoffwechsel selbst heran, die restlichen 8 müssen ihm mit der Nahrung zugeführt werden (essentielle = unentbehrliche Aminosäuren.)
Die K o h l e h y d r a t e werden nur von Pflanzen hergestellt. (Siehe Seite 96.) Wie zu Anfang dieses Aufsatzes ausgeführt wurde, führen die in der Bauchspeicheldrüse erzeugten Fermente den Abbau der Grundnährstoffe Eiweiß, Kohlehydrate und Fett aus. Kohlehydrate (Zuckerstoffe)

werden in Stärke (Glykogen) umgesetzt, bis daraus in der Leber Traubenzucker wird.

Die Bauchspeicheldrüse stellt auch das wichtige Hormon Insulin her. Sie gibt es direkt an das Blut ab. Es bewirkt, daß den Muskeln genau so viel Traubenzucker zur Verfügung gestellt wird, wie sie für ihre Arbeit brauchen. Erzeugt die Bauchspeicheldrüse zu wenig oder gar kein Insulin, wird man zuckerkrank, d. h. man hat zu viel Zucker im Blut. (Unterzucker ist genau so schlimm.) Durch die Aufnahme von zuviel Kohlehydraten erhöht sich der Blutzucker. Dadurch wird erhöht Insulin ausgeschüttet. Sinkt aber der Blutzuckerspiegel 1—2 Stunden nach Genuß von zu zuckerhaltigen Nahrungsstoffen, bekommen wir wieder Hunger. Außerdem verwandelt Insulin die überschüssigen Kohlehydrate zu Fett, das die Leber als Vorrat bekommt. Diese erzeugt die Galle, die das Fett in winzige Tropfen zerschlägt, so daß die Verdauungssäfte besser angreifen können. Sie entgiftet die vom Darm her aufgenommenen Stoffe. Verboten sind zu viel Alkohol und zu üppige Fettzufuhr.

Da Kampf oder Flucht im Leben des Steinzeitmenschen oft stattfanden, wurden die Fettreserven durch Hormone auf natürlichem Wege abgebaut. Der Zivilisationsmensch aber muß seinen Ärger „hinunterschlucken". Seine unnötig alarmierten Fettsäuren werden in Cholesterin umgewandelt und in die Gefäßwände eingelagert, wo sie die Arteriosklerose — Arterienverkalkung — beschleunigen. Die Anfälligkeit gegen Ansteckungen — Infektionen — steigt. Es kommt zu einer zusätzlichen Kreislaufbelastung mit Erhöhung des Infarktrisikos. — Deshalb sollte der Zivilisationsmensch soviel wie möglich nach körperlichem und seelischem Ausgleich seiner einseitigen Belastungen streben. Eine klärende Aussprache entgiftet, streiten verbindet.

Hormone steuern unser Temperament, unsere Gesundheit, das Wachstum, die Fortpflanzung. Ferner sind sie dafür verantwortlich, ob eine Entzündung sich ausbreitet, ob menschliche Knochen fähig sind, Belastungen federnd aufzufangen.

Auch Süßigkeiten wie Karamellen, Schokolade und Bonbons sollte man nur mäßig genießen. Bei Obstsäften ist die natürliche Fruchtsüße meist nicht zu hoch. Anders jedoch bei gezuckerten Getränken, z. B. bei Eis und Limonade; denn der Zucker entzieht im Organismus zur „Verbrennung" Vitamine, besonders B-Vitamine. Auf jeden Fall sind saure Getränke erfrischender als süße. Kohlensäure hält das Mineralwasser frei von Bakterien. Im Organismus fördert sie die Aufnahme der Mineralstoffe. Milchsaure Getränke, also milchsauer vergorene Obst- und Gemüsesäfte haben einen hohen gesundheitlichen Wert. Wenig bekannt ist, daß zu viel Süßes seelisch sauer macht. Die Sucht nach Süßigkeiten ist auf Kalkmangel zurückzuführen.

Maßvoll genossen sind die Kohlehydrate aber besonders leicht verdaulich. Weißer Zucker wie auch der braune Rohr- oder Rübenzucker gehen als reine (nackte) Kohlehydrate sogar direkt in das Blut über und erhöhen die Leistung. (Traubenzucker für Sportler. Zuviel aber wird in Fett umgesetzt.) So sind die Kohlehydrate, also Stärke und Zucker, die Hauptbrennstoffe der Muskelarbeit. Ein Spaziergang verbraucht Fett, doch eine stärker andauernde Leibesübung verbrennt vor allem Kohlehydrate und vermehrt dadurch den mageren, muskulösen Teil unseres Körpers.

Zucker enthält allerdings keine Wirkstoffe. (Vitamine und Spurenelemente.) Deshalb ist einseitige Zuckernahrung auf die Dauer schädlich. Und dies auch noch aus folgendem Grunde:

Zellulose, auch Rohfaser genannt, ist als Stütz- und Gerüststoff in allen Pflanzen enthalten. Obwohl sie ein völlig unverdauliches Kohlehydrat ist, spielt sie als Ballaststoff (Quellstoff) eine wichtige Rolle. Beim Kauen übt sie auf Zahnfleisch und Gebiß einen kräftigen Reiz aus. Sie quillt stark auf, wodurch verlängertes Sättigungsgefühl verursacht wird. Ohne Zellulose bleibt der Nahrungsbrei zu lange im Darm, die darin enthaltenen Säuren reizen die Darmwände. Es kommt zu Verstopfung, Darmentzündungen, Darmkrebs sowie Herzleiden. Nach neuesten Feststellungen werden die weit verbreiteten Venenleiden — Krampfadern, Venenentzündungen, Thrombose und Hämorrhoiden — durch an Ballaststoffen zu arme Ernährung verursacht oder zumindest in hohem Maße begünstigt.

Die Darmtätigkeit wird angeregt durch Vollkornbrot, rohem Obst (außer Bananen, Tomaten und Obstsaft), Salate, rohem Gemüse, deftigem Kohl, Linsen, Bohnen (kein zartes Feingemüse). Zucker als reines Kohlehydrat kann keine Ballaststoffe enthalten. Auch Kakao und Rotwein wirken stopfend.

Durch die Verfeinerung (Raffinierung) der pflanzlichen Lebensmittel werden die meisten der in ihnen enthaltenen Wirkstoffe, wenn nicht gar alle, entfernt. Schrotbrote aber, besonders Vollkornbrot, enthalten alle Bestandteile des Getreidekorns. In diesem sind eine ganze Reihe Vitamine enthalten, besonders B 1 und B 2. Von ersterem ist es neben Schweinefleisch der Hauptlieferant. Der Mangel an B_2 führt zu Konzentrations- und Lernschwäche. Nur 30 % der Schulkinder sind damit genügend versorgt. Die Mineralstoffe befinden sich hauptsächlich am Rande des Getreidekornes. Außerdem ist Natrium fast nicht enthalten. Vor allem bewegungsarme Berufstätige sollten sich daran gewöhnen, mehr grobes Brot zu essen. Doch dürfen sie nicht ganz auf die feineren Brotsorten verzichten. Auch Vollkornflocken, Schrotmehle bieten sich an. Von 1960—1970 ist der Verbrauch je Einwohner an Getreideerzeugnissen und Kartoffeln um mehr als ein Fünftel zurückgegangen. Andererseits hat sich im gleichen Zeitraum der Fleischverbrauch um 31 % erhöht. Soweit wie irgend möglich, vermeide man „Schnellgerichte" und vorgefertigte „verfeinerte" Nahrung.

Weißbrot hat etwa zwei Drittel der Wirkstoffe verloren. Gleiches gilt für Teigwaren, Grieß, Mehl und polierten Reis. In dem Maße wie Roggenbrot abnimmt, steigt der Verbrauch von Kuchen und Torten, die aber mit noch feinerem Mehl als Weißbrot hergestellt werden und mit Zucker.

Betrachten wir nun die schon erwähnten Ergänzungsstoffe genauer. Sie liefern keine Kalorien, sondern sind Schutzstoffe, die die Lebensvorgänge regeln und vor Krankheiten schützen. Teilweise stehen sie im Zusammenhang mit Naturschutzfragen.

Vitamine — 20 sind bekannt — und Spurenelemente sind organisch. (Über letztere siehe „Düngung".) Beide bezeichnet man als Wirkstoffe. (Dazu rechnet man auch Fermente und Hormone, die aber im Körper selbst gebildet werden.) Hinsichtlich Nähr- und Wirkstoffe verdient die Sojabohne eine besondere Erwähnung, Wirkstoffe und die bereits erwähnten zehn Grundstoffe (anorganisch, siehe „Düngung") bilden die Mineral- oder Vitalstoffe. (Es ist aber oft üblich, nur die Grundstoffe als Mineralstoffe zu bezeichnen). Betrachten wir zunächst die Bedeutung der zehn Grundstoffe.

Wie bei dem Kapitel „Düngung" schon ausgeführt, entstammen sie dem Erdreich. Sie gelangen in gelöster Form über die Pflanze in den tierischen und menschlichen Körper. Hier erfüllen sie Ausgleichstätigkeiten im Hinblick auf den Fettüberschuß. Besonders wichtig sind Calcium (vor allem in Milch enthalten) und Phosphor für Knochen und Zähne, Phosphor für jede Art von Energieumsetzung, Eisen für den Aufbau der roten Blutkörperchen. Durch die heute besonders stark gewürzten und gesalzenen Speisen kommt es im Körper zu einem Natriumüberschuß. Dieses Natrium bindet große Mengen Wasser, welches auf die Dauer zu Erkrankungen führt. Bestimmte Arten von Übergewicht sind mehr derartigen Störungen des Wasser-Salz-Gleichgewichtes als zu viel Fettzufuhr zuzuschreiben. Allerdings ist salzlose Kost — Natrium ist im Kochsalz enthalten — nur bei Bluthochdruck und Gewebswassersucht zu empfehlen. Besonders die Grundstoffe Magnesium und Kalium regulieren durch ihre wasserabstoßende Wirkung das richtige Verhältnis zwischen Gewebe und Körperflüssigkeit. Kartoffeln enthalten vor allem Kalium und wirken dadurch entwässernd, was der schlanken Linie zugute kommt. Kalium, Kalzium, Magnesium fehlen in großen Mengen, Kupfer und Eisen vor allem den Frauen, Zink den Männern. (Der größte Teil des Spinateisens verläßt den Körper ungenutzt mit dem Stuhlgang.)

Das wasserlösliche Vitamin C baut das wasserunlösliche Cholesterin ab. Es hat auch bei vielen Krankheiten eine günstige Wirkung (Skorbut). Vitamin A ist offenbar ein Schutzstoff gegen den in den Abgasen der Autos — siehe Seite 58 —, der Fabrikschornsteine, im Teer und im Nikotin enthaltenen Krebserreger Benzpyren. (Allerdings ist zu viel Vitamin A schädlich, ebenfalls Vitamin D für Erwachsene.)

Vitamine werden geliefert von Milch und Pflanzennahrung, vor allem von frischem Obst, aber auch von Fleisch, besonders von magerem Schweinefleisch. Auch enthält Fleisch einen hohen Eisengehalt. Rotes Kalbfleisch ist reicher an Eisen und Eiweiß und ärmer an Fett als helles.

Der deutsche Gemüsebedarf ist der geringste in ganz Europa. Außerdem gehen während des Kochvorganges 50—90 % des Vitamines C verloren oder lösen sich im Kochwasser und werden in den Ausguß geschüttet.

Aber auch wo Gemüse in hellem Licht oder bei Zimmertemperatur lagert oder wo es in Wasser eingeweicht wird, gehen Vitamine und Mineralien verloren. Mit einem Dampfdruck-Kochtopf kann man diese Verluste vermeiden und außerdem schneller und schmackhafter kochen. Konserven enthalten keine oder zu wenig Vitamine.
Die meisten Europäer ernähren sich falsch. Schuld daran haben auch Gesetzgebung und Nahrungsmittelindustrie; denn Güte der Lebensmittel wird vor allem nach dem Fettgehalt beurteilt. Nach amtlichen Feststellungen stirbt dadurch in unserer Bundesrepublik ein Drittel der Bevölkerung. Innere Harmonie ist genau so wichtig wie kalorienarme Diät. Zu viel Rauchen (in jüngster Zeit immer mehr Rauschgifte) und zu wenig körperliche Betätigung wirken in verhängnisvoller Weise mit. Auch die schleichende Vergiftung durch Luft, Wasser und manche Nahrungsmittel ist eine Hauptursache vieler Erkrankungen. Die Medizin muß sich auch auf diese Zusammenhänge zwischen Umweltvergiftung und Krankheiten bedeutend mehr einstellen.

2. Schwerer Existenzkampf der europäischen Landwirte

Nach dem Zweiten Weltkrieg stieg z. B. die Erzeugung der deutschen Landwirtschaft um über 200 %. Dadurch besteht ein großes Angebot an landwirtschaftlichen Erzeugnissen. Da sich aber jeder Mensch nicht mehr als satt zu essen vermag, kann die Landwirtschaft bloß eine begrenzte Ertragssteigerung vertragen. So wurden nur geringe Preise erzielt im Verhältnis zu der Industrie; denn diese kann Luxuswaren — im weitesten Sinne verstanden — in unbegrenzter Menge erzeugen und absetzen. Dazu kommt, daß die Landwirte gezwungen sind, für ihre Familie und für ihren Betrieb hohe Industriepreise zu zahlen. So ergeben sich günstige Einkommen nur bei großem Absatz, durch ausgedehnte moderne Betriebe mit guten Böden. Der Einkommensabstand zu kleinen Betrieben mit zersplitterten Fluren, veralteten Höfen in beengten Dörfern und mit schlechten Böden ist sehr groß. Aber mittlere Betriebsgrößen stehen sich oft besser als ausgesprochene Großbetriebe. Ein Teil der ehemaligen Bauern könnte als Landschaftspfleger tätig sein.
Außer von Erzeugung von Lebensmitteln gibt es noch drei Arten der Landnutzung: 1. extensive Weideflächen von der Ponyzucht bis zur Schafhaltung. 2. extensive Forstwirtschaft ohne hohe Aufforstungskosten. 3. intensive Forstwirtschaft zur Schaffung von Erholungsräumen (Tierparks, Camping-, Golfplätze usw.).
So ist eine mehrfache Ungewißheit in der Landwirtschaft festzustellen, verursacht durch unbefriedigende Einkommen — ein erwachsener Trekkerfahrer verdient knapp das, was er, ohne zu arbeiten, an Sozialhilfe erhalten würde —. Bildung größerer Höfe (Strukturwandel) und außerdem durch Politik. Die Zahl der Lohnarbeiter auf dem Lande betrug 1974 nur noch knapp 100 000. Aber über die Fragwürdigkeit der fabrikmäßig

betriebenen Landwirtschaft siehe Seite 32. Die einzelnen Regierungen gewähren zunehmend nationale Beihilfen, wodurch die EG-Beschlüsse unterlaufen werden und Überschüsse entstehen, vor allem bei Getreide. Die Weltmarktpreise sind wieder unter das EG-Niveau gesunken. Überschüsse müssen mit hohen Kosten gelagert werden.
Bei der tatsächlich bestehenden Notlage der Landwirtschaft muß darauf hingewiesen werden, daß die Landwirtschaft durch sachgemäßen Umgang und die Nutzung der natürlichen Elemente wie Boden, Wasser, Tier- und Pflanzenwelt die Kulturlandschaft erhalten, eine menschenwürdige Umwelt bewahrt und den Mitmenschen Räume für Freizeit und Erholung verfügbar gemacht hat.

Die DDR

kennt keine selbständigen Bauern mehr. Das Schlagwort lautet: Industriemäßige Erzeugung in der Landwirtschaft. Zwar konnte 1971 die Versorgung der Bevölkerung aus eigenem Aufkommen bei Fleisch und Fleischerzeugnissen, bei Trinkvollmilch, Eiern und anderen nicht spezifizierten Erzeugnissen gedeckt werden. Diese günstige Versorgungslage ist aber darauf zurückzuführen, daß in der DDR für 100 Einw. 27 ha landwirtschaftliche Nutzfläche zur Verfügung stehen, in der Bundesrepublik aber nur 22 ha. Doch hier stiegen von 1969—1972 die Getreideerträge um 66 %, in der DDR nur um 40,2 %. Die Kartoffelerträge nahmen in der Bundesrepublik um 50,9 % zu, die Zuckerrübenerträge um 40,2 %, während die Kartoffelerträge in der DDR um 13,4 %, die Zuckerrübenerträge um 5,2 % unter dem Vorkriegsstand lagen. Die Kühe geben weniger Milch, Rinder und Schweine brauchen eine längere Zeit, bis sie schlachtreif sind. Die Hühner legen je Huhn 30 Eier weniger.
Die Verbraucherpreise für Brot, Milch, Butter, Fleisch sind seit 1960 nicht gestiegen. Sie müssen durch staatliche Stützungen auf dem gleichen Preisniveau gehalten werden. Diese haben 1970 wahrscheinlich nicht weniger als 4,6 Milliarden Mark betragen. Die geldlichen Aufwendungen für die Landwirtschaft in der Bundesrepublik aber betrugen 1972 trotz der mehr als dreimal größeren Einwohnerzahl nur 4,3 Milliarden Mark.
Bedeutend teurer sind Genußmittel (Kaffee, Kakao, Schokolade) — und hochwertige Verbrauchsgüter — „Luxus"-waren — aber auch Butter. Mieten und Unkosten für Benutzung der Verkehrsmittel sind billiger. Die Geburtenfürsorge ist weit besser als in der Bundesrepublik.
Die DDR ist das einzige Land im Ostblock mit einer großen industriellen und technologischen Überlieferung. Mißstände sind aber noch vorhanden, vor allem im Verkehrswesen, in der Energiewirtschaft, in der Bauwirtschaft und in der chemischen Industrie.
Der Hauptgrund dafür, daß der Abstand im Lebensstandard zwischen beiden Teilen Deutschlands immer größer wird, liegt in der Frage begründet, ob die Gelder im Westen weiterhin ausschließlich gewinnbringend einge-

setzt werden. Um 1000,— DM Wachstum zu erreichen, wurden zwischen 1960 und 1969 in der Bundesrepublik 2465,— DM investiert, in der DDR jedoch 4824,— DM. So ist die Kaufkraft der DM-West wesentlich höher als die Kaufkraft der DM-Ost, besonders bei hochwertigen Geräten.
Doch damit nicht genug. Jährlich verliert die DDR zwei Milliarden DM durch Überpreise der Sowjets. (Erdöl, Erdgas, Kohle. Siehe auch „Tschechoslowakei".)
1972 lieferte die DDR der Sowjetunion Waren — darunter auch Verbrauchsgüter — im Werte von 1,6 Milliarden Mark mehr als sie von dort erhielt. Dahinter steckt wohl auch mancher Verzicht auf bessere Eigenversorgung. Ganz aus eigener Kraft hat sie das allerdings nicht schaffen können. Jedenfalls sind ihre Handelsschulden gegenüber der Bundesrepublik Deutschland 1972 um fast 50 % gestiegen. Von 1964—1974 hat die Bundesrepublik der DDR durch die zinslosen Kredite 2 Milliarden DM geschenkt. Versorgungslücken gibt es 1975 noch. Preiserhöhung wird mit besserer Güte der Ware begründet. (Siehe auch „Sowjetunion".) Der Lebensstandard ist ingesamt immer noch 30 % niedriger als der in Westdeutschland. Arbeitslosigkeit gibt es freilich seit Mitte der fünfziger Jahre nicht mehr. Die Staatsbetriebe können zwar so viele Arbeiter einstellen wie angeordnet wird. Aber auf Rentabilität wird keine Rücksicht genommen. Zum Ausgleich werden Löhne, Gehälter, Sozialleistungen und Renten gedrosselt.
Die Erfüllung bestimmter Planziele hat häufig Vorrang vor Beachtung der allgemeinen Grundsätze des Umweltschutzes. Die Zusammenarbeit diesbezüglich mit der Bundesrepublik liegt sehr im argen. Z. B. werden ungeheure Mengen Salz aus Kalibergwerken in die Werra abgeleitet.
Zur Entlaubung der Grenze gegenüber Hessen hat die DDR chemische Mittel eingesetzt, wie sie auch von den Amerikanern im Dschungelkrieg in Vietnam verwendet wurden.

V. Die Sowjetunion

(250 Mill. Einw.)

Vorhaben und Maßnahmen im europäischen Rußland

Durch den Plan „Große Wolga" wurden an der Wolga und ihrem größten Nebenfluß, der Kama, von 1937—1958 acht Staustufen errichtet. Durch sie wird neben der allgemeinen Bedeutung der Stauseen auch das Klima etwas beeinflußt, da sie ingesamt fünfzigmal größer sind als der Bodensee. Unterhalb der beiden Binnenmeere von Kuibyschee und Stalingrad soll neues Bewässerungsland zum Anbau von Baumwolle und Weizen entstehen. Neben der Verbindung zum Schwarzen Meer dient der Wolga-Don-Kanal auch der Bewässerung der Steppe zwischen Stalingrad und Rostow. Für den immer unter besonderen Trockenzeiten leidenden Raum von Saratow wurde im September 1972 der 120 km lange Wolga-Saratow-Umgehungskanal fertiggestellt.

Weiter sind zu erwähnen der Moskau-Wolga-Kanal und der Wolga-Balt-Kanal (vom Wolga-Becken in den Onega-See).

Durch lang anhaltende wasserarme Perioden in der Wolga und anderen Flüssen, die in das Kaspische Meer münden, ist

der Spiegel des Kaspischen Meeres spürbar gesunken.

Das Meer ist seit 1929 um 2,5 m gefallen. Nachdem die angrenzenden Wälder abgeholzt wurden, ist eine Senkung des Grundwasserspiegels auf dem umliegenden Festland eingetreten. Eine Hochquellenwasserleitung aus dem Kaukasus versorgt die Bevölkerung von Baku (1,2 Mill. Einw.) über eine Entfernung von 120 km mit frischem Wasser. Am Ufer wird ein Atom-Kraftwerk zur Entsalzung von Meerwasser gebaut, das täglich 200 000 cbm Frischwasser liefern wird.

Das Wolgabecken wird, falls sich nichts ändert, nach 1985 jährlich rund 50 Kubikkilometer Wasser zu wenig haben. Es wird vorgeschlagen, Wasser aus den zahlreichen Seen im Norden dem Oberlauf der Wolga zuzuleiten und dann die Wasserreserven der Nördlichen Dwina und der Wytscheyda nutzbar zu machen. Im Wolga- und im Uralbecken wurden von 1967—1972 670 Kläranlagen gebaut. Vorgesehen sind Kläranlagen in 241 Betrieben und 15 Städten. Auch andere bedeutende Maßnahmen sind im Gange, um den Fischbestand im Kaspischen Meer und in der Wolga (Störe) wieder zu mehren.

Wald- und Baumstreifen

sollen auch das Klima beeinflussen und die Ertragsfähigkeit des Bodens erhöhen.

Berechnung der kalten und der heißen Stürme.

Im europäischen Rußland strömen viele kalte Luftmassen von Norden nach Süden. Weil sie fast kein Hindernis finden, nehmen sie oft die

Gewalt von Stürmen an, die im Winter bis ans Kaspische Meer strenge Kälte tragen. Dabei blasen sie den Schnee von den Feldern, so daß die Saaten nicht selten erfrieren.

(Diese kalten Nordwinde wirken erst recht in Sibirien, während wärmere Südwinde durch die hohen Gebirgsketten Mittelasiens abgehalten werden.)

Im Sommer brausen aus den Gebieten östlich des Kaspischen Meeres glutheiße Wüstenwinde. Sie können manchmal in 2—3 Tagen die gesamte Pflanzenwelt eines Gebietes zum Verdorren bringen und schwerste Hungersnöte verursachen.

Von dem Tundrasaum am Eismeer bis zum Oberlauf der Wolga erstreckt sich die Taiga (Urwald). Sie geht im Süden in die in ihrem westlichen Teil breitere, nach Osten zu schmaler werdende Mischwaldzone über, die riesige Sümpfe einschließt und keinen ertragsreichen Ackerbau zuläßt. Es folgt ein Gebiet mit fruchtbaren Böden und günstigem Klima, ein 500—600 km breiter Streifen, der ziemlich gleichmäßig von den Karpaten zum Südende des Urals verläuft. In diesen Steppen im südlichen Rußland am Dnjepr und Don, die der Zar noch nicht überwachte, wurden im 15. Jahrh. die ersten Kosakengemeinschaften gegründet. Diese Kosaken waren geflohene Bauern, die von ihren fürstlichen Steuereinnehmern ausgebeutet worden waren. Durch Ausplünderung russischer und persischer Handelsschiffe und Karawanen sorgten sie für ihren Lebensunterhalt. Ständig waren sie von umherziehenden Tataren bedroht, stellten ihre eigene Lebensweise darauf ein und wurden ein Reitervolk. (1581—1583 eroberten 500 Kosaken mit 300 Kriegern eines russischen Großkaufmannes Sibirien für den Zaren gegen eine Übermacht von 10 000 Gefolgsleuten des tatarischen Kutschum-Khan mit dem heutigen Tobolsk als Hauptstadt. Obwohl nach dem Ertrinken ihres Anführers 1584 der Rest der Kosaken kopflos zurückkehrte, erfolgte von 1587 an die endgültige Eroberung Sibiriens durch russische Krieger und Kosaken). Als die Bauern über die nomadischen Pferdezüchter gesiegt hatten, begann gegen Ende des 18. Jahrhunderts das Umpflügen der Steppen im großen Maßstab und damit die verderbliche Ausbeutung des Bodens. Die Waldflächen und die langen Laubwaldgürtel an den Flüssen wurden restlos abgeholzt. So wird die pulverförmige Schwarzerde, reiner Humusboden bis zu 2 m stark, ohne Steine, leicht aufgewirbelt und vom Sturme weggetrieben.

Um diese kalten und heißen Winde aufzufangen und ihre Kraft zu brechen, wurden von 1948—1953 Waldschutzstreifen geschaffen. Acht große Streifen längs der Flüsse Wolga, Don, Ural, Donez und längs der Wasserscheiden hatten eine Gesamtlänge von über 5000 km. (Die Streifen waren 60 m breit mit einem Zwischenraum von 100—200 m). Daneben wurde das ganze Land mit einem förmlichen Gitter von 10—20 m breiten, 400—500 m voneinander entfernten Baumstreifen überzogen. Insgesamt wurden 2,28 Mill. ha Schutzstreifen angelegt. Die Waldstreifen sollten zugleich den Gefahren der Bodenabspülung und Zerschluchtung entgegenwirken, die vor allem die fruchtbaren Schwarzerdgebiete bedrohten.

Bis Ende 1956 waren aber nur etwa 650 000 ha übriggeblieben; denn man hatte vergessen, daß die Waldstreifen in einem waldfeindlichen Gebiet besonderer Pflege bedürfen. Inzwischen sind neue Streifen nach verbesserten Methoden angelegt worden.
41 300 künstliche Teiche und Zisternen werden zusätzlich dazu dienen, den Kampf gegen Versteppung und Trockenheit erfolgreich zu gestalten.
An die Schwarzerdgebiete schließt sich die südrussische Steppe mit heißen Sommern und kalten Wintern an.

Vorhaben und Maßnahmen in Sibirien bis zum Jahre 1974

Hebung der Bodenschätze und des Handels

Sibirien, vom Ural an gerechnet, ist 12,7 Mill. qkm groß. Seine Bevölkerung ist, besonders als Folge der 1905 fertiggestellten Transsibirischen Eisenbahn, von 4 Mill. auf 10 Mill. im Jahre 1916, auf 46,7 Mill. im Jahre 1950 gestiegen und beträgt heute 60—65 Mill. Das Gebiet nördlich des 60. Breitengrades ist allerdings nur mit 5 Mill. Menschen besiedelt.

Der „Transsib" ist inzwischen zweigleisig, auf den durch den starken Güterverkehr besonders in Anspruch genommenen Abschnitten sogar viergleisig ausgebaut worden. Bis 1975 wird er bis zum Ende elektrifiziert sein. Mittlerweile sind „Südsib", „Turksib" und die Mittelsibirische Bahn dazugekommen. Die ersten 700 km des „Nordsib" von Thumen über Tobolsk nach Surgut waren 1970 fertig.

Durch starke Eisbrecher wird die Schiffahrt im nördlichen Eismeer 3—4 Monate aufrecht gehalten, statt bisher nur 6 Wochen. — Unterirdische Wärmevorräte sind in der Sowjetunion riesengroß. Ihre Erschließung ist von außerordentlichem wirtschaftlichem Wert, steht aber noch in den Anfängen. — Das Kraftwerk Brask am Baikal-See leistet 23 Milliarden kWh jährlich. Ein anderes Kraftwerk besteht in Irkutsk. Noch größere entstehen bei Ust-Ulim an der Angara und bei Krasnojarsk am Jennissei.
Die Rohstoffe und Bodenschätze des „Zukunftslandes" Sibirien waren allerdings wegen der Klimaschwierigkeiten bedeutend teurer als auf dem Weltmarkt. Der lange Beförderungsweg nach den Ostblockstaaten machte sie noch teurer. Obwohl dies seit 1970 besser geworden ist, fehlt es doch noch an Beförderungswegen und Beförderungsmitteln, an Erdgas, Erdöl und Arbeitern. Die Japaner sollten helfen, Sibiriens ungeheure Schätze zu erschließen, aber sie „setzten auf" China. Die Deutschen sollen helfen, aber sie hatten 1974 noch kein festes Angebot. In diesen „Pioniergegenden" spielen die Unbilden des Klimas, die Hast der Planung, bedingt durch das „Ölfieber", und die Schwerfälligkeit der Bürokratie eine erschwerende Rolle. Man denkt auch nicht immer an die notwendige Uferbefestigung der großen Flüsse.
Die Menschen, die moderne Maschinen meistern sollen, stellen größere Ansprüche an Wohnung und Versorgung mit Verbrauchsgütern, Krankenhäusern, Kinos, Läden, Schulen und Universitäten.

Hebung der Landwirtschaft
Mittelasien östlich des Kaspischen Meeres

Schlimmer noch als die Austrocknung des Kaspischen Meeres ist das ständige Absinken des Grundwassers der östlich davon liegenden Landesteile. Zwar sind durch den Amu-Darja und den Syr-Darja bemerkenswerte Bewässerungen in der Karakum-Wüste (Karakum-Kanal, 840 km bis zur turkmenischen Hauptstadt fertiggestellt, insgesamt 1300 km bis zum Kaspisee geplant), in der Kysilkum-Wüste und in der Hungersteppe (Usbekistan, Baumwolle, Südkanal = 1000 km) begonnen worden. Gegenwärtig sind von 28 Mill. ha bewässerungsfähigen Landes in Mittelasien und Kasachstan 6,6 Mill. ha genutzt. (In der Karakum-Wüste beginnt man auch, das Wasser von den Frühjahrsüberschwemmungen und den Herbstregen in unterirdischen Staubecken zu speichern. Doch muß noch ein ganzes Bündel technisch-wissenschaftlicher Fragen, die durch den Kanal aufgeworfen wurden, gelöst werden. Die größten Schätze der Wüste liegen im Erdinneren: Erdöl, Gas, Schwefel und Mineralsalze). Aber durch die Ableitung dieser großen Mengen Wasser aus den beiden Strömen, die in den 65 000 qkm großen Aralsee münden, würde dieser bis zur Jahrtausendwende ausgetrocknet sein.

Die alten Vorhaben, die Wassermassen der sibirischen Ströme Ob und Jenissei in den Aralsee umzuleiten, sind noch weit von ihrer Verwirklichung entfernt. Das neue Vorhaben sieht den Bau von 15 Dämmen an Amu-Darja und Syr-Darja vor, die im Frühjahr die Flutwässer der beiden Ströme zurückhalten sollen, um sie später für die Bewässerung nutzen zu können, während der Überschuß in den Aralsee abgeleitet wird.

Doch gab es auch

gewaltige Rückschläge im asiatischen Raum durch Winderosion, besonders in Kasachstan nach 1958. Hier hatte man ähnlich leichtsinnig verfahren wie im „Staubbecken" in den USA. In den anderen Neulandgebieten sollen 100 000 ha Anbaufläche durch Sandstürme vernichtet worden sein.

Die Hauptanforderung an die neuen Geräte und Maschinen besteht darin, so viel wie möglich Stoppeln zu erhalten. Außerdem wechselt in 100—150 Meter breiten Streifen Brachland mit Getreidekulturen ab. Dieses neue Bodenschutzsystem des Ackerbaues wird in Kasachstan und Sibirien auf einer Fläche von 20 Mill. ha angewandt. In den letzten Jahren wurde die Bekämpfung der Winderosion in Kasachstan und Sibirien fast zu 50 % gelöst.

Die gegenwärtige wirtschaftliche Lage

Moskau stellt wegen der großen Kosten die Besiedlung Sibiriens zurück. Statt dessen soll an die Nutzung der Bodenschätze herangegangen werden. In der Landwirtschaft, in der noch ein Viertel der Bevölkerung arbei-

tet, ist der Mangel an Mechanikern und das Fehlen von Ersatzteilen das Problem Nr. 1.
1974 und 1975 rückt die Schwerindustrie wieder an erste Stelle, Verbrauchsgüter stehen nicht immer in ausreichender Menge zur Verfügung. Im Januar 1975 fand für die Ostblockstaaten eine 130prozentige Erhöhung der Rohölpreise statt. Auch die Preise für andere Güter aus der Sowjetunion stiegen. So sah sich der Ostblock gezwungen, die eigenen Preise auch drastisch — bis zu 50% und mehr — heraufzusetzen. Siehe auch Seite 140.
Die Einkommen sind niedrig. Ein sowjetischer Industriearbeiter arbeitet für 12 Eier 90 und für ein Pfund Butter 110 Minuten. Die entsprechenden Zahlen in der Bundesrepublik lauten 20 und 35 Minuten. Der Handel mit dem Westen hat allerdings zugenommen. Von Januar bis März 1975 stiegen die deutschen Ausfuhren sogar um 52,7 %.
Aber diese komplizierte und empfindliche Technologie aus der „verrotteten westlichen Welt" kann die Sowjetunion nur mit Rohstoffen bezahlen; denn es besteht mangelhaftes Angebot an Waren und Dienstleistungen. So ist die „graue Wirtschaftszone", die „Chaltura", d. h. die ungesetzliche Beschaffung von Nebeneinkünften, außerordentlich weit verbreitet. Ein treffendes Beispiel: Jedem Kolchosbauer steht etwas Land zur Privatbearbeitung zur Verfügung. Von diesen insgesamt 3 % Land stammen aber mehr als 30 % aller landwirtschaftlichen Erzeugnisse.
1975 wollen die Sowjets wieder Weizen billig kaufen, aus Australien 2 Mill. t, aus Kanada 3 Mill. t und aus den USA 20 Mill. t. (Das Wetter trägt an der schlechten Ernte nicht die Hauptschuld.) Aber amerikanische Arbeiter wollen die Weizenschiffe nicht beladen; denn dann würde Weizen in den USA knapper und somit teurer und damit auch viele Lebensmittel. Zugleich begünstigen die Sowjets in den Entwicklungsländern Kartelle, deren Ziel es ist, die Rohstoffpreise zu steigern.
Die sozialistische Wirtschaft fußt zu einem bedeutenden Teil noch heute auf dem System der Zwangswirtschaft.

VI. Die Neue Welt

Wenn auch längst vor Kolumbus im 6. Jahrhundert v. Chr. Phönizier Brasilien erreicht und um 1000 n. Chr. die nördlichen Seefahrer (Wikinger) den Weg über das große Wasser nach Amerika (Neufundland = Vinland gleich Weideland) gefunden hatten, so wurde der Weg zur „Neuen Welt" doch erst durch die Landung der spanischen Schiffe am 12. Oktober 1492 auf der mittelamerikanischen Insel San Salvador aufgestoßen. Kolumbus glaubte, Indien erreicht zu haben. (Über die Beweggründe zu der Fahrt siehe Seite 301.) (Neuerdings widerlegen Wissenschaftler die Beweise zur Entdeckung Amerikas durch die Wikinger. Jedenfalls besiedelten die Normannen um 985 n. Chr. die Küsten Grönlands. Nach etwa vier Jahrhunderten trat eine Klimaverschlechterung ein.) Überall, wohin die Seefahrer, Entdecker, Abenteurer und Kolonisten vordrangen, fanden sie Naturparadiese und

alte Kulturen

vor. Peru, Mittelamerika und Mexiko mit ihren zerklüfteten Bergen und feuerspeienden Vulkanen waren ihr Hauptschauplatz. Mehr als 11 000 Fundstätten wurden allein in Mexiko festgestellt. In mancherlei Hinsicht waren die Kulturen gleichartig. Die Gemeinschaft besaß das Land. Bei den Inkas war das Land in drei Teile geteilt, einen für die Sonne (Tempel, Gottesdienste, Priester), einen für den Inka und einen für das Volk. Die Völker rodeten nach dem „Pflanzstockbau" (siehe Seite 11). Das Haupterzeugnis war Mais, im südlichen Mittelamerika und im karibischen Tiefland aber wurden die zwei Wurzelnahrungspflanzen Maniok und Süßkartoffeln angebaut.

Es gab keine Zugtiere, keine Tragtiere, überhaupt keine Haustiere (außer dem Lama in Peru und Bolivien, eine Kamelart, deren Haare verarbeitet werden). So war der indianische Bauer im Grunde genommen ein Gärtner. Der Gartenbau führte recht früh zur Anlage von Terrassen und zur künstlichen Bewässerung. Die Indianer hatten außer der Jagd nur etwa 60 Tage im Jahr landwirtschaftlich zu arbeiten. So konnte in Muße eine Kultur entstehen. Viele große Ländereien waren dichter besiedelt als heute. Aber durch den Brandrodungsbau wurde laufend Boden zerstört.

Außer der Töpferscheibe gab es kein Rad in irgendeiner Form (Rundbogen, Mühlsteine). Obwohl man Metall und die Mischung Bronze kannte, stellte man daraus fast nur Schmuck her. Es gab kein Metallzeitalter. Die Gebrauchsgegenstände wurden nach wie vor aus Stein (Steinzeit) und Holz hergestellt.

(Empfehlend sei hingewiesen auf Wolfgang Cordan, Mexiko, Büchergilde Gutenberg, Frankfurt a. M., 1967, und Hans Helfritz, Die Götterburgen Mexikos, Verlag Du Mont Schauberg, Köln, 1968.)

Weitere Einzelheiten über die kulturellen Entwicklungen

Im 2., teilweise schon im 3. Jahrtausend v. Chr., beginnt mit den Archaikern die Zeit der frühen Pflanzen. Um 1000 n. Chr. war der Ackerbau über weite Gebiete Mexikos verbreitet. (Über Kulturentwicklung siehe Seite 242.) Obwohl den amerikanischen Stämmen der Ansporn Mesopotamiens (Rad, Eisen und die von den Sumerern erfundene Schrift — über Wortzeichenschrift siehe Seite 150) — fehlte, waren sie doch in der Städteplanung und in der Bildhauerkunst fortgeschritten. Jede Erfindung war ein Göttergeschenk. Es wurde von Opfern, von Menschenopfern, begleitet. Um sich das Wohlwollen der Götter zu erschmeicheln, errichtete man Tempelstädte. Besonders interessant sind die zahlreichen Stufenpyramiden, die an den abgeflachten Spitzen Tempel trugen. Doch fehlt bei allen Bauwerken die versöhnende Note. Es war eine Welt der Angst und Schrecken; denn die Entwicklung der Kunst hing mit dem Götterglauben zusammen. Furcht vor dem Übernatürlichen bestimmte jede Handlung des Indianers.
Neben den Bauwerken erregen die Erzeugnisse des Kunsthandwerks unsere Bewunderung. Auf einem seiner Gebiete, der Töpferkunst (Keramik) erreichten alle amerikanischen Kulturvölker eine Stufe, die sie ebenbürtig an die Seite der europäisch-asiatischen stellt. (Das anfangs nur getrocknete, später gebrannte Gefäß ist vielleicht das erste Erzeugnis der Technik.)

Immer wieder rückten von Norden Völkerschaften nach. Als eine der letzten zogen 1160 die

Azteken (richtiger Name Tenochas)

in das Seengebiet ein. (Fünf Seen bedeckten fast ein ganzes in 2250 m Meereshöhe gelegenes und auf drei Seiten von Bergriesen und Vulkanen umrahmtes Land.) Sie machten sich Feinde, dehnten sich aus, nahmen die Kultur ihrer Nachbarn an. 1345—1487 legten sie ihre

Hauptstadt (Tenochtitlan)

auf einigen der bis dahin nur zum geringen Teil besiedelten Inseln des größten der fünf Seen an (Tolzcoco-See). Er lag in der Mitte des Tales, 3—6 m tiefer als die anderen Seen, war abflußlos, daher salzig und empfing das Wasser von den im Norden und Süden gelegenen Süßwasserseen, wenn sie während der Regenzeit überflossen. Dann breitete sich eine fast ununterbrochene Wasserfläche von über 1300 qkm aus, die reichlich Gelegenheit zum Fischfang und zur Vogeljagd bot. Die Jagd in den Wäldern ringsum war ein Sport der vornehmen Herren geworden und bildete keine wirtschaftliche Notwendigkeit mehr. Auf den waldbedeckten Gebieten um die Seen gab es zu wenig Äcker. Deshalb baute man rechteckige Flöße aus Flechtwerk, füllte sie mit Schilf, Zweigen und Schlamm auf und bepflanzte die Ränder mit rasch wachsenden pappelartigen Weiden, die sich im Seeboden verankerten (Chinampas). Auf diese Weise bedeckte sich der See allmählich mit einem Labyrinth von künstlichen Inselchen und schmalen Kanälen, die ihm den Anblick einer Spreelandschaft gaben. Die Chinampas strotzten von Fruchtbarkeit, brauchten nicht bewässert und nur ab und zu durch den mit Schöpfnetzen aus den Kanälen heraufgeholten Faulschlamm gedüngt zu werden.

Auf einer Insel, die später der Mittelpunkt der Hauptstadt wurde, entdeckte man eine reichlich sprudelnde Quelle reinen Trinkwassers. Die Chinampas mit einfachen Hütten aus Holz und Rohr wuchsen allmählich mit den Inseln zusammen. Mit der Errichtung von 60 000 steinernen Häusern im Stadtinneren begann man erst um 1400. Allmählich entstanden und entwickelten sich noch andere Städte im Seengebiet des Hochtales.

Vier Dämme verbanden die Hauptstadt — etwa 300 000 Einwohner — mit dem Festland. Zwei davon trugen Wasserleitungen, die aus ziemlich starken überwölbten Rohren aus Mauerwerk in der Mitte des Dammes bestanden.

Eine große Gefahr für die Bewohner der Hauptstadt und ihre spanischen Nachfolger bildeten die ständig drohenden Überschwemmungen. Sie wurden zum Teil durch die geringe Tiefe der Seen verursacht, deren Boden sich durch die von den Ufern mitgespülte Erde ständig erhöhte, besonders als diese infolge des starken Holzbedarfes der Spanier immer mehr des schützenden Waldkleides beraubt worden waren. Erst die gründliche Entwässerung des Hochtales durch riesige Kanalbauten, die das Wasser der Seen nach einem Zufluß des Rio Panuco, also in den Golf von Mexiko, ableiteten, hatte im Jahre 1900 die Gefahr endgültig gebannt. Freilich liegen heute dort kahle, zum Teil salzüberkrustete Ebenen mit traurigen kleinen Wasserflächen.

Grauen auf der Götterinsel

Bis 1519 hatten sich die Azteken weite Gebiete Mexikos bis nach beiden Ozeanen tributpflichtig gemacht. Alle 6 Monate brachten 371 Vasallenstädte mit mindestens fünf Mill. Untertanen ihre Abgaben reichlich und in großer Auswahl. Sie blieben im übrigen selbständig; es gab keine Sklaven in unserem Sinne. Aber die Zahl der Menschenopfer steigerte sich bis zu einem bei keinem anderen Volk erreichten Ausmaß, z. B. 1487 bei einer Tempeleinweihung 80 400. Die Opfer wurden der Sonne, den Erd-, Mond- und Wachstumsgöttern dargebracht. Das ist die Ursache dafür, daß die Azteken immer neue Kriege führten, um den Göttern neue Menschenopfer bringen zu können. Z. B. wollten sie auf diese Weise den Göttern Regen abschmeicheln, da sie kaum künstliche Bewässerung kannten. Die im Kampf gefallenen oder als Gefangene getöteten Krieger durften die Sonne auf ihren Reisen begleiten. So waren viele der zur Opferung Bestimmten durchaus bereit zu sterben.

Am meisten wissen wir über die Maya, die Azteken und die Inka. (Näheres in den Büchern Viktor W. von Hagen, Die Welt der Azteken, Paul Zsolnay-Verlag, Hamburg, Das Reich der Inka von demselben Verfasser und Verlag, Karfeld, Inka, Maya und Azteken, Karfeld-Verlag, Düsseldorf, Müller Alfeld, Die Azteken, Econ-Verlag, Düsseldorf, 1974.)

Die Geschichte der Mayas

(von 150 v. Chr. bis ins 10. Jahrhundert n. Chr.). Sie ist zugleich ein treffendes Beispiel dafür, wie hohe städtische Kultur nicht vor Unheil bewahren kann, wenn das Volk den bewirtschafteten Boden mißhandelt.
Das alte Reich der Mayas umfaßte Regenwaldland des heutigen Guatemala und Honduras.

Die Mayas bauten ein Zahlensystem mit Stellenwert der Zahl 0 auf, das in Europa erst im späten Mittelalter durch die Araber eingeführt wurde. Ihre geistige Schöpferkraft war ganz auf das religiöse Leben gerichtet. Sie glaubten, daß die Götter das Schicksal der Menschen an bestimmten Tagen ungünstig beeinflussen. Um diese verhängnisvollen Tage im voraus zu erkennen, entwickelten sie einen Kalender, den man als den genauesten der Welt bezeichnen kann. In ihren Städten waren wohl Straßen, die unseren asphaltierten gleichen. Aber es waren nicht Städte in unserer Art, sondern Tempelstädte, in denen die Priester und Fürsten, Astronomen, Mathematiker und die Baumeister und Künstler wohnten und in die die Bauern aus dem umliegenden Lande zur Ablieferung der Naturalabgaben und zu den großen Festen strömten. Da waren bis zu 70 m hohe Tempelpyramiden. Aber der Höhepunkt der „Kultur" waren scheußliche Menschenopfer.

Bei dem „Pflanzstoßbau" war schließlich zwischen dem Bauer und der Stadt ausgelaugte und erschöpfte Steppe. Vitamin- und Eisenmangel führten zu Skorbut und Eisenmangelanämie. Hungersnöte trieben um das Jahr 610 n. Chr. das sich stark vermehrte Volk auf die Wanderung. Man nimmt an, daß auch Schädlinge und Gelbfieber dabei mitwirkten. Während im Norden auf der Halbinsel Jukatan das neue Reich entstand, kroch langsam der Urwald wieder in die verlassenen Tempel und Paläste. Brachland wurde wieder zum Wald, der die großartigen Bauten überwucherte und sie dem Blick auf 1000 Jahre verbarg.

Als 987 n. Chr. die Tolteken aus dem mexikanischen Hochland in das Mayareich nach Yukatan vordrangen, scheint es zu keinen nennenswerten kriegerischen Auseinandersetzungen gekommen zu sein. Die beiden Kulturen vermischten sich. Der Toltekenherrschaft setzten schließlich die Azteken ein Ende. Vor etwa 100 Jahren wurde der Tempelmittelpunkt Chichen Itzá freigelegt.

Das Inkareich

wurde von Peru, Ekuador und Bolivien gebildet. (Inka war nur die Bezeichnung für den Herrscher, der Stamm hieß Quechua.)

Peru

ist ein Land von großen Gegensätzen, in dem alle Klimaarten anzutreffen sind. Es wird gebildet von Wüstenebenen an der Küste (8 %), die sich vom Äquator mehr als 3000 km gegen Süden über die ganze Länge Perus bis in den nördlichen Teil Chiles erstrecken (der kalte Humboldt-Strom kühlt die feuchten Meereswinde ab und schafft Nebel, der der Küste keine Niederschläge bringt und dann gegen die nahen Küstenberge anstößt), von Hochgebirgen mit ewigem Schnee, Gebirgsketten, tiefen Tälern und Hochebenen (65 %) und östlich davon von einem großen Urwaldgebiet (27 %), durchschnitten von vielen schiffbaren Flüssen.

Das Klima ist fast überall zur Arbeit ungeeignet. Es ist heiß oder kalt, naß oder nebelig. In dem einen Landesteil gibt es Staub, in dem anderen dünne Luft.

Nicht weit vom Südufer des Titicaca-Sees liegt 3900 m hoch die berühmte Ruinenstadt Tiahuanaco. In ihrer Umgebung lebten die Quechua. Sie zogen, wahrscheinlich um 1000 n. Chr., in das Tal von Cuzco (3496 m ü. M.) und legten dort den Grundstein ihres Reiches. Um 1500 erstreckte sich das Riesenreich von Ekuador bis nach Valparaiso (Chile).

Der sandige Strich längs der Küste wird nur von dürftigen Flüssen genährt. Aber auf den Anden, die eine Höhe über 6000 m erreichen, gibt es zahlreiche Niederschläge. Dazu kommt das Schmelzwasser der Gletscher. Durch die gewaltigen Wassermassen streben fast alle nach Osten, dem Becken des Amazonas zu. Nur wenige Flüsse mit geringer Wassermenge ziehen nach Westen.

So holten sich die Inkas das Wasser auf den Höhen. Sie stachen Bergseen an, faßten Quellen ein, führten Rinnsale und Bäche zusammen, leiteten in einem Fall das Wasser sogar durch Stollen auf die westliche Seite. Sie legten Staubecken an mit Mauern von 24 m Stärke. — Weitaus schwieriger war das Ableiten des Wassers. Die Inkas schlugen meterbreite Rinnen in die Felswände, in schwindelerregender Höhe, überbrückten Abgründe und Täler. In ihren Aquädukten verwendeten sie Quader von einem Meter Kantenhöhe. (Darüber siehe nächste Seite.) Einer dieser Aquädukte war 600 km lang, hatte eine lichte Weite von 4 und eine Tiefe von 3½ m. Fast mannstiefe Gräben teilten sich in viele kleine Äste, so daß weite Teile der Wüstenebene in fruchtbare Gebiete verwandelt wurden.

In den tief eingeschnittenen Tälern des Hochgebirges litten viele steile Berge unter Wassererosion. Solche bearbeiteten die Inkas in Terrassen (Stufen), die sie mit unbehauenen Steinen einfaßten, bis zu 50 Etagen übereinander. Manchmal mußten die Stufen dick mit Muttererde bedeckt werden. Die Wohnstätten der Inkas reichten bis zu 4000 m, bis zur Grenze des Maisbaues. (Über das ebene Hochland siehe Seite 159.)

Hochgebirgsstraßen 3—8 m breit, mit fugenlos verlegten Straßendecken aus behauenen Steinquadern, von insgesamt ungefähr 16 000 km Länge, in Sumpfstrecken durch Dämme befestigt, mit Rasthäuschen für Reisende, Vorratshäusern für die Truppen und Läuferstationen versehen, verbanden alle Teile des Reiches. (Ein Vergleich ist nur mit den 70 000 km befahrbaren Römerstraßen möglich. Deren Steigungen, auch in den Bergen, waren nicht größer als 15 %. Die älteste war die 322 v. Chr. von dem Konsul Appius Claudius begonnene Via Appia, die von Rom schnurgerade 500 km nach Tarent und Brindisi führte.) Der militärische Stafettendienst war so vorzüglich, daß er 2400 km in 5 Tagen bewältigte. Neuerdings deutet man die rechteckigen geometrischen Zeichen auf Geweben und Tongefäßen als eine Wortzeichenschrift. (Ähnliche Schriften gab es bei den Chinesen, Ägyptern und Mayas.) Mit Tragtieren (Lamas) wurden Guano und

Fischabfälle herangebracht zur Düngung der Felder. Niemand durfte die Straßen ohne Genehmigung benutzen.

Die Inka gründeten ihre Macht auf dem Volksglauben, daß der irdische Herrscher ein Abgesandter des Sonnengottes sei. Je höher man stiege, um so näher rücke man Gott. Aus diesem Grunde lenkten sie von den schroffen Spitzen der Anden aus einer Höhe von 3400 m ihr Reich. Die Hauptstadt Guzco beschreibt ein Zeitgenosse von Franz Pizarro so:

„Luxuriöse Paläste, herrliche Parkanlagen, Spielplätze und Bäder standen dem Hof zur Verfügung. Die Mauern des Sonnentempels bestanden aus großen Steinblöcken, zwischen welchen dünne Silberplatten den Mörtel ersetzten. Die Innenwände waren mit Gold getäfelt, Säulen und Ornamente goldgeschmückt. Die kleineren Tempel waren als Kapellen an den großen Sonnentempeln angebaut und verschiedenen Gottheiten geweiht. Kostbare Teppiche, feine Gewebe, prächtiger Federschmuck, goldene, silberne, edelsteingeschmückte Geräte füllten die Paläste".

1975 gelang es zwei britischen Forschern, in Bolivien die sagenhafte Inka-Goldstadt Eldorado zu entdecken. Sie hatte einen Umfang von 3,2 km und wurde durch acht gewaltige Mauern geschützt. Während die Azteken eine Politik der Gewalt und der Furcht betrieben, verfuhren die Inkas so, daß die Besiegten dem Reich als Freunde einverleibt wurden.

Dennoch auch Schattenseiten im Inkareich

Die Inkas organisierten bis in Einzelheiten Landwirtschaft, Gewerbe und Handel (Außenhandel gab es nicht). Obwohl das, was die Untertanen dem Staat gaben, früher oder später an sie zurückfiel und sie keine Not litten, muß doch ihr Leben als hart und eintönig bezeichnet werden. Aufstiegsmöglichkeiten bestanden nicht. Es gab zwar nicht viele Gesetze, aber sie waren außerordentlich streng. Auf Diebstahl, Ehebruch und Mord stand Todesstrafe.

Die Zerstörung des Azteken- und des Inkareiches

Beide wohl geordneten Staaten eroberten die Spanier mit einer geradezu lächerlich geringen Anzahl Söldner durch rücksichtslose Grausamkeit, Verrat und Wortbruch, Totschlag und schamlose Plünderungen. In Mexiko — Eroberung durch Cortez 1519—1521 mit 600 Mann, 16 Pferden und 14 Geschützen —, leisteten ihnen dabei allerdings Aufstände einzelner Provinzen erhebliche Hilfe. Auch hatte die Vorstellung, den Feind lebend fangen zu müssen, um ihn später den Göttern opfern zu können, statt ihn aus der Ferne, etwa durch Pfeilschuß, zu töten, verhängnisvolle Folgen. Dazu hielt man Cortez für einen „bärtigen, weißhäutigen Gott", der genau 1519 aus dem Osten zurückkehren sollte. Auch nach Inka-Glauben waren Bärte den Göttern vorbehalten.

Um einen sagenhaften Goldschatz zu finden und um neues Siedlungsland zu gewinnen, trockneten die Spanier in Mexiko einen großen Teil der

Seen aus. Sie gruben einen Ausweg und ließen das Wasser abfließen. Bei der Hauptstadt warfen sie die Trümmer der alten Paläste in die Kanäle.
In Peru — Eroberung durch Franz Pizarro 1531—1534 mit 168 Soldaten — brach nach der Ermordung des Inka der Widerstand zusammen. Hinzu kam, daß die Eroberer auf den guten Straßen rasch vordringen konnten. Außerdem rückten sie nicht von Osten heran, wo das Inkareich durch starke Grenzbefestigungen geschützt war, sondern von Norden, wo die Grenze offen und ungeschützt dalag. Die letzten Inkas zogen sich in die uneinnehmbare Bergfestung Machu Picchu (3740 m ü. M.) zurück, von wo sie zahllose Überfälle auf die Spanier unternahmen.
Kurz nach der Eroberung verfielen die meisten der einmaligen Bewässerungsanlagen. Viele wurden von den Spaniern zerstört, um an das Gold zu kommen, das sie darin vermuteten. Es verfielen auch die prachtvollen Paläste mit ihren geheizten Bädern.
Schon 1570 war die Bevölkerung im Hochland Mexikos von $1^1/_2$ Mill. auf 325 000 zurückgegangen.

Ausbeutung in allen eroberten Gebieten

Die erbeuteten Gold- und Silbermengen gereichten Spanien nicht zum Segen. Nach anfänglichem „Wirtschaftswunder" kam der Zusammenbruch. Je mehr Geld ins Land floß, desto geringer wurde seine Kaufkraft; denn es waren nicht mehr Waren da als früher. Die Preise stiegen. Das war die erste große Geldentwertung in Europa. Die Industrie, besonders die wichtige Baumwollindustrie, und die Landwirtschaft verloren ihre Wettbewerbsfähigkeit. Durch Kriege und Auswanderung entvölkerte sich das Land. Als Folge der Abenteurerlust entwickelte sich Arbeitsunlust. Gegen Ende des 16. Jahrh. — Seeräubereien durch Franz Drake von 1575 bis 1579, Vernichtung der spanischen Armada 1588 — löste das englische Jahrhundert das spanische ab. (Vom 17. Jahrhundert bis Anfang des 18. Jahrhunderts waren Seeräuber Herren der Karibischen See.)
Erst viele Jahre nach der Entdeckung erkannten die Eroberer, daß der größte Schatz des neuen Erdteiles in der Fruchtbarkeit des Bodens steckte. Aber Genußsucht und Ausbeutung blieben Lebensgesetz. Die Feldherren als Eroberer (Konquistatoren) bekamen ganze Provinzen geschenkt. Unterführer erhielten große Güter. Ausgespart blieb nur das gemeinsame Eigentum der indianischen Dorfgemeinschaften. Es wurden ausgeführt Sisalfasern (von der Agave für Seilereien und Mattenflechtereien), Mais, Kartoffeln, Tomaten, Kakao, Vanille, viele Blumenarten, Bohnen, Heilmittel und Rohgummi. Aus Europa, Asien und Afrika wurden Getreidesorten, Weinreben, Reis, Zuckerrohr, Bananen, Orangen, Zitronen, Feigen, Melonen, Birnen, Aprikosen, Quitten, Spinat, Bohnen, Kirschen, Nüsse, Mandeln, Linsen, Spargel, Flachs, Klee, Rosen, Nelken, neue Werkzeuge (wie Rad und Wagen), neue Zugtiere (Maultiere und Ochsen) eingeführt. (Über Pferde siehe „USA".)

Auf den viel zu großen Farmen (Haziendas) versuchte man, möglichst schnell reich zu werden und nutzte die Natur bedenkenlos aus. (Waldverwüstung, Monokulturen.) Dabei beutete man die Arbeitskraft der Indianer aus, ebenso in den Bergwerken. Andere Spanier widmeten sich dem Handel — aber nur wenige wurden Handwerker oder arbeiteten im eigenen Betrieb als Landwirte. (Im Gegensatz zu den USA.)
Man vernichtete die eindrucksvollen Zeugen der indianischen Kultur und versuchte, die Indianer zu christianisieren (allerdings sehr oberflächlich). Selbstverständlich wurden, besonders von den Missionaren, ehrliche Anstrengungen gemacht, die Indianer zu schützen, selbstverständlich förderte man die Bildung, den wirtschaftlichen Fortschritt, die Kunst und die Wissenschaft.
Dies konnte jedoch nicht verhindern, daß die Indianer schwere Arbeiten verrichten mußten und grausam behandelt wurden. Doch sie ließen sich eher zu Tode peitschen oder kamen freiwillig in der Wildnis um, bevor sie Sklaven wurden. Außerdem waren sie anfällig für die von den Spaniern übertragenen Krankheiten Grippe, Pocken und Masern, an schattige Wälder gewöhnt und der Hitze auf den Feldern nicht gewachsen.
Auf seiner zweiten Reise brachte Kolumbus Zuckerrohrpflanzen mit; denn er hatte erkannt, daß das Klima dafür besonders ideal war. (Über die dadurch hervorgerufene Abholzung der Wälder siehe „Westindien".) In der gleichen Zeit wurde durch Gärung von Zuckermelasse und Destillation der Rum erfunden und galt alsbald als flüssige Währung. Damit wurden auch Negersklaven bezahlt, von denen 1518 die ersten 4000 von Guinea an der Westküste Afrikas eintrafen. Die Kapitäne der Sklavenschiffe kauften für ihre Schiffseigner ebenfalls Zucker und später auch Baumwolle und Tabak.
So entstand ein „Dreieckshandel". In Spanien, Portugal und seit dem 18. Jahrhundert auch in England war die Ladung schnell verkauft. Mit einem Teil des Erlöses kaufte man billigen, bunten Plunder, Waffen und Schnaps und segelte damit zur westafrikanischen Küste.
Für diese „Güter" handelte man Sklaven ein. Mit dem „schwarzen Elfenbein" fuhr man nach Westindien. Etwa 350 Jahre blühte dieser Handel. Mindestens 20 Mill. Menschen wurden von Afrika nach Westindien und Amerika „verfrachtet". (Siehe auch Schuld des Islam.)
Schon 40 Jahre nach der Landung von Kolumbus gab es auf Haiti keine Indianer mehr. Ebenso verschwanden sie von allen Westindischen Inseln. In ganz Mittel- und Südamerika war bereits 1581 ein Drittel der Eingeborenen ausgerottet. Dafür wurden auch hier in sehr vielen Ländern Negersklaven eingeführt, später ebenso in Nordamerika. (In Peru und Mexiko allerdings nur wenige.)
(Es darf jedoch nicht unerwähnt bleiben, daß in ganz Amerika grausame Stammeskämpfe tobten. Bei einigen indianischen Stämmen war der Kampf sogar Selbstzweck, ohne den ihnen das Leben sinnlos erschien. Bei vielen Stämmen in Südamerika war Kannibalismus, Kopfjagd und Skalpieren

des besiegten Feindes üblich. Wenn ein Mann seiner Frau überdrüssig wurde, erschlug er sie einfach und verzehrte sie, und dies meist während eines großen Festes. Es sei auch noch einmal hingewiesen auf die anderen Schattenseiten bei den alten indianischen Kulturvölkern.)

Ausbeutung auch der Armen unter den Weißen

Die Weißen — ihre Kinder wurden Kreolen genannt — übten die Alleinherrschaft aus in der öffentlichen Verwaltung, in Kirche und Militär. Durch die Landwirtschaft besaßen sie die wirtschaftliche Macht. So entstand von Anfang an eine große Kluft zwischen einer schmalen, reichen Oberschicht (Oligarchie) und den fast besitzlosen breiten Massen, vor allem der Indianer. In der Zeit der Französischen Revolution (Beginn 1789) vergrößerte sich diese Kluft. Haiti war ruiniert. Die Preise für Landwirtschaftserzeugnisse, vor allem für Zucker, gingen auf dem Weltmarkt rasch in die Höhe. Die Plantagenbesitzer bemächtigten sich des noch verfügbaren Bodens, um den Abbau der gefragten Erzeugnisse zu erweitern. Das mußte auf Kosten des Anbaues der für den Verbrauch der eigenen Bevölkerung bestimmten Erzeugnisse geschehen. Der daraus entstehende — auf den ersten Blick widersinnige — Mangel an Lebensmitteln führte dazu, daß die Abhängigkeit von eingeführten Erzeugnissen, deren Preise ständig stiegen, immer größer wurde. (Das trifft bis in die Gegenwart zu. Auf Jamaika z. B. stiegen die Zuckerrohrernten, die Getreideerzeugung aber sank um 75 %. Ähnliches ereignet sich durch Plantagenbetriebe in Afrika und Asien.) Die unteren Klassen wurden immer ärmer und die oberen immer reicher. Nach dem Ende der Napoleonischen Kriege in Europa (1815) kam England an die Macht. Mit seiner Hilfe begannen die Großgrundbesitzer in Lateinamerika ihre Unabhängigkeitskämpfe, zuerst in Venezuela unter Bolivar. Dieser wollte auch die Indianer zu Grundeigentümern machen und verteilte das Stammland. Der einzelne Indianer aber, der an die individuelle Landwirtschaft nicht gewöhnt war, geriet gegenüber den mächtigen Konkurrenten bald so sehr ins Hintertreffen, daß er verzagte, sein Land verkaufte und sich in die persönliche Abhängigkeit des Großbesitzers ergab. So wurden die gesellschaftlichen Unterschiede noch größer. Das blieb auch so, als später die USA in Handel und Industrie mächtig wurden. Auch durch die gegenwärtige unauffällige wirtschaftliche Eroberung Lateinamerikas durch die Japaner hat sich nichts daran geändert.
Manche Hacendados haben ihre Güter modernisiert und erzeugen bedeutende Mengen von Weizen, Kaffee, Zucker, Bananen, Kakao usw. Viele Großgrundbesitzer jedoch leben fern von ihren Ländereien in der Stadt und tun kaum etwas, den erschöpften Boden ihrer Felder zu erneuern. Wo Ländereien enteignet wurden, hat die Entschädigung die Reichen reicher gemacht. Während die Unwirtschaftlichkeit der kleinen Besitzungen die Bauern zur Landflucht treibt, erwerben die reicher gewordenen Reichen ihre Besitzungen zum halben Preis zurück.

Milliarden werden sinnlos für Rüstungen ausgegeben — in einem Erdteil, dessen einziger Feind Armut und Ausbeutung sind. In den meisten südamerikanischen Ländern herrscht eine dauernde Geldentwertung.
Immer lauter protestieren die unzufriedenen Massen. Aufruhr verbürgt allerdings keine Besserung (siehe „Bolivien") — erst recht nicht der in manchen Staaten in jüngster Zeit begonnene Terror der Untergrundkämpfer in den Großstädten.

Das Hauptproblem Lateinamerikas ist religiöser Natur

Die Kirche war zahlenmäßig nie der Aufgabe gewachsen, eine ernste Mission unter der indianischen Urbevölkerung mit ihrer (animistischen) Naturreligion zu betreiben und noch viel weniger unter den Negersklaven mit ihrer (fetischistischen) Religion. So entstand eine Mischreligion, die sich immer mehr ausbreitet. Wunderheilungen, Amulette und Magie aller Art stehen dem Volk näher als die Priester mit ihrer Heilsbotschaft.
Die Folge davon ist, wenigstens zum Teil, Verluderung des Menschen, allgemeine Arbeitsunlust, Gebrauch von Drogen, Trunksucht und eine sittliche Verwahrlosung unvorstellbaren Ausmaßes. (Siehe auch Seite 174.)

Allgemeine Bodenfragen in Lateinamerika außer Mexiko und Mittelamerika

Ein wie Afrika unterbevölkerter, schwer zu erforschender Erdteil (280 Mill. Einw., davon etwa 30 % Weiße, 50 % Mischlinge und je 10 % Neger und Indianer). Der Paraguay ist 1750 km bis Asuncion schiffbar, der Amazonas bis Manaos — 1600 km — und mit großer Geschicklichkeit des Steuermanns sogar bis Iquitos — 3700 km. Aber der Verkehr auf dem Amazonas ist wegen der undurchdringlichen Urwälder gering. Im übrigen stößt die Schiffahrt sehr bald auf natürliche Hindernisse. Der 3700 km lange Paraná ist nur bis Santa Fé mit Seeschiffen befahrbar. Im Oberlauf gibt es mehrere Wasserfälle.
Nach Überwindung des Guairas-Falles strömt der Fluß in einer tiefen Schlucht entlang der Grenze zwischen Brasilien und Paraguay entlang. Alle Flüsse, die auf dieser Strecke in den Paraná münden, vor allem der 750 km lange Iguasso, müssen in diese Schlucht „hinabsteigen". Das ganze Gebiet ist deshalb reich an Wasserfällen. (Über ihre Ausnutzung siehe „Brasilien".) Der schönste unter ihnen ist der Iguasso-Fall, 23 km vor der Mündung des Flusses in den Paraná. Der 1600 km lange Uruguay ist nur streckenweise für kleinere Flußschiffe verwendbar.
Verständlich, daß das Straßennetz ganz Südamerikas außerhalb der Industriegebiete an den Küsten weit zurückgeblieben ist. Das Eisenbahnnetz besteht vielfach nur aus Stichbahnen. So ist das weite Land unterbevölkert. Dazu kommt durch die schon erwähnte bedenkenlose Ausnutzung der Natur große menschliche Schuld.

Fast überall haben Monokulturen den Boden beschädigt. Auch sonst besteht vielfach Verständnislosigkeit gegenüber Fragen der Bodengestaltung.

Entfesselte Wasser, an deren Oberlauf man durch Waldvernichtung die schützende Pflanzendecke zerstört hat, tragen schwere Ladungen Erde fort, überschwemmen Dörfer und Städte, hemmen die Schiffahrt und gefährden zuweilen auch Menschenleben. Die große Schlauchmündung des Rio de la Plata (Vereinigung des Paraná mit dem Uruguay) hat eine Wasserfläche von 35 000 qkm, ist aber meist nicht tiefer als 3 m und voller Sandbänke. In den letzten 50 Jahren ist der Rio de la Plata 1500 m schmaler geworden. Unaufhörlich baut der Fluß in seiner Mündungsbucht neue Inseln auf. Der Eingang zum Hafen von Buenos Aires muß durch stetes Baggern offengehalten werden.

Stand der Industrie in ganz Lateinamerika

Die Bildung eines gemeinsamen Marktes könnte die Entwicklung wirksam beschleunigen. Aber immer noch werden nationale Industrien geschaffen ohne Rücksicht auf Wirtschaftlichkeit. Der Mangel an Wettbewerb führt häufig zu Fehlanlagen, zu Unwirtschaftlichkeit und zu Kosten- und Preissteigerungen. Einig wird man sich nur immer mehr darin, die Abhängigkeit von den USA abzuschütteln.

Bis zum Jahre 1975 ist zwar keines der großen Probleme Lateinamerikas gelöst worden. Doch haben Länder wie Mexiko, Brasilien und Venezuela einen großen Schritt vom Rohstofferzeuger zum Industrieland zurückgelegt. Die Fortschritte hinsichtlich des Wirtschaftswachstums waren dabei größer als die der sozialen Gerechtigkeit. Aber diese riesenhaften Länder auf einmal zu erschließen, ist unmöglich. So ist die Entwicklung in Schwerpunkten zwar nicht gerecht, aber richtig. Scharf verurteilt werden muß aber das rücksichtslose Spekulanten- und Glücksrittertum. Über weitere Ungerechtigkeit siehe Seite 174.

Leider aber wird in diesen Industrieballungen für Umweltschutz wenig oder gar nichts getan. (Das trifft auch für die armen Länder in Afrika und Asien zu.)

Die Ausführungen auf den letzten Seiten sind verallgemeinert; es gibt auch Unterschiede zwischen den einzelnen Ländern.

Mexiko heute

(1,9 Mill. qkm, 48 Mill. Einw., davon 10 % Weiße, 60 % Mischlinge und 30 % Indianer.)

Man teilt Mexiko in drei klimatische Zonen ein: 1. Die Zone mit tropischem bis wüstenähnlichem Pflanzenbewuchs; diese Gebiete übersteigen nicht eine Seehöhe von 1000 m. 2. Die subtropische Zone zwischen 1000 und 2000 m. — 3. Die Zone

mit gemäßigtem Klima. Sie umfaßt die höchsten Teile der Zentralhochebene mit einer Seehöhe von 2000—3000 m.
In den südlichen und südöstlichen Gebieten fällt der Regen so ergiebig, daß es viele Sümpfe gibt und die Luft so feucht ist, daß das Leben und die Arbeit fast unerträglich werden. Diese Gebiete sind auch heute noch weithin von Urwald bedeckt und haben wenige Beförderungsmittel. Hier wächst auch der Kaugummibaum.
Die Savannen der nördlichen Gegenden sind in der heißen Jahreszeit dürr und nur in den Regenmonaten mit Gras bedeckt. Wegen des ständigen Wassermangels hat auf der

Hochebene

die Landwirtschaft nur geringe Fortschritte gemacht. So fehlt das Wasser gerade dort, wo das Klima am günstigsten ist.

Dazu kommt, daß im zentralen Hochland zwei Drittel der Wälder abgeholzt wurden (Bevölkerungszunahme, Erzgruben, Industrialisierung, Holz und Holzkohle als Brennmaterial). Die Folge war Hunger durch Wassermangel und Staubstürme einerseits und durch Überschwemmungen andererseits. Aber auch in den östlichen, am Meer gelegenen Staaten Tamulipas, Verakruz und Yukatan führte der Kahlschlag ohne notwendige Aufforstungen zu Klimaänderungen. (Allerdings hatte, wie erwähnt, in Mexiko, Peru und in den Anden die Entwaldung schon vor dem Erscheinen der weißen Eroberer begonnen.)

Sinkende Hauptstadt

Durch das Verschwinden der Seen konnte Mexiko-City auf trockenem Gelände weiter wachsen. Aber unter verhältnismäßig dünner Erddecke befindet sich ein Schlammsee als Rest des ehemaligen Sees in der Aztekenzeit. Der Schlamm besteht zu 30 % aus festen Stoffen, größtenteils aus Vulkanasche. Der Rest ist Wasser. So ähnelt der See einer mit Wasser gefüllten Bienenwabe. Infolge des gewaltigen Druckes der modernen Gebäude wurde die Erdkruste über dem See in den Schlamm getrieben. Dadurch wurde dieser immer mehr zusammengedrückt. Zugleich wurde in den letzten Jahrzehnten ständig mehr Wasser aus dem Boden unter der Stadt entnommen, so daß der Schlammsee schließlich zusammensank. Durch die Bodenpressung von oben und durch die Entwässerung von unten sank die Stadt in den letzten Jahren jeden Monat 2—3,5 cm. Gebäude zeigen Risse in ihren Wänden und Straßen verwerfen sich in Wellenform.

Die Hauptstadt wird hochgepumpt

Die Wasserentnahme aus dem Boden unter der Stadt und in deren Umgebung ist verboten. Trink- und Brauchwasser wird durch eine Fernleitung von über 100 km herangeschafft. Außerdem soll das von den umliegenden Bergen abfließende Wasser in einem Staubecken gesammelt werden. Große Pumpwerke sollen es mit bis zu 300 atü Druck in den Schlammsee drücken. Man hofft, die ganze Talsohle, auf der Mexiko-City steht, langsam, aber stetig heben zu können. Später will man Zementbrei in den Schlammsee pumpen. Der Zement soll sich mit der vulkanischen Asche zu einer Art Beton verfestigen.

(Empfehlend sei hingewiesen auf Irene Nicholson, „Mexico heute", Econ-Verlag, Düsseldorf, 1967.)

Nur 15 % des Landes sind als Ackerland und Weide nutzbar. 19 % sind Wald, von dem der neunte Teil für die Nutzung zugelassen ist.

Dennoch beachtenswerte wirtschaftliche Erfolge!

Forstgesetze und Aufforstungen versuchen, den durch Raubbau entstandenen Schäden entgegenzuwirken. So ging der Einschlag von 13 Mill. cbm (1952) auf 6 Mill. cbm (1957) zurück. Die Zahl der Analphabeten sank in den letzten 17 Jahren von 44 auf 16 %. So kann immer besser Landwirtschaft betrieben werden. Durch künstliche Bewässerung konnte ein Viertel des landwirtschaftlich nutzbaren Bodens höhere Erträge bringen. Das bewässerte Land gehört fast nur den Genossenschaften. Vor allem sind die Erfolge erwähnenswert mit dem „Wunderweizen" (siehe Seite 292). Beim Maisanbau wurde sogar eine 400%ige Erhöhung der Erträge erzielt. Mexiko führt heute Lebensmittel aus. Da reichlich Erdöl und Eisenerze sowie genügend Kohle vorhanden sind, ist auch die Industrieentwicklung verstärkt und verbreitert worden. Mexiko ist das best entwickelte Land in ganz Lateinamerika. Im Oktober 1974 wurden im Süden fast 3 Millionen t leicht abbaubaren Öles entdeckt.

Aber bei seiner Vielseitigkeit immer noch ein problemreiches Land

Nach dem Bürgerkrieg von 1910—1917 wurde die Höchstgrenze für Privatbesitz je nach Bodenbeschaffenheit auf 10—80 ha festgesetzt. Aber durch Erbteilung sind bei der großen Bevölkerungszunahme die Anteile immer mehr zusammengeschrumpft. Indianer brennen noch wie seit Jahrhunderten den Wald ab, um neue Äcker zu gewinnen. Die Reform ist bis zur Gegenwart nicht abgeschlossen.
Der Beitrag der Landwirtschaft zum Bruttosozialprodukt betrug 1970 nur 15 %, obwohl noch 50 % der Bevölkerung in der Landwirtschaft beschäftigt waren. Die Gesamtausfuhren von Landwirtschaft und Industrie erreichen nur zwei Drittel der Einfuhren. Der Fremdenverkehr gleicht die Zahlungsbilanz zum Teil aus.
Über Rückschläge bei der „Grünen Revolution" siehe „Schlußkapitel". Auch treten unsoziale Nebenwirkungen auf (siehe „Indien").
Bei der starken Bevölkerungszunahme (3,6 %) müßten jährlich 600 000 neue Arbeitsplätze geschaffen werden. Das aber übersteigt die Kraft des Landes. So werden die Elendsviertel um die Städte immer größer. Hier

herrschen fast gesetzlose Zustände; denn Mexiko hat zwar nur 60 000 Soldaten, aber Hunderttausende private Waffenträger.
Im Jahre 1309 n. Chr. wurde in der Hauptstadt der Azteken ein Indianer gehängt, weil er zwischen den Häusern Holzkohle verbrannt hatte. Heute ist die Luft von Mexiko City (8,5 Millionen Einw.) stärker mit Kohlenmonoxyd erfüllt als die New Yorks, sie enthält mehr Schwefeldioxyd als die Londons und zehnmal soviel Schadstoffe als die der Industriegebiete am Rhein.

Peru heute

(1 285 215 qkm, 50 % der 13,5 Mill. Einwohner sind noch vollblütige Indianer, 33 % Mischlinge, Mestizen und 12 % Weiße.)

Im Küstengebiet (siehe Seite 149),

das von etwa 40 Flüssen durchquert wird, sind durch Bewässerungen, die einen größeren Umfang haben als früher, blühende landwirtschaftliche Oasen geschaffen werden. (500 000 ha mit Baumwolle, Zuckerrohr und Reis.) Da sich hier auch die Industrie befindet, haben die Bewohner, 33 bis 35 % der Gesamtbevölkerung, den höchsten Lebensstandard.
An den Strömungsgrenzen des kalten Humboldtstromes, der 200 km breit ist und mit einer Stundengeschwindigkeit von 10 km die ganze Westküste Südamerikas entlang bis ins Panamagebiet fließt, treibt viel Plankton (siehe Seiten 76 + 295). Fische (Anchoveta genannt, 10 cm lang) ziehen so viele Seevögel (Kormorane) an, daß deren Schwärme den Himmel verdunkeln. Auf nahen Inseln nistend, decken sie ihre Brutstätten mit Guano, dem stickstoffreichsten Dünger. Bei den Inkas wurde jeder mit dem Tode bestraft, der die Nistplätze der Guanovögel betrat.
Aber infolge Unzuverlässigkeit der Meeresströmungen, vor allem aber wegen Überfischung, kehrten die Fischerboote im Mai 1972 fast ohne Beute heim. Die Regierung hat vorläufig jeglichen Fang untersagt. Das ist ein schwerer Schlag für Peru; denn es lieferte bei hohen Preisen 40 % der Welterzeugung von Fischmehl. Dazu kommt das Sterben der Guanovögel. Aber urplötzlich tauchten 1974 die Anchovetaschwärme wieder vor der Küste auf. Doch die Bundesregierung z. B. hat sich inzwischen auf andere Eiweißträger umgestellt.

Obwohl alle Bergwerke des Landes in den beiden Zentralketten der

Anden

mit vielen Gipfeln um mehr als 6000 m Höhe liegen, ist ihre Bevölkerung — 60 % der Gesamtbevölkerung — doch hauptsächlich landwirtschaftlich beschäftigt, vor allem in dem bis zu 4000 m hoch gelegenen ebenen Hochland zwischen den beiden Zentralketten. (1 100 000 ha bebaut: Ge-

treide, Kartoffeln, Viehwirtschaft). Eine karge baumlose Ebene, mit dürrem Strauch- und Steppengras dürftig bewachsen und manchmal von glitzernden Flächen ausgedünsteten Salzen unterbrochen. Die Temperaturen halten sich durchweg in unseren Grenzen. Es regnet wenig. Zwar findet man in den östlichen Abhängen der Anden Wald und in den Gegenden zwischen 500—1000 m Höhe Stellen mit günstigen Lebensbedingungen, allerdings mit großen Beförderungsschwierigkeiten. (Diese Beschreibung trifft auch auf Bolivien zu.)
Doch ist im allgemeinen die Verarmung der Böden durch Erosion das Hauptproblem; denn die Anden Perus sind heute fast ohne Wald. So ist erklärlich, daß viele Bewässerungsanlagen brach liegen. Plötzlich auftretende riesige Hangrutsche sind keine Seltenheit. Sie wirkten auch mit bei den Erdbeben im Mai 1970. Aber einst standen hier dichte Wälder und undurchforsteter, verstrüppter Gebüschwald von ähnlicher Beschaffenheit wie im Mittelmeergebiet (Macchia). Dieser Hartlaubwald ist durch den Menschen und sein Vieh zerstört worden. Doch ist die Bildung einer neuen dichten Pflanzendecke durchaus möglich. Vorläufig aber ist die Armut groß. Verschärft wird sie durch eine besondere Schuld der Eroberer. Seit 400 Jahren machen Alkohol und vor allem Kokain die Bevölkerung stumpfsinnig und verkommen. Das Durchschnittsalter beträgt nur 40 Jahre. Sechs von zehn Neugeborenen sterben schon im Kindesalter. Bei den Inkas standen die Kokablätter unter staatlicher Aufsicht. Doch die spanischen Eroberer erlaubten den Genuß allen Männern, Frauen und Kindern, um sie leichter zur Sklaverei zu zwingen. So muß man von einem Niedergang der Indios im Hochgebirge sprechen. (Es wird allerdings behauptet, daß der Koka-Priem in jenen Höhen erst zu körperlicher Leistung befähige und sich außerdem bei langen Wanderungen durch die trockene Steinwüste als Durststiller bewähre.)

In den amazonischen Urwäldern

sind nur selten Pflanzungen anzutreffen. (100 000 ha bebaut, wertvolle Hölzer.) In der Nähe der beiden Urwaldstädte Iquitos und Pucallpa sind Sägewerke entstanden. Doch darf die Holzverwertung nicht zum Raubbau ausarten. (Der Wert des tropischen Urwaldbodens ist nur gering. Siehe „Afrika".) Aber die Gewinnung von unüberschaubaren Ölvorräten, erst teilweise untersucht, hat schon begonnen.
Eine Autostraße, die auch dem Andengebiet zugute kommt, wurde von der Hauptstadt Lima über 4775 m hohe Pässe bis Pucallpa gebaut, von wo Schiffe bis Iquitos fahren können, das regelmäßig von Hochseeschiffen besucht wird.
Im April 1968 schickte die peruanische Regierung vier moderne Luftkissenautos in das Quellgebiet des Amazonas. Dröhnend und zischend glitten die Fahrzeuge über den Fluß, wichen modernden Baumstämmen und tückischen Felsriffen aus, umgingen Wasserfälle und knirschten über Sand-

bänke. Weitab gelegene Dschungelgebiete können jetzt der Zivilisation erschlossen werden. Vor allem hofft man, die wirtschaftlichen Nutzungsmöglichkeiten der gewaltigen Flüsse und des Landes studieren zu können und indianische Kräuter und Heilmittel zu finden, die auch für die moderne Medizin brauchbar sein könnten.

Vorgesehen ist auch eine

Binnenkolonisation.

In Peru und Bolivien ist vor allem eine Umsiedlung in den östlichen Abhang der Anden oberhalb des Amazonasbeckens geplant.

Nach dem „Peruvia-Plan" sollen auch Teile der Bevölkerung und Industrie aus der Küstenwüste Perus in diese klimatisch günstigeren Gebiete verlagert werden. Eine ostandische Nord-Süd-Straße soll am Osthang der Anden parallel zum Kamm verlaufen und fruchtbare Gebiete oberhalb des Amazonasbeckens für die Wirtschaft und Besiedlung erschließen. Doch ist die Ausführung mit außerordentlichen Schwierigkeiten verbunden.

Überraschend kündigte eine Militärregierung am 15. 6. 1969

durchgreifende Reformen

an. Die Bodenreform erfolgte nicht durch eine blutige Revolution wie 1952 in Bolivien, wodurch dieser Staat bis heute in große Schwierigkeiten geraten ist. (Bolivien, so groß wie Deutschland und Frankreich zusammen, hat nur 4 Mill. Einw., davon 50 % Mestizen und 14 % Weiße; Bodenschätze vor allem Zinn und Erdöl.) 1976 wird das erste Öl durch eine 852 km lange transandine Rohrleitung fließen, und 1977 kann die Ölausfuhr beginnen. Auch soll die Ausfuhr von Bergbauerzeugnissen erhöht werden.

Aber die Neubauern (Indios) haben noch nichts von modernen Ackerbaumethoden gehört. So ist die Nahrungsmittelerzeugung nur ganz unwesentlich gestiegen. Auch sonst ist das Ziel sozialer Gerechtigkeit noch nicht erreicht. Heute (1975) hat noch nicht jeder sechste Peruaner einen festen Arbeitsplatz. Im August 1975 wurde der Präsident gestürzt.

In Ekuador

(270 670 qkm)

fristet ebenfalls der größte Teil der Bevölkerung im Andenhochland sein armes Leben ($2^1/_2$ Mill. von insgesamt 4,6 Mill.). Dabei ist das 50—150 km breite Küsten-Tiefland sehr fruchtbar. (Im Süden ist es allerdings trocken und dürr wie in Peru.) Aber weniger als ein Sechstel ist bebaut. Die Gleichgültigkeit der Hochlandbevölkerung hindert sie an der Besiedlung und Urbarmachung. Ohne Antrieb wie im Inkareich sind die Indios in Peru, Bolivien und Ekuador sich heute selbst überlassen und damit ihrem Hang zu Trägheit und Gleichgültigkeit ausgeliefert. Aber durch Malariabekämpfung und die ersten Schritte einer Landreform scheint ein schneller Fortschritt im Küstengebiet in greifbare Nähe gerückt.

Ekuador ist der einzige Staat an der pazifischen Küste Südamerikas, der seine Bodenschätze bis vor kurzem so gut wie brachliegen ließ. Erst 1962 haben Geologen mit einer Bestandsaufnahme begonnen, die noch lange nicht abgeschlossen ist. Mit Hilfe der noch zu fördernden Bodenschätze hofft man, die Industrie weiter ausbauen zu können. Durch Erdöl im Urwald östlich der Anden glaubt Ekuador, in den nächsten Jahren zu einem zweiten Venezuela zu werden. Die Ölgesellschaften werden sich verpflichten müssen, parallel zu den Ölleitungen Straßen zu bauen.

Mit den Gewässern, die den Archipel von Galapagos umgeben, besitzt Ekuador eines der fischreichsten Gebiete der Welt.

Mittelamerika

Der mittelamerikanische Gürtel wertvoller Kiefern zieht sich von Mexiko über Guatemala und Honduras — mit nur randlicher Berührung Salvadors in den Grenzgebirgen — bis nach Nicaragua hinein.

Der Zweite Weltkrieg und die Nachkriegszeit mit ihrem großen Holzhunger waren der Anlaß, sie zu „entdecken". In Eile aufgebaute „fliegende" Sägewerke zersägen in kurzer Zeit riesige Wälder. Was sie verschonen, vernichten die Indios mit Brandfeldbau. Nun beginnt der Landschaftstod. Nach zwei, höchstens drei Jahren ist der Boden erschöpft, so daß das Feld gewechselt wird. Die überaus fruchtbaren vulkanischen Tuffböden — in Guatemala zählt man 33 Vulkane — aber leiden sehr schnell durch die Erosion, und als Spätfolge ergeben sich ertragsarme Viehzuchtsavannen. Maisfelder ziehen sich an den steilsten Hängen empor, soweit die dünne Humusschicht nicht bereits vom Regen fortgeschwemmt ist. Nichts aber hat soviel zur Erosion beigetragen wie der Maisanbau auf Böden, die überhaupt keine Voraussetzung dafür bieten. Auf den den Großgrundbesitzern gehörenden Hochebenen aber, die ideal für den Ackerbau scheinen, grasen gewöhnlich nur magere Kühe auf ungepflegten Weiden. Mißtrauisch gegen jeden Fortschritt, wirtschaftet man nach der Weise der Väter weiter.

In der heißen und immer feuchten Tiefebene an der karibischen Seite, die bisher wegen Verseuchung mit Krankheiten gemieden wurde, haben aber zwei amerikanische Bananengesellschaften den Boden der Urwälder kaufmännisch erschlossen.

Mittelamerika leidet mehr als irgendein anderer Teil der Welt an Zersplitterung in wirtschaftliche Kleinsteinheiten. Die Länder können von ihren Bananen und ihrem Kaffee nur schlecht bestehen. Der einzige Ausweg heißt Industrialisierung. Erdölförderung gewinnt seit einigen Jahren eine gewisse Bedeutung. Mit Ausnahme von El Salvador ist die Bevölkerungsdichte gering. Im Ostteil Panamas nimmt die Panamerikanische Autostraße (siehe Seite 175) ihr vorläufiges Ende. Der Bau des 500 km langen Verbindungsstückes aus Urwald und Sümpfen nach Kolumbien, das die Lücke zwischen Mittel- und Südamerika schließen wird, wurde noch nicht begonnen. Man muß sich mit sehr unregelmäßig fahrenden Schiffen behelfen.

In Costa Rica, mit einer Bevölkerung, die zu vier Fünfteln aus den Nachkommen spanischer Einwanderer besteht, spielt der Großgrundbesitz keine Rolle. Ein Heer gibt es nicht. Ein volles Drittel der öffentlichen Ausgaben wird für Bildung ausgegeben. Allerdings ist der Schulbesuch nicht regelmäßig. Auch werden zu viele Mittel für eine große Beamtenschaft ausgegeben. Dennoch hebt sich Costa Rica wegen seiner verhältnismäßig stabilen politischen Verhältnisse, der fehlenden Klassenschranken und eines gedeihenden Mittelstands von den anderen Staaten Lateinamerikas ab. Trotzdem ist es wegen seiner geringeren Industrie ärmer als seine Nachbarländer.

Panama (74 470 qkm, 1,14 Mill. Einw.) ist in wirtschaftlicher Beziehung ein Außenseiter in Mittelamerika. Es nimmt eine Sonderstellung ein durch die Einnahmen aus dem Panamakanal und die hier aus steuerlichen Gründen registrierte große Handelsflotte.

Westindien

Es gibt kaum ein Gebiet, das so sehr unter den Folgen der europäischen Kolonisation gelitten hat wie die Antillen.

Wie in kaum einem anderen lateinamerikanischen Lande entstand auf Haiti durch Abholzung Erosion. Die sich daraus ergebende Ertragsverminderung der landwirtschaftlichen Fläche wirft schwere Probleme auf, da sich die Bevölkerung von 1919 bis 1958 verdoppelt hat. Die Insel besteht aus Haiti und der Dominikanischen Republik. Beide gehören zu den ärmsten Ländern jenseits des Atlantischen Ozeans. Erst langsam wird die Monokultur des Zuckers abgebaut.

Auf Kuba sind nur noch 10 % mit Wald bedeckt, 1914 waren es noch 50 %. Kuba hatte 1959 vor Castro den höchsten Lebensstandard in Lateinamerika. Ein Drittel des Volkseinkommens kam aus der Landwirtschaft. Kuba gehörte zu den wenigen lateinamerikanischen Ländern mit ausreichendem Lebensstandard. Heute kennt es als einziges Land Mittel- und Südamerikas die Lebensmittel- und Kleiderkarte. Doch gibt es keinen Hunger und keine solche Elendsbilder, wie sie andere Länder Lateinamerikas darbieten. Auch haben die Menschen auf dem Lande meistens genug zu essen. Über Butterlieferung der Sowjets siehe „Chile".

Castro erkannte die Nachteile der Monokultur des Zuckerrohres und hatte außerdem die Schwierigkeiten nicht vergessen, als die USA auf die Zuckerernte verzichteten. Deshalb ging man mit idealistischem Schwung daran, Reis, Tomaten, Kaffee, Sisal und Wein statt Zucker anzubauen. Aber diese Versuche — wie auch die Herstellung neuer industrieller Erzeugnisse — wurden mit wenig Sachkenntnis unternommen. Die Kaffee-, Reis-, Tabak- und Maiserzeugung hat stark nachgelassen. Notgedrungen besann man sich wieder auf den Wert des Zuckers. Bis zum Jahre 1970 sollte seine Erzeugung von 6 Mill. t auf 10 Mill. t gesteigert werden. Das aber bedingte gewaltige Umstellungen. Erreicht wurden jedoch nur 8,5 Mill. t. In öffentlicher Selbstkritik bot Castro darauf seinen Rücktritt an.

Unter Berücksichtigung der von den USA 1960 verhängten wirtschaftlichen Blockade hat Castro auch Erfolge zu verzeichnen. Er versteht es, die Massen zu begeistern, obwohl er politische Gegner hinrichten und einkerkern läßt, darunter Hunderte Christen. Er hat die Farbigen (30 % der Bevölkerung), viele Landarbeiter und die Jugend auf seiner Seite. Lernen, arbeiten und kämpfen ist die Parole der Jugend. Analphabetentum gibt es bei einer Bevölkerung von 8 Mill. nicht mehr. Allerdings bedeutet die Erziehung in Kindergärten und Schulen die Zerstörung der Familie. — 1975 wurde die Blockade aufgehoben.

Betrachtung der restlichen Staaten Südamerikas

Kolumbien

Bei dem großen Elend der Bevölkerung haben sich zwei selbständige kommunistische Provinzen gebildet. Auch in anderen weiten Gebieten ist die Regierung nicht Herr der Lage. Bewaffnete Banden quälen die Bevölkerung. Neuerdings werden häufig wohlhabende Bewohner der Städte entführt. Dabei könnten in dem Lande (1,1 Mill. qkm groß, aber nur 20 Mill. Einw., davon 20 % Weiße, 60 % Mestizen, 10 % Mulatten, je 5 % Neger und Indios), das von den Meeresufern bis zu den 5000 m hohen Vulkanen der Anden aufsteigt, alle Lebensmittel erzeugt werden, da sowohl heiße, tropische Gebiete als auch Landschaften mit fast mitteleuropäischem Charakter vorkommen.

Haupterzeugnisse sind Kaffee und Bananen. Aber Kolumbien ist auch reich an Bodenschätzen (Öl, Erze, besonders Kohle, Platin und Kupfer) und Wasserkräften. Über 500 000 qkm Amazonasurwald sind noch nicht erschlossen. (In Frage kommt vor allem der Abhang der Anden.) Bei Ausnutzung der vorhandenen Natur- und Bodenschätze ließen sich die Einkommen innerhalb von 5 bis 15 Jahren verzehnfachen. Aber vorläufig wird bei der jährlichen Bevölkerungszunahme von 3,2 % das Heer der Arbeitslosen immer größer.

Chile

(741 767 qkm, 10,9 Mill. Einw., davon 40 % Weiße, 55 % Mestizen, 130 000 reinrassige Indianer)

Wirtschaftliche Lage bis 1970

Die Wind- und Wassererosion hat über 4 Mill. ha Boden vernichtet. Mit deutscher Hilfe sollte im Süden des Landes bis 1980 1 Mill. ha aufgeforstet werden. Zwei Drittel der Einwohner leben in Mittelchile, einem der fruchtbarsten Gebiete Südamerikas. Dennoch ist es nur mit Hilfe künstlicher Bewässerung in der Lage, reichliche Ernten hervorzubringen. Aber immer noch mußte Chile 40 % seiner Nahrungsmittel einführen. Vorgesehen war die Bewässerung von 6000 qkm. In jüngster Zeit gewann der Anchovetafang (siehe „Peru") eine besondere Bedeutung. Die Tiere wurden zum größten Teil zu Fischfutter verarbeitet. Aber die Gewässer vor der Küste wurden so lange überfischt, bis es seit etwa 1971 kaum noch Anchoveta gab. Statt Kraftfutter auszuführen, muß Chile inzwischen solches einführen. Aber urplötzlich sind 1974 die reichen Anchovetaschwärme vor der Küste wieder aufgetaucht (siehe „Peru").

Die Ausfuhr setzte sich vor allem zusammen aus Kupfer der Wüsten des Nordens (67 %), anderen Bergbauerzeugnissen (10 %) und Salpeter (11 %). So war Chile allzu abhängig von den Preisschwankungen am Weltmarkt bei Kupfer.

Deshalb muß der Ausbau von Industrien weiterentwickelt werden. (Bodenschätze: Eisenerze, Kohle, Zink, Wolfram, Öl.) Doch war das Land finanziell nicht in der Lage, diese Schätze zu heben; denn sie liegen in schwer erschließbaren Gegenden.

Als wichtigste Aufgabe sah der letzte Staatspräsident vor Allende die Schulbildung an. Durch die von ihm begonnene Bodenreform sollte ursprünglich nur vernachlässigter Großbesitz aufgeteilt werden. Dadurch, daß häufig das Gegenteil geschah, war der Erfolg der Bodenreform fraglich.

Wirtschaftliche Lage seit 1970

Der im September 1970 gewählte Staatspräsident Allende war ein Freund Fidel Castros. Seine Wahl wurde begünstigt durch eine starke Geldentwertung (28 % im Jahre 1969). Schuld daran aber trugen der Kongreß und die Gewerkschaften.

Die Kupferbergwerke der amerikanischen Gesellschaften wurden ohne Entschädigung enteignet. Darauf verließen 270 Ingenieure die Gruben, so daß die Einnahmen 1971 um ein Viertel geringer waren als 1970. Noch verhängnisvoller waren die Zustände auf dem Lande. Die Bodenreform wurde überstürzt und glitt den Funktionären völlig aus den Händen. Vielerorts werden nicht nur Großgrundbesitzer, sondern auch Kleinbauern von den analphabetischen indianischen Landarbeitern gewaltsam vertrieben, nachdem häufig das Gutshaus völlig verwüstet worden war. So sank die landwirtschaftliche Erzeugung, und die Ausgaben für die Einfuhr von Lebensmitteln stiegen 1971 auf das Doppelte. Dabei könnte man bei vernünftiger Erzeugungsweise das Dreifache der Bevölkerung aus eigener Kraft ernähren. — Der nächste Schritt war die Enteignung der 150 größten Industriebetriebe. Die Ausländer zogen deshalb ihr Kapital heraus. Die in den verstaatlichten Betrieben im ersten Jahr erfolgte Ertragssteigerung schlug in das Gegenteil. Seit Herbst 1972 waren sogar Lebensmittel des täglichen Bedarfes Mangelware. Im März 1973 kaufte die Sowjetunion von der EWG 200 000 t Butter, das Kilo zu 1,26 Mark. 50 000 t davon verkaufte sie an Chile weiter, Preis je Kilo 1,85 Mark. Dafür zahlte die deutsche Hausfrau damals 8 Mark. Die Sowjets wollten auch an Kuba liefern, etwa 60 000 t, Preis 1,80 DM je Kilo.

Im September 1973 übernahm das Militär durch einen Putsch die Regierung. Es ist allerdings nicht ausgeschlossen, daß die USA die wirtschaftlichen Schwierigkeiten der Regierung Allende durch Machenschaften verschlimmert haben. In den Läden gibt es zwar 17 Monate nach Allendes Sturz alles, was das Herz begehrt — aber nur wenige haben Geld, es zu kaufen; denn die Geldentwertung ist doppelt so hoch wie unter Allende, während das Realeinkommen der Bevölkerung um die Hälfte sank. Die Arbeitslosigkeit dürfte bald 20 % erreichen (1975). Auch muß das Vorgehen der Militärregierung oft als brutal bezeichnet werden.

Paraguay

(406 752 qkm, 2,2 Mill. Einw.)

Mit 4,5 Mill. Rindern, 650 000 Schweinen und 300 000 Schafen ist Paraguay eines der viehreichsten Länder Lateinamerikas, besitzt aber keine Bodenschätze. Der Boden ist stellenweise fruchtbar. Hauptausfuhrerzeugnisse sind Holz, Mate, Häute, Baumwolle. Dennoch ist das Pro-Kopf-Einkommen sehr niedrig.

In einem Krieg von 1884 bis 1887 gegen Brasilien und Argentinien wurde die Bevölkerung bis auf ein Sechstel ausgerottet. Von 1932 bis 1935 führte Paraguay wegen irrtümlich vermuteten Öles im Chaco einen opferreichen Krieg gegen Bolivien. Seitdem werden 25 % des Staatshaushaltes für das Militär verwendet. Da bleibt für Schulbildung und Berufserziehung nicht viel übrig.

1972 wurden durch starke Ausfuhren nach Deutschland in Paraguay, Uruguay und Argentinien die Rinder knapp. Aber 1974 herrschte in Deutschland Überfluß an Fleisch.

Argentinien

(2,8 Mill. qkm, 25 Mill. Einwohner, davon 90 % Weiße)

Schwere Bodenschäden

In der Provinz Santiago del Estero (südlich von Chaco) blühten vor 400 Jahren Handel und Wandel. Die Hauptstadt lag in einer von unerschöpftlichen Wäldern bedeckten fruchtbaren Zone. Aber Raubbau hat den Boden zur Wüste gemacht. Trotzdem rauchen die Meiler auch heute noch und liefern aus Quebrachoholz die Holzkohle für das einzige Hüttenwerk Argentiniens. Die Zeit ist nicht mehr fern, da der letzte Quebrachoriese (der Quebracho liefert Gerbsäure und gutes Holz für Bahnschwellen) der Axt zum Opfer fällt. Im ganzen Lande sollen 1915 noch 105 Mill. ha mit Wald bestanden gewesen sein; 1940 waren es nur noch 30 Mill. ha.

Die Andenprovinzen Catamarca und La Rioja sind trotz ihrer Bodenschätze Stiefkinder Argentiniens. Die einst vorhandenen Baumbestände sind rücksichtslos abgeholzt worden. Vor 100 Jahren gab es noch üppig grünende Täler, in denen sich Tausende von Rindern und Schafen tummelten. Heute sind sie dürre Steppe, in der Mensch und Tier verdursten.

So ist es erklärlich, daß Argentinien aus Paraguay Zedern- und Hartholz einführt.

Der Paraná zieht sich in der Niederung in ungezählten Armen und Nebenläufen dahin, Tausende von Inseln und Sümpfen bildend. Zur Verhütung der ständigen Überschwemmungen besteht ein Riesenplan zur Regulierung des Paraná, wodurch allein 500 000 ha Inselland genutzt werden könnten. Versuchspflanzen ergaben ganz ungewöhnlich gute Ergebnisse. Das nötige Kapital würde sich in wenigen Jahren bezahlt machen. Aber . . .

Die meisten Großlandschaften sind Trockengebiete mit künstlicher Bewässerung

Argentinien hat immer noch eine bedeutende Landwirtschaft, in erster Linie auf den Pampas (etwa 600 000 qkm groß mit Weideland im Westen, Ackerland im Osten). Die großen Viehwirtschaften erstrecken sich oft über 100 000 ha. Sie haben eigene Bahnstationen, Kirchen, Krankenhäuser, Geschäfte und Polizeiposten. Die meisten Herden werden durch Tiefflüge weitergetrieben. Von Flugzeugen aus geschieht auch das Zählen der Herden durch Fotos. Die Grasböden sind aber durch 45 Mill. Rinder und 25. Mill. Schafe übermäßig in Anspruch genommen. Im Getreideland sind die Böden durch den einseitigen Getreideanbau ausgetrocknet und den Sandstürmen preisgegeben. Im westlichen Teil der Provinz Pampa hat sich durch rücksichtslose Abholzungen der Grundwasserspiegel so weit gesenkt, daß kaum noch etwas wächst. Die vorherrschenden Westwinde treiben die Sanddünen immer weiter nach Osten in die heute noch fruchtbaren Teile vor. Wenn nicht endlich etwas Durchgreifendes geschieht, könnte in einigen Jahrzehnten die Korn- und Fleischkammer Argentiniens ernsthaft gefährdet sein.

So verlagert sich das wirtschaftliche Schwergewicht immer mehr auf die Industrie und den städtischen Mittelstand. Große Bedeutung kann

Patagonien

erlangen. Zwar hat es, obwohl es die gleiche Fläche einnimmt wie England und Frankreich zusammen, nur 465 000 Einwohner. Aber die Regierungen von Argentinien und Chile haben allen Grund, eifersüchtig auf ihre Rechte zu achten. Denn wenn Patagonien auch keineswegs erschlossen ist, so hat es sich doch zu einer der aussichtsreichsten Reichtumsquellen des Landes entwickelt (Schafzucht, Bo

Feuerland

(Der Nordosten gehört zu Argentinien, der Westen zu Chile.) Um so schnell wie möglich Weiden zu schaffen, legten die Schaffarmer Feuer an den Wald. Tag für Tag, Monat für Monat richteten so wahre Feuerwälder furchtbare Verwüstungen an.

Die Bewohner (1 auf 4 qkm) führen ein hartes und überaus entbehrungsreiches Leben. Bei dem kühlen, stürmischen und regenreichen Klima kann nirgends Getreide angebaut werden. An geschützten Stellen legen die Siedler aber kleine Gärten an, in denen sie ein wenig Gemüse ziehen, harte Kohlarten und Mohrrüben.

Ein Land voll unbegründeter Unruhe

Argentinien könnte mit seinen Schwierigkeiten fertig werden; denn es hat einen hohen Lebensstandard und weniger als 10 % Analphabeten. Die Menschen sind voller Tatkraft, und Arbeit gibt es genug. Man kennt keine Rassenprobleme; denn die Bevölkerung besteht zu über 90 % aus Weißen. Es gibt keine ernstliche kommunistische Gefahr und keine schwierigen außenpolitischen Probleme. Noch ist das Pro-Kopf-Einkommen mit 1200 Dollar fast dreimal so hoch wie in Brasilien.

Trotzdem ist ein allgemeines Unbehagen festzustellen. Infolge langjähriger politischer Unruhen kommen wirtschaftliche Schwierigkeiten hinzu. Eine Folge der Geldentwertung ist die Kapitalflucht, während ausländische und inländische Kapitalgeber ihre Investitionen bedeutend drosseln. Überraschend viel Geld wird für die Rüstung ausgegeben. Die neue Regierung (1975) ist ein Instrument in den Händen der Gewerkschaften.

Uruguay

(3 Mill. Einw., 186 900 qkm)

Einst ein Musterland in Südamerika

Uruguay ist der kleinste Staat in Südamerika, aber mit vielen Vorzügen gesegnet. Das zum Atlantischen Ozean sanft abfallende hügelige Land erzeugt Weizen, Fleisch und Wolle. Es hat keine allzu starke Bevölkerungs-

zunahme, keine großen unentwickelten Gebiete, ein gemäßigtes Klima. Die Bevölkerung besteht zu 95 % aus Weißen und zu 5 % aus Mestizen, hat nur noch 9 % Analphabeten und ist die gesündeste des ganzen Erdteiles.
Außerdem hat Uruguay eine starke Mittelschicht ohne krasse Unterschiede zwischen Arm und Reich und eine fortschrittlich denkende Bevölkerung mit einer demokratischen Überlieferung. Die Gefahr politischer Putsche durch das Militär besteht nicht. So war Uruguay am wohlhabendsten, gesittetsten und am besten regiert von allen Ländern des Erdteiles.
Sein System der sozialen Sicherheit ist wohl das entwickeltste der Welt. Es umfaßt Familienbeihilfen, Unfallversicherungen am Arbeitsplatz, kostenlosen pflichtmäßigen Schulbesuch, niedrige Mieten und unglaublich hohe Invaliden- und Altersrenten.
Aber diese Sozialversicherung ist nach und nach zu einer schweren Belastung geworden. Sie nimmt keine Rücksicht darauf, daß in den fünfziger Jahren Ausfuhrerträge und Weltmarktpreise sanken. Die durch 8,4 Mill. Rinder und 21,7 Mill. Schafe erzielten Devisen gingen stark zurück. Eine Million Beschäftigte müssen 340 000 Rentner unterhalten. Das System wird außerdem von mindestens 250 000 Beamten schlecht verwaltet. Einige Dienststellen arbeiten im Sommer nur den halben Tag, damit die Beschäftigten den Nachmittag am Strand verbringen können.
Grob gerechnet, ist nur jeder fünfte Uruguayer produktiv tätig. Die Arbeitslosigkeit ist ein Dauerzustand. 200 000 Arbeitslose wollen wie die Staatspensionäre leben. Immer höhere Forderungen treiben die Preise hoch und fördern die Geldentwertung. In den beiden mächtigen Nachbarstaaten Argentinien und Brasilien griffen die Militärs in die Politik ein, weil sie glaubten, ihre Länder vor dem Verderben bewahren zu müssen. Uruguays Armee wäre dazu nicht imstande. So versuchen seit 1970 Untergrundkämpfer, die chronische Krise bis zum Zusammenbruch der staatlichen Ordnung zuzuspitzen. Von der „Schweiz Südamerikas" spricht schon längst keiner mehr.

Brasilien

(8,7 Mill. qkm, 110 Mill. Einw.)

Davon sind 56 % Weiße, 12 % Neger, 30 % Mulatten. Der Rest sind Indios und japanische Einwanderer.

Bodenvernachlässigung

Die Ertragsfähigkeit der Landwirtschaft ist in den meisten Staaten des Landes infolge des günstigen Klimas und Bodens ausgezeichnet. Sie ist allerdings durch den Raubbau am Walde und die auf Großflächen betriebenen Monokulturen (Kaffee, Baumwolle, Südfrüchte, Zucker) teilweise zurückgegangen. War dann die Bodenkraft erschöpft, so wurde die landwirtschaftliche Nutzung in bisher ungenutzte Flächen verlagert. Ein Teil der Kaffee- und Kakaopflanzen ist schattenbedürftig. Deshalb darf zum Anbau dieser Arten der Wald nicht gerodet werden, damit ein Teil als Sonnenschirm und Windschutzstreifen erhalten bleibt. Aber auch bei den ohne Schatten wachsenden Sorten ist eine völlige Rodung des Waldes zu vermeiden, um eine gleichflächige Durchwurzelung des Bodens mit ihren negativen Folgeerscheinungen zu verhüten und ihm durch die stehengebliebenen Bäume, die sich meist aus Leguminosen zusammensetzen, Stickstoff zuzuführen.

Außerdem muß in hügeligem und welligem Gelände von dem alten Grundsatz der Pflanzungen von unten nach oben abgegangen werden. Nach 25- bis 30jährigem Weidebetrieb auf ehemaligen Kaffeeflächen kann man heute noch die von oben nach unten verlaufenden und vom Regen ausgewaschenen früheren Pflanzlinien erkennen, auf denen sich in vielen Fällen die Ausgangspunkte zu schweren und großflächigen Erosionen bilden.

Infolge der rücksichtslosen Abholzung im Staate São Paulo währte die Trockenheit länger, die Regenzeit kürzer. Nur wenige Pflanzer nahmen sich die Mühe, den ausgelaugten Boden zu düngen. — So gingen die Kaffee-Ernten zurück. Seit 1942 wurden im Norden von Paraná große Neupflanzungen angelegt. Wieder wurden die Wälder, die sich aus wertvollsten Holzarten zusammensetzten, maßlos vernichtet.

Durch das Verschwinden dieser riesigen Waldgebiete wurde das Land nach Süden und Südosten geöffnet, und durch das nunmehr ungehinderte Einströmen kalter Luftmassen wurden den Kaffeegebieten Jahr für Jahr stärkere Frostschäden zugefügt. So vernichtete eine Kältewelle an einem einzigen Morgen im Juli 1953 mehr als zwei Drittel aller Kaffeesträucher im Staate Paraná. Ein Frost von 1969 vernichtete ein Viertel der brasilianischen Kaffee-Ernte für drei Jahre.

Zehn Jahre später erfroren in einer Julinacht bei 6° Kälte Bananen, Kaffee, Zuckerrohr, Süßkartoffeln, Ananas, ja sogar der Rasen. Als am Vormittag wieder die Sonne schien, verdorrte innerhalb weniger Stunden die gesamte Pflanzenwelt. Hinzu trat noch an vielen Stellen das Feuer, das in weiten Kreisen der brasilianischen Landwirtschaft bedauerlicherweise immer noch eine bedeutende Rolle spielt. So kam es auch hier so weit, daß wenig später riesige Flächen des Staates Paraná vom Feuer bedeckt oder vernichtet wurden. 20 Mill. Pinienstämme werden frühestens in fünfzig Jahren nachgewachsen sein.

In den Jahren 1953—1963 wurden die Anbauflächen für Kaffee erheblich ausgeweitet. Statt aber die Böden zu bewässern oder die müden Stauden zu düngen, wurde weiter Raubbau getrieben. Auch der Pflege der Kaffeebohne widmete man nicht die nötige Sorgfalt. So ergaben sich eine Verminderung der Hektarerträge und eine Verschlechterung der Güte. Deshalb wurden 1961 Hunderttausende Säcke Kaffee (je 60 kg) auf Regierungsbefehl verbrannt.

Da für die Industrie Kohle fehlt, werden in der Nähe der Industrieschwerpunkte jährlich ungefähr 420 000 ha Kahlschläge durchgeführt. Ein großer

Holzverbrauch ergibt sich auch bei den meisten Eisenbahnen sowie an Hausbrand. Der Gesamtverbrauch beläuft sich auf fast 90 Mill. cbm Brennholz. Außerdem werden noch 20 bis 25 Mill. cbm Nutzholz im eigenen Lande benötigt. Das Aracuarienholz, als Paranákiefer bekannt, ist heute noch ein bedeutender Ausfuhrartikel, dessen Vorrat jedoch bei Fortsetzung dieser Mißwirtschaft keine zwanzig Jahre mehr anhalten wird.

Vernachlässigung der Landwirtschaft

Brasilien ist zwar der größte Kaffee-Erzeuger der Erde und an der Weltausfuhr mit 30 % beteiligt. (Allerdings drücken in den letzten Jahren die afrikanischen Staaten den Preis mit ihren billigen Sorten.) Brasilien steht bei der Erzeugung von Kakao an zweiter, von Zucker an dritter, von Baumwolle an sechster Stelle auf dem Weltmarkt. Aber während in den letzten Jahren die Bevölkerung um rund 30 % gewachsen ist, hat sich die Erzeugung der Hauptverbrauchsgüter nur um 20 % erhöht. Ein erheblicher Teil von Reis, Bohnen, Getreide und Melonen muß immer noch eingeführt werden, selbst Weizen gelegentlich, um die Versorgung der Großstädte wie Rio de Janeiro und anderer sicherzustellen. Es ist sogar schon der Fall eingetreten, daß infolge einer zweitägigen Verspätung eines Transportschiffes in Rio kein Brot mehr vorhanden war. In letzter Zeit allerdings, seit man den einseitigen Kaufvertrag mit den USA löste, wird Getreide mit Ausfuhrüberschüssen erzeugt.

Lohnende Aufgabe der Bodenpflege außerhalb Amazoniens

Der Staat Mato Grosso im Norden von Paraná, nordwestlich von Bahia, hat nur ½ Mill. Einwohner, obwohl er 2½mal so groß ist wie Frankreich, ein gesundes Klima, Eisen- und Manganerze und vielleicht auch Öl besitzt. Dazu gibt es fette Weiden; aber wie in Nordaustralien sind Viehherden drei Monate und länger bis zum nächsten Schlachthaus unterwegs. Trotzdem kann der Staat eine große Zukunft haben.
Die vielen Wasserkräfte von sechs Flußsystemen liegen außerordentlich günstig über die ganze Fläche verteilt. Der größte Teil des Landes, besonders der Süden, bedarf künstlicher Bewässerung. 5 Mill. Bauern hätten auf der sehr fruchtbaren roten Erde Raum genug.

Schwierigste Aufgabe der Bodenpflege

An der Nordostküste Brasiliens befindet sich ein schmaler Streifen Wald, 40—60 km landeinwärts fruchtbares, wasserreiches Land, bebaut mit Zuckerrohr, Baumwolle, Kaffee und Orangen.
Doch dahinter, gen Westen, wird es immer regenärmer, dürrer, trostloser (Caatinga). In diesem Nordosten bedecken nackte Felsrücken, äußerst

dünne Erdkrume und verkümmertes Gestrüpp mehr als 1 300 000 qkm zwischen dem Küstenstreifen und den Amazonaswäldern im Westen (der gesamte Nordosten ist 2 070 000 qkm groß).
Der Nordosten bietet Raum für mindestens 30 Mill. Menschen. Das Klima ist zwar heiß, aber trocken und malariafrei. Der Fluß San Francisco bietet ausreichende Wassermengen für eine großangelegte Bewässerung (mit ihr würden allerdings auch die Moskitos kommen).
Ferner fehlt im Nordosten Wald als Schutz gegen die dauernd wehenden und austrocknenden Winde. Von dem deutschen Forstmeister Wolfgang Herzog, der von 1952 bis 1958 als Berater des brasilianischen Landwirtschaftsministeriums tätig war, sind großzügige Wiederaufforstungspläne aufgestellt worden, deren Ausführung, wenn auch im kleinen Maßstab, begonnen hat.

Das Siedlungsproblem

Der Kleinbesitz ist in der Regel dort, wo der Absatz der Erzeugnisse gesichert erscheint. Wenn aber ein Großgrundbesitzer nur einen winzigen Teil seines Bodens bebaut, hat er entweder nicht Wasser genug, um ihn fruchtbar zu machen, oder nicht Geld genug, um ihn verkehrsmäßig zu erschließen. Eine Aufteilung der großen Güter allein würde deshalb keine höheren Erträge erbringen. Noch weitere Gründe sprechen gegen eine gewaltsame Bodenreform. Brasilien ist ein gewaltig großes, unerschlossenes Land. Deshalb ist hier nicht nur die eigentliche Bodenreform, sondern auch die Besiedlung neuer großer Flächen so außerordentlich schwierig und kostspielig.

Amazonien

Ungefähr drei Fünftel von Brasiliens Fläche sind mit Urwald bedeckt. Am bekanntesten ist Amazonien. Auf 3,6 Mill. qkm leben nur 2 Mill. Menschen. Zur Zeit der Gummisucher und Paranußsammler wurden Hunderttausende Indianer umgebracht. Dazu kommt, daß besonders reinrassige Indianer von den eingeschleppten Krankheiten (siehe Seite 153) zugrunde gehen. Ob der Rest noch lange in seiner Ursprünglichkeit leben kann, scheint unwahrscheinlich. (In Paraguay werden die Ache-Indianer systematisch ausgerottet.)
Der 3500 km lange Amazonas ist in der Bundeshauptstadt Manaos 6 km und in seinem Delta 200 km breit. Mit 200 Nebenflüssen, von denen 100 schiffbar sind, ist er das größte Stromgebiet der Erde. (Gesamt-Amazonien, an dem auch Bolivien, Peru, Ekuador und Venezuela beteiligt sind, ist 7 Mill. qkm groß.) Ganze Landteile sind, wenn überhaupt, nur mit Flugzeug oder Schiff zu erreichen.
1200 km nordwestlich von Rio de Janeiro entstand im ungefähren Mittelpunkt Brasiliens seine neue Hauptstadt Brasilia. Man hofft, daß sie zu

Autobahnbauten, Luftbrücken, Landerschließungen und Städtegründungen führen wird. Brasilien benötigt wegen seiner Größe und wegen seiner vielen unerschlossenen Gebiete dringend ein sehr engmaschiges Flugnetz. Die besten Voraussetzungen für die Erschließung des Amazonas bringt immer noch das Militär mit. So wäre ohne die Hilfe der Luftwaffe (und ohne amerikanisches Kapital) die 5000 km lange Transkontinentalstraße Rio—Lima noch längst nicht bis an die Grenze Boliviens vorgetrieben. Sie wird auf die ebenfalls mehrere tausend Kilometer lange Urwaldsaumstraße stoßen. (Siehe Seite 161.) — Von der Transkontinentalstraße sollen zwei Straßen zum Amazonas gebaut werden. Auch Brasilia soll mit Manuas verbunden werden. Von Manuas aus fressen sich außerdem bereits seit einigen Jahren die Planierraupen in Richtung Norden, um eine Verbindung mit Venezuela und Guayana (östlich von Venezuela, 215 000 qkm, 650 000 Einwohner) zu schaffen.

Wie wichtig Straßen für die Aufschließung des Dschungels sein können, zeigt am besten die 1960 eröffnete 2194 km lange Straße Brasilia—Belém. Belém hat durch diese Landverbindung einen starken Aufschwung genommen.

Am 1. 9. 1970 wurde die Straße Transamazonica, südlich des Amazonas, die die Amazonasmündung mit der Grenze zu Peru verbinden soll (5000 km), begonnen. Die bei Hitze steinharte, buckelige Piste ist 3,5 m breit. Links und rechts türmen sich zerfurchte Lehmwälle. Dahinter folgt ein Streifen von 9 m, der eigentlich unbewachsen sein soll. Aber die Urwaldpflanzen haben Hunger nach Licht und wachsen in die Schneise hinein. Während der Regenzeit ist die mühsam gewalzte, noch nicht asphaltierte Straße an vielen Stellen weggespült worden. Man hoffte zwar, Menschen aus dem Nordosten in 10 km Tiefe an beiden Seiten der Straße mit je 100 ha ansiedeln zu können. Aber über Humusarmut der tropischen Böden siehe „Afrika". So war die Besiedlung ein vollständiger Fehlschlag. Nachdem die meisten Siedler freiwillig heimgekehrt waren, wurde sie 1974 gestoppt. Statt dessen sollen Großbetriebe bis zu 600 qkm für Viehzucht bevorzugt werden. 350 000 qkm Neuland wurden bisher dafür beansprucht. Bis 1980 soll die Fleischausfuhr Argentiniens übertroffen werden. Aber eine unheimliche Krankheit, übertragen von einer Stechfliegenart, taucht seit 1970 auf.

Doch gibt es einflußreiche Persönlichkeiten, die nicht nur auf die Zerstörung der Natur hinweisen, sondern auch darauf, daß der Amazonas als ostwestliche Straße schon besteht und sich zur Beförderung von vor allem in Frage kommenden Gütern — Holz und Erzen — besser eignet als Landstraßen. Tatsache ist jedenfalls, daß Kanada und die Sowjetunion, die ähnlich wüste Gebiete erschließen müssen, andere Wege gehen. Sie bauen kaum noch Straßen, sondern setzen gezielt die natürlichen Wasserwege ein, außerdem Riesenhubschrauber, Flugzeuge und Luftkissenfahrzeuge zur Beförderung. — Die Regierung geht jetzt dazu über, das Zeitalter der Eisenbahn nachzuholen.

Die sonstigen Erfolge der Militärregierung aber sind beachtlich

Vor 1964 gab es 14 Parteien. Der Kommunismus stand vor der Tür. Die Parteien wurden aufgelöst und nur eine Regierungs- und eine Oppositionspartei zugelassen. Nun konnte tatkräftig regiert werden. Dabei muß man berücksichtigen, daß noch 30 % der Bevölkerung Analphabeten sind, daß die Trunksucht sehr verbreitet ist und daß viele Brasilianer von den zahlreichen Spiritisten Hilfe erwarten.
Die Geldentwertung wurde stark gebremst. Ausgebeutet werden Eisen- und Manganerze, Bauxit, Glimmer, reine Quarze, Wolfram, Gold, Diamanten und Edelsteine. Außerdem hat man im Urwald Zinnvorkommen entdeckt, die bis zu 50 kg pro cbm enthalten. Und sie können über Tage billig ausgeschöpft werden.
Kohle gibt es zwar nicht, aber die Wasserkräfte werden zunehmend ausgenutzt. An der Westgrenze des Staates São Paulo, in dem sich die Industrie Brasiliens zusammenballt, 600 km von der Stadt entfernt, entsteht am Oberlauf des Rio Paraná das Vorhaben Urubupungá, verschiedene Kraftwerke mit zusammen 8 Mill. kWh. Planungen eines gemeinsamen Kraftwerkes zwischen Brasilien und Paraguay an den „sieben Wasserfällen" des Paraná im Grenzland zwischen Brasilien, Argentinien und Paraguay sollen sogar 10 Mill. kWh ergeben. Hier strömen bei den Iguacufällen in der Regenzeit 140 Mill. t Wasser in der Stunde über 21 Fälle auf 3 km Breite in eine 72 m tiefe Schlucht. (Siehe Seite 155.) Im Juni 1975 bekamen deutsche Firmen den Auftrag für den Bau von 8 Atomreaktoren.
Um die Wasserversorgung des Ballungsraumes Sáo Paulo zu sichern, wird über eine Strecke von 140 km ein System von natürlichen und künstlichen Sammelbecken, Tunnel und Pumpstationen entwickelt, das von Flüssen gespeist wird, die das ganze Jahr über Wasser führen.
Bis 1970 wurden fast alle Hauptstädte der Nordost-Provinzen über die Küstenstraßen an das Verkehrsnetz des übrigen Brasilien angeschlossen. Diese rund 6000 km lange Straße führt von der uruguayischen Grenze bis nach Belém an der Amazonasmündung.

Aber noch Schattenseiten

Gewiß lernen 60 % der Bevölkerung etwas, um am großen Wirtschaftsaufschwung teilzunehmen. Aber ein Industriearbeiter in den großen Städten muß mit einem monatlichen Lohn von etwa 130 Mark auskommen, und nur ein Drittel aller Brasilianer nimmt bis heute überhaupt am Wirtschaftsleben teil. 70 % der Kinder im noch nicht schulpflichtigen Alter leiden an Unterernährung. 55 ausländische Geschäftsriesen (die sich multinationale Konzerne oder schlicht „Multis" nennen) investieren vorwiegend einheimisches Kapital, schicken aber den größten Teil ihrer Gewinne an die Zentrale ins Ausland. Allerdings ergibt sich die Frage: Warum nutzen brasilianische Firmen nicht selbst brasilianisches Kapital? Offenbar haben sie

Zweifel gegenüber nationalen Anlagen. Dann darf man aber internationalen Kapitalisten nicht gram sein, wenn sie ihre Gewinne lieber außerhalb Brasiliens anlegen.

Noch muß Brasilien 80 % seines Energiebedarfs durch teures Erdöl decken. Ob die Ölfunde vor der Küste wirklich beträchtlich sind, wird von Fachleuten bezweifelt. So sackt die hohe Wirtschaftsrate ab, die ein paar Jahre gedämpfte Geldentwertung schnellt infolgedessen nach oben. Deshalb fördert man, trotz der niedrigen Löhne, die Ausfuhr der Industriegüter durch staatliche Unterstützungen (Subventionen), auch ohne Rücksicht auf Umweltverschmutzung. Auf die Dauer aber ist dieser Weg falsch; denn die Armut der Arbeitnehmer bleibt und das Loch in der Zahlungsbilanz.

Dabei gibt es kein Streikrecht und eine gänzliche Pressezensur. Seit 1968 kann jedermann ohne richterliche Entscheidung verhaftet und auf bestimmte Zeit eingesperrt werden. Grausame Folterungen sind keine Seltenheit.

Die Hoffnung, daß sich unter dem deutschstämmigen Staatspräsidenten Erneste Geisel die geschilderten Verhältnisse bessern würden, hat sich nicht erfüllt (Ende 1975).

Venezuela

ist der drittgrößte Erdölförderer der Erde. Öl steht in seiner Ausfuhr an erster Stelle. Es hat dem Lande eine beachtliche Stellung verschafft. Der Staat konnte Gelder anlegen zum Bau von Kanälen, Staudämmen und für die Energieversorgung. Eine Überlandstraße soll von Caracas an dem Westhang der Cordillera de Merida entlang nach Kolumbien führen. In der Nähe von Bogotá wird sie auf die „Panamericana" („Alaskastraße") stoßen. Sie führt von Fairbanks in Alaska auf einer Gesamtlänge von 30 514 km bis nach Kap Horn im Feuerland. (Siehe auch Seite 163.)

Von den 11 Mill. Einwohnern lebt fast jeder fünfte in der Hauptstadt, aber nicht mehr als 4 % der Berufstätigen können auf den Ölfeldern Arbeit finden. So gibt es noch ausgedehnte Elendsviertel. Außerdem werden die Ölvorräte bis 1986 erschöpft sein. So beschloß die Regierung die Bändigung und die Nutzung der Wasserkraft für neue Industrien. (Bodenschätze: Eisenerze, Erdgas und Bauxit.) Vor allem werden die Einkünfte aus der Ölgewinnung seit 1960 dazu benutzt, den Aufbau Cindad Guayanus in Ostvenezuela am Zusammenfluß von Orinoco und Caroni zu fördern. Man hofft, daß Venezuela den Sprung zur Industrienation schafft. Auch versucht man, mit Einfuhrverboten oder mit hohen Zöllen die venezolanische Industrie zu fördern. Es gibt keine Lehrlingsausbildung, keine Meisterbetriebe.

Aber auch die Landwirtschaft soll gehoben werden. Noch lebt das Volk auf dem Lande in Elend. Zwar wurde eine große Anzahl Schulen gebaut, besonders auf dem Lande. Aber ein Taxichauffeur verdient DM 2000,— monatlich — ein Lehrer nur DM 800,—. Die Schulpflicht wird nicht so ernst

genommen. Es gibt eine landwirtschaftliche Zone, eine Weide- und eine forstwirtschaftliche Zone. In der ersten werden Kaffee, Kakao, Zuckerrohr, Mais, Reis, Weizen, Tabak, Baumwolle und Bohnen angebaut. Im zweiten Gebietsstreifen grasen über 6 Mill. Rinder und Pferde, und im dritten, der einen sehr großen Teil des Landes in Anspruch nimmt, wurden bisher über 600 verschiedene Baumarten (Kautschuk, Vanille) festgestellt. Das Waldgebiet ist kaum berührt.
Venezuela könnte bei einer Fläche von 0,9 Mill. qkm weit mehr Bewohner ernähren, muß aber noch Lebensmittel einführen. Viel verspricht man sich von gewaltigen Ölfeldern des Orinoco, mit deren Ausbeutung man 1973 begonnen hat. Über Bodenreform siehe „Peru".

NORDAMERIKA

Vor 48 000 Jahren, etwa gleichzeitig mit dem Neandertaler in Europa, lebten Menschen in Nordamerika. Bis in die letzte Eiszeit (etwa 40 000—10 000 v. Chr.) gab es eine von wildreichen Klüften durchstreute Eisbrücke Kola—Spitzbergen—Grönland—Alaska. Über diese Brücke strömten in immer neuen Wellen Jäger-Nomaden in Amerika ein, breiteten sich ziemlich rasch bis zur Südspitze des Erdteils aus.

USA

(200 Mill. Einwohner)

Indianerkulturen

Man schätzt die Zahl der Bewohner Nordamerikas zwischen Rio Grande und der Kanadischen Seenplatte auf 1,5 bis 3 Mill. zu Kolumbus' Zeiten. Rund 260 Stämme mit 200 verschiedenen Sprachen teilten sich in sieben bis acht große Kulturbereiche. Die meisten Stämme waren im Gegensatz zu den Mayas, Azteken und Inkas in erster Linie Jäger, daneben Sammler von Wildwuchs, Nüssen und Wurzeln. Die Stämme an den Küsten lebten vom Fischfang. Alle kannten noch nicht die Verwendung der Metalle. Aber die Fähigkeit, mit den einfachsten Mitteln Kunstwerke zu schaffen, ist eine der kennzeichnenden Eigenarten der indianischen Kunst in Nordamerika: kunstvolle Lederbehandlung, Herstellung von Mokassins — Schlupfschuhen —, perlenbestickten Gürteln, Schneidern aus Tierfellen, Flechten aus buntem Baumbast. In den Wäldern und Fjorden des heutigen Britisch-Kolumbien lebten Jäger- und Fischerstämme, die seetüchtige Boote von 20 m Länge anzufertigen wußten. Im Nordosten der heutigen USA und im Raum der Großen Seen verstanden Indianer, Kanus aus Weidenzweigen und Birkenrinde zu bauen, darunter Boote, die 12 Mann und einige hundert Pfund beförderten, aber so leicht waren, daß ein einziger Mann sie bequem auf seinen Schultern tragen konnte.
Ackerbau mit Keramik gab es mehr, als allgemein angenommen wird. Im südlichen Arizona hatten Hohokam-Indianer Bewässerungskanäle in der Ausdehnung von 170 Kanalkilometern gebaut. In den Prärien war während der warmen Jahreszeiten der Bison die Hauptnahrung. Die Indianer trockneten das Fleisch in der Sonne, bewahrten Mark und Fett in den Häuten auf, verwendeten die Sehnen für ihre Bogen, machten aus den Hörnern Löffel und Becher, webten das Haar zu Stricken und gerbten die Häute, um daraus Zeltplanen, Kleider und

Mokassins anzufertigen. Den Wanderungen der Bisons mußten die Stämme folgen. Da sie keinerlei Haustiere kannten außer dem Hund, wurde dieser das Lasttier für die zu Fuß ziehenden Nomaden (Hunde-Nomaden).
Wenig bekannt ist, daß die fünf sogenannten „zivilisierten" Stämme in den Appalachen des Ostens um 1730 Diplomaten am Hof des englischen Königs unterhielten. Davon verfügten die 17 000 Chevokee-Indianer der Pionierzeiten über ein eigenes Alphabet, eine Universität mit eigenen Professoren für Medizin und Rechtswissenschaften sowie über eine unabhängige Nationalzeitung in eigener und englischer Sprache.

Vordringen des weißen Mannes

Schon 1513 entdeckte ein früherer Begleiter des Kolumbus Florida. Andere Entdecker folgten. Doch konnten sie sich infolge von Gelbfieber und Kämpfen mit Indianern nicht halten. Beim Rückzug nach Mexiko wurde ein Schiff nach Westen an die Küste von Texas abgetrieben. Die Spanier durchquerten sieben Jahre fluchtartig Texas und kamen schließlich zum Kalifornischen Golf.
Sie brachten die Kunde von den „Sieben Städten von Cibola", in denen unerhörter Reichtum lagern sollte. Die darauf unternommene Expedition fand weder Gold noch Edelsteine, aber eigenartige Lehmhäuser, die an den Felsufern des Rio Grande bis zu fünf Stockwerken hoch terrassenförmig aufwuchsen. In diesen Pueblos wohnten Indianer, die Ackerbauer waren, mit einer hohen Kultur. Eine zweite Expedition unter de Soto erreichte 1541 den Mississippi, durchquerte insgesamt neun der heutigen Bundesstaaten der USA, aber erfolglos.
In der zweiten Hälfte des 16. Jahrhunderts griffen die Franzosen in die Siedlungsgeschichte des südlichen Teils der heutigen USA ein.
Zwar gelang später den Spaniern die Gründung einiger Kolonien. Doch die Geschichte der USA beginnt 1607 mit der Ankunft englischer Auswanderer und damit die Besiedlung des gewaltigen Raumes von Osten nach Westen.

Prärie-Kultur

Das beschwerliche und gefährliche Leben der hungernden Hunde-Nomaden wandelte sich, als bei Aufständen zwischen 1680 und 1692, verursacht durch Ausbeutung der Pueblo-Indianer, Pferde in die Hände von Rothäuten fielen und im Laufe des 18. Jahrhunderts alle Stämme rund um die Prärie zu Pferden kamen.
Die auf den weiten Grassteppen zwischen Mississippi und dem Felsengebirge lebenden Stämme entwickelten innerhalb weniger Jahrzehnte ein bis dahin in Nordamerika unbekanntes Reiternomadentum. Aus den zahlreichen Herden der wild aufgewachsenen Mustangs fingen sich die Rothäute ihre Tiere heraus. Das zuvor nur dünn besiedelte, von einzelnen Jägergruppen durchstreifte Gebiet begann einen Sog auszuüben, der über 30 Stämme aus den benachbarten Gebieten in die Prärie hineinzog. Das gemeinsame neue Leben, die Büffeljagd (der tägliche Fleischverbrauch stieg auf 2 kg) und das Reiterkriegertum formten die verschiedenen Stammeskulturen bis etwa 1800 zu einer einheitlichen Kultur um. Als weiße Händler die ersten Gewehre brachten, wurde es noch einfacher, Büffel zu schießen.

Untergang der Prärie-Kultur und der gesamten Indianer-Kulturen

Aber der Prärie-Kultur war nur eine kurze Lebensdauer beschieden. Bereits Anfang des 19. Jahrhunderts drangen die ersten weißen Siedler über den Mississippi nach Westen vor, besonders aber nach 1850 und nach den Bahnbauten (siehe nächste Seiten).

Schon vorher durchstreiften Jäger, Pelzhändler (Trapper) und Händler den Westen. Mit diesem Eindringen des weißen Mannes mit Handelswaren, Metall, Werkzeugen, Waffen und vor allem mit seiner Gesinnung (Mentalität) in indianische Gebiete vollzog sich ein verhängnisvoller Wandel der indianischen Kultur. Hatte der Indianer bisher getötet, um Nahrung und Felle für den Lebensunterhalt und die Behausung seiner Familie zu bekommen, so geschah es jetzt aus Gewinnsucht. Die Tiere hörten auf, die scheuen und zum Teil auch gefährlichen Brüder zu sein, die zukünftigen Jagdgefährten im Reiche des großen Geistes Manitu. Sie wurden nun Handelsgegenstände, für die man andere Waren eintauschen konnte. So sind aus Gewinnsucht in den letzten drei Jahrhunderten Millionen von Tieren gemordet (Biber, Nerze, Luchse, Hermeline, Marder, Füchse), manche Arten dabei völlig ausgerottet worden (z. B. Biber, siehe Seite 183). Der Pelzhandel war in seinen Ursprüngen in Kanada angesiedelt, denn je kälter das Klima, desto wärmer und weicher werden die Pelze (siehe auch Seite 192).

Die Indianer, ursprünglich zum Teil naiv und neugierig, lebten anfangs noch häufig friedlich mit den Weißen zusammen. Aber deren Landhunger nahm unvorstellbare Ausmaße an. 371 Verträge wurden gebrochen (ausführlich geschildert in Dr. Brown, Begrabt mein Herz an der Biegung des Flusses, Verlag Hoffmann und Campe, Hamburg, 1972). Sogar die fünf zivilisierten Stämme wurden vertrieben. Die Indianer wehrten sich, besonders bei dem Ausrotten der Büffel, zum Teil mit mörderischen Überfällen auf die Siedlungen der Weißen. Doch konnten sie auf die Dauer keinen Widerstand leisten. Dabei standen Indianer und Weiße einander an Grausamkeiten nicht nach. Doch liegt die größere Schuld zweifellos bei den Weißen.

Die Losung, für 340 000 Indianer 750 Reservate von insgesamt 223 000 qkm zu schaffen, erwies sich als falsch. Die Indianer waren Nomaden und Jäger. In den ihnen zugewiesenen Gebieten gab es bald kein Wild mehr. Es war nicht möglich, wie früher in neue Jagdgründe auszuweichen. Außerdem ist der Boden für Ackerbau und Viehzucht häufig ungeeignet. Verkehrswege fehlen. Es fällt schwer, die Kinder in die Schulen zu schicken und neue Erwerbsmöglichkeiten zu schaffen. Der Zerfall der alten Kulturen führte zu Entmutigung und Verwahrlosung. Viele suchen Zuflucht in Alkohol, Rauschgift, geschlechtlichen Ausschweifungen, ja sogar in Selbstmord. Andere tanzen für ein „Trinkgeld" der Touristen und gehen zum Spaß auf den Kriegspfad.

Aber das indianische Selbstbewußtsein erlebt eine Wiedergeburt. Nicht

Aufgehen im verhaßten Schmelztiegel, sondern Erhaltung der eigenen Überlieferung plus Anerkennung und Unabhängigkeit ist das Ziel. Dazu nehmen sie seit etwa 1964 Erziehung oder Ausbildung in Anspruch, besonders die Frauen. Die Zahl der Rothäute ist über 1 Mill. gestiegen.

Wie war bis 1850 die Eroberung des Landes durch den weißen Mann und die Bildung der USA vor sich gegangen?

Raubbau am Walde

Vor dem Eingreifen der Europäer gab es auf 43 % der heutigen Staatsfläche eine Bewaldung. Im Osten trafen im 17. Jahrhundert die englischen Siedler geschlossenen Waldgürtel an. War ein Stück ausgelaugt, stand immer neues Land etwas weiter im Westen zur Verfügung. 1685 gab es bereits Ströme, die infolge der Abholzung der Wälder trübe von Schlamm waren, die Überschwemmungen nahmen zu.
Nach dem Unabhängigkeitskrieg von 1776 erfolgte die Zeit des Landerwerbs von Frankreich, Spanien, Großbritannien und Mexiko und etwa von 1790 die Zeit der Landvergabe an Siedler. Hand in Hand mit dieser Besiedlung ging eine ungeheure Plünderung der Wälder. Rodungsfeuer verbreiteten sich über Zehntausende von Hektar. Nachdem die Neuenglandstaaten und Maine leergeschlagen waren — die Strecke zwischen New York und dem Mississippi beträgt 1500 km —, zogen Holzhauer und fliegende Sägewerke in das Gebiet der Fünf Großen Seen. Bis 1800 war auch dort das Beste verbraucht, und weiter ging der Raubzug zunächst nach Süden, wo große Sümpfe lagen.
Bis 1850 wurde die Besiedlung dieses „Mittleren Westens", des Waldlandes, bis zum Mississippi beendet.

Die Umwandlung der Naturlandschaft in eine Kulturlandschaft vollzog sich in drei Wellen. Die erste waren die schon erwähnten Waldläufer, Fallensteller (Trapper). Kehrten sie in die Siedlungsgebiete des Ostens zurück, verkauften sie ihre Jagdbeute und boten sich als Führer von Siedlern an. Diese bestanden zunächst aus einzelnen Familien. Trieben sie Ackerbau, nannte man sie Squatter, trieben sie Viehzucht, nannte man sie Ranchers. Erstere blieben in der Regel nur ein paar Jahre an ihrem Platz. Dann verkauften sie ihn an Angehörige der dritten Welle, Farmer. Diese kamen in Gruppen und legten Siedlungen an.
Alle drei Wellen zusammen schoben sich als eine Zone des Kampfes und der Kultivierung nach Westen. Diese Zone hieß die „Grenze". Die sie vorwärtstrieben wurden „Grenzer" und „Pioniere" genannt.

Am Mississippi hörte die Zivilisation auf. Hier endeten um 1850 alle Schienenstränge. Westlich davon dehnten sich die baumlosen Prärien aus und dann der

Wilde Westen!

Von ihm wußte man nicht viel mehr als von der Oberfläche des Mondes: endlose Gebiete, eine schweigende Wildnis voller unbekannter Gefahren, aber auch voller Reichtümer. Und dahinter der Pazifik,

Kalifornien,

der jüngste Teil der USA, sein Paradies, das man aber nur durch eine fünfmonatige Schiffsreise um das stürmische Kap Hoorn erreichen konnte. Wenn man es überhaupt erreichte.

„Westward ho! Go west!" Auf zum Westen!

Seit den ersten Goldfunden in Kalifornien im Jahre 1848 begann der Aufbruch zum Westen.

Bevor aber die Abenteurer das Ziel ihrer Sehnsucht erreichten, mußten sie die weite Prärie, ein Hochgebirge, eine Wüste und wieder ein Hochgebirge überqueren.
Was erwartete die Wagemutigen?
Unmenschliche Strapazen, Tod durch Klapperschlangenbisse, Tod unter umstürzenden Wagen, Tod durch Indianerpfeile, Tod durch Erschöpfung, Hunger und Durst, Tod durch Hitze und durch Kälte, Verstümmelung und Siechtum, Absturz von himmelhohen Bergwänden in abgrundtiefe Schluchten, Ersticken in Sandstürmen, Skalpiertwerden, Marter, Wahnsinn, Wölfe, Skorpione, Vogelspinnen, Pumas, Büffel, giftige Quellen.

Nach dem Bürgerkrieg (1861—1865) ergoß sich eine neue Flut von weißen Kolonisten in den Westen.

Dennoch: Gottes Land, Gottes eigenes Land!

Das gewaltige Abenteuer begann, als man versuchte, den Westen durch die Eisenbahn zu erschließen.

Raubbau an den Prärien

Furchtbar hauste der weiße Mann, insbesondere zur Zeit der großen Bahnbauten (etwa 1860—1880 vom Mississippi bis zum Pazifik), unter den mannigfachen Wildbeständen des Graslandes (ungefähr westlich des 100. Längengrades, von der dreifachen Größe unserer Bundesrepublik). In wenigen Jahren waren die riesigen Bisonherden (ungefähr 30 Mill.) fast ausgerottet. Die einzige in den USA noch vorhandene und unter staatlichen Schutz gestellte Herde (800 Tiere) befindet sich im Y e l l o w s t o n e -Nationalpark. Außerdem werden hier Elche, Wapitis, Steinböcke, Biber und Grizzlybären geschützt.

In dem 8904 qkm großen und sich im Nordwesten der USA in 2000 m Höhe in den Rocky Mountains befindlichen Park, entstanden durch Vulkanausbrüche und später von Eiszeitgletschern geformt, liegen vereiste Wasserfälle, 10 000 heiße Quellen und dampfende Geysire dicht nebeneinander. Der größte Geysir ist der Old Faithful Geyser. Pünktlich im 65-Minuten-Abstand wirft er 50 000 Liter siedendheißer Wassergarben 40—50 m hoch, die dann vom Firehole River (Feuerloch-Fluß) mitgenommen werden. Es gibt aber auch grauenhafte Schlammquellen. Hier bilden sich schmutzige dampfende Blasen, die oft durchbrennen und schlammiges Wasser abwerfen. Es mutet an, als wolle sich der Kopf eines Verdammten aus dem Pfuhl emporarbeiten.

Von 3 Mill. Indianer-Pferden (Mustangs) blieben nur 17 000 im Westen der USA übrig. Und auch diese wären noch ausgerottet worden, wenn nicht Amerikas Kinder 1971 den Mut zum Protest aufgebracht hätten. Die erbar-

mungslose Jagd (Hundefutter) geht zwar weiter, doch wurden einige Wildpferde-Schutzgebiete eingerichtet.
Da in den Prärien auch große Brände das Wild vernichteten, waren die Prärien frei für die großen Rinder- und Schafherden der Viehzüchter. Als aber die Herden immer noch größer wurden, wurde die Grasnarbe übermäßig beansprucht, besonders durch die Schafe. Die Fruchtbarkeit ließ nach, und die Farmer trieben in ihrer Verzweiflung ihre Tiere schon zur Zeit des jungen Graswuchses aus, vermehrten aber den Schaden, da sie dadurch die zu dieser Zeit noch empfindliche Grasnarbe zerstörten. Das früher gute Futter blieb aus, der Boden wurde kahl, verlor seinen Halt, und schon gegen Ende des vorigen Jahrhunderts waren 50 % der Prärie durch Erosion geschädigt.
Trotz dieser schlimmen Erfahrung und Warnung fing man während des Ersten Weltkrieges im Streben nach noch besserer Ausnutzung des Bodens an, das Grasland umzupflügen und mit Weizen und Baumwolle zu bestellen. Von 1914 bis 1934 wurde der Weizenbau in den „Großen Ebenen" verdoppelt.

Ein Aufstand der mißhandelten Natur

Aber dieser Raubbau war noch schlimmer als die Überbeweidung und rächte sich bitter. Ohne Grasnarbe und Buschwerk trocknete der Boden aus. Die schwachen Wurzeln der Weizenstoppeln vermochten ihn nach der Ernte nicht zu binden. Wind wirbelte den losen Boden weg. Gewittergüsse spülten ihn fort.
Der erste Staubsturm überfiel im Jahre 1912 das Gebiet von Thomas Counts in Kansas.
Der 12. Mai 1934 war buchstäblich der „schwärzeste Tag" im Farmerleben der mittleren Weststaaten der USA. Ein furchtbarer Sturm mit der Geschwindigkeit von 100 km in der Stunde verfinsterte den Himmel über weiten Gebieten der nordöstlichen Staaten, und diese schwarzen Wolken trugen den Mutterboden aus den mittleren Südweststaaten in weite Fernen. Der tödliche Staub drang durch Doppelfenster, in verschlossene Eisschränke, in jedes Haus vom Keller bis zum Dach. Die Nahrungsmittel wurden sauer und vergoren. Wer Metall anrührte, bekam einen elektrischen Schlag. Eisenbahnen und Autos mußten helfen. Der Boden war knietief mit Staub bedeckt, die Ernte, das Vieh vernichtet. Man schätzt, daß dieser erste Staubsturm 300 Mill. t fruchtbaren Bodens aus dem Gebiet der Großen Ebenen bis zum Atlantik, also über 1500 km, hinwegführte.

165 000 bis dahin durchweg reiche Farmer mußten mit ihren Angehörigen Haus und Hof verlassen. Die meisten von ihnen suchten unter unglaublichen Entbehrungen und Enttäuschungen kümmerliche Beschäftigung als Gelegenheitslandarbeiter in den Pflanzungen Kaliforniens.
(Ihre mannigfachen Leiden schildert John Steinbeck in dem vielgelesenen Roman „Früchte des Zorns", Diana-Verlag, Konstanz.)

Dieser Sturm entblößte nicht nur die Äcker des Westens von der Ackerkrume, sondern verschüttete auch die Ländereien, auf denen der Staub schließlich niederfiel. Entwässerungsgräben wurden zugeweht, die Wiesen bedeckten sich mit braunem Staube, so daß das Vieh oft an den mitgefressenen Sand- und Erdmengen zugrunde ging. An manchen Stellen wurden Häuser unter Flugsand von 4 bis 6 m begraben.
In der Trockenzeit bis zum Jahre 1940 wiederholten sich die Bodenverwehungen durch gewaltige Sandstürme. Sie griffen auch auf das Felsengebirge und die nordöstlichen Mittelstaaten über.

Jetzt erst beachteten die Amerikaner die Warnung der Natur. Man begann Erhebungen anzustellen und fand, daß in den USA eine Million qkm einst fruchtbaren Bodens Opfer der Wind- und Wassererosion geworden waren, das ist ein Land von mehr als der vierfachen Größe unserer Bundesrepublik.

Nun wurden

Großzügige Planungen

zur Rettung des entblößten und zur Wiederherstellung des zerstörten Bodens ausgearbeitet.
Etwa dem 90. Längengrad entlang läßt man bis nach Texas im Süden einen Waldgürtel entstehen, 161 km breit und 1600 km lang.

Von der Bebauung riesiger Flächen ist man abgekommen und bebaut nur schmale Streifen mit der gleichen Frucht, so schmal, daß die Anwendung von Maschinen eben noch möglich ist. Winterfrucht neben Sommerfrucht, Dauerpflanzen, wie Klee und Alhalfa-Gras (Kleeart), stehen zwischen einjährigen Pflanzen. So verteilen sich die Bearbeitungszeiten über das ganze Jahr. Niemals werden gleichzeitig große Flächen umgebrochen. Dadurch wird das lawinenartige Anschwellen der Sandverwehungen großer einheitlicher Felder verhindert.
Das beste Beispiel zweckmäßiger und erfolgreicher Bodenbearbeitung ist das Trockenfarmen. Man pflügt tief, stets über 30 cm. So kann der Boden möglichst viel Niederschlag speichern. Mit dem Furchenpacker werden die tieferen Schichten zusammengedrückt, um das Aufsteigen des Grundwassers zum Saatbeet zu ermöglichen. Die oberste austrocknende Bodenschicht aber wird vor der Saat und auch noch während des Wachstums wiederholt fein zerkrümelt. Dadurch unterbindet man den Wasseraufstieg zur Oberfläche und setzt die Verdunstung herab. Nach der Ernte und während der Brache wird der Boden dauernd locker gehalten, um jeden Regen eindringen zu lassen und auszunutzen.
Man pflügt nicht mehr in geraden, sondern in gekrümmten Furchen mit wechselnden Richtungen. Auch Obstbäume beginnt man in kurvenförmigen Reihen anzupflanzen. Dadurch sowie durch den Bau von Terrassen (mustergültig ausgebaut in unseren Weinbergen) werden gleichfalls Windströmungen gebrochen, und das Auswaschen wird verhindert.
Kleine Flüsse oder Bäche, die sich schlängelnd durch das Land bewegen, werden nicht begradigt.
Im Gesamtgebiet der USA hat man in einzelnen Gegenden begonnen, Saatgetreide und Düngemittel durch Flugzeuge auszustreuen. Den Grassamen mischt man mit Sand, damit er schwer wird und regelmäßig herabfällt. Über die Wüsten streut man durch Flugzeuge Kapseln aus, die den Keim eines Hartgrases, eingebettet in feuchten Dung, enthalten. So wird die junge Pflanze mit Nahrung und Feuchtigkeit versorgt, bis sie Wurzeln in die Erde getrieben hat. — Ebenfalls siedelt man mit Hilfe von Flugzeugen Biber in trockenen Gegenden an. (Siehe „Kanada".)

Die Biber suchen ihre Bauplätze an kleinen Wasserläufen und Nebenflüssen. Sie fällen Bäume, wie etwa Weiden, Erlen, Pappeln und Espen. Die Rinde dient als Nahrung. Bäume von wirtschaftlicher Bedeutung werden normalerweise nicht gefällt. Ihre fünffingerigen Greifhände verflechten die Holzblöcke mit schweren Steinen, und zwar mit Hilfe von Zweigen, die sie zu diesem Zwecke am Stamm belassen haben. Die Dämme — bis zu 200 m lang, 6 m hoch und 3 m dick — verlangsamen die Strömung und stauen das Wasser bei Überschwemmungen wie die von Menschen geschaffenen Staudämme. Durch das Regulieren des Staudammes erreichen es die Biber, daß ihre Nester immer über der Wasseroberfläche liegen. Farmer unterhalb haben das ganze Jahr hindurch Wasser für Bewässerung. Fische und Wasservögel siedeln sich wieder an. Vom Grunde des Teiches befördern die Biber große Mengen Schlamm nach oben zum Dichtmachen ihrer Bauten und zur Befestigung des Dammes, der nie bricht. Dieses stete Durcharbeiten des Teichgrundes bildet die Vorbedingungen für ein üppiges Gedeihen der Wasserpflanzen. Im Herbst fressen die Biber die mit Samen gefüllten Schoten der Wasserlilie. Dadurch, daß sie die Samen mit der Verdauung an einer anderen Stelle abgeben, sorgen sie für die Verbreitung der Pflanze. Wenn dichtstehende Bäume, die keine Sonnenstrahlen auf die Erde durchlassen, gefällt werden, schießen saftige Gebüsche aus dem verkümmerten Boden hervor, die Heimat und Nahrung für andere Arten bilden. Zu viel gefällte Bäume ebenso wie die von den Stürmen entwurzelten vermodern allmählich zu Humus. Wenn nicht der Mensch den Tod in die Wildnis trägt, stirbt sie nie, sondern erneuert sich immer wieder aus sich selbst.

Schließlich verlandet der Teich, und der Grabewuchs setzt ein. Es bildet sich eine fruchtbare, saftige Wiese. Die entstandene Bodenschicht ist manchmal $1^1/_2$ m dick. Außerdem drücken die Biberteiche sozusagen mehr Wasser in den Boden und heben dadurch den niedrigen Grundwasserspiegel ihrer Umgebung. Nadelhölzer mit ihren flachen Wurzeln werden zurückgedrängt, und Laubbäume können Fuß fassen.

In Jahrtausenden entstanden auf diese Weise in Nordamerika — und in Europa und Nordasien — riesige Gebiete fruchtbarsten Bodens und Weidelandes.

Leider rottete der Mensch wegen der Felle den Biber weithin aus. Allein die Hudson Bay Company kaufte von 1853 bis 1877 über drei Millionen Biberfelle an. (Siehe „Kanada".)

Flüsse werden „mit Rüstungen versehen" (to harness)

Manche Flüsse sind ebenso verheerend wie der Wind. Von allen Schauspielen, die Amerika der Welt bietet, ist das eindrucksvollste der Kampf gegen seine großen Flüsse.

Der T e n n e s s e e (ungefähr östlich der Stadt Memphis am Mittellauf des Mississippi) war eine Landplage. Sein 1600 km langer Lauf mit unzähligen Klippen und wandernden Sandbänken war für jede Schiffahrt ungeeignet. Seine H o c h w a s s e r kamen ganz plötzlich und hatten eine schreckliche Wirkung. Der Mensch floh aus dem Tal, aber das Wasser stieg die Abhänge hinauf, riß die Ackerkrume mit sich und vermehrte dadurch den Schlamm des Mississippi. Das Gebiet ist so groß wie Großbritannien.

Im Umkreis von 12 km wurden herrliche W ä l d e r g e f ä l l t und als

Brennstoff für Kupferschmelzöfen verwandt. Die Schwefeldämpfe zerstörten die verbliebene Schicht fruchtbarer Erde. Das tote Land, seines Schutzes durch Gras und Bäume beraubt, wurde von den Regengüssen unbarmherzig zerrissen.

Heute sind die Dämpfe unschädlich gemacht. 18 große Staustufen wurden gebaut. Für 1965 ergab sich eine solche Steigerung der elektrischen Kraft, daß sie einen Bereich von 200 000 qkm versorgt. Industrie und neue, blühende Farmen entstanden, Handel und Verkehr belebten sich. Die Aufbauarbeiten im Tennesseegebiet sind vielleicht das größte amerikanische Friedenswerk des 20. Jahrhunderts. Hier wurde zum erstenmal ein Fluß von der Quelle bis zur Mündung gebändigt.

Der Columbia und seine Nebenflüsse im Nordwesten (in den Staaten Oregon und Washington) werden von den feuchten Winden des Stillen Ozeans und von den großen Schneeschmelzen angefüllt. Der Columbia-River ist, was seine Leistung und seine Gewalt anbetrifft, der zweite Fluß der USA. Durch seine landschaftliche Schönheit ist er vielleicht sogar der erste. Dazu gibt es auf der ganzen Erde nur wenige Gebiete, die so rasch bevölkert, umgewandelt und reich geworden sind wie die am Columbia. Durch diese Industrialisierung aber wird ein lebendes Naturwunder verdrängt.

Der Instinkt, der die Lachse (Salme) zum Eierlegen an ihren Entstehungsort im Gebiet des oberen Columbia zurücktreibt, unterhält eine der Hauptindustrien des Nordostens, den Fang und die Konservierung der Fische. Aber zwei Drittel der Laichbäche, die von den Lachsen vor 1883 aufgesucht wurden, sind verschmutzt oder verstopft. Da mit einer Lieferung von 46 Milliarden kWh zwanzig neue Stauwerke, denen Fabriken folgen, gebaut sind oder geplant, sind die Salme zum Tode verurteilt. (Am Ende der Laichung verenden die Tiere infolge Arteriosklerose. Bei jenen Tieren, denen die Rückkehr ins Meer gelingt, kommt es zur Rückbildung der gefährlichen Gefäßveränderungen.)

Der Missouri

Der größere Teil der „Großen Ebenen" wird von diesem unberechenbarsten Flusse Amerikas durchflossen. Seine vier Nebenflüsse sind noch schlimmer. 100 Mill. t Erde schwemmt der Missouri jährlich weg. Der Kampf mit ihm ist außerordentlich vielseitig. Sein Gebiet umschließt ganz oder teilweise 10 Staaten. Bei manchen handelt es sich darum, daß sie nicht austrocknen und bei anderen, daß sie nicht überschwemmt werden. Bei allen muß dafür gesorgt werden, daß sie eine planmäßige Wasserzufuhr, Bewässerung und elektrischen Strom erhalten.

1958 waren fünf große Talsperren vollendet, die aus dem wilden Fluß eine Treppe mit weit auseinander liegenden flachen Stufen gemacht haben. Die mehrere Kilometer dicken Dämme werden durch 27 Hilfsanlagen ergänzt. Riesenschläuche aus Synthesegummi haben sich seit 1957 bewährt. Sie sind billig, langlebig und vielseitig verwendbar. Sie können bei Flußregulierungen, als Stauwehr für künstliche Bewässerungsanlagen, zur Anlage von Fischteichen und von künstlichen Seen in Erholungsgebieten eingesetzt werden.

Äußerst wirkungsvolle Bewässerung in Kalifornien (22 Mill. Einw.).

Regen fällt im Sommer wenig. Die rauhen Winde und die Regenwolken des Stillen Ozeans werden von einer Gebirgskette abgehalten. Im Winter aber gibt es in der Küstengegend recht erhebliche Niederschläge und im Gebirge — in der kalifornischen Sierra — besonders reichliche Schneefälle. Die Schneeschmelze speist zahlreiche Flüsse, besonders im nördlichen Teil Kaliforniens, wo es keine Wasserknappheit gibt.

Die Sonne scheint das ganze Jahr hindurch. Erst durch die künstliche Bewässerung wurde Kalifornien zum Obstgarten der USA, besonders durch Umleitung der Flüsse Sacramento und San Joaquin im Central-Tal (etwa 800 km lang und 80—100 km breit). Die Früchte reifen wie im Paradies.

Die Kosten der Bewässerungsanlagen hatten sich anscheinend gelohnt, wenn man bedenkt, daß man heute in manchen Gebieten, die vor kurzem noch Wüste waren, im Jahr zwei und drei Ernten einbringt. Außer dem Central-Tal wurden noch Imperial- und Coachella-Täler bei der Mündung des Colorado bewässert. Kalifornien steht an Ausdehnung an dritter, an Bevölkerungszahl mit 22 Mill. Einwohnern sogar an erster Stelle der Staaten der USA.

Aber im Süden haben die seit Jahrzehnten in schnellstem Maße zunehmende Bevölkerung, die Anlage gewaltiger Industriemittelpunkte, die mit der Bewässerung der größten Obstplantagen der Welt verbundenen Brunnen- und Tiefbohrungen eine sechsfache Steigerung der Grundwasseranzapfung mit sich gebracht. Dadurch liegt heute in Long Beach der Grundwasserstand schon 20 m unter dem Meeresspiegel. Seit 1940 machen sich hier beträchtliche Bodensenkungen bemerkbar (bis zu 9 m). Als Gegenmaßnahme wird seit 1958 Wasser unter hohem Druck in den Untergrund gepreßt. An einigen Stellen dringt das Salzwasser in den Untergrund und macht das Trinkwasser ungenießbar.

Darum muß in großen Teilen Südkaliforniens Trinkwasser künstlich herbeigeschafft werden. Los Angeles z. B. bekommt täglich fast 5 Milliarden l vom Hoover-Damm (= Boulder-Damm), 390 km entfernt. Ferner will man den Wasserüberschuß Nordkaliforniens und der Sierra für Südkalifornien nutzbar machen. Im Jahre 1980 sollen mit einer Leitungslänge von 1000 km 175 cbm/s geliefert werden. Die Menge soll bis 1992 auf 700 cbm/s gesteigert werden = 600 Mill. cbm täglich. Von Naturschützern ist das Vorhaben heftig umstritten. Aber Pläne, vor Los Angeles Meerwasser in großen Mengen zu entsalzen, werden vorläufig der Kosten wegen nicht verwirklicht.

Doch heute bedrohlicher landwirtschaftlicher Rückgang in Kalifornien. Der mächtige Colorado erhält durch Nebenflüsse Salz aus trockenen Gebieten zugeführt. An dem Punkt, wo er angezapft wird, um in dem 125 km langen „All American Canal" Wasser in das Imperial Valley zu bringen, enthält er doppelt so viel Salz wie die Vorschriften des Gesundheitsdien-

stes für Trinkwasser zulassen. Heute liegen Tausende von ha Land wieder brach. Es würde Milliarden Dollar kosten, um den bedrohten Garten Eden zu erhalten. Wahrscheinlich aber wird das Gebiet im Jahre 2000 wieder Wüste sein.
In Süd-Kalifornien hängt der Smog seine Schleier über das Meer und die Berge. Er erreicht oft eine Höhe von 1500 m. Man kann nirgends mehr dem Verkehr entfliehen. Die großen Straßen zerschneiden Städte, Dörfer und Landschaft. Die Meeresstrände und die Berge sind zu übervölkerten Campingplätzen entwertet. Die Naturschutzparks werden von motorisierten Ausflüglern überrannt. Fruchtbare Farmgebiete sehen ihre Saaten im Smog verwelken. Ganz plötzlich ist die ständige Bevölkerungszunahme ins Gegenteil umgeschlagen. 1969 sind allein von Los Angeles 2000 Menschen fortgezogen, 1973 sogar 40 000. Allerdings ist der Wille zu Gegenmaßnahmen stärker als in den restlichen USA. Dies zeigte sich u. a. bei dem Streit um die größte Sehenswürdigkeit Kaliforniens,
alte Bäume am Westhang des Kalifornischen Berglandes. Ihr Holz brennt und fault nicht. Bakterien und Insekten können ihnen nichts anhaben. 17 allerdings nur 12 m hohe Borstenzapfenkiefern sind über 4000, die älteste etwa 4600 Jahre alt. Die Sequoia gigantea dagegen zählt „nur" 2000 bis 4000 Jahre. Dieser Mammutbaum erreicht bei einem Umfang von 30 m Höhen bis zu 123 m. An die nicht in staatlich geschützten Gebieten stehenden Bäume dieser Sequoienart legten Holzfäller in den letzten Jahren Sägen und Äxte an. Damit begann ein Kampf. Naturfreunde fordern einen Nationalpark. Sie sind der Meinung, daß die Bäume nicht nur aus Ehrfurcht und Bewunderung, sondern auch aus praktischen Gründen geschützt werden sollten. Es hat sich nämlich gezeigt, daß in abgeholzten Gebieten heftige Regengüsse das Erdreich wegschwemmten, so daß keine Aufforstung mehr möglich war. In das Antilopen-Tal, 80 km von Los Angeles entfernt, strömt seit 1974 eine neue Einwanderungswelle. 100 m unter der Erdoberfläche gibt es Wasser genug.

Der Westen außer Kalifornien
Neues Leben im sogenannten dritten Wüstengürtel der Erde

Die erste Atomexplosion im Juli 1945 in Los Alamos war der Startschuß für die Entwicklung. Uransucher folgten den Physikern in die Wüste und entdeckten in Neu-Mexiko zwei Drittel aller Uranvorräte der USA. Später erkannten die Raketen- und Weltraumforscher die Vorzüge dieses menschenleeren Raumes, wo nur 4 Menschen auf dem qkm leben und 300 Tage im Jahr die Sonne scheint. Der modernen Forschung zogen die ihr verwandten *Industrien* nach. Eine Anzahl anderer wertvoller Bodenschätze wurde gehoben. Durch den Bevölkerungszuwachs lohnt sich neuerdings in steigendem Maße die Erzeugung von Verbrauchsgütern, und die *Landwirtschaft* wird zu Ertragssteigerung und zur Erschließung von Neuland angeregt.

Das Zaubermittel im Südwesten ist Wasser

Die jährliche Regenmenge liegt unter 50 cm, wobei der Regen meist in Form von Wolkenbrüchen niedergeht und in Sturzfluten schnell wieder abläuft. Der einzige nennenswerte Wasserlieferant ist der 2700 km lange Colorado River. Nachdem er den Grand Canyon durchflossen hat, wird er erstmals in den Rocky Mountains angezapft. Über einen die Wasserscheide überspringenden Aquädukt beliefert er die Städte Denver und Fort Collins mit Wasser. Nachdem sich weiter flußabwärts Arizona, Utah und Nevada bedient haben, versorgt er Südkalifornien (siehe vorige Seite). Ein weiteres Sechstel geht über einen anderen Bewässerungskanal nach Arizona. Der schmale Rest verbleibt den Mexikanern, die den Colorado am Morales-Damm ein letztes Mal stoppen. Hier aber ist der Salzgehalt unerträglich hoch geworden.

Die Sorgen werden noch größer, wenn in den Rocky Mountains im Quellgebiet des Colorado mit dem Abbau von riesigen Ölschiefervorräten begonnen wird. Dann wird dort nach kurzer Zeit ein gewaltiger Bevölkerungszuwachs eintreten. Den entsprechenden Mehrbedarf an Wasser kann der Colorado nicht mehr verkraften.

Nun spricht man von einem Wasserverbundsystem, das als riesenhaftes Kanal- und Rohrnetz den Raum zwischen Atlantik und Pazifik, zwischen Alaska und dem Nördlichen Eismeer bis hinunter zum Golf von Florida und bis Nordmexiko überspannen soll.

Dieser „Nawapa"-Plan soll in 30 Jahren ausgeführt sein. Ist dieses Urteil nicht etwas vorschnell?

Das Leben in Westamerika immer noch ein Wagnis!

Der Wilde Westen (einschließlich der Prärien und Texas) wurde, wie geschildert, mit unmenschlichen Strapazen, mit Blut und Krieg erobert. Nach wie vor ist das Leben hier ein ständiger Kampf mit einer feindlichen, ungebändigten Natur. (Siehe auch Nationalparks, besonders den Grand Canyon in Arizona. In der Colorado-Hochebene schnitt das Wasser in Mill. von Jahren ein Tal von 350 km Länge, 6,5 bis 29 km Breite und 1800 m Tiefe aus, wodurch früheste Schichten der Erdentwicklung freigelegt wurden. Der Wind half dabei mit. Wir haben hier einen Fall, daß eine Landscholle, über die ein Fluß hinwegfließt, sich zu heben beginnt. Der Fluß bleibt immer auf gleicher Höhe. Steigt das Land rasch, entsteht eine tiefe Schlucht. Erfolgt die Hebung langsamer, entsteht ein breiteres Flußbett, wie etwa das Rheintal zwischen Bingen und Koblenz. Hier ist der Fluß also älter als die Felsen zu beiden Seiten.)

Westamerika ist ein Land der Heuschrecken. In dem einen Jahr ist günstige Witterung. Im nächsten Jahr fällt kein Tropfen Regen, und die Sonne ist nur eine grünlich fahle Scheibe über einer vielleicht 5000 m hohen

Staubwolke. Und diese klimatischen Schrecken sind vielerorts verstärkt durch menschliche Schuld. Vor hundert Jahren wurden die mächtigen Bergwälder der Rocky Mountains rücksichtslos abgeholzt oder abgebrannt. Gewaltige Wassermassen, bisher von den Wäldern gebunden, kamen nun als Überschwemmungen über das Land östlich der Berge. Stürme (von Norden vorstoßende Blizzards) und Tornados konnten sich viel heftiger auswirken, seitdem das Grasland entblößt wurde.

Von den Staaten des Westens ist Texas (dreimal größer als unsere Bundesrepublik, 7,5 Mill. Einw.) wegen seiner Getreidefelder, Baumwollplantagen, Viehherden und seines Erdöls der bedeutendste. Aber mit seinem Nachbarn Nevada steht Arizona im wirtschaftlichen Aufstieg verhältnismäßig vor allen anderen Staaten der USA. Hier läßt sich heute noch begreifen, was früher so gern gesagt wurde: „Land der unbegrenzten Möglichkeiten".

Kalifornien kann man heute wohl hinsichtlich Gesellschaft, Politik, Klima und Bevölkerungsdichte als den „Milden Westen" bezeichnen.

Im übrigen aber bestimmen bis heute Erbarmungslosigkeit der Natur, härtester Einsatz und Glück den Lebenskampf im Westen. So waren die USA zu allen Zeiten

keineswegs ein Land der unbegrenzten Möglichkeiten!

Durch die Mißhandlung der Schöpfung wurde dieses Glücksspiel noch viel gefährlicher.

Die Armut des Südens,

vor allem im mittleren Süden (in den Staaten Kentucky, Tennessee, Arkansas, Louisiana, Mississippi, Alabama), hat ihre Hauptursache in der ländlichen Überbevölkerung. Während im Nordosten die Industrie sich mehr und mehr entfaltete und im Nordwesten die Besiedlung vorrückte, bildete im Süden der Großgrundbesitz mit Monokulturen den beherrschenden Wirtschaftsanteil. Beinahe die Hälfte der Farmer (einschließlich der Landarbeiter) lebten im Süden auf weniger als 15 % des bebauten Bodens der USA, erzeugten aber kaum 10 % des Wertes aller amerikanischen Ernten. Tabak und Baumwolle (Monokulturen) saugten Jahr für Jahr den Boden aus.

Trotzdem weisen sie einen verblüffenden Unterschied auf. Der Tabak — in Georgia, Carolina und Virginia — gewährt einen verhältnismäßigen Wohlstand, während die Baumwolle gleichbedeutend ist mit Not und Elend. Früher ermöglichte sie allerdings ein prunkvolles Leben. Aber dieser Reichtum einer kleinen Minderheit beruhte in Wirklichkeit auf der Arbeit der Sklaven. „König Baumwolle" wurde zum Hungerleider, als er sich von den Riesenplantagen zu den unbedeutenden Pachtgütern herablassen mußte. Sachverständige der Landwirtschaft sind der Ansicht, die Baumwolle sei für die meisten Gebiete des Südens der USA völlig ungeeignet, weil die Winter dort zu kalt seien. Trotzdem stellt sie noch die Haupternte im tiefen Süden dar.

Der Süden beschränkte sich darauf, Rohstoffe für die Industrie des Nordens zu liefern.

Wirtschaftlicher Aufstieg im Süden

Nach dem Aufstieg des Westens verbessert sich auch die Lage im Süden zusehends, ungefähr von 1960 an. Ein Teil der überschüssigen Bevölkerung auf dem Lande wandert in die Städte aus, wo die Industrie immer mehr wächst. Die Landwirtschaft folgt dieser Aufwärtsbewegung, indem sie entsprechend ihre Erzeugnisse wechselt und vor allem für die Tierzucht mehr Raum schafft. Endlich ist es auch gelungen, die Baumwolle maschinell zu pflücken. Damit verschwindet der einzige Grund, der die Überbevölkerung gerechtfertigt hatte. Aber immer noch liegt das Einkommen der weißen Südstaatler 15 % unter dem Durchschnitt.

Die Negerfrage in den gesamten USA

ist zugleich zur Schicksalsfrage vieler amerikanischer Städte geworden. (Lies als Ergänzung „Städtebau und Umwelt" Seiten 47—54.)

Seit der Jahrhundertwende erfolgte eine Völkerwanderung der Neger aus den ländlichen Gegenden der Südstaaten in die Großstädte des Nordens und Westens. Nach dem Zweiten Weltkrieg bewirkte die zunehmende Mechanisierung auf den Farmen des Südens eine weitere Zunahme dieser Wanderbewegung. Die Geburtenziffern unter der schwarzen Bevölkerung stiegen. Hatten 1910 nur etwa 800 000 Neger der gesamten Negerbevölkerung außerhalb der Südstaaten gewohnt, so lebten 1967/68 in den Städten des Nordens und Westens 10 Mill. = 45 % aller Neger der USA.

In den Großstädten ließen sich die Neger — wie andere Einwanderungsgruppen auch — in den ältesten und billigsten Wohngebieten nieder. Aber die weißen Einwanderer zogen, sobald sie mehr Geld verdienten, in die Vororte.

Die Neger jedoch mit ihrer unzureichenden Schul- und Berufsausbildung verdienten wenig, viele waren arbeitslos. Da sie nicht die Mittel besaßen, um die Stadt zu verlassen, sahen sie sich in einem zunehmend verarmten und überbevölkerten Stadtkern eingeschlossen. In Newark im Staate New Jersey z. B. stieg der Anteil der schwarzen Bevölkerung von 17 % im Jahre 1950 auf 60 % der 375 000 Einwohner im Jahre 1970. Damit verstärkte sich der bekannte innerstädtische Verfall.

Davon sind zu unterscheiden die vom Stadtmittelpunkt entfernt liegenden Slums der Farbigen. Die meisten dieser halbverfallenen Häuser gehören Weißen. Sie bekamen früher z. B. für eine Wohnung monatlich 100 Dollar Miete. Da die Farbigen diesen Betrag nicht zahlen können, machen die Besitzer aus einem Haus mit 6 Wohnungen eines mit 12 und nehmen von jedem Mieter 70 Dollar. Und da farbige Familien meist kinderreicher sind als weiße, wohnen plötzlich viermal so viele Menschen in diesen Häusern als früher. Sobald der Anteil der schwarzen Bevölkerung 35 % übersteigt, räumen die Weißen völlig das Gebiet. Das Elendsviertel ist vollkommen. Die 6 Millionen Analphabeten sind fast ausschließlich farbig. Das mittlere Einkommen einer schwarzen Familie erreichte 1973 nur 58 % der

Durchschnittseinkünfte einer weißen Familie. Doch finden in den letzten Jahren immer mehr Schwarze den Weg in den wohlhabenden Mittelstand. Vergessen werden darf allerdings nicht, daß den Weißen, die in gleichen oder noch schlechteren Verhältnissen leben, kaum oder gar keine Aufmerksamkeit zugewandt wird. Dazu kommen als „Thema Nummer eins" die

Folgen der Mißhandlung der Natur

Zwar besteht noch eine technisch hoch entwickelte Landwirtschaft mit Überschüssen (siehe Seite 138). Seit 1933 wurden in den USA verschiedene Programme der freiwilligen Flächenstillegung, gekoppelt mit Preisstützung und Ausgleichszahlungen, erprobt. 1971 fand man mit der Einführung einer pflichtmäßigen, pauschalen Flächenstillegung die Lösung. Diese Art der Erzeugungsbeschränkung gibt zwar den Farmern mehr Freiheit in der Anbauplanung, verstärkt aber gleichzeitig die Neigung zur Spezialisierung auf bestimmte Fruchtarten. Das wirkt jedoch den Erfordernissen der Fruchtfolge, der Boden- und Landeserhaltung entgegen. Die Gefahr epidemischer Ausbreitung von Pflanzenkrankheiten und -schädlingen wird größer, so daß der Einsatz von Pflanzenschutzmitteln verstärkt werden muß, deren Rückstände wiederum für Mensch und Tier gesundheitsschädigend sind. Ein Teufelskreis!
Außerdem begann 1950 in vielen Teilen des „Staubbeckens" wieder eine bedrohliche Dürre, die 5—6 Jahre anhielt. 1971 reifen neue „Früchte des Zorns" in den Staaten Texas, Neu-Mexiko, Oklahoma und Arizona. Viele Farmer haben die klugen Ratschläge der Regierung in den Wind geschlagen und pflügen nicht in Streifen. Trotz der Schutzbemühungen während der letzten 35 Jahre haben vorsichtige Schätzungen der Regierung angedeutet, daß jetzt nahezu zwei Drittel der 607 Mill. ha des privaten Landbesitzes (ungefähr drei Viertel der gesamten Landfläche) schutzbedürftig sind. Die Natur gestaltet gewaltsam ganze Flußsysteme neu, um mit dem überschüssigen Abflußwasser fertig zu werden. Über 200 Mill. Abflußrinnen wurden aus der Erde herausgewaschen. Unvorstellbare Mengen Ackerboden werden jährlich in die Flüsse und Wasserbecken hinaus zum Meer befördert. „Schätzungsweise 2000 Bewässerungsdämme sind unbrauchbare Ansammlungen von Schlamm, Kies und Sand." („Kann die Welt gerettet werden?" von Dr. Cole.)
Die Probleme der Luftverseuchung hängen eng mit der Menschenzusammenballung auf immer kleinerem Raum zusammen. 43 Mill. Amerikaner leben in 300 Städten, die an starker Luftverschmutzung leiden.
Jedes Jahr werfen die wohlhabenden Amerikaner auf Müllberge über 30 Mill. t Papier, 4 Mill. t. Kunststoffe, 48 Milliarden Blechdosen und 26 Milliarden Flaschen weg.
Über 90 Mill. Amerikaner trinken heute Wasser, das entweder unter der gesetzlich vorgeschriebenen Norm liegt oder von unbekannter Güte ist. Der Wasserbedarf in den gesamten USA wird sich aber bis 1980 ver-

doppeln. Viele Städte haben überhaupt keine Kläranlagen. Nahezu die Hälfte der vorhandenen Kläranlagen ist veraltet, unzeitgemäß und überholt. Das biologische Sterben des Eriesees ist wahrscheinlich nicht mehr aufzuhalten. Die gleiche Befürchtung wird jetzt auch hinsichtlich des Michigansees laut. Jeder Fluß ist bis zu einem gewissen Grade verseucht. Der 3965 km lange Missouri wird als biologisch tot aufgegeben. Wasserproben, die dem Mississippi unterhalb von St. Louis entnommen wurden, erwiesen sich als so giftig, daß selbst nach zehnfacher Verdünnung mit klarem Wasser die Fische, die in diese Mischung hineingetan wurden, in weniger als einer Minute starben.
Wenn alle Arten von Verseuchung angepackt werden sollten, könnten die gemeinsamen Aufgaben 20 Jahre lang auf nicht weniger als 10 Milliarden Dollar jährlich ansteigen. Dazu ist die

Wirtschaft der USA in schwerer Bedrängnis.

Die Zahl der Arbeitslosen steigt beängstigend. Durch die hohen Kosten des Vietnam-Krieges und die ständig steigenden Löhne sind Amerikas Waren zu teuer geworden. Wirkungsvolle Maßnahmen für den Umweltschutz werden sie noch mehr verteuern. Trotzdem hat 1973 ein zielbewußter Kampf gegen die Umweltverschmutzung, besonders gegen die Gewässer-Verseuchung, begonnen und wird von der Öffentlichkeit stark unterstützt. (Siehe auch Seite 186.) Die Kohle wird zur Hälfte im Tagebau gefördert. Man will Bestimmungen durchsetzen, wonach das Land wieder in die ursprüngliche Form, also Wälder, Wiesen oder Äcker, zurückverwandelt werden muß.
500 000 qkm brachliegende Landflächen werden wieder bebaut. Die 1262 km lange Ölleitung von der Nordküste Alaskas zur Südküste wird doch gebaut. Vor der Nordküste wurde auch Erdgas festgestellt. Andere Bodenschätze sind Kohle, Uran, Nickel, Quecksilber, Blei und Wolfram. Aber die Funde werden die letzte wahre Wildnis der USA völlig verändern. Obwohl man sich sehr bemüht, die Natur nicht zu stören, wird doch das Leben der Eskimos und Indianer ebensowenig verschont bleiben wie das der 400 000 Rentiere, der Grisly- und Eisbären, der Lemminge, Wölfe und Arktis-Füchse.

Kanada

(10 Mill. qkm, größer als die USA, 21 Mill. Einw., davon 8 Mill. britischer, 5 Mill. französischer, 1 Mill. deutscher Herkunft)

Prärien

Kanada hat an den Provinzen Manitoba, Saskatchewan und Alberta denselben Frevel verübt wie die USA. Sie waren bis in die jüngste Zeit Monokulturen für Weizen.
Zwischen 1932 und 1938 gab es neun aufeinander folgende Trok-

kenjahre. Eisige Stürme und heißer Staub machten das Leben schwer. Es fehlte immer mehr an Menschen. So wurde ein Drittel des Weizenlandes, besonders im Süden, fast wieder zur Wildnis.
Erst seit ungefähr 1940 sucht man durch Windschutz die Bodenabtragung zu verhindern. Eine neue mit Stahldornen besetzte Ackerwalze löchert die Felder, so daß die Feuchtigkeit im Boden zurückgehalten wird. Schlechtere Böden verwandelt man in Grasland und erschließt statt dessen Getreideland im Norden. Sommerbrache erhöht die Bodenfeuchtigkeit und vermindert die Dürregefahr. Nach der ersten Weizenernte wird im Juli Hafer gesät. Bis zum Eintritt des Frostes wird das Land mit Vieh beschickt, um im Frühjahr des nächsten Jahres wieder umgepflügt und mit Weizen bestellt zu werden. Nach dem Zweiten Weltkrieg setzte man in besonders bedrohten Gebieten Tausende von Bibern aus.
Die Eroberung Kanadas begann in der 2. Hälfte des 17. Jahrhunderts, und zwar friedlich durch Pelzjäger und Pelzhändler (Hudson Bay Company), manchmal allerdings auch mit Betrug (Feuerwasser). Auf den weitverzweigten Wasserwegen mit ihren Stromschnellen und Wasserfällen war das leichte indianische Kanu das ideale Beförderungsmittel. Heute werden die Ebenen planmäßig industrialisiert. Nach Schätzungen von Fachleuten können in Alberta 1,1 Milliarden t Öl gefördert werden. Infolge der abgeschiedenen Lage wird es allerdings erst jetzt wettbewerbsfähig, ebenso die Ölsandvorkommen. Im Norden von Saskatschewan wird Uran in riesigen Minen zutage gefördert.
Die Prärien gehören zum Hauptsiedlungsland, dem etwa 200 km breiten Streifen entlang der amerikanischen Grenze, wo mehr als die Hälfte der 21 Mill. Kanadier wohnen. Das fruchtbarste Gebiet davon ist das

Sankt-Lorenz-Tiefland.

Es erstreckt sich über den Süden des Landes Quebec und seines Nachbarlandes Ontario. Die Nähe der großen Seen gestaltet sein Klima angenehm. Pfirsichwälder, Tabakpflanzen und Weinreben gedeihen hier.
Abfluß der fünf Großen Seen, deren Gesamtfläche etwa unserer Bundesrepublik entspricht, ist bei dem Ontariosee der Sankt-Lorenz-Strom. Auf ihm kamen einst die Entdecker und Eroberer ins Land. In seinem Bereich liegen die industriellen Ballungsgebiete um Toronto und Montreal. Durch gemeinsame Arbeit mit den USA wurde er in sechs Jahren zur größten Binnenwasserstraße der Welt ausgebaut. Durch Schaffung leistungsfähiger Kanäle wurde die Verbindung zwischen den einzelnen Seen hergestellt. Nun können seit 1959 Ozeanfrachter die über 3700 km betragende Strecke vom Atlantik bis Duluth am äußersten Zipfel des Oberen Sees fahren und bis nach Chikago am Michigansee. Sechzehn Schleusen heben sie dabei bis auf eine Höhe von 183 m über dem Meeresspiegel. Kanada steht an der Spitze des Frachtverkehrs.

Doch sank 1969 die beförderte Tonnage um fast ein Zehntel, dafür stiegen die Schulden der Seeweg-Gesellschaft. Das einstige „Wunderwerk der Technik" ist durch die Entwicklung zu Großtankern und Frachtern teilweise überholt. Dazu kommt der scharfe Wettbewerb der amerikanischen Eisenbahn-Lobby-Gesellschaft in Washington. Ein endgültiges Urteil über die künftige Entwicklung ist sehr gewagt.

In British Columbien,

der westlichsten Provinz Kanadas, gibt es außer der Alaskastraße noch andere große Straßen. So hat diese Provinz, da in ihr auch große Vorräte an Erdgas und Erdöl festgestellt wurden, eine große Zukunft. Vor allem ist von großer Bedeutung, daß hier in Vancouver die 1962 fertiggestellte 6000 km lange Trans-Kanada-Autobahn endet. (Beginn in St. John, Neufundland.) Mit ihr ist eine Grundlage geschaffen, die Bodenschätze des Hinterlandes zu erschließen. Am Fultonfluß wurde ein künstliches Flußbett geschaffen, das 125 000 Lachsen zusätzlich Raum zum Laichen gibt.

Der größte Teil Kanadas besteht aus der

unerschlossenen Nordzone.

In den Nordwest-Gebieten leben nur etwa 42 000 Menschen: Eskimos, Indianer, Pelzjäger und ein paar Ingenieure. Hier ist das wildreichste Gebiet der Erde. Bären, Hirsche, Elche, Karibus und Rentiere sind die stärksten Vertreter dieser Wildnis. Unvorstellbare Scharen von Wasservögeln leben noch in diesem Urzustand der Erde. Bodenschätze (Erdöl, Eisenerze, Zinn, Kupfer, Tungsten und Sulfate) sind bisher unzulänglich. — In der kanadisch-arktischen Inselwelt gibt es schätzungsweise 10 Milliarden t Erdöl. Bei dem Klima und Boden (Polarklima, Vereisung, langes Winterdunkel) ist die Verkehrserschließung das Problem Nr. 1. Von der rauhen Einöde der Nord-West-Gebiete bis zur Grenze der USA sind es mehr als 3000 km. Bis 1957 gab es nur eine einzige staubige gepflasterte Straße mit Schlaglöchern. Dann wurde die erste Eisenbahn in diesem riesigen Gebiet bis zum Großen Sklavensee gebaut.

Eisenerz wird vor allem in

Labrador, der „Kältekammer" des kanadischen Nordostens,

gewonnen. Daß dies in technischer und kaufmännischer Hinsicht möglich ist, erklärt sich wesentlich durch die billige Wasserkraft. Im Inneren Labradors versetzt man Berge. Durch ein Mammutvorhaben an den Churchill-Wasserfällen wird sich ein Stausee weit über die doppelte Fläche der Niederlande ausdehnen. Der erzeugte Strom wird ein Sechstel der gesamten deutschen Stromerzeugung betragen und soll bis in das rund 2000 km entfernte New York geliefert werden. — Doch die Erde verliert wieder eines ihrer großartigsten Naturschauspiele.

Von der Gesamtfläche Kanadas sind 44 % bewaldet

Kanada liefert etwa zwei Drittel des Weltbedarfs an Zeitungspapier. Die kanadischen Wälder sind die letzten großen Nadelholzwaldungen der freien Welt, die noch eines regelmäßigen Nachwuchses fähig sind. Ihre Erhaltung ist eine der größten Aufgaben des kanadischen Volkes.

Die Süßwasser-Seen

enthalten nach groben Schätzungen mindestens ein Drittel der Süßwasservorräte der ganzen Erde. Amerikanische Ingenieure haben sogar den kühnen Plan entwickelt, das Wasser des Peace River in Britisch-Kolumbien über tausende Kilometer nach Kalifornien und Mexiko zu leiten.

VII. Afrika

Nur Ägypten und Nordafrika lange bekannt

Vor Afrika kannte man bis zum Beginn der Neuzeit nur die nach dem Mittelmeer gelegenen Teile. Ihre Reichtümer aber wurden von Nichtnegern genutzt, da hier niemals Neger lebten.

Das übrige Afrika ein schwer zu erforschender Erdteil.

Südlich der Sahara, der Libyschen und der Nubischen Wüste bis zum Fluß Limpopo liegt das eigentliche, das „dunkle" Afrika.
Die innere Hochebene ist wie hinter Festungsmauern durch Steilabfälle nach außen abgeschnitten. Wasserfälle und Stromschnellen (Senegal, Kongo, Niger, Sambesi, Nil) verhindern jedes Eindringen flußaufwärts. Es gibt viel zu wenig Buchten an den langen Küsten, die für größere Häfen geeignet sind und den Schiffen auch bei Unwetter Schutz bieten. Die Flußmündungen sind versandet, die Deltas von Wasserpflanzen verkrautet, die von Fluten umbrandeten, von Korallenbänken versperrten Küsten sind meist unzugänglich. Das sind die Hauptgründe, warum Afrika jahrhundertelang der am wenigsten erforschte Erdteil war und noch ist. Dazu kam, daß die Bewohner keine Schriftsprache hatten, keine Fahrzeuge, keine Straßen.
Die klimatischen Verhältnisse sind für Handel, Verkehr und Besiedlung ebenso ungünstig. Weder Urwald noch Wüste laden zsr Besiedlung ein, so daß nur in den Gebieten der Savannen längs der Flüsse und der Küsten die Bevölkerungszahl wachsen und verhältnismäßig dicht werden konnte. Aber siehe Flußblindheit Seite 207. Dazu kommen die außerordentliche Hitze, mancherlei Ungeziefer und gefährliche Krankheiten.
So leben in dem tropischen Afrika, obwohl es größer ist als Europa und die USA zusammen, keine 200 Mill. Menschen. (Aber über bevölkerungsexplosion in den letzten Jahrzehnten siehe einige Seiten später.)

Auch eine günstige Entwicklung der Bodenverhältnisse in

Gesamt-Afrika

(30 Mill. qkm, 260 Mill. Einw.)

ist schwierig. Eine planmäßige Zusammenarbeit ist durch die großen Verschiedenheiten hinsichtlich Klima, Bodenbeschaffenheit, Wasser- und Mineralvorkommen und schließlich der Eingeborenen selbst hinsichtlich Rasse, Kultur und Sprachen (rund 700) eine Seltenheit.
So besitzt Afrika von allen Erdteilen prozentual die niedrigste Ertragsfähigkeit. 27 % sind Vollwüste und 40 % Halbwüste und Trockensavanne.

Früher: Fast gleichbleibender Bodenertrag bei geringer Bevölkerungsdichte

Infolge der vielen Stammesfehden, des Sklavenhandels, der Krankheiten und der Unterernährung blieb die Bevölkerungszahl, ehe die Europäer kolonisierten, gering.

Jagd (teilweise sehr gefährlich), Fischfang, Viehzucht und Ackerbau lieferten die Nahrungsmittel. Von der Natur gezwungen, wanderten die Herden von Ort zu Ort. Die Eingeborenen lichteten einen Teil des Urwaldes durch Brand, aber ohne die Wurzeln zu entfernen, und bebauten ihn zwei, höchstens drei Jahre mit der Hacke (der Pflug bewährt sich in den Tropen nicht wegen der Austrocknung der Böden). Die Gemeinschaft zog dann an einen neuen Ort. Der Urwald wuchs im allgemeinen nach, wenn auch unvollkommen. Manchmal bildete sich Savanne und später Wüste. Aber bei der geringen Bevölkerung war der Bodenverlust entsprechend unbedeutend. Auch wurde nur wenig Ackerbau betrieben.

Heute: „Terre qui meurt". Afrikas Erde stirbt!

Mit dem Erscheinen der Europäer entwickelte sich Handel und eine größere landwirtschaftliche Erzeugung. Nahezu 30 % aller Pflanzen, die heute in Afrika wachsen, wurden von Sklavenschiffen aus Nord- und Südamerika eingeführt. Zu den nützlichsten dieser Pflanzen gehören Mais, Yamswurzel, Kartoffel, Cassawapflanze, Ananas, Artischocke, Erdnuß, Sonnenblume, Tomate, Vanille, Kakao und Kokosnußpalme. Es entstanden Dauerkulturen (langlebige Tropengewächse). Ihr Anbau hat ein sehr verschiedenes Gesicht. Weit verbreitet ist ihre Anpflanzung im tropischen Regenwald, der dabei nur ausgelichtet wird. Ein großer Teil des Kaffee- und Kakaoanbaues in Westafrika findet zum Beispiel in dieser Weise statt. Auch Kokos- und Ölpalmen werden häufig in den Urwald eingestreut.

Aber bei diesem Anbausystem läßt sich so gut wie nichts mechanisieren. Die Machete ist das einzige technische Hilfsmittel.

Technisch interessanter wird der Anbau von Dauerkulturen erst in Plantagen. Die Urbarmachung von Waldflächen und das Roden der Stubben und Wurzeln wird mit technischen Hilfsmitteln durchgeführt. Da auf Plantagen höhere Erträge und bessere Güte erzielt werden, geht die Entwicklung — auch wenn es sich nur um bäuerliche Betriebsgrößen handelt — eindeutig in diese Richtung (aber auf Kosten der Natur).

Am Tage hält das dichte Laubdach des tropischen Urwaldes Wind und Sonne ab und verhindert so die Verdunstung aus dem Inneren. Der Boden bleibt feucht. Bei Nacht hält es die Wärme des Tages zurück. So entwickelt sich ein Pflanzenleben von ungeahnter Üppigkeit bei immerwährendem Hochsommer. Die Bäume sind durchschnittlich 15—35 m hoch,

teilweise bis zu 60 m. Außer den Baumriesen gibt es noch Kletterpflanzen (Lianen) und „Überpflanzen".
Alles, was die Pflanzen abstoßen (Zweige, Früchte, Blätter, Saft) wird am Boden von Pilzen und Bakterien schnell befallen und zersetzt. Mit gleicher Geschwindigkeit saugen bei dem bedeutenden Wachstum die Wurzeln diese Zersetzungsergebnisse auf. (Siehe Seite 93.) Die Nährstoffe haben keine Möglichkeit, sich im Boden anzusammeln, wie es im Winter in den Laubwäldern der gemäßigten Zonen der Fall ist. Auch folgt auf die dünne Humusschicht eine feste Schicht von Eisen- und Aluminiumoxyden, die kein Wasser durchläßt.
So werden die Nährstoffe in den Pflanzen gespeichert. Das dichte Kronendach saugt auch von den stärksten Regengüssen den größten Teil auf. So nehmen die Gewächse Feuchtigkeit und Nährstoffe vor allem zwischen Boden und Baumspitzen auf. Hier hängt die verwesende organische Masse, also Humus, in dem feuchten Moder zwischen den vielen Baumwurzeln bis zu 10 m über dem Erdboden.
Deshalb sind die Böden sehr arm an Nährstoffen. Wird das Land gerodet und bestellt, ist nur wenig Humus vorhanden, selten mehr als 8—10 cm. Die alten Erdteile um den Äquator sind seit uralten Zeiten unverändert, da sie nicht von den Eiszeiten betroffen wurden. Der Lehm, der in allen Böden Grundbestandteil ist, änderte langsam seine Zusammensetzung, da er vom Regen durchspült wurde. Deshalb können diese alten Lehme in den Tropen nicht in derselben Weise wie die Lehme in unseren Breitengraden die Nahrungsstoffe der Pflanzen festhalten. Die Folge ist, daß Stickstoff, Phosphor und Kalk aus den alten Lehmböden der Tropen leichter ausgewaschen werden als bei uns. Starke Regenfälle schwemmen die wenigen Nährstoffe weg in den nächsten Fluß, zuletzt auch die Eisen- und Aluminiumoxyde. — Lehm, Kaolin und Letten sind Erscheinungsformen von Ton. Im Frühjahr 1974 wollten israelitische Bauern anstatt herkömmlicher Düngemittel Ton auf einige Versuchsfelder streuen.
Der Boden ist nun der Sonne und dem Sauerstoff ausgesetzt. Eine Reihe chemischer Verbindungen findet statt, was oft mit der Bildung einer steinharten, schlackigen Masse endet. (Laterisation = Ziegelsteinbildung). Das Bodenleben stirbt ab.
Diese Zustände treffen auch für die tropischen Urwälder in Amerika und Asien zu.
Deshalb ist der nie gedüngte Boden einer Farm nach fünf bis sechs Jahren völlig ausgelaugt. Meistens vermag der Urwald dort nicht wieder Fuß zu fassen. Wenn aber doch karger Buschwald (Sekundärwald = zweiter Wald mit einer verhältnismäßig artenarmen Tierwelt) nachgewachsen ist, wird er mitunter von den Farmern vernichtet; denn diese Arbeit ist leichter, als ein neues Stück Urwald zu roden.
Außerdem legen die Eingeborenen und die weißen Viehfarmer, um frisch nachwachsendes Junggras als Weide für ihre Herden zu haben und um das Wild zu Massenschlachtungen zusammenzutreiben, in den Savannen

und im Buschlande mit lockerem Baumbestande ausgedehnte Grasbrände an. Wenn des Gras während einer besonders guten Regenzeit sehr hoch gewachsen ist, finden die Flammen außergewöhnlich viel Nahrung und zünden auch die Büsche und Bäume an. Dann kommen viele Tiere um. Urwälder bilden sich hier nicht mehr neu. Man schätzt, daß 1 Mill. qkm der Urwälder durch Rodungen und Brände zurückgegangen sind. So schrumpften sie, augenblicklich noch so groß wie Mitteleuropa (Deutschland, Polen, Tschechoslowakei und Österreich) immer mehr zusammen. Daß die Sahara jedes Jahr weiter nach Süden und die Kalahari weiter nach Norden wächst, ist vor allem auf diese Großfeuer zurückzuführen. (Über die seit einiger Zeit sich zeigenden besonderen Schwierigkeiten siehe Seite 206.) So führt der Weg allgemein vom Urwald über die Savanne zur Wüste. (Aber auch das Unterlassen der Brände bringt Nachteile. Siehe Seite 201.)

In den Tropenwäldern müßte aber eine planmäßige Waldwirtschaft erstrebt werden. Es gibt zahlreiche, hervorragend zur Zellulosegewinnung geeignete, schnellwüchsige Weichhölzer. Dort kann von der gleichen Waldfläche nach sechs bis sieben Jahren ebensoviel Zellstoff gewonnen werden, wie in Europa nach 35 Jahren Wachstum.

In Gebieten, in denen Regen- und Trockenzeiten miteinander abwechseln, ist die Erosion besonders stark. In den trockenen Monaten tragen heftige Winde wahrscheinlich mehr Boden weg, als das Wasser bei Sturzregen, besonders in den armen Steppengebieten mit einjährigem Pflanzenanbau oder von den übermäßig benutzten Weidenflächen.

Nur an wenigen Stellen gibt es das ganze Jahr hindurch Wasser. Dadurch, daß die Tiere in der Trockenzeit in Reichweite der wenigen Wasserstellen weiden müssen, können viele von ihnen das regenlose Wetter nicht überstehen.

Eine weitere, sehr wesentliche Ursache für die zunehmende Trockenheit Afrikas ist in der übergroßen Wasserentnahme aus den ursprünglich abflußlosen Seen der innerafrikanischen Beckenlandschaften zu suchen. Gemeint sind das Kalahari-, das Kongo-, das Niger-, das Tschad-, das Weißnil- und das Viktoriabecken. In grauer Vorzeit floß das Wasser der afrikanischen Flüsse in diese riesigen abflußlosen Senken, bzw. in die dortigen Seen und Sümpfe. Oberläufe und Unterläufe — letztere mündeten in das Meer — hingen nicht zusammen. Die Unterläufe hatten aber ein sehr starkes Gefälle, dessen harte Strömung die Flußbetten immer tiefer und weiter nach dem Becken zu auswuschen, bis sie jene Flüsse anzapften, die bis dahin ihr Wasser in die großen Beckenlandschaften abgaben. So trockneten riesige Gebiete Innerafrikas in bedenklicher Weise aus.

In der Kalaharisenke sind die 1840 noch vorhandenen großen Seen und Nässegebiete völlig verschwunden. Die Nigersenke ist längst ein Teil der Sahara geworden. Der Viktoria-, Njassa- und Tanganjikasee haben schon spürbar an Größe und Tiefe eingebüßt. (Über den Viktoriasee siehe einige

Seiten später.) Ähnliches ist in dem Kongobecken zu beobachten, obwohl sich dort noch mächtige Regen-Urwälder befinden.

Der Tschadsee ist der letzte große abflußlose afrikanische Binnensee, der aber ebenfalls zusehends schrumpft, kaum noch $1^1/_2$ m tief ist und dem man nicht mehr ansieht, daß er früher fünfzigmal größer war. In das Tschadsee-Becken ergießt sich der Logone. Ihm benachbart liegt etwas tiefer der Oberlauf des Benueflusses, der ein wesentlich stärkeres Gefälle hat und heute schon Wasser aus dem Überschwemmungsgebiet des Logone abzapft. Es ist nur eine Frage der Zeit, wann der Benue alles Wasser des Logone und des benachbarten Schuriflusses zu sich herübergeholt haben wird. Als Nebenfluß des Niger wird er es dem Meer zuführen, und die Sahara wird schlagartig weiter vordringen.

Die Anopheles-Mücke, die allein für die Übertragung der Malaria verantwortlich ist, wurde inzwischen gegen die meisten Insektenvertilgungsmittel unempfindlich. So sind trotz der gewiß bemerkenswerten Erfolge noch über eine Milliarde Menschen von der Malaria bedroht, besonders in Afrika und Südamerika. Die Tsetse-Fliege, die Geißel Afrikas, überträgt die Schlafkrankheit auf Menschen und auf Säugetiere. Die Rinder werden dadurch furchtbar heimgesucht. Ihre Krankheit (Nagana) beherrscht zur Zeit auf 10 Mill. qkm fast das gesamte tropische Afrika und breitet sich von Jahr zu Jahr über weitere große Gebiete aus. Ohne die Tsetse-Fliege könnte der Rinderbestand Afrikas verdoppelt werden. (Daß es aber vorteilhafter ist, die immunen Wildtiere zu bevorzugen, wird auf den folgenden Seiten dargelegt.)

Die Unterernährung, bedingt durch Mangel an Fleisch und Milch, nimmt den Menschen ihre Kraft; außerdem macht die Schlafkrankheit sie stumpf und teilnahmslos. Sie werden allerdings, wenn sie es zulassen, seit Jahren dagegen geimpft.

Immer mehr werden Flüsse, Kanäle und Seen in den Tropen, auch in nicht afrikanischen Ländern, von wuchernden Wasserpflanzen bedroht. Besonders verhängnisvoll rasch vermehrt sich die blaue Wasserhyazinthe (Eichhornia cnessipes). Aus ihrer amerikanischen Heimat wurde die „blühende Pest" nach Australien und Asien verschleppt und 1947 auch im Sudan festgestellt. Unkrautvertilgungsmittel zerstören auch wertvolle Kulturpflanzen und sind zu teuer. Viel zu kostspielig ist auch das Jäten mit mechanischen Mitteln.

Eine große Landplage (bis nach Indien, China, Südamerika, dem Südwesten Europas) bedeuten die Heuschrecken. Sie fliegen in Schwärmen von Hunderten von Metern Länge, fünfzig Metern Breite und bis zu 10 Meter Dicke. Mitunter sitzen 10 000 Tiere auf einem Quadratmeter.

Nur wenig bekannt ist, daß während der letzten 20 Jahre der Blutschnabel-Webervogel die Schädlichkeit der Heuschrecken vielerorts erreicht, ja sogar überflügelt hat. Begünstigt durch den Getreide- und Hirseanbau, der den Vögeln eine unerschöpfliche Nahrungsquelle

bietet, vermehren sie sich in den trockenen Savannen Afrikas in ungeheurem Maße.
Da der Blutschnabelweber keine bedeutenden natürlichen Gegenspieler hat und auch nicht stark unter Krankheiten leidet, konnten bisher noch keine Ansatzpunkte für eine erfolgreiche biologische Bekämpfung gefunden werden. (Näheres in Kosmos, Heft 11/1965.)

Auch Afrikas Wild stirbt: Tod dem Wild!

Weiße und afrikanische Landbesitzer stehen vereint als Gegner und Vernichter der Wildtiere.

Elefant, Flußpferd, Büffel und andere Tierarten dringen in die Felder und Pflanzungen ein und verringern oder vernichten die Ernten. Die Gegenwirkung des weißen Pflanzers beim Anblick einer Wildherde ist häufig der Griff zur Büchse, die des schwarzen Farmers das Auslegen von Schlingen. Die Viehzüchter sehen mit Unmut, wie in der Trockenzeit große Wildtierherden ihren Rindern die kargen Wasservorräte schmälern. Der Zorn steigert sich, wenn schließlich zuerst rund um die Wasserplätze, dann überall auf der Weide Zebras und Gnus, Büffel und Kudus die letzten Grashalme und das Laub von den Bäumen mit den Rindern um die Wette fressen. Auch hier heißt die Abwehr: Tod. In den letzten 100 Jahren wurden in Südafrika durch Weiße Blaubock, Quagga, Kaplöwe und Burchell's Zebra ausgerottet.

Das Wild wird von der Schlafkrankheit nicht befallen. Trotzdem wurden in den mit Tsetsefliegen verseuchten Gebieten bisher über 500 000 Tiere blindlings abgeschossen.

Man erklärte das auf folgende Weise: Die Wildtiere sind zwar nicht krank, aber sie sind doch Träger des Schlafkrankheitserregers. Deshalb kann die Tsetsefliege die Krankheit von den gesund erscheinenden Großtieren auf die anfälligen Rinder übertragen. Außerdem stellen gerade Antilopen, Wildschweine, aber auch Elefanten und Büffel, die Ernährungsgrundlage für die Tsetsefliege dar. Aber man „vergaß", daß sie nur zu einem ganz geringen Prozentsatz verseucht sind. Es wurde nicht einmal eine wissenschaftliche Auswertung der Schlachtopfer vorgenommen. Die Tierleichen verrotteten im afrikanischen Busch, man hätte sie für die Bekämpfung des Hungers verwenden können.

So sind Schwarz und Weiß einig in dem Wahn, daß Wildvernichtung Fortschritt bedeute.

Gibt es tatsächlich „keinen Platz mehr" für Afrikas wilde Tiere?

Einsichtige Naturfreunde erreichten schließlich die Einrichtung von (teilweise eingezäunten) Nationalparks in Grasländern (Steppen). Diese trennen die Waldgürtel von den Wüstengebieten. Sie sind Zwischenzonen, in denen trockenes und feuchtes Klima allmählich ineinander übergehen, in denen der Regen unregelmäßig fällt und das Leben von Pflanzen und Tieren durch Trockenheit bedroht ist. In den Tropen heißt das Grasland Savannen.

Die Hoffnung allerdings, daß völliger Schutz der Tiere unter allen Umständen ihre Erhaltung bedeute und daß in den Nationalparks das Gleichgewicht in der Natur erreicht werden könnte, erfüllte sich nicht. Dafür war die Natur in Afrika schon zu sehr gestört. Z. B. entstand

Futtermangel um Wasserstellen.

Zur Trockenzeit wurden in vielen Parks die Herden aus der weiten Umgebung von den Wasserstellen angezogen. Um dieselben herum z e r s t ö r t e n sie durch Abfressen und Zertrampeln den P f l a n z e n w u c h s, der ihnen zur Nahrung diente. (Wahrscheinlich versammelten sich jetzt hier mehr Tiere als früher.)

Unheilvolles Wirken von Elefanten

In den meisten Gebieten Afrikas hartnäckig bejagt und ausgerottet, weichen sie in die wenigen Schutzgebiete aus und übervölkern sie. Dabei sind sowieso manche Parks zu klein, um ein völlig ungestörtes Leben der Tiere und Pflanzen zu erlauben.

In den letzten Jahren werfen die Elefanten aus Futtermangel Bäume, auch sehr große, um und entrinden sie. Durch diese neue Betätigung entstehen schlimme Folgen. Nashörner, die vor allem Zweige und Buschwerk weiden, bekommen Nahrungsmangel. Bedeutend unheilvoller ist, daß sich Buschland immer mehr in Grassteppe verwandelt. In weiten Gebieten ist bereits aller Baumbestand von den Elefanten zerstört. (Dagegen war in früheren Jahren ihre Tätigkeit der Natur förderlich.)

Der Rückgang der Bäume ist aber auch auf die

Feuer der Viehfarmer

zurückzuführen.

In dem dadurch erstrebten Grasland wächst aber seit einiger Zeit in bestimmten Gegenden Dornbusch und anderes Gestrüpp. Das ist auch in einigen Teilen des Tsavo-Nationalparks der Fall. Dieses Gebiet, früher ein Buschland mit hohen Wäldern an den Ufern der Flüsse, verwandelt sich also immer mehr in zum Teil unbrauchbares Grasland.

Aber auch wenn man das Abbrennen der Grassavannen unterließ, wurde das Gleichgewicht in der Natur gestört.

Das Gras wuchs zu solcher Höhe, daß es z. B. für Zebra und Gnu nicht mehr genießbar war. Außerdem wanderten die sonst vom Feuer zurückgedrängten holzigen Gewächse, der „Busch", ins Grasland ein, so daß der Lebensraum für die Grasfresser eingeschränkt wurde. Gleichzeitig erholte sich aber mit dem Ausbleiben grasender Tiere der Graswuchs im Savannen-Waldland. Dieses war vorher von Feuern verschont geblieben, weil die Tiere den Graswuchs, der allein das Feuer nähren kann, ständig abgeweidet hatten. (In Afrika kennen wir fast ausschließlich Bodenfeuer und nicht die zerstörenden Kronenfeuer der nordamerikanischen, europäischen und asiatischen Wälder. Der Urwald in Afrika und in den Tropen ist zu feucht. Er brennt nicht.) Früher zündeten deshalb die Flammen hier nur nach einer guten Regenzeit, die den Graswuchs förderte, Büsche und Bäume an. (Siehe Seite 197.) Aber jetzt, da der Graswuchs im Savannenland ungeweidet stehen blieb, erhielten die (allerdings selteneren) Feuer Nahrung und zerstörten den lichten Savannenwald. Das wiederum brachte die Bewohner dieses Lebensraumes um ihre Zufluchtstätten. Und schließlich nahm die Zahl der Zecken und anderer Krankheiten übertragenden Blutsauger in brandfreien Gebieten stark zu.

Wo war das „Gleichgewicht der Natur" geblieben?

Alle Arten wilder Tiere sind im Schwarzen Erdteil vom Aussterben bedroht. Aber die Nationalparks sind schon jetzt zu klein; denn viele Tierarten, z. B. Gnus, Zebras und, wie schon erwähnt, Elefanten, vermehren sich zu rasch. Trotzdem zweigen die Regierungen bei der Bevölkerungsexplosion immer wieder Land für Siedler ab.

Andererseits wird viel Schaden durch Wildern angerichtet. Außerdem schleppen die Eingeborenen durch ihre Rinder Seuchen ein. Wenn diese in den großen Treck der Zebras und Gnus einbrechen, gibt es eine Katastrophe.

Die Haltung von Wildtieren in Europa in Gehegen (Safariparks) ist nur gerechtfertigt, wenn dieses wissenschaftlichen und züchterischen, arterhaltenden und volksbildenden Zwecken in Verbindung mit Erholung dient. Siehe auch Seite 40.

Neue Wege zur Rettung des afrikanischen Wildes

Man kann Wasser in der Trockenheit durch Erddämme schaffen. Sie werden quer durch das Bett von kleinen Flüssen gezogen, die nur zeitweise fließen. Wo diese Möglichkeiten nicht vorhanden sind, betreibt man Bohrlöcher mit Windmühlen.

Feuerschneisen bei Steppenbränden

Aus Spenden finanzierte Prof. Grzimek zu Beginn des Jahres 1964 in Kenia 180 km Feuerschneisen, die mit einer Straßenbaumaschine in wenigen Wochen gezogen wurden. Während früher bei gleich hohem Grase mitunter sogar Dutzende von Elefanten verbrannten, gelang es 1965, viele Tiere vor dem langsamen, qualvollen Tod mit verbrannten Beinstümpfen und versengter Haut zu bewahren.

Große Vorzüge des Wildes gegenüber dem Rind

Wie schon erwähnt, ist es widerstandsfähig gegen die gefürchtete Schlafkrankheit. Die Natur selbst zeigt also den Menschen, daß die Viehwirtschaft auf einem Viertel des Riesenerdteils möglich ist. Doch sie verstanden diesen Wink nicht und rotteten das Wild aus.

Wild ist seinem Lebensraum besser angepaßt

Das Rind ist aus Asien in Afrika eingeführt worden. Im Gegensatz zu Wildtieren rupfen weidende Rinder das Gras völlig ab. Sie weiden dabei in breiter Front und zertrampeln zusätzlich die Grasnarbe.
Außerdem sind Wildtiere aufeinander abgestimmt.

Und schließlich bedeuten die Rinder den meisten Afrikanern nur Ansehen und Reichtum. Sie nutzen sie weder zur Zucht, zum Verkauf, zum Ziehen von Fuhrwerken noch verwerten sie den Stalldung zur Düngung. Die Zahl der Tiere schätzen sie höher als ihre Güte. In manchen Gegenden dürfen nur Männer Milch trinken, Kinder nicht. Trotz der großen Viehherden ist der Eigenverbrauch an Rindfleisch gewöhnlich gering. Wo Tiefkühltruhen und Konservendosen unbekannt sind (siehe auch „Schlußkapitel"), kann Rindfleisch nur bei großen Anlässen verzehrt werden. Auf jeden Fall sollte man die einige Seiten später angeführten Ratschläge befolgen.

Nutzung des Wildes als Haustiere Bisher gute Züchtungserfolge

Südafrika ist das erste afrikanische Land, dessen Regierung seit Ende 1964 den Farmern empfiehlt, ihre Rinderherden zu vermindern und statt dessen weit mehr Sorgfalt auf die Erhaltung und Vermehrung des Wildbestandes aufzuwenden. Nach anfänglichen Erfolgen auf Versuchsfarmen hat man nun die Absicht, verschiedene Antilopenarten sowie Impalas, blaue Wildebeest, Kudus und Zebras auf den Farmen heimisch zu machen. Im Sommer 1965 sollten 800 Wildböcke aus den Wildparks Natals eingefangen und auf private Farmen verteilt werden. Die Antilopen sollen so gezüchtet werden, daß sie im Gegensatz zu den Hausrindern zum nächsten Weideplatz weiterziehen, ehe der letzte Grashalm verdorrt ist. — Bevor man eine Zucht in größerem Umfang vornimmt, müßte man erst tiefere Einblicke in die Lebensweise der Tiere gewinnen.

Muß Afrikas Erde wirklich sterben?

Erfreulicherweise sehen wir jetzt in vielen Gebieten den Kampf um die Bodenfruchtbarkeit. Bei der zunehmenden Bevölkerung bemüht man sich, den Boden in immer größerem Maße auf moderne Weise (Kali muß aus Europa eingeführt werden) ständig zu bebauen. Die Hütte schwindet. Es gibt viele Zwischenstufen zwischen Hütte und Haus.

Zur Bekämpfung der Tsetsefliege werden jetzt biologische Methoden entwickelt. Hoffentlich gelingt es bald, die Heuschrecken durch Radar wirksam zu bekämpfen. Man hat herausgefunden, daß ein Pärchen der 3 m langen Seekühe in 17 Wochen einen Schiffahrtskanal von 8 m Breite und 22 km Länge von wuchernden Wasserpflanzen völlig gereinigt hat. Man will diese wertvollen, aber fast ausgerotteten Vielfresser in besonders günstigen Zonen züchten. Sehr gut haben sich Seekühe bereits in Britisch Guayana in Südamerika und in Florida bewährt. Allerdings vermehren sie sich nicht schnell genug, um über die blaue Wasserhyazinthe Herr zu werden.

Bodenfragen in einzelnen Gebieten

Die Sahara, die größte Wüste der Erde (8,7 Mill. qkm)

Dicht besiedelt in uralter Zeit

Von 1956—58 wurden im Hoggar (über 1500 km vom Mittelmeer entfernt) und Tassilligebirge am Südrand der Sahara Felsenbilder entdeckt mit Farben, vor Tausenden von Jahren gemischt und aufgetragen oder in das Gestein geritzt, so leuchtend wie am ersten Tag. Noch bewahren diese schroffen Felsen viele Geheimnisse. Aber die Vermutung wurde bestätigt, daß die Sahara bis vor 4000 Jahren ein fruchtbarer Lebensraum war.

Zwischen 8000 und 5000 vor Christus war die Sahara noch ein Grasland mit Strömen, Seen und dichten Wäldern. Die Bevölkerungsdichte war zweifellos größer als in den meisten anderen Gebieten der Erde. Die Bewohner waren Jäger und Fischer. Später folgte der Ackerbau. Er wurde in den Überschwemmungsgebieten der Flüsse und an den Seeufern mit Hacken betrieben. Und schließlich tauchten um 4000 Hirten auf, zuerst mit Schaf und Ziege, dann mit dem Rind. Es gab eine erstaunliche Kultur, erstaunlich in der Vielfalt wie in der Güte der Steinwerkzeuge. Die Hirten waren auch Jäger. Bevorzugtes Wild waren Elefant, Nashorn, Giraffe, Wildesel, Antilope, aber auch das Nilpferd. Um 1200 kamen kriegerische Völker mit Kampfwagen und Pferd. Vertrieben sie die Hirten? Oder veränderte sich das Klima derart, daß diese gezwungen wurden, südlich andere Weideplätze zu suchen?

Jedenfalls begann ab 2000 die Austrocknung der Sahara, auch durch Menschenschuld. Alle Erklärungen dafür sind nur Vermutungen. Es ist aber sehr unwahrscheinlich, daß das Verschwinden der Wälder und des Humus nur einem Klimawechsel zuzuschreiben ist. Zweifellos war von jeher die Wasserversorgung durch Regenfälle in diesem Gebiet sehr unregelmäßig. Da mußte die Weidewirtschaft ganz besonders verhängnisvolle Folgen haben.

Handel mit Schwarzafrika in alter Zeit

Um 525 v. Chr. fuhr der Beamte Hanno aus Karthago mit angeblich 60 Schiffen die Westküste hinunter bis in den Golf von Guinea. Siehe auch „Ägypten", Seite 214. Um 500 v. Chr. oder vielleicht schon viel früher hatten die Berber (siehe Seite 207) für ihre Unternehmungen in den tropischen Ländern südlich der Sahara Pisten für Pferdewagen ausgemacht. Römische Kaufleute fuhren in die Flußgebiete von Senegal und

Niger (lateinisch Nigris). Zu letzterem führten Straßen, die entweder von Biskra (Ostalgerien) oder von Karthago oder in mehreren Routen von Tripolitanien ausgingen. Die Römer holten aus dem schwarzen Afrika Gold, Elfenbein, Straußenfedern, Edelsteine und Sklaven. Im Austausch boten sie Wein, Metallgegenstände, Glas und Emailperlen. Doch längs der Straßen versiegten die Quellen, auf die Menschen und Pferde angewiesen waren. Da schenkte Kaiser Septimius Severus (193—211 n. Chr.), selbst Afrikaner, seiner Heimatstadt Leptis Magna (siehe Seite 208) 2000 Kamele aus Arabien. Mit diesem neuen Verkehrsmittel gelang es, den Handel mit Schwarzafrika erneut aufzubauen.

Im Mittelalter

begann nach 900 mit der Blüte des Islam die große Zeit des Fernhandels. Die Sahara wurde zu einem noch wichtigeren Durchgangsland. Karawanen, die Waren aus Europa und Nordafrika bis weit ins Innere Negerafrikas führten und von dort Korn, Reis, Gold, Elfenbein und Sklaven holten, brachten Reichtum in die Oasen. Durch die billigen schwarzen Arbeitssklaven wurde der Wohlstand noch vermehrt.

Im Sudan,

dem Gebiet zwischen Sahara und Urwald, bildeten sich drei Großreiche. Ghana, westlich des Nigerbogens, bestand von 300 n. Chr. bis 1200 n. Chr. Es wurde durch einen Einfall von Moslems zerstört. Darauf folgte das Reich Mali mit der Hauptstadt Timbuktu, das Ghana an Bedeutung noch übertraf; es bestand bis zum 15. Jahrh. Das dritte Großreich war das Gao-Reich, Beginn um 1000 n. Chr.

Gefahren am Südrande der Sahara

Zur Zeit der Hochblüte des Karawanenhandels, im 16. Jahrh., befanden sich im Sudan viele fließende Brunnen.

Das Gao-Reich erreichte um 1500 die größte Ausdehnung. Auch die Karawanenstadt Agades (im heutigen West-Libyen, eine 60 000 Einw. umfassende Station für den Handel mit Tunis, Algerien und Ägypten) wurde erobert. Doch 1590 erschien überraschend eine große Streitmacht des Sultans von Marokko am Niger und schlug mit ihren überlegenen Musketen das Negerheer Gaos vernichtend. Der Sieger leitete alle Reichtümer des Sudans auf direktem Wege nach Norden. So verödeten die Karawanenstraßen nach Westen und Osten.

Der Wind treibt den Sand der Sahara auf einer Breite von 3000 km jährlich ungefähr 1 km nach Süden. Außerdem ist das Gebiet durch Überbeweiden, Abbrennen von Weideland, Rodungen von Wäldern und falsche Ackerbaumethoden äußerst gefährdet. Ein warnendes Beispiel bietet der Anbau der einjährigen Erdnuß.

Sie treibt eine starke Pfahlwurzel und hat einen hohen Wasser- und Nährstoffbedarf. Die Früchte reifen in der Erde. Dadurch muß die oberste Bodenschicht gut durchgearbeitet werden, damit die Fruchtstiele leicht in die Erde eindringen und die Früchte ohne Schwierigkeit geerntet werden können. Nach ungefähr dreijähriger Nutzung ist der Boden völlig ausgelaugt; neues Land muß bepflanzt werden. So geht der Anbau der Erdnuß am Niger wie eine Walze landeinwärts über das Steppenland (Sahel — zwischen 12 und 18° nördlicher Breite in westöstlicher Richtung 1200 km vom Niger bis zum Tschad). Ohne weiteren Pflanzennachwuchs ergibt sich natürlich durch die gelockerte obere Bodenschicht erhöhte Abtragung durch den Wind. Nur künstliche Düngung würde eine ständige Bearbeitung des Bodens ermöglichen und damit Schutz vor Erosion.

Das Gebiet ist trockene Savanne geworden. Gao zählt nur noch 8000 Einwohner, und die Stadt Ghana ist sogar verschwunden. Durch die große Trockenheit — über ihre Ursache, siehe Seite 294 — von 1970—1973 in der Sahel-Zone, (Mauretanien, Senegal, Obervolta, Mali, Niger und Tschad) erkannte man, daß die neuen Tiefbohrungen wie auch in der Sahara nicht nahezu unerschöpflich sind. Ferner erkannte man, daß viel zu wenig Brunnen vorhanden waren. 3000—4000 neue Brunnen mit Tiefen bis zu 300 m sollen gebaut werden. Umgekehrt war gerade durch diese Brunnen Überbeweidung möglich. Durch Zertrampeln des Umlandes war bald jedes Bohrloch Mittelpunkt einer kleinen Wüste von 30—60 km Durchmesser. Deshalb müßten weniger Tiere, aber solche von besserer Güte, gehalten werden. Ein 6000 km langer und 30 km breiter Grüngürtel von Akazien (Gaobaum) und Eukalyptusbäumen am Rand der Sahara ist das Werk eines Menschengeschlechtes, aber nötig; denn die Wüste drang zuletzt bis zu 10 km jährlich vor. Kirchliche Hilfswerke haben Marienkäfer eingeführt und auf den Dattelpalmen ausgesetzt. Sie fressen die Blattläuse, von denen die durch die Dürre geschwächten Palmen befallen sind. Die „Operation Marienkäfer" begann 1968 in Mauretanien und wurde in Marokko fortgesetzt. (Über die Dürre in Äthiopien siehe Seite 219.) Wenn man weiter den Niger reguliere und zur Bewässerung verwende, könnte man 6 Mill. ha bewässern; wenn man auch seine Zuflüsse reguliere, weitere 20 Mill. ha. Hier zeigt sich drastisch die vielfach falsche Entwicklungspolitik. (Siehe „Schlußkapitel".)
Nötig ist die Errichtung eines durchdachten Wegenetzes mit rasch einzurichtenden Versorgungsstationen und Maßnahmen rascherer Beförderung des Viehes. Das bedeutet aber auch einen besseren Austausch der landwirtschaftlichen Erzeugung zwischen dem feuchteren Süden und der trockeneren Randzone innerhalb der Sahelländer selbst zu organisieren.
Alte Gegensätze zwischen den Nomaden im Norden (Tuareg) und den Ackerbauern im Süden traten auf. Gewiß versorgten die herrischen Wüstenreiter jahrhundertelang den arabischen Raum mit schwarzen Sklaven. Aber ist deshalb jetzt späte Rache der Sudanvölker zu entschuldigen? Die von der Dürre nach Süden abgedrängten 3 Mill. Nomaden stießen auf offene Feindschaft. Ihr Schicksal scheint besiegelt. Wo ist der Protest der Vereinten Nationen (UNO), der „Organisation für Afrikanische Einheit", die zu sehr mit dem Eindreschen auf Südafrika und mit der Anprangerung

des Neokolonialismus beschäftigt sind? Wo bleibt die Hilfe des Weltkirchenrates?

In weiten Gebieten Westafrikas

südlich der Sahelzone

vom Senegal bis Äthiopien fliehen die Menschen aus den fruchtbaren Flußniederungen auf die Hochebene. Wer bleibt, wird blind. Kriebelmücken übertragen mit dem Stich winzige parasitische Fadenwürmer, die beim Menschen die gefürchtete Flußblindheit (Onchocerelasis) hervorrufen. 30 Mill. Afrikaner sind infiziert. Nun sollen die in fließenden Gewässern lebenden Larven mittels Hubschraubern durch DDT abgetötet werden. Fachleute rechnen mit 20 Jahren und vielen Millionen Kosten.
Aber die bange Frage bleibt: Wird DDT nicht mehr Schaden als Nutzen anstiften? Die Bekämpfung der Krankheit selbst durch die Christoffel-Blindenmission Bensheim verdient natürlich unsere vollste Unterstützung.

Die nördlichen Randgebiete der Sahara

Die Ureinwohner Nordafrikas waren die Berber: Libyer, Numidier, Mauretanier. Es waren kaukasische Völker, die im 2. Jahrtausend v. Chr. wahrscheinlich vom östlichen Mittelmeer aus quer durch Nordafrika zogen. Sie kannten schon das Trockenfarmen (siehe „USA"), zogen auch nomadisierend durch die Wüste. Die Tuareg aber unterscheiden sich hinsichtlich Sprache, Schrift und Lebensweise von den Berbern, auch von den Arabern.

Das kleine Königreich der Phönizier (Punier) — ein Mischvolk von Semiten und Griechen — an der Ostküste des Mittelmeeres (Tyros) war zwar von 1200—700 v. Chr. eine bedeutende Handelsmacht — Umsegelung Afrikas schon 550 v. Chr., siehe auch Seite 204. Es gründete viele Niederlassungen (z. B. in Afrika Biserta und Leptis Magna, in Sizilien Palermo, auf Sardinien, Spanien Malaga und Cadiz 1100 v. Chr.). Aber es war zu keiner Zeit stark genug, sich fremden Völkern zu widersetzen. Amoriter, Hyksos, Babylonier, Assyrer, Perser hielten Byblos (Cebal, Stätte des Sonnengottes Baalbek), eine der ältesten Städte der Welt, über Jahrhunderte hinweg besetzt. Griechen und Römer machten Byblos wieder zu einer prunkvollen Stadt und zu einem Mittelpunkt wiederhergestellter Götterkulte.

Unter dem Druck von Assyrern verließen 814 v. Chr. Phönizier ihre Heimat und gründeten in den fruchtbaren Gebieten westlich des Nils ein Reich mit einer Hauptstadt, der die Römer den Namen K a r t h a g o gaben. (Siehe auch Seite 204.) Nach Besiegung der Griechen 535 in einer Seeschlacht machte sich Karthago zum Herrn des westlichen Mittelmeeres.

Nordafrika im 5. Jahrhundert v. Chr.

schildert uns Herodot (geb. 424 v. Chr.). Danach lagen in der heutigen Wüste Dattelplantagen. Tunesien fand Herodot „schwarzerdig, von Quellen reich bewässert, leidet nie unter Trockenheit und gibt dreihundertfältige Frucht". Algerien beschrieb er als „reich bewaldet und reich an Wild. Hier leben Riesenschlangen, Löwen, Elefanten, Bären, Antilopen und Aspisschlangen".

Blütezeit der Landwirtschaft in Nordafrika

In den von den Karthagern aus Weideland gewonnenen Äckern und Gärten wurden durch Bewässerungsanlagen hohe Erträge erzielt. Auch gab es neben den Zedernwäldern im Atlas (siehe „Marokko") ausgedehnte Olivenbaumwälder, Feigen- und Maulbeerbaumhaine. Niemand weiß genau, welche andere Baumarten hier noch bestanden. Alle Tierarten des heutigen Ost- und Südafrika waren in diesem einem riesigen Naturschutzpark gleichenden Gebiet vorhanden. Der Feldherr Hannibal aus Karthago bezog aus dem Guir-Tal, 100 km südlich von Colomb-Bechar, und anderen algerischen Wäldern seine Elefanten, mit denen er im Zweiten Punischen Krieg (219—201 v. Chr.) über die Alpen zog.

Nach der Zerstörung Karthagos im Dritten Punischen Krieg (149—146 v. Chr.) hatte das Römische Reich in Nordafrika eine seiner Kornkammern (daneben in Sizilien und Spanien und später in Ägypten). Der römische Schriftsteller Plinius (geb. 23. n. Chr.) nennt Nordafrika die „Kornkammer der Welt".

Die Römer bezeichneten alle nicht romanisierten Bewohner Nordafrikas als Barbaren = Berber. Rom begann, Nordafrika zu kolonialisieren und die reichen Schätze des Landes nutzbar zu machen. Aus den kleinen Berberdörfern im Inneren wurden Mittelpunkte des ländlichen Lebens, Märkte, auf denen alles feilgeboten wurde, was das Land hervorbrachte. Gleichzeitig waren diese Städte römische Garnisonen, in denen Legionäre nicht nur für Ruhe und Frieden sorgten, sondern auch ein Straßennetz zu bauen begannen. Die Hafenanlagen der alten Handelsstädte an der Küste wurden erweitert und mit Ufermauern und Anlegeplätzen für die Getreideflotte versehen, die Italien mit den Kornkammern verband.

In Libyen brachten kunstvoll angelegte unterirdische Kanäle Wasser von weit her. Stau- und Umleitungsdämme in den Wadis sowie unterirdische gemauerte Behälter (Zisternen) wurden angelegt. Mehrere Ernten von Olivenöl, Getreide und Datteln reiften jährlich. Allein von Kyrene (lies Matth. 27, 32) wurden jährlich 30 000 t Getreide nach Griechenland verschickt. 217 km östlich von Tripolis war Leptis Magna, eine lange vor den Römern wichtige Stadt, im 2. Jahrhundert n. Chr. ein Mittelpunkt der damals bekannten Welt.

Zerstörung der Tierwelt, der Wälder und der Landwirtschaft

Doch dabei opferten die Römer, besonders der Adel, bedenkenlos die Naturreichtümer Nordafrikas, um ihre unersättliche Genußsucht zu befriedigen. Erleichtert wurde diese Ausbeutung, weil die riesigen Gebiete fast

ganz Nordafrikas im Besitz von nur sechs Familien waren! Über Ausrottung der Großtiere siehe Seite 24. Auch die Wälder wurden gemordet; denn die Römer brauchten Holz zum Bau von Schiffen, zur Herstellung von Möbeln, zum Kochen und zur Beheizung der öffentlichen Bäder.
Durch die fortwährenden Kriege in der spätrömischen Zeit verfiel die Landwirtschaft Nordafrikas. Im 5. Jahrhundert n. Chr. mußten bei der nunmehr schwachen Staatsmacht die Gutshöfe in Libyen aufgegeben werden. Die Libyer fielen ins Nomadentum zurück. 429 n. Chr. gründeten die Wandalen mit Karthago als Hauptstadt ein Reich. Doch der oströmische Feldherr Belisar zerstörte es 534/35 völlig.
Die restliche Zerstörung der Natur besorgten die Araber. Die oströmische Regierung war erschlafft und hatte ihre Tätigkeit mehr und mehr auf die für den Handel wichtigen Küstenstädte beschränkt. Der erste Arabereinfall auf Tripolis erfolgte etwa 645 n. Chr. Die lateinisch-christliche Bevölkerung westlich des Nildeltas war fast vollständig ausgewandert. (Siehe auch „Weltreligionen" im Schlußkapitel.)
Ernsthaften Widerstand fanden die Araber nur bei den Berbern. Diese hatten damals von Marokko aus ein großes Reich errichtet. Um die Araber durch eine Wüstenzone am Vordringen zu hindern, zerstörten sie Wälder und Bewässerungsanlagen. (Diese Kriegsführung der „verbrannten Erde" wird schon bei Homer erwähnt, 1200 v. Chr. Auch die Mahnung Platos an die griechischen Stadtstaaten, im Kampf gegeneinander auf Baumfällen und Brandlegung zu verzichten, half nicht.) Doch die Berber mußten sich in das Atlasgebirge und das Riff zurückziehen. 683 etwa war die Eroberung Nordafrikas abgeschlossen.
In dem eroberten Gebiet aber nahm bei dem Nomadenleben der Araber die Wüste zu. Felsen verloren ihren Pflanzenbewuchs, die Bewässerungsanlagen verfielen. Dadurch wurde in den Gärten und Äckern, die von den Karthagern aus Weideland gewonnen worden waren, das Vordringen der Wüste gefördert. Das Guir-Tal wurde zu einem Wadi.
711 erfolgte die Eroberung Spaniens durch 7000 zum Islam übergetretene Berber und 3000 Araber. Später vermischten sich beide. Für dieses Mischvolk bürgerte sich immer mehr die Bezeichnung „Mauren" ein, und zwar vorzugsweise für die kulturell hochstehende Stadtbevölkerung Spaniens und Marokkos.

Die Sahara heute

Der größte Teil besteht aus hartem Lehmboden mit losen Steinen. Dazwischen befinden sich riesige Sanddünengebiete, wandernde Dünen bis zu 100 m Höhe, die langsam die Oasen am Rande mit den flachdachigen Lehmhütten verschlingen und einengen. Die Sahara besitzt aber auch gewaltige Gebirgszüge bis zu Höhen über 3000 m, steinige Hochebenen und Salzsümpfe. Durch die übergroßen Temperaturunterschiede zwischen Tag und Nacht spaltet sich das Gestein, so daß immer größere Mengen Sand entstehen. Etwa 300 000 Nomaden, die auf uralten Routen dahinziehen, reißen die letzten kümmerlichen Dornbüsche aus für ihre Lagerfeuer.

Flugzeug, Auto und in geringem Maße Eisenbahn haben im allgemeinen die Karawanen verdrängt. Allerdings bestehen die von Bilma in der südlichen Sahara ausgehenden Salzkarawanen noch. So sind die Oasen zu unbedeutenden Orten geworden, in denen die Not groß ist. Ihre Bewohner, etwa 50 000, können bei kargem Anbau von Datteln, Obst oder Getreide ihren Lebensmittelbedarf nicht befriedigen und sind auf die Hilfe der Regierung angewiesen.

Zwei Stichbahnen sind von Colomb-Bechar in Bergbaugebiete vorgesehen. Die Eisenbahnen der Atlasländer enden mit Stichbahnen in den nördlichen Oasen. Von dort führen Pisten weiter ins Innere. Diese Wüstenpfade haben keinen Unterbau und sind nur Wegspuren. Spezialomnibusse fahren nach dem Tschad-See und den Siedlungsmittelpunkten am Senegal und Niger, wo die Stichbahnen und Straßen des tropischen Westafrikas beginnen.

Trans-Sahara-Straße

Von Algier führt eine 900 km lange Asphaltstraße südlich nach der Oase El Golea. Dort begann die 2900 km lange zweispurige asphaltierte Fernstraße. Sie wird durch das öde Hoggargebirge nach Tamanrasset (Algerien) führen, der Hauptstadt des Tuareg-Stammes (Algerien). Hier wird sie sich gabeln. Ein „Arm" soll in Gao an der großen Nigerschleife in Mali enden und der zweite in Tahoua in Niger.

Algerien, Mali, Niger und Mauretanien wollen die Baukosten in Höhe von 500 Mill. DM und die Unterhaltungskosten von jährlich 17 Mill. DM gemeinsam aufbringen. Der Bau soll 1980 beendet sein.

Kann die Sahara grün werden?

Ein unterirdisches wassergefülltes Becken erstreckt sich in einer Ausdehnung von 600 000 qkm unter der algerischen Sahara. Es wird gespeist von den Niederschlägen im Atlas-Gebirge, die in sehr langen Zeiträumen bis hierher gelangen. Unter der trockenen Erdkruste breitet sich eine undurchlässige Gesteinsschicht aus. Darunter verläuft eine Schicht aus porösen, 100 m dicken Sandsteinen. Sie saugt das Wasser wie ein Schwamm auf. Das Fassungsvermögen dieses Beckens ist ungefähr 60 000 Milliarden cbm Süßwasser.

Schon 1948 gelang es bei der Oase Zelfana (siehe Seite 212) Wasser anzubohren. Drei weitere Tiefbohrungen wurden seither durchgeführt. Jede unterschritt die 1000-m-Grenze. Jede liefert 200—300 l in der Sekunde.

Die jährlich zusickernden Oberflächenwasser werden auf 3 Milliarden cbm geschätzt. Diese Menge kann man also jährlich dem Untergrund entnehmen, ohne befürchten zu müssen, daß das Grundwasserbecken eines Tages leer gepumpt ist.

Die UNESCO hat einen Dreißigjahresplan für die Bewässerung der Sahara aufgestellt. Man wird sicherlich die niedrigen Palmensorten (siehe Seite 292) pflanzen. Durch Anbau von Weizen, Mais, Hirse, Tomaten, Kartoffeln, Bohnen und Zwiebeln im Wechsel werden die Bauern in der Lage sein, mehrmals im Jahr zu ernten.
Außerdem gibt es noch nicht unbedeutsame Wassermengen, die unregelmäßig als Niederschläge fallen, durch die Wadis abfließen und dort das Grundwasser speichern. (Wadis sind Trockenflußbetten, die nur ein paar Tage im Jahr reißendes Wasser führen.)
Im Guir-Tal erreichen plötzlich auftretende Überschwemmungsfluten vom fernen Atlasgebirge her manchmal in einer halben Stunde eine Höhe von 2,70 m und halten einige Tage an. Durch Anlage von Staudämmen könnte man sie abfangen und 30 000 ha bewässertes Getreideland gewinnen.
Brunnen und unterirdische Kanalsysteme, die in die Trockenflußbetten eingegraben sind, erreichen den Wasservorrat im Untergrund der Wadis und machen ihn nutzbar.
1964 wurde in der 300 000 qkm großen spanischen Sahara ein unterirdischer See angebohrt, der mindestens eine Fläche von 60 000 qkm bedeckt. Durch Bewässerung könnte das Küstenland bis zu 100 km landeinwärts eine Oase mit Plantagen und Weideland werden. Über Phosphate siehe nächste Seite. — Doch ist die Versalzung das alte Problem der Oasen. (Siehe auch Seite 308.) Zusammenfassend muß festgestellt werden, daß sich die Begrünung in der Sahara immer in bescheidenen Grenzen halten wird.
Obwohl, wie geschildert, das Nomadentum eine Bedrohung der Natur ist, hat es auch eine gewisse Berechtigung. Trotz der Vergrößerung der Siedlungen, dem Entstehen neuer Oasen, neuer Anbauflächen und großzügiger Verkehrswege sind 90 Prozent der mehr als acht Millionen qkm großen Sahara nur den Nomaden nützlich.

Nordafrika heute

Marokko

(433 680 qkm, 15 Mill. Einwohner)

Der Hohe Atlas ist ein gewaltiges, über 2000 km langes, mehrfach gegliedertes Gebirge mit Höhen bis zu 4700 m. Im Winter legt er einen mächtigen Schneepanzer an. Da sich der Schnee bis in den Mai oder Juni auf den höchsten Gipfelfluren behauptet, wird der Atlas zu einem segensreichen Wasserspender. Vorgesehen ist der Bau von Staudämmen und dadurch die Bewässerung von 800 000 ha, wovon etwa zwei Drittel ständig bewässert werden können. Ferner sollen die Staubecken der Trinkwasserversorgung und der Stromgewinnung dienen. Außerdem mildert der Atlas den Gluthauch der Sahara.
Obwohl der Boden bei nur 8 % Wald im allgemeinen hart, trocken und wenig fruchtbar ist, kann doch durch die Einwirkung des Atlas ein Siebentel landwirtschaftlich genutzt werden. Das ist für einen nordafrikanischen Staat viel. — Vorsichtig und planvoll begann 1964 eine Bodenreform.

Aber der Raubbau am Wald hat die Versteppung der Atlashochflächen gefördert. Heute erstrecken sich im Atlas noch Restbestände von 100 000 ha einzigartiger Zedernwälder. Riesenbäume von 40 m Höhe sind keine Seltenheit. Aber wie lange wird es dauern, bis durch Überweidung auch dieser Wald verschwunden ist?

Der Bergbau gehört zu den wichtigsten Wirtschaftszweigen des Landes. U. a. sind hier die größten gegenwärtig bekannten Phosphatvorkommen der Welt. Trotzdem sind bei der gewaltigen Bevölkerungszunahme von den 15 Mill. Einwohnern die Hälfte unterernährt, 1. Mill. arbeitslos und mehrere Mill. unterbeschäftigt. — König Hassan II. möchte die Spanische Sahara möglichst bald an Marokko angliedern; denn dort werden neuerdings auch reiche Phosphatlager ausgebeutet.

Algerien

(Nordalgerien 279 180 qkm, Saharazone 2 021 800 qkm, 1962 etwa 10 Mill., davon 1 Mill. Europäer; 1974 etwa 15 Mill. Einw., davon 110 000 Europäer.)

Bodenschätze in der algerischen Sahara

(Kohle, Eisenerze, Kupfer, Kali) sollen zu einem Industriegebiet mit dem Guir-Tal als Ernährungs-Grundlage werden. Vor allem aber begann 1956 die Gewinnung von Erdgas bei Hasse R'Mel und von Erdöl bei Hassi Messaoud. Neu entstandene Industriestädte (z. B. Zelfana, 640 km östlich von Colomb-Bechar) und Ölstädte wurden erst durch Wasserbohrungen lebensfähig.

1974 sind noch 30 % der arbeitsfähigen Männer arbeitslos. Doch entsteht allmählich eine moderne Industrie.

Der Wassermangel belastet die Landwirtschaft, die Bevölkerung und die Industrie.

Der zweite Vierjahresplan (1974—1977) sieht eine „systematische Ausbeutung der Wasservorräte" vor. 13 Mill. ha Land sind vor den Erosionen zu schützen. Täglich werden 10 ha bebaubares Land „gefressen". Alle Mittel werden eingesetzt, um zunächst 3 Mill. ha zu schützen. Dafür rechnet man etwa 20 Jahre. Außerdem soll im Süden ein 1500 km langer und 20 km breiter Baumgürtel das Vordringen der Sahara nach Norden hindern. — Aber die Auslandsverschuldung wächst; denn hinsichtlich Industrialisierungsziele hat man sich übernommen. Auch sind Erdgaslieferungen mit europäischen Gesellschaften wegen zu hoher Preise gescheitert. (August 1975.)

In Tunesien

(125 000 qkm, 4,4 Mill. Einwohner)

ist kein Öl wie bei seinen Nachbarn Algerien und Libyen. Auch fehlt das Wasser, das in Marokko so reichlich von den Bergen fließt.

Durch zwei Staudämme werden 350 qkm Land bewässert. Von 45 000 qkm anbaufähigen Boden liegt noch über die Hälfte brach, besonders im Süden, wo vielerorts wegen der geringen Regenfälle der Anbau nur alle zwei Jahre erfolgt. Die Regierung läßt in den Wadis Staudämme bauen, außerdem Brunnen bohren. Man beginnt wieder die kahlen Hügel zu bewalden. Seit 1956 wurden über 40 Mill. Bäume gepflanzt. Aber 27 000 qkm müssen dringend aufgeforstet werden. Sehr viele Schulen wurden gebaut, auch neue Dörfer. Doch ist die von 1961—69 durchgeführte Sozialisierung umstritten. Der dafür verantwortliche Vizepräsident wurde verhaftet, konnte aber aus dem Gefängnis entfliehen.

Libyen, einst reich — später bettelarm

Im Wadi el Agial kann man noch Reste von Kanälen aus der Römerzeit sehen. Mehr als 200 Zisternen wurden freigelegt. Man schätzt, daß in Tripolitanien noch Tausende von Zisternen und Brunnen unter dem Sande liegen. Die Ruinen von Leptis Magna wurden teilweise ausgegraben.
Als im Zweiten Weltkrieg die Italiener Tripolitanien verlassen mußten, feierten die Beduinen ihre Befreiung, indem sie 1 Mill. von Siedlern gepflanzten Bäume abhackten oder ausrissen. Etwa 70 000 italienische Siedler wurden sinnlos enteignet und ausgewiesen. Heute sind die lebenswichtigen Brunnen zerstört und versandet, die Farmen verödet. Da das Land siebenmal so groß ist wie unsere Bundesrepublik, genügte eine sehr geringe Bevölkerung von 1,7 Mill. nicht, das vorhandene Kulturland neuzeitlich zu bestellen, geschweige vorzustoßen und die Wüste zurückzuerobern.

Aber das 1958/59 entdeckte Erdöl hat dem Lande einen

großen wirtschaftlichen Aufschwung

gebracht. Nachdem man in den ersten Jahren vor allem Straßen, Schulen, Krankenhäuser und Wasserleitungen gebaut hat, steht in den nächsten Jahren eine sehr vielseitige Industrie auf dem Programm.
Trotzdem will man die Landwirtschaft nicht vernachlässigen. Nur der knapp 20 km breite Küstenstreifen der Cyrenaika ist fruchtbar, aber auch ständig durch Sandstürme gefährdet.
Bis 1980 sollen im Süden durch 86 Staudämme und Tiefbrunnen 433 853 ha Wüste bewässert und fruchtbar gemacht werden. Allerdings beginnt bei den guten Verdienstmöglichkeiten in den Städten das Interesse für die Landwirtschaft nachzulassen.

NILLÄNDER

Ägypten, uraltes Kulturland

Nach der Vereinigung der im oberen und unteren Niltal wohnenden Völker vor ungefähr 5000 Jahren entwickelte sich im Alten Reich bis 2300 v. Chr. eine Hochkultur.

Die unbedrohten Städte bedurften keinerlei kostspieliger Befestigungsanlagen. Der fruchtbare Nilschlamm hatte auch einen beträchtlichen Nachteil, er bedeckte

Grenzlinien und Grenzzeichen von Fluren und Äckern und machte sie unkenntlich. So waren die Bauern und Grundbesitzer gezwungen, die Grenzen ihrer Ländereien jährlich neu zu vermessen und abzustecken. Und es mußten Zeichen erfunden werden, mit denen der Sinn gesprochener Worte festgehalten und weitergegeben werden konnte. Aus diesem Zwang heraus entstand die ägyptische Kultur. Als das früheste geschichtlich einwandfrei belegte Jahr ist uns 4241 v. Chr. überliefert geblieben.
Verwendung von Kupfer, Silber und Gold sowie Bewässerung sind bereits im 4. Jahrtausend v. Chr. nachweisbar. Der Fortschritt in Mathematik und Astronomie ermöglichte Bauten wie die Pyramiden. (Die rund 500 Jahre dauernde Pyramidenzeit begann 2780 v. Chr.) Aus den Hieroglyphen (phonetische Schrift) wurde eine alphabetische Schrift (Buchstabenschrift) auf Stein und Papyrus (Nilschilf). Ferner wurde die Medizin geboren.
Bauholz wurde eingeführt, z. B. aus Byblos. (Palmenholz ist ungeeignet zum Bootsbau.) Seit dem 3. Jahrtausend v. Chr. unternahmen die Ägypter Handelsfahrten nach Punt, einem Land, das man an der Mündung des Sambesi vermutet. Sie holten vor allem Weihrauch, Harz und Edelhölzer, Pharao Amenophis IV. Echnaton (um 1353—1334 v. Chr.) verbot diese Fahrten, weil angeblich zu viele Seeleute dabei umkamen.
In dieses friedliche Land von Ackerbauern, Jägern und Fischern drangen im Mittleren Reich vom Nordosten die Hyksos ein, wahrscheinlich semitischer Herkunft, deren Herrschaft von 1760—1590 v. Chr. dauerte. Sie führten Pferd und Wagen ein. Nach der Vertreibung der Hyksos — der lange Kampf gegen sie hatte die Ägypter zu Kriegern gemacht — war im Neuen Reich Ramses II. (1301—1234 v. Chr.) der bedeutendste Pharao. Er kämpfte 1296 bei Kadesch im heutigen Syrien unentschieden gegen die Hethiter. 1170 v. Chr. besiegte Ramses III. die „Seevölker". Siehe Seite 8. 1156 heißt es in einem Bittschreiben eines Arbeiters an eine Totenstadt: „Eine Last Steinschutt ist nicht leicht. Mein Herr möge Mittel finden, uns am Leben zu erhalten. Wir haben Hunger."
Dann ging die Macht Ägyptens langsam zurück. Pharao Necho (610—595 v. Chr.) versuchte angeblich, den östlichsten Nilarm durch einen Kanal mit dem Roten Meer zu verbinden. 525 v. Chr. siegte der Perserkönig Kambyses bei Pelusium, 332 v. Chr. drang Alexander der Große in das Niltal ein. Ihm folgten die hellenischen Ptolomäer, die 30 v. Chr. von den Römern abgelöst wurden. Die Araber eroberten Ägypten im 7. Jahrhundert n. Chr. Um das Jahr 1000 n. Chr. war es noch Kornkammer und Handelsvormacht in der Welt des Islam. 1248 ermordete die aus gekauften kaukasischen Sklaven bestehende Leitgarde der Mamelucken den Herrscher (siehe Seite 239). Von nun an verfiel das Land. Als zu Beginn der Neuzeit die Türken Nordafrika besetzten — in Marokko allerdings konnten sie niemals Einfluß gewinnen —, ließen sie die Mameluckenherrschaft bestehen (bis 1811). Es genügte ihnen, daß man ihre Oberherrschaft anerkannte und ihnen Abgaben bezahlte. 1882 besetzten die Engländer Ägypten. 1922 wurde es ein unabhängiger Staat.

Das heutige Ägypten

Der Nil ist 6500 km lang, der ägyptische Teil über 1000 km. Ägypten mit seinen großen Wüsten ist viermal so groß wie unsere Bundesrepublik. Das Kulturland aber mit seinen Baumwollfeldern, mit Anbau von Getreide, Zuckerrohr, Bohnen, Kartoffeln und zahlreichen Arten von Obst und Gemüse, beschränkt sich auf das 20 000 qkm große von 15 000 km lebensspendenden Kanälen durchzogene Nil-Delta und die 5—20 km breiten, mit 15 m tiefen, steinlosem Schlamm bedeckten Streifen des Niltales. Es beherbergt

auf 25 000 qkm (Erntefläche 42 000 qkm) 34 Mill. Menschen. (Dänemark mit 43 000 qkm nur 4,3 Mill.)
In der Freiheitsprovinz zwischen Kairo und Alexandrien hat man Neuland aus dem Wüstenboden gewonnen und Musterdörfer errichtet. Im ganzen Lande soll die Anbaufläche bis 1975 auf 37 000 qkm, die Erntefläche auf 56 000 qkm erhöht werden. Hierzu ist aber die Ausnutzung des gesamten Nilwassers erforderlich, aber auch die Verhütung von Hochwasserschäden, durch die bisher ein Fünftel aller Ernten verloren ging.
Deshalb begann man im Januar 1960 sieben km südlich von Assuan in Oberägypten mit dem Bau eines neuen Staudammes. Das alte Staubecken (1902 in Betrieb genommen) war zu klein, um während der Nilschwämme von August bis Oktober das ganze Waser aufzunehmen. Etwa 40 % flossen ungenutzt ins Mittelmeer.
Das neue Staubecken, 1971 eingeweiht, aber ist so groß, daß es jede Menge Nilwasser aufnehmen und davon beständig durch acht Auslässe das ganze Jahr Wasser abgeben kann. Die Landwirtschaft verbesserte sich bedeutend. An der Spitze steht die Baumwollerzeugung. Aber der Assuan-Staudamm brachte auch mancherlei Nachteile.

Die Verdunstung des Sees ist um 50 % größer als erwartet. Außerdem saugt der poröse nubische Sandstein, der das Westufer auf einer Länge von 480 km begrenzt, ungeheure Wassermassen auf. So war der See, der seit 1964 gebaut wurde, 1970 noch nicht halb voll. Von 12 Turbinen laufen nur 6 und liefern nur 3,8 Milliarden kWh statt der geplanten 16. — In dem landwirtschaftlich genutzten Boden löst das Grundwasser Salze und schwemmt sie bei mangelhafter Drainage an die Oberfläche. Dort verdunstet das Wasser, und die Salze bleiben zurück (siehe Seite 308). Einst hatte die jährliche Nilüberflutung sie fortgespült. Nun aber hat die steigende Versalzung bedeutende Ausmaße erreicht. 400 000 ha wassergetränkten Bodens mußten für 650 Mill. Mark unterirdisch entwässert werden. In den Nildörfern gibt es immer mehr Ratten und Mäuse. Sie werden nicht mehr durch Überflutungen getötet. — Da sich der Schlamm im Staubecken ablagert und die Felder deshalb kaum noch Schlamm bekommen, muß künstliche Düngung angewandt werden. — Über die Zukunft der Talsperren mit viel zurückgestautem Schlamm siehe Seite 232. — Weil 100 Mill. t Ablagerung, die der Nil früher an den Rand des Mittelmeeres schwemmte, nunmehr ausbleiben, hat die westliche Meeresströmung begonnen, die ägyptische Küste anzunagen (Küstenerosion). Teilweise weicht das Land mehrere Meter im Jahr zurück. Eine Lösung der Schwierigkeiten ist noch nicht gefunden. — Durch die oben geschilderte große Verdunstung des Sees und durch den Verbrauch von großen gestauten Süßwassermengen für Bewässerungszwecke ist der Salzgehalt des Meeres gestiegen. Weil außerdem dem pflanzlichen Plankton des Meeres die Nahrung aus dem Nilschlamm fehlt, ist der Fischfang, besonders die Sardinenfischerei, stark zurückgegangen. — Im Flußbett fließt das Wasser, da es durch Ablagerung des Schlammes im See leichter geworden ist, rascher ab, nagt das Flußbett aus (Sohlenerosion) und untergräbt 530 seit 1952 gebaute Brücken. — Im Stausee aber wird die Strömung träge. Dadurch wird er sich und die von ihm ausgehenden Bewässerungssysteme zur Brutstätte von Malariamücken entwickeln und von Schnecken, die als „Zwischenträger" zur gefährlichen Bilharziose dienen. Durch andere Krankheitskeime wird das Trinkwasser in Kairo fast ungenießbar.

Überall, wo im tropischen Afrika und in Asien Superstaudämme emporwuchsen, sind in ihrem Gefolge wasserabhängige Krankheiten aufgetre-

ten, die Bilharziose in Brasilien in den Bundesstaaten Rio Grande de Sol und Paraná. Auch die Zahl von anderen negativen Folgeerscheinungen wird ständig größer. Durch solch gewaltige Gewichtsverlagerungen können sogar Erderschütterungen die Folge sein. Bei der Planung solcher Vorhaben müssen neben Technikern auch Fachleute der Naturwissenschaften mitwirken.
Ägypten ist 1975 noch sehr arm und nach wie vor auf Einfuhr von Lebensmitteln angewiesen. Mit der bereits angelaufenen Wiederaufbauhilfe von Ost — Iran und Saudi-Arabien — und West wartet man aber ungeduldig auf ein Wirtschaftswunder — Am 5. 6. 75 wurde der Suez-Kanal wieder eröffnet.

Der (früher englisch-ägyptische) Sudan

(2 500 000 qkm)

Ein Drittel des Landes ist Wüste. In den übrigen Gebieten findet man alle Landschaftsformen von der Steppe bis zum tropischen Urwald.
Nördlich von der Hauptstadt Khartum ist das Niltal fast regenlos. Nach Süden nimmt der Regen zwar von 10 cm bis zu 120 cm jährlich zu, bleibt aber immer auf eine bestimmte Jahreszeit beschränkt und in der Menge schwankend. So ist selbst im Süden Bewässerung äußerst wünschenswert. Obwohl hier guter Boden und mehr Regen den Anbau gegenüber dem Norden begünstigen, gehört das Handwerkszeug der 5 Mill. Südsudanesen vielfach noch ins Steinzeitalter. Im Westen wird primitiver Ackerbau betrieben. Im Osten dagegen, wo der Weiße Nil zur Flutzeit sich bis 25 km ausbreitet und Fiebersümpfe schafft, nomadisieren die Menschen. Wenn der Nil wieder fällt, entsteht eine Grassteppe, auf der sie Vieh weiden lassen. Schilf und Papyrus bedecken Fluß und Ufer tageweit, und unter dieser Decke fließen die Wasser träge dahin.
Schon lange ist die Regulierung dieses Sumpfgebietes (Sudd) ausgearbeitet. Man plant etwa nördlich vom 17. Breitengrad einen 150 km langen Kanal. Dieser soll die Verdunstung von ungefähr jährlich 16 Milliarden cbm verhüten und dabei etwa 80 000 qkm für die Bewirtschaftung gewinnen. Die Eingeborenen dieses Landesteiles aber sind gegen dieses Vorhaben; denn ihre Herden würden dann kein Gras mehr finden. Außerdem müßten zuvor Verkehrswege gebaut und die Bewohner von der Notwendigkeit der Arbeit überzeugt werden.
Der 900 km lange aus dem Tana-See entspringende obere Blaue Nil ist mit seinen vielen Stromschnellen noch unerforscht.
Durch die Stauseen bei Sennar am Blauen und bei Dschebel Aulija am Weißen Nil wird die Gezira (= Insel), das Landdreieck zwischen dem Zusammenfluß von Blauen und Weißen Nil, auf einer Fläche von 4200 qkm bewässert. Von 1953—1958 wurde der Managil-Kanal erbaut und 1960 der 57 km lange sogenannte Hauptkanal. Dadurch wurde die Anbaufläche um 3250 qkm vergrößert. Vom Flugzeug aus sieht man die sich endlos hinzie-

henden, rechteckig angelegten Felder und die zahllosen Kanäle, die von den eben erwähnten Kanälen ausgehen. Trotz Fruchtwechsels werden 35 % der Gesamternte an Baumwolle gewonnen. In den nächsten Jahren soll die Erzeugung um 50 % gesteigert werden. Baumwolle und Gummiarabikum sind die Hauptausfuhrartikel. Der 1961 am Blauen Nil nahe der äthiopischen Grenze begonnene Roseires-Staudamm soll weitere 3400 qkm der Landwirtschaft erschließen.

Neben dem Gezira-Gebiet ist die Umgebung von Khartum ein wirtschaftlicher Mittelpunkt. Hier arbeiten auch die meisten Fabriken des Landes. Insgesamt aber leben auf einer bebaubaren Fläche, die zwar 17mal größer ist als die Ägyptens, nur 10—12 Mill. Menschen. Doch kann das Land eine bedeutend größere Bevölkerung ernähren.

Aber der Sudan leidet schwer unter dem

Gegensatz zwischen Nord und Süd.

Der Norden, etwa bis zum 12. Breitengrad, ist arabisch-mohammedanisch, der Süden, etwa ein Drittel der Staatsfläche, ist von heidnischen und christlichen Negern bewohnt. Sowieso mißtrauisch und eingeschüchtert werden sie im täglichen Leben durch das hochmütige Verhalten der Nordsudanesen an die Schrecken der Vergangenheit erinnert; denn noch zu Anfang dieses Jahrhunderts verkauften arabische Sklavenjäger ihre „schwarzen Brüder" nach Saudi-Arabien und Ägypten.

Die Regierung ist nicht mehr deutschfreundlich. Viele Vorhaben sind halbfertig geblieben; denn der Kampf gegen die Schwarzen kostet ungefähr die Hälfte des Staatshaushaltes. Von der Weltöffentlichkeit unbemerkt, ist er zu einem regelrechten Vernichtungskrieg geworden. Über 660 000 Menschen sind seit 1954 umgebracht worden. Mindestens 250 000 wurden aus ihren Dörfern vertrieben und flohen zum Teil in die Nachbarstaaten Uganda, Kongo, Malawi, Äthiopien und Kenia, wo sie in Flüchtlingslagern hausen. Die Verhältnisse sind schlimmer als im ehemaligen Biafra. (Angeblich sollen ab 1972 Ruhe und Ordnung einkehren. Aber bis heute — April 1975 — durften die Missionare noch nicht zurückkehren.)

In Uganda

(243 000 qkm, 8 Mill. Einwohner)

sind Erfolge zu verzeichnen in Landwirtschaft, Industrie, Bildung und Gesundheitswesen. Bei dem Staudamm in Oven Falls fließt der Weiße Nil aus dem Viktoria-See. Der Wasserspiegel des 68 000 qkm großen Sees wird 1 m gehoben. Dadurch entsteht das größte Wassersammelbecken der Erde. Die Oven Falls liefern vorläufig nur Elektrizität.

Abessinien

(Äthiopien, 1 120 000 qkm, etwa 24 Mill. Einw.)

Ein Land der Gegensätze

2000—4000 m hohe Berge im kühlen Zentralhochland, weite Wüstenebenen im heißen Norden, Osten und Süden, Urwälder zum Blauen Nil hin im Westen.
Unerfreuliches infolge Naturgewalten und Menschenverschuldung.
Die meisten Wälder sind vernichtet. Nur die Gehölzstreifen an den tief eingeschnittenen Flüssen wissen von der ehemaligen Pracht und Mannigfaltigkeit der Tropennatur zu erzählen.
In jedem Frühjahr überziehen gewaltige Gewitter das Land. Durch Wolkenbrüche, Hagel- und Regenfälle schwemmen reißende Sturzbäche den Boden in großer Menge fort und führen ihn dem Blauen Nil zu. Nach der starken Abholzung des Landes hat die Abschwemmung der Fruchterde natürlich bedeutend zugenommen. Ägypten erhält diesen Segen im Übermaß, aber Abessinien verarmt. (Die jährlichen Schlammengen schwanken zwischen 70 und 150 Mill. t.) — Als erstes Ziel hat man ein Programm für die Wiederaufforstung für 30 Jahre aufgestellt.

Dennoch Entwicklungsmöglichkeiten!

Die Berge sind zum größten Teil erloschene Vulkane, deren verwitterte Gesteine fruchtbare Böden ergeben. Allerdings finden wir — im Zusammenhang mit der Waldvernichtung — nur 10 % dürftig bewirtschaftetes Ackerland, aber 50 % Wiesen und Weiden. Doch hat das Hochland mit gesundem Klima mehr als 1 m jährlichen Niederschlag. Hier können alle Kulturpflanzen Europas gezogen und das Weizen- und Viehzuchtgebiet weiter entwickelt werden. Äthiopien brauchte nicht in seinem Außenhandel von Kaffee seines Hochlandes zu leben. Die Ausfuhr betrug nie mehr als 70 % der Einfuhr. Es hätte längst die Kornkammer Ostafrikas sein können. Das Nilquellengebiet könnte bedeutende Wasserkraft liefern. — Auch Gold, Platin, Kohle, Eisen und Kupfer sind vorhanden.

Aber fast ungenutzte Entwicklungsmöglichkeiten!

Es gibt keine Straßen, die in das Gebiet der Bodenschätze führen. Ein Land von fast der fünffachen Größe unserer Bundesrepublik hat nur zwei Eisenbahnlinien und wenig feste Straßen. Während der Regenzeit verwandeln sich die meisten Straßen in Schlammpisten. Bürgerkriege und Kriege mit Nachbarvölkern hemmten Jahrtausende hindurch die wirtschaftliche Entwicklung.
Die Armee verbraucht 35 % des Staatshaushaltes.

Gewiß hat sich manches gebessert, vor allem auf dem Gebiet der Gesundheitspflege und der Seuchenbekämpfung. Aber neun Millionen sind geschlechtskrank. Auch sind die Unterschiede zwischen arm und reich geblieben. Eine durchgreifende Bodenreform neben landwirtschaftlicher Ausbildungshilfen wäre notwendig. Der größte Landbesitzer ist der Staat, der über die Hälfte der Gesamtfläche Äthiopiens verfügt. Der Rest gehört den Großgrundbesitzern der Amharen-„Herrschervölker" (25 % der Bevölkerung, ein uraltes semitisches Kriegervolk, das vor 3000 Jahren aus Südarabien in das kühle Hochland Äthiopiens zog) und der koptischen Kirche (besteht seit dem 5. Jahrhundert, 35—40 % der Bevölkerung). Alle sind sehr konservativ und lassen sich 40 % der Ernte abliefern.
Im Norden herrschte 1973 eine furchtbare Hungersnot, die man lange Zeit verschwiegen hat. Die Regierung ist nämlich nicht unbeteiligt daran, daß die Not so ungeheuerlich anschwellen konnte. Vor allem hat man nicht früh genug an Wasserpumpen gedacht. 40 % der Bevölkerung starben. Die Überlebenden verloren 90 % ihres Viehbestandes. 52 % der Kinder sind Waisen. Aber das Leben am kaiserlichen Hof ging weiter wie eh und je. Die Fütterung seiner Hundemeute erledigte der Kaiser selbst mit ausgesuchten Fleischbrocken. 1974 wurde er allmählich entmachtet und schließlich gestürzt. — Einsam starb er im August 1975. — Hinsichtlich freiheitlicher Entwicklung ist aber auch von den neuen Machthabern nichts zu erwarten. Die Armee verbraucht 35 % des Staatshaushaltes. Über 90 % der Bevölkerung sind noch Analphabeten. Kein Wunder, daß Eritrea, das 1881 von den Italienern besetzt wurde und erst 1952 an Äthiopien fiel, als die aufgeschlossenste der 12 Provinzen selbständig werden möchte. Die mit sowjetischen Waffen ausgerüsteten und von Arabern ausgebildeten Guerillas erhoben sich 1975 in erfolgreichem Aufstand.
Nach der Verstaatlichung von mehr als 100 Firmen, 6 Banken und 40 Versicherungen herrscht Wirtschaftschaos. Außerdem sind überall Stammesfehden ausgebrochen. Allerdings soll nach einer Mitteilung der Militärregierung vom 4. 3. 75 der private Landbesitz 15 ha nicht überschreiten. Was darüber hinausgeht, wird verstaatlicht und soll von Genossenschaften bewirtschaftet werden.
1974 fiel in der gesamten Sahel-Zone ausreichender Regen. Aber ohne ein Gesundungsprogramm (Straßen, Brunnen, Hospitäler, Hilfskräfte, Schulen, Verkündigung des Evangelismus) ist auf die Dauer jeder Einsatz verlorene Mühe.

Somalia (637 000 qkm, 2 Mill. Einw.) ist trocken und heiß. Das ehemals britische Gebiet hat einen jährlichen Niederschlag unter 20 cm. Wüste und Dornsavannen, etwas Weideland für Kamele, Schafe und Ziegen sind sein ganzer Besitz. Nur ein Fluß erreicht das Meer. Doch kann die Bewässerung erweitert werden. Der früher italienische Besitz ist ein wenig bewohntes, fieberverseuchtes Tiefland. Doch durchfließen es viele aus dem Hochland von Äthiopien kommende Flüsse, so daß es durch Bewässerung zu einem Baumwollgebiet werden könnte. — Somalia wurde zum Satelliten der Sowjets. Sie beherrschen den südlichen Zugang zum Suez-Kanal.

Südafrika

(1 222 543 qkm — das ehemalige Deutsch-Südwestafrika nicht mit eingeschlossen — im April 1972 21,448 Mill. Einw., davon 3,779 Mill. Weiße, 15,057 Mill. Bantu-Neger, 2,018 Mill. Mischlinge — Farbige —, 620,422 Asiaten, besonders Inder.)

Geschichtliches und Landwirtschaft

Im Jahre 1652 landete Jan van Riebek im Kapland, um im Auftrage der holländischen Regierung einen Gemüsegarten anzulegen, um die vorbeifahrenden Schiffe mit Fleisch und frischem Gemüse zu versorgen. 1671 folgten Buren — holländische Auswanderer —, ab 1688 französische Hugenotten, 1795 erste britische Besetzung des Kaps, ab 1820 britische und zwischen 1848 und 1858 deutsche Siedler. Der Vorgang der Ausdehnung in das Innere des Landes dauerte bis in das 19. Jahrhundert. Von 1835 bis 1837 erfolgte unter dem Druck der Engländer der Große Treck der Buren nach Norden. In dem Highveld, einem Hochland, das das nördlichste Kapland, den Oranjefreistaat und den größten Teil von Transvaal umfaßt, mit Erhebungen zwischen 1200 und 1800 m, fanden sie kilometertiefe Herden von Antilopen und Gnus, von Steppenzebras, Buntböcken, Blaßböcken, Blauböcken, Quaggas und Gazellen auf den menschenleeren Grasflächen! Aber rücksichtslos wurde Wild abgeschossen, um Platz für Schafherden zu schaffen. Viel fruchtbarer Boden ging durch Überbeweiden (40 Mill. Schafe) verloren.

Obwohl Südafrika fast ganz innerhalb der südlichen gemäßigten Zone zwischen dem 23. und 35. südlichen Breitengrad liegt, dienen doch nur knapp 100 000 qkm mit genügend Regenfällen dem Ackerbau in 8 % des Landes, und nur 1 % ist noch mit Wald bedeckt. 3,4 Mill. ha sind noch kultivierbar. Riesige Gebiete sind Wüsten, Steppen und Wildreservate. Die Wasserabsickerung ist sehr groß, die Verdunstung ist hoch. Ausgedehnte Zeiten der Dürre wechseln mit Überschwemmungen, Hagelstürmen und Insektenplagen ab.

So ist Südafrika landwirtschaftlich gesehen ein armes Land, dennoch hat die Landwirtschaft einen guten Leistungsstand. Es werden mehr als 20 % der gesamten landwirtschaftlichen Erzeugung Afrikas gewonnen.

(Der Oranje Freistaat ist die Kornkammer Südafrikas. In dem benachbarten selbständigen Bantustaat Lesotho, 30 000 qkm, 885 000 Einw., sind entsprechende Bodenbeschaffenheit und entsprechendes Klima. Trotzdem ist er bitterarm. Der deutsche Landwirt Dr. Otto Neuhäuser-Gießen zeigt aber an einem von „Misereror" — katholische Kirche — finanzierten Versuchsvorhaben, daß es möglich ist, aus dem romantisch wilden Gebirgsland einen Garten Eden zu machen. Er befürchtet jedoch nach seinem Weggang einen Rückfall.)

Durch ein großzügiges Aufforstungsprogramm sollen die Waldbestände vermehrt werden. Die künstliche Bewässerung umfaßt 5000 qkm, 14 Bewässerungsvorhaben sind im Bau bzw. geplant.

Durch das Oranje-Fluß-Vorhaben (Verwoerd-Damm) sollen 20 Wasserkraftwerke errichtet werden. Die Wasserversorgung des zur Zeit bewässerten Landes von 59 100 ha wird dadurch gesichert werden. Außerdem werden 243 000 ha halbtrockenen (semiariden) Landes zum ersten Mal bewässert werden.

Die Industrie in Südafrika

verdankt ihre Entstehung der Entdeckung der Diamanten- und Goldfelder, aber auch großen Vorräten von Platin, Eisenerz, Kohle, Chrom, Asbest und Uran. Mit nur 6 % der gesamten Bevölkerung Afrikas erzeugt Südafrika 40 % der Industriegüter und verbraucht doppelt soviel Stahl und Elektrizität wie die restlichen Staaten Afrikas zusammen. Öl fehlt; doch wird in dem größten Werk der Welt Kohle verflüssigt (Fischer-Tropsch-Synthese), das 10 % des Benzinbedarfes deckt. Ein neues Werk soll 60—70 % decken.

Die Industrie wirkt wie ein Magnet auf die Bewohner von insgesamt acht selbständigen afrikanischen Ländern. 400 000 Gastarbeiter arbeiten vorübergehend im Bergbau. Ihre Verträge gelten gewöhnlich für 9 Monate. Sie sind sich wohl bewußt, daß sie durch die im folgenden beschriebene „Getrennte Entwicklung" einen Teil ihrer Freiheit aufgeben müssen. Aber von „Versklavung" kann keine Rede sein. Die negativen Folgen für ihre Länder sind u. a. Verlust an ländlichen Arbeitskräften und damit fortschreitende Bodenverschlechterung.

Getrennte Entwicklung in ländlichen Gebieten (Große Apartheid). Sieben Bantu-Heimatländer mit einer Gesamtgröße von 171 877 qkm sind die schönsten Gebiete Südafrikas. In ihnen besteht aber eine gefährliche Erosion.

Die Regierung bemüht sich seit Jahrzehnten um Beseitigung der Mißstände, doch nur mit geringem Erfolg. Erst als 1963 in der Transkei mit der Bildung des ersten selbständigen Bantu-Staates begonnen wurde, ist die Bevölkerung in größerem Maße zur Mitarbeit bereit. Sie genügt aber noch nicht. Drei weiteren Bantu-Heimatländern wurde 1968 Selbstregierung verliehen. Schlußlicht dieser Entwicklung war 1970 das 4,0 Millionen-Volk der Zulus. Ein achtes Heimatland steht kurz bevor. Das Fernziel ist die Unabhängigkeit.

Zwar entstehen Dörfer und Städte. Aber bei der starken Zunahme der Bevölkerung ist die Bildung von Industrien noch völlig ungenügend. So suchen noch viele Männer Arbeit im weißen Teil Südafrikas. Schuld daran hat auch die schwarze Intelligenz, die lieber in den Großstädten wohnt. Auch wurden von dem Zulu-Heimatland große Reibereien der Eingeborenen untereinander berichtet.

Mittlere und Kleine Apartheid

Anfang 1971 lebten 45 % der Bantu in ihren Heimatländern, während von dem Rest ungefähr die Hälfte weiterhin am Rande der großen Städte in sogenannten Lokationen untergebracht war. (Mittlere Apartheid.) Hier wohnen die Schwarzen auf eigenen Wunsch in getrennten Vierteln. Die Apartheid ist also nicht nur ein Problem zwischen Weißen und Nichtweißen wie es in Europa fälschlich dargestellt wird.

1971 verblieben noch 3,6 Mill. Bantu in Stadtgebieten und auf dem Land in Nicht-Heimatländern (Kleine Apartheid). Es gibt manches, das man als Europäer und als Christ nicht gutheißen kann: Trennung der Postschalter, Eisenbahnabteile, Restaurants, Fahrstühle usw. Aber die Kleine Apartheid wird fast gar nicht mehr beachtet. Doch sind immer noch menschlich bedrückend die Fälle, wo Schwarze und Farbige in höhere Stellungen vorgestoßen, aber in ihren bürgerlichen Freiheiten beschränkt sind.

Die in der Mittleren und in der Kleinen Apartheid lebenden Schwarzen können ihr Wahlrecht nur in ihren Heimatgebieten ausüben. Die in der weißen Republik lebenden Rassengruppen der Kapmischlinge und der Inder werden eine weitgehende Gruppenselbstverwaltung haben.

Mit ungeheurem finanziellem und organisatorischem Aufwand wurde ein Schulsystem für die schwarze Bevölkerung aufgebaut, das es — außer in Rhodesien — in ganz Afrika nirgends gibt. Getrennter Unterricht für schwarze und weiße Kinder ist notwendig. Die meisten der schwarzen Kinder vermögen zwar sehr bald praktisch zu denken, Handwerke auszuüben, sich technische Fertigkeiten anzueignen, können aber, wie auf Seite 230 ausgeführt, nicht abstrakt denken, z. B. in Mathematik, Physik, Chemie und Sprachen. (Bei den weiter entwickelten Negern, etwa in den USA, liegen die Verhältnisse völlig anders.) Der Schulbesuch für die nichtweiße Bevölkerung ist so gut wie kostenlos, ebenso der Gesundheitsdienst. Die Schwierigkeit besteht in der Unfähigkeit der Bantus zum regelmäßigen Schulbesuch. Es gibt drei Hochschulen für Bantus, je eine für Mischlinge und Asiaten und eine für Schwarz und Weiß.
Die politische Lage der Weißen ist unsicherer geworden.

Sambia

(früher Nordrhodesien, 746 000 qkm, 2 Mill. Einw.),

einst blockfrei, betreibt immer mehr eine westfeindliche Politik. „Afrikanisierung" heißt das Schlagwort (siehe auch Seite 231). Sie geht aber auf Kosten des Landes. Der Staatspräsident will nicht abhängig sein von Staaten, in denen der weiße Mann regiert und den man durch Ausbildung von Guerillas bekämpft. Deshalb soll durch zwei im Bau befindliche Kraftwerke die Eigenversorgung mit Energie gesichert werden, obwohl der mit Rhodesien gemeinsam betriebene Kariba-Staudamm genügend Strom liefert. Dieser staut in der Kariba-Schlucht des Sambesi-Flusses, 320 km südlich der Viktoria-Fälle, wo der Sambesi auf einer Breite von 2 km über Felsen in eine Tiefe von 109 m stürzt, 180 Milliarden cbm Wasser.

Das Land ist der drittgrößte Kupferlieferant der Erde. Mit dem Erlös aus der Ausfuhr könnten weite Räume erschlossen werden, wenn das Kupfer weiterhin durch die beiden ehemaligen portugiesischen Gebiete und Rhodesien befördert würde. Aber man ließ durch Chinesen von Kasama im östlichen Sambia eine 1800 km lange Eisenbahn durch Tansania nach dessen Hafen Dar-es-Salam bauen. Beide Staaten werden völlig unter chinesischen Einfluß geraten. (Peking unterhält schon in neun Staaten südlich der Sahara Botschaften.) Allerdings sind in ihnen Leistungssteigerungen zu verzeichnen. Auch ist Ostern 1975 Sambia gegen die schwarzen Guerillas vorgegangen.

Tansania

(Tanganjika mit Sansibar, viermal so groß wie die Bundesrepublik, 12 Mill. Einwohner) verfügt über keine Bodenschätze und gehört zu den ärmsten Gebieten Afrikas. Heimlich baut Peking einen Stützpunkt für Fernraketen von 12 000 km Länge aus. Mao läßt sich die Kosten für die Tan-Sam-Bahn in Elfenbein zurückzahlen. Sie hat sich aber inzwischen als Fehlinvestition erwiesen. China baut auch einen Flottenstützpunkt, errichtet eine große Textilfabrik, einen Rundfunksender, schafft medizinisch ausgebildete Abteilungen (Teams) und Polizeiausbilder herbei. Die manchmal unbeholfen vorgenommene Sozialisierung der Landwirtschaft ist umstritten.

Ein Sonderfall ist

Nigeria

(966 000 qkm, 40—50 Mill. Einw.),

ein aus drei Teilen (Nord, West und Ost) zusammengesetzter Bundesstaat. Man zählt mehr als 200 Stammessprachen.

Im fast drei Viertel des Landes umfassenden Norden wohnen mohammedanische Viehzuchtstämme (Haussa) in einem Steppengebiet, das unmittelbar an die Sahara grenzt. Die Bewohner der Westregion sind wesentlich weltoffener. Bei weitem am fortschrittlichsten aber ist die Ostregion, in der die Ibos, mit 10 Mill. der zweitgrößte Stamm Nigerias, zu Hause sind. Sie stellen die geistige Führungsschicht in allen drei Landesteilen und bekennen sich etwa zur Hälfte zum christlichen Glauben.
Süden snd Osten haben Regenwald und sind dicht besiedelt. Wie im benachbarten Ghana wird vor allem Kakao angebaut. In den Küstengegenden gehen 80 % der Kinder zur Schule. Kleine nigerianisch-deutsche Betriebe arbeiten gewinnbringend.
Die führenden Männer waren nach britischer Ansicht gründlich auf die Selbständigkeit vorbereitet worden. Seit der Vorkiegszeit hatte Nigeria 1966 seine Ausfuhr verzehnfacht. Dazu gehörten die meisten Palmerzeug-

nisse der Welt. In 10 Jahren würde es zu den größten Ölausfuhrländern gehören.
Da kam es 1966 zu den ersten Unruhen in der Nordregion. Die aufgehetzten schwarzen Mohammedaner brachten in kurzer Zeit mehr als 30 000 Ibos um. Hauptgrund: die Haussa waren neidisch auf die erfolgreiche — weil fleißigere und intelligentere — Minderheit. 1½ Mill. Ibos entkamen durch Flucht in die Ostregion (Biafra), die sich im Mai 1967 für selbständig erklärte.
Bis Januar 1970 tobte ein heftiger Bürgerkrieg. Die Toten werden auf 1—2 Mill. geschätzt. Die Ibos kämpften mit dem Mute der Verzweiflung, weil sie befürchteten, daß ihnen bei einer Niederlage die Ausrottung drohe. Das geschah allerdings nicht. Der dem Öl zu verdankende Reichtum hat eine erstaunliche Erholung des zerstörten Landes ermöglicht. Auch im einstigen Biafra ist 1975 der wirtschaftliche Aufschwung beachtlich. Aber wie in anderen afrikanischen Ländern nimmt die Kluft zwischen der neuen afrikanischen Elite und der verarmten Landbevölkerung zu.

Die Restgebiete aus der Kolonialzeit

Von den drei portugiesischen Überseeprovinzen Angola (1 246 700 qkm, 5,7 Mill. Einw., davon 150 000 Weiße), Portugiesisch-Guinea (36 125 qkm, 570 000 Einw., davon 30 000 Weiße) und Mocambique (784 961 qkm, 8,5 Mill. Einw., davon 250 000 Weiße) und Südrhodesien (4,2 Mill. Schwarze, 250 000 Weiße) bis nach Südafrika reicht der Teil Afrikas, in dem die Weißen zwar eine Minderheit darstellen, aber keineswegs abzudanken beabsichtigen. Über portugisische Besitzungen allerdings siehe nächste Seite. Sie befürchten, daß eine Machtübernahme durch die Afrikaner allen schaden würde. (Siehe „Kongo" und „Nigeria". David Reed beschwört in dem Buch „111 Tage Stanleyville", Verlag Zsolny, Wien, die Schrecken des Simba-Aufstandes im Kongo auf eindringliche Weise.)

Rhodesien

(Südrhodesien) hat ausgezeichnete klimatische Verhältnisse und ist dadurch wie geschaffen für Europäer. Die Weißen Rhodesiens weisen voll Stolz darauf hin, daß nur dank ihrer Tüchtigkeit und der Verdienste ihrer Vorfahren Rhodesien ein so blühendes Gemeinwesen darstellt. Die Schwarzen haben bessere Bildungsmöglichkeiten und bessere Gesundheitseinrichtungen als die Schwarzen in jedem anderen afrikanischen Staat nördlich von Rhodesien. Das Land hat viele wertvolle Rohstoffe, besonders Chrom. Durch die 1965 erfolgte Blockade wurde hauptsächlich mit Japan Handel getrieben. Heute ist Rhodesien wirtschaftlich fast unabhängig geworden. Der Westen kauft sowjetisches Chrom, welches durch Gefangenenarbeit in Chromminen ohne Bezahlung billig ist. 1975 wächst die Bedrohung durch Schwarze und die wirtschaftliche Not.

Bei den bisherigen portugiesischen Gebieten ist vor allem in Mocambique das **Cahora-Bassa-Vorhaben** zu erwähnen.

480 km vor der Mündung wird der Sambesi durch eine 170 m hohe und 38 km breite Mauer gestaut. Der Stausee wird mit 250 km Länge sechsmal so groß wie der Bodensee und damit die beiden größten Wasserkraftwerke in Afrika mit zusammen 2600 Megawatt haben. Nun können erstens die reichen Bodenschätze Mocambiques — vor allem Eisen, Kupfer und Uran — durch elektrischen Strom genutzt werden. Zweitens werden elektrische Pumpstationen 15 000 qkm Steppe bewässern. Dazu kommen 3000 qkm Trockenkulturen. Drittens können riesige Sumpfgebiete am unteren Sambesi trockengelegt werden. Viertens wird hier die Wasserführung reguliert. Hilfsdämme, Schleusen und schiffbare Kanäle können gebaut werden. Von der Grenze Sambias bis zum Indischen Ozean fahren eines Tages 1000-Tonnen-Schiffe. Geplant sind Fabriken, neue Städte und landwirtschaftliche Großbetriebe. Ein neuer Tiefwasserhafen N'Calla wird ausgebaut. Die Hälfte des Stromes soll über eine 1500 km lange Leitung nach Südafrika verkauft werden.

Die Gelder für dieses und andere Vorhaben werden durch große Einnahmen aus Ölvorkommen in der Bucht von Cabinda nördlich von Angola erwartet. Eine Ölleitung soll nach Südafrika gebaut werden und ein Stahlwerk, das nach Brasilien und Südafrika ausführen wird, denn außer Kupfer und Diamanten wird Eisen gewonnen. Auch in Mocambique und seinen Küstengewässern sind große Ölvorräte festgestellt worden. (Näheres über Angola siehe nächste Seite.)

Sambia und Tansania wollten den Bau des Cahara-Bassa-Vorhabens vereiteln. Die Rebellen erhielten Unterstützung aus dem gesamten Ostblock und aus China, nicht zuletzt durch die Finanzspritzen des Weltkirchenrates. Mit brutalsten Methoden gingen die von Chinesen in Tansania und Sambia ausgebildeten Guerillas („Frelimo") im Grenzgebiet gegen weiße und schwarze Einwohner Mocambiques vor und schonten dabei auch Missionare nicht. Von Zaire aus gingen Guerillas gegen Angola vor. Der Weltkirchenrat aber ist Teilhaber dieser Verbrechen. (Siehe auch Seite 228.) Zugegeben, daß bis 1960 auf portugiesischer Seite manches zu wünschen übrigblieb und daß die Portugiesen in den Kämpfen ebenfalls Greueltaten begingen. Aber seit 1960 wurden fast 5000 Schulen gebaut. Das Gesundheitswesen wurde verbessert. In Guinea haben die Portugiesen seit 1968 129 Schulen, 171 Sanitätsposten, 10 Krankenhäuser, für je 8000 Einwohner einen Arzt geschaffen. (In der vorbildlichen Elfenbeinküste ist das Verhältnis 1:19 000.)

Nach dem Staatsstreich in Portugal vom 25. 4. 74 ist die Zukunft völlig ungewiß. Von 250 000 Weißen in Mocambique blieben nur 50 000. Die „Frelimo" übernahm im September 1974 die Herrschaft und erklärte sofort, daß ihr Ziel ein sozialistisches Land sei. Die Kirchen werden zu Krankenhäusern, Religionsunterricht wird verboten. Die Sowjets sorgen für Armee und Geheimdienst. Sie errichten Luftwaffen- und Marinestützpunkte. Aber es fehlt an Fachkräften, Lehrern und Ärzten. Die Landwirtschaft ist infolge des langen Guerillakrieges verkümmert. Cahora-Bassa allerdings wird weiter gebaut und im Sommer 1975 im wesentlichen fertiggestellt sein. Aber neben Ausrottung der Tiere wird das Sambesi-Delta austrocknen.

Angola

ist ideales Land für Viehzucht, Weizenanbau, Ölpflanzen, Forstwirtschaft auf dem Hochland, Kaffee in den niederen Gebieten. Dazu eine Erzeugung von fast 10 Mill. t Öl jährlich mit großen, noch unerschlossenen Feldern, großen Eisenerzlagern, noch ungenutzten Lagern an Uran, Molybdän und Titan.

Der im Innern Angolas entspringende Kunene-Fluß wird an der Grenze zwischen Angola und der ehemaligen deutschen Kolonie durch 28 Dämme gestaut, um jährlich etwa 185 Mill. cbm Wasser für Südwestafrika zu liefern (Ruacana-Vorhaben). Man erhofft Land für eine halbe Million Siedler und Erhöhung der industriellen Erzeugung. Außerdem arbeitet man nach weitsichtigen Plänen an der Erschließung der Wasserkräfte Angolas. — Die Afrikaner entfalteten bereits eigenständige Selbsthilfe und Genossenschaften.

Aber Angola droht, ein neues Vietnam zu werden. Von drei rivalisierenden Freiheitsbewegungen ist die MPLA kommunistisch. Ausgerechnet diese wurde vom Weltkirchenrat mit 225 000 DM unterstützt. Sie wird von Moskau ganz offen durch Schiffe und Flugzeuge mit Waffen versorgt. Seit März—August 1975 sind etwa 10 000 Menschen umgekommen, Weiße und Schwarze. Die in Angola lebenden 500 000 Weißen verlassen fluchtartig das Land. In Nordangola sind 500 000 schwarze Buschbewohner vom Hungertod bedroht.

Der kommunistische Weltkirchenrat mit seinen Mitläufern, also der weitaus größten Mehrheit der Pastoren der Deutschen Evangel. Kirche, veranstaltete in den letzten Jahren in den Kirchen „Angola-Tage". Sie forderten damit den Abzug Portugals aus Afrika. Ob sie heute bereit sind, etwas zu tun, um das Unglück zu lindern, das, mit der Duldung der neuen Herren Portugals, schwarze Bewegungen über Angola bringen?

Die Bundesrepublik kann sich eine Entwicklungshilfe von 3,2 Milliarden Dollar (1974) im Jahr nicht leisten. Der Irak wurde gezwungen, als Bezahlung für Waffen Erdöl im Wert von 13,8 Mill. Dollar zu verkaufen. Bevor das Erdöl geliefert war, verkauften es die Sowjets an die Bundesrepublik für 41,5 Mill. Dollar. — Von den USA kauften sie Weizen zu 60 Dollar je Tonne und verkauften ihn anderen Ländern um das Doppelte oder sogar das Dreifache. Der Osten übersieht die Hand des Bettlers und liefert ihm lieber Waffen. Es geht nicht an, daß der Westen seine Feinde finanziert, auch nicht, wenn ein Land so arm ist wie Mocambique. Der Westen muß sein Brot endlich dahin schicken, wo Aussicht besteht, daß die Saat der Demokratie aufgeht.

In weiten anderen Gebieten Afrikas hat sich der Bau von Staudämmen segensreich ausgewirkt. (Siehe aber Assuan-Staudamm.)

Der Volta-Stausee

an der Ostküste von Ghana (Füllung 1964—1969) ist der drittgrößte Stausee Afrikas. Im Süden der überfluteten Fläche (8500 qkm) waren Wälder. Man verbrannte sie nicht (wie beim Kariba-Stausee), sondern ließ sie stehen. Durch Verrottung der Bäume entsteht ein großes Angebot an Nährstoffen. Neue Nahrungsketten bildeten sich. Die Fischereiwirtschaft erlebt einen gewaltigen Aufschwung (siehe „Schlußkapitel"). Doch vermag niemand die weitere Entwicklung vorauszusagen. Am Flußlauf der Volta sind Flußpferde so gut wie ausgestorben. Man könnte an den neu entstehenden Ufern aber ganze Herden neu ansiedeln. Sie hätten dort beste Lebensmöglichkeiten. — Der Strom sollte in erster Linie der Speisung eines Schmelzwerkes von jährlich 210 000 t Aluminium dienen. Aber die Bauxitlagerstätten in Ghana liegen ungünstig. Neue Funde an den Küsten der Nachbarländer erwiesen sich als ergiebiger. So wurden von sechs mächtigen Turbinenanlagen erst vier in Betrieb genommen, weil kaum mehr als die Hälfte der gesamten Kraftkapazität von 750 000 kWh genutzt wird. So ist auch dieses größte Industrieunternehmen mit einer Hypothek belastet wie die meisten der anderen 130 Vorhaben Nkrumahs, der sich selbst „Erlöser" nannte, und 1966 gestürzt wurde. Im Januar 1972 wurde durch einen Militärputsch auch sein Nachfolger wegen Mißwirtschaft gestürzt. Außerdem hatten Bestechlichkeit und Schmuggel den Wiederaufbau gebremst.

Weitere Ausnutzung der gewaltigen Wasserkräfte! Die regenreichsten Gebiete liegen zwischen dem nördlichen und südlichen 10. Breitengrad. (Die angeführten Vorhaben erheben keinen Anspruch auf Vollständigkeit.)

Vorgesehen sind Stauwerke beim Weißen Nil am Albert-See (teils in Uganda und teils im Kongo) und im Quell-Gebiet des Blauen Nils am Tana-See (in Nord-Abessinien). — In Nyassaland (1 267 000 qkm, 2,6 Mill. Einw.) sollen durch das Sire-Tal-Vorhaben 161 800 ha für den Anbau von Baumwolle, Zuckerrohr, Reis und Weizen erschlossen werden. — In Sambia ist beabsichtigt, die Kafue-Niederungen (240 km lang und 55 km breit) einzudeichen. Bei richtiger Bewirtschaftung sollen sie die Ernährung von 22 Mill. Menschen sicherstellen.

Im Kongo-Gebiet (der Kongo ist mit 4700 km der sechstlängste Strom der Erde; gemessen an seinen Wassermassen steht er jedoch an zweiter Stelle) sind vier Kraftwerke im Bau. Am Unterlauf sind bei Inga mehrere Kraftwerke mit zusammen 200 Milliarden kWh vorgesehen. Der Bau hat begonnen durch den Staat Zaire (früher Belgisch-Kongo).

Rassismus (Rassenkampf), den viele am liebsten verschweigen

In selbständigen afrikanischen Staaten wütet zum Teil ein erbarmungsloser Rassenkampf *Schwarz gegen Schwarz* — in Burundi wurden in zwei Jahren 200 000 Schwarze durch Schwarze umgebracht — und *Schwarz gegen Braun*. In ganz Ostafrika werden die Inder vertrieben werden. Rücksichtslos geschah es schon in Uganda. Hier wird auch den Christen das Leben schwer gemacht. Außerdem werden in drei Viertel aller Staaten Schwarzafrikas durch Militärdiktaturen zur Festigung ihrer Herrschaft mehr Menschen gefoltert denn je. Im Vergleich ist Südafrika friedlich.

Weiß man nichts von der Unterdrückung von Volksminderheiten und von Christen in kommunistischen Ländern? (Siehe auch Seite 246 und

Seite 206.) Weiß man nicht, daß dort Apartheid gegen jedermann durchgeführt wird, der nicht Kommunist ist? Empörend ist, daß der Direktor des Antirassismusprogramms des Weltkirchenrates (der Dachorganisation von 271 Kirchen, außer der römisch-katholischen), Dr. B. Sjollema, am 20. 6. 73 bei einer Untersuchung des Lohnniveaus der Schwarzen in Südafrika vor dem britischen Unterhaus ausgesagt hat, die endgültige Lösung sei radikale Veränderung in Südafrika und die Kampagnen für höhere Löhne seien keine Lösung, „sondern sind in der Tat gefährlich", weil er befürchte, daß die Leute nach Anhebung des Lohnniveaus für die Schwarzen sagen würden, die Verhältnisse seien besser geworden und aufhören würden, für eine Veränderung zu agitieren.
Es ist erschütternd, wenn Christen sich irreführen lassen und einseitig nur die Verhältnisse im südlichen Afrika in dunkelsten Farben schildern und sogar Gewalt und Mordtaten revolutionären Aufruhrs durch Geldspenden unterstützen. Außerdem wird von dem Weltkirchenrat ein wirtschaftlicher Boykott gegen Südafrika betrieben und den Industriestaaten empfohlen. Welche politische und wirtschaftliche Instinktlosigkeit! Südafrika baut z. B. seit 1971 von seinen Kohlengruben eine Eisenbahn nach Richards-Bay, das zum Kohlenhafen ausgebaut wird. Billige Kohle könnte Deutschland bei der Energiekrise gut gebrauchen. Südafrikanisches Uran wird für uns lebenswichtig werden. Außerdem ist Südafrika von der Flaute verschont und bei dem Mangel an Facharbeitern interessiert an der Ausbildung von deutschen Lehrlingen, obwohl in steigendem Maße auch Afrikaner ausgebildet werden. Aber die Südafrika-Hasser (Anti-Südafrika-Lobby) weißer Hautfarbe fühlen sich schwärzer als Sambias Präsident. Sie wären erst zufrieden, wenn in Rhodesien und Südafrika Verhältnisse herrschen würden wie früher in Vietnam. Und welcher „Einheitsstaat" wäre in Südwestafrika (Namibia) möglich? Hier leben nicht weniger als zwölf durch Rasse und Sprache getrennte Volksgruppen. (Empfehlend sei hingewiesen auf Kurt Ziesel, Schwarz und Weiß in Afrika, Wirklichkeit und Legenden, Lehmanns-Verlag, München 1973.)

Kaum bekannte Kulturen der Afrikaner

Außer den erwähnten Großreichen entwickelten sich an der Westküste im Nordteil des Golfes von Guinea bis zum Unterlauf des Kongo und über den ganzen Westsudan eigenständige Staaten, die an Größe und Bevölkerungszahl dem eben erwähnten durchaus ebenbürtig sind. Mittelpunkt war Ife (in der Nähe von Ibadan, der Hauptstadt des Yorubalandes in Nigeria). Hier wurde die Kunst des Bronzegusses im 12.—14. Jahrhundert bis zur höchsten Vollendung entwickelt und zugleich in andere Länder weitergereicht. Zu ihnen gehörte der Stadtstaat Benin, Blütezeit um 1600. Funde im heutigen Südrhodesien 1871, am Limpopo 1932 bergen noch viele Rätsel. Sicher ist nur, daß in Ostafrika ein Reich erwuchs, das im 13. u. 14. Jahrhundert an Ausdehnung alle abendländischen Reiche weit übertraf.
Die Dörfer waren ebenso wie der Ackerbau dem Klima, der Pflanzenzone und den Geländeverhältnissen aufs beste angepaßt. Manches deutet darauf hin, daß die Eisenverarbeitung in Afrika erfunden wurde, und zwar von den Berbern im

Norden, die ihre Kenntnisse später an die Bantuvölker im Süden und Osten des Kongogebietes weitergaben. Die Eisenzeit fand im Jahre 500 n. Chr. ihren Höhepunkt. Sie blieb zwar auf der Stufe des Handwerks stehen. Doch erregt der Formenreichtum der Handwerkerkunst immer wieder das Staunen der Welt. Berühmt sind auch Meisterwerke von Goldschmieden und Seidenwebern im Aschantireich in Westafrika, im 18. Jahrhundert gegründet. Bekleidung ist Zeugnis einer hohen Kultur. Erstaunlich sind die kunstvollen und zeitraubenden Frisuren. Man denke auch an die Holzschnitzereien, an die religiösen Kriegs- und Tanzmasken, an die im Tonsatz und Rhythmus ganz eigenartige Musik, die bei den müden Zivilisationsvölkern hoch im Kurs stehen. (Näheres über Negerkulturen in Frederik Hethmann, Das schwarze Amerika, Verlag Herder, Freiburg, 1970 und Heinrich Pleticha, Afrika aus erster Hand, Arena Verlag, Würzburg, 1972.)

Dennoch große Lebenserleichterung durch den weißen Mann

Ursprünglich Nomade, gewohnt, sich durch Wanderhackbau und Brandwirtschaft mit einer Handvoll Nahrung über den Tag zu bringen, in der vermeintlichen Abhängigkeit von launischen Mächten (Geistern) Unglück und Krankheit schutzlos preisgegeben, wären die Lebensmöglichkeiten des schwarzen Mannes unausgeschöpft geblieben. Erst durch Mithilfe des weißen Mannes sind ihm die Mittel in die Hand gegeben, sich der feindlichen Kräfte der Natur zu erwehren und sich in der Grenzenlosigkeit des Landes zu behaupten. (Krankheiten, bessere Ernährung.)
Der schwarze Mann war an den Schätzen seiner Wohnsitze gar nicht oder doch nur sehr wenig interessiert. Dadurch bekommt das Thema „Ausbeutung" ein ganz neues Gesicht.
Fast alle Häuptlinge und Könige waren grausam. Menschenwürde war unbekannt. So wurden die Schwarzen — für uns schwer verständlich — mißtrauisch, wenn Mächtige ihre Untertanen nicht betrogen. (Siehe auch „Schlußkapitel".)

Weitere durch die Gesinnung (Mentalität) politisch gehemmte Entwicklung

Der Afrikaner fühlt sich in erster Linie nicht seinem Staat, sondern seinem Stamm verbunden, der ihm Schutz und durch die Ahnen die gemeinsame Sprache, Sitte und Wirtschaftsform Sicherheit und Geborgenheit gibt. (Siehe auch „Schlußkapitel".) Es gibt — auf dem Lande — keine zerrütteten Familien, keine Trunksucht, keine Selbstmorde. Aber die Zahl der Stämme in Afrika wird auf 600 geschätzt. Daher die vielen Stammesfehden.
Die Entkolonisierung durch die Kolonialmächte vollzog sich in dem Bestreben, die von ihnen willkürlich gesteckten Grenzen zu festigen. So haben die 39 südlich der Sahara entstandenen Staaten gewöhnlich einige Dutzend, die größeren Staaten sogar über 200 verschiedene Stämme. Das mußte zu Kämpfen führen. Die Schuld der Großmächte erreicht ihren Höhepunkt durch Lieferung von modernen Waffen.

Dazu kommt, daß die Regierung als Einheitspartei keine Opposition kennt und deshalb nur mit Gewalt verdrängt werden kann. So sind die afrikanischen Staaten von einer politischen Stetigkeit noch weit entfernt. Etwa 50 Revolutionen, Umstürze und Putschversuche brachten von 1960 bis 1975 Mord- und Gewalttaten. Mindestens 1,5 Mill. Flüchtlinge, Vertriebene und Ausgebürgerte, die in 16 afrikanischen Staaten leben, belasten Schwarzafrika. Die Aufnahme dieser Staaten in die UNO ist eine Heuchelei.
Auch mit den wirtschaftlichen Problemen werden die neuen Staaten nicht fertig. Die Erklärung ist darin zu suchen, daß den Naturreligionen (ebenso wie den Weltreligionen Asiens, aber auch dem heutigen Islam, siehe Seite 302) die Vorstellung einer Entwicklung, eines Fortschritts, fremd ist. Angewiesen auf eine unberechenbare Natur, hat bei dem Afrikaner die Hoffnung, die Zukunft, keinen Ort. Mit seinen kümmerlichen Werkzeugen kann er nicht viel gegen die feindliche, karge Natur ausrichten. Angesichts der geschilderten „wilden Umgebung" muß man sich wundern, wie die meisten afrikanischen Gebiete überhaupt besiedelt werden konnten. Wenn der Afrikaner von der Zukunft spricht, denkt er bis zur nächsten Regen- oder Trockenzeit. So lebt er wie ein Kind (besser gesagt Stiefkind) im Augenblick von einem Tag auf den andern, ist unfähig, vorauszuschauen, zu planen, zu denken ohne Gegenstand (Abstraktion), mathematisch zu denken. Die meisten Arbeiten überläßt er den Frauen.
(Afrikanische Frauen allerdings sind kaufmännisch begabt. Die Marktweiber von Accra, der Hauptstadt Ghanas, z. B. sind nicht nur die Beherrscherinnen des wichtigsten Beförderungsmittels, der „Mammy-Lorries", sondern auch der großen Fernlaster und Taxibetriebe. Allerdings ist ein sehr hoher Prozentsatz aller Afrikanerinnen geschlechtskrank.)

Entwicklung Schwarzafrikas seit 1960

Das Streben nach Industrialisierung führte dazu, daß der Landwirtschaft nicht immer die ihr zukommende Aufmerksamkeit geschenkt wurde. Es gibt sehr schöne, sehr gut ausgestattete Hochschulen, aber keine einzige hat ein besonderes Institut für landwirtschaftliche Entwicklung.
Zahlreiche neue Lagerstätten aller vorkommenden Mineralien wurden entdeckt. Aber Afrikas Reichtum an Bodenschätzen ist erst „angekratzt". (Alle 53 wichtigen Bodenschätze der Welt kommen in Afrika vor.)
Das Netz der internationalen und nationalen Luftverkehrslinien ist dichter geworden. Dasselbe gilt für Straßenverbindungen. 10 000mal mehr Menschen kamen durch Autos um, als durch wilde Tiere oder Giftschlangen. Der Ausbau der Häfen hat allerdings in einzelnen Ländern nicht mit der Entwicklung Schritt gehalten. Dadurch entsteht großer Zeitverlust beim Entladen der Schiffe, so daß die Waren versteuert werden.
Die einzigen Verkehrswege, die tief nach Mittelafrika vordringen, sind die bei Benguela (Mocambique) und Lobito (Angola) beginnenden Eisenbahnen, die aber vorwiegend durch ehemalig portugiesisches Gebiet füh-

ren. Nun plant man den Bau einer 7000 km langen Straße von der Ostküste Afrikas bis zur Westküste. Sie soll von der kenianischen Hafenstadt Mombasa nach Uganda führen, Kongo-Kinshana, die Zentralafrikanische Republik, Tschad und Kamerun durchqueren und schließlich in Lagos in Nigeria enden. Es geht um die Erschließung der großen Mineralvorkommen in Mittelafrika. Die UNO und sechs reiche Länder, darunter die Bundesrepublik, wollen 80 % der Kosten aufbringen. Die Straße würde natürlich auch der Landwirtschaft zugute kommen. Auch ist eine Verbindung mit der geplanten Trans-Sahara-Bahn (siehe Seite 210) vorgesehen. Viele neue Machthaber lehnen in Erinnerung an die Schuld der weißen Kolonialherren die Partnerschaft zwischen Schwarz und Weiß ab. („Afrikanisierung". Das bedeutet allerdings nicht Besinnung auf alte afrikanische Kulturen. Man paßt sich im Gegenteil immer mehr der westlichen Zivilisation an.) Dadurch aber gehen Handel und Wandel zurück. Die auf der nächsten Seite näher erläuterte „Afrikanisierung" greift jetzt auch auf die Staaten Tansania, Kenia, Sierra Leone, Uganda und Nigeria über.
In Wirklichkeit aber lebt der schwarze Mann heute in Staaten, die ohne Vorbereitung des weißen Mannes gar nicht beständen. Diejenigen Staaten stehen sich am besten, wo weiße Berater tätig sind, wo die Bodenschätze von weißen Kapitalgesellschaften gewonnen werden, mit Anteilen des schwarzen Mannes an den Erträgen. Das überzeugendste Beispiel bietet die Republik Elfenbeinküste (322 463 qkm, 5 Mill. Einw., dazu 35 000 Weiße, früher 10 000), „eine Oase des Wohlstandes inmitten einer Wüste der Armut". (Siehe auch Seite 226.) Allerdings befürchtet man, daß der Urwald in 10 Jahren ausverkauft ist. Auch spricht man von einem aufkommenden Neukolonialismus.

So gibt es für das Verhältnis zwischen Weiß und Schwarz

keine einfache Lösung.

Wo die „Afrikanisierung" immer strenger durchgeführt wird, kann man in Zukunft von einem Verhältnis zwischen Schwarz und Weiß überhaupt nicht mehr sprechen. Wo aber Beziehungen bestehen, ist von beiden Seiten viel Geduld und Verständnis nötig.
Benutzen wir die Neigung des Afrikaners, in allen Dingen eine tiefere Bedeutung zu entdecken. Geben wir ihm den Glauben an sich selbst zurück, an seine Gleichberechtigung als Geschöpf Gottes, an seine Leistungsfähigkeit. Er wird — nach längerer Entwicklungszeit — lernen und zupacken, und alles, was er schafft, was ihm Stolz und Würde gibt, wird ihn mit uns verbinden.
Die beste Lösung des Rassenproblems wäre eine Zusammenarbeit von Schwarz und Weiß gegen den Weltkommunismus.

VIII. Asien

Türkei

Ein internationales Straßennetz quer durch Asien, das aus 33 miteinander verbundenen Fernstraßen besteht, reicht in einer Gesamtlänge von 58 600 km von Indonesien bis an den Bosporus, wo der Anschluß an das europäische Fernstraßennetz hergestellt wird.
Annähernd 65 % der Erwerbstätigen sind noch in der Landwirtschaft beschäftigt. Drei Viertel des Bodens wird von klein- und mittelbäuerlichen Betrieben bewirtschaftet. Seit der Zeit Kemal Atatürks, des Schöpfers der modernen Türkei (1923—1938), vor allem aber seit dem Ende des Zweiten Weltkrieges, hat sich eine außerordentliche Ausweitung des Acker-, Garten- und Obstbaues vollzogen; auch die Viehhaltung wurde wesentlich vermehrt. Dazu ließ der „Vater der Bäume" überall im Lande Baumfarmen anlegen. Heute sucht man immer mehr Bewässerungsmöglichkeiten durch Brunnen und Talsperren zu schaffen.
Dennoch sind von der gesamten landwirtschaftlich genutzten Fläche von 78 Mill. ha nur 22 Mill. ha nicht erosionsgefährdet. Entsprechend den starken klimatischen Unterschieden der einzelnen Landschaften finden wir auch unterschiedliche Ergiebigkeiten.
Im Norden und Süden wird das durchschnittlich 1000 m über dem Meer liegende Anatolische Hochland durch hohe Gebirgsketten von den Gestaden des Schwarzen Meeres (Pontus Gebirge) und des Mittelmeeres (Taurus Gebirge) geschieden; nur nach Westen fällt es etwas sanfter zum Ägäischen Meer ab. Wegen dieser Abgeschlossenheit gegen die Seewinde herrscht in dem Hochland ein niederschlagarmes Binnenklima mit rauhen Wintern und heißen, trockenen Sommern. Wenn Regen fällt, dann vor allem im Frühjahr. Der Pflanzenwuchs ähnelt dem einer Steppe, Wälder gedeihen nur an wenigen, den regenträchtigen Nordwinden des Schwarzen Meeres geöffneten Landschaften. Einst aber war der Pontus reich an Wäldern. Auch der Taurus ist weithin verkarstet. Der Stallmist wird wegen Mangel an Brennholz zu Briketts verarbeitet.
Weite Teile der Steppe wurden in große Ackerflächen verwandelt, die nun mit Maschinen bearbeitet werden können. Leider gab diese neue „Kultursteppe" Wind und Wasser Gelegenheit zu heftigerem Angriff, so daß die Erosion starke Verwüstungen anrichten konnte. Dazu kommt, daß bei den nicht durch Ackerbau benutzten Flächen Überbeweidung durch Rinder, Schafe und Ziegen zur Verminderung und Lockerung der Pflanzendecke führt. Ein Staubecken in Mittelanatolien mit einem Fassungsvermögen von 13 Mill. cbm war schon nach 18 Jahren zu 33 % mit fruchtbarstem Schlamm angefüllt.
Auch in den Küstengebieten ist die Erosion stark. Die Ausrodung des Holzbestandes zur Anlage von Feldern in Hanglagen führt häufig zu

plötzlicher Bodenvernichtung durch Bergrutsch oder zu schneller Abschlammung der fruchtbaren Ackerkrume. Stallmistdüngung wird auch in diesem Gebiet kaum durchgeführt.

Aber vor den eben erwähnten Gebirgsrändern sind regenreiche fruchtbare Küstenstriche, besonders südlich vom Taurus, dem „Garten Allahs".

In Ostanatolien muß der Ackerbau hinter der Viehzucht zurücktreten. Auch hier sind planmäßiger Bodenschutz und Wiederaufforstung unerläßlich. So ist es der Türkei nicht gelungen, die seit 1923 verdoppelte Bevölkerung (34,4 Mill. im Jahre 1971) völlig aus eigener Scholle zu ernähren. Sie erhielt vielmehr noch von den USA in den letzten Jahren jährlich ein Geschenk von 1/2 Mill. t Getreide. Aber die Türkei hat die Ausfuhr mancher landwirtschaftlicher Erzeugnisse aufrechterhalten, sogar steigern können. Ein Hindernis ist allerdings die Beschränkung der Ausfuhr auf einige wenige Hauptgüter wie Haselnüsse, Früchte, Tabak und Baumwolle —, und hierbei haben sich die Preise ständig vermindert. Doch hat das seit 1959 bestehende deutsch-türkische Mustergut Tahirova seine Ausstrahlungskraft über das ganze Land bewiesen. Auch wurden Versuche mit dem „Wunderweizen" unternommen. Zu bedauern aber ist, daß die Türkei das Anbauverbot für Opium aufgehoben hat.

Die Entwicklung in der Mittel- und in der Osttürkei wird durch die Entdeckung bedeutender Braunkohle-Vorkommen gefördert. Zwei Stahlwerke an der Schwarzmeerküste und ein Großkraftwerk Kehan am Euphrat sind im Bau.

Aber die türkische Landwirtschaft ist unmodern. Zwar gründete Kemal Atatürk in Ankara eine Landwirtschafts-Hochschule. Andere landwirtschaftliche Fortbildungsschulen entstanden in den wichtigsten Provinzstädten. Doch nur 5 % der Schüler kehren auf das Land zurück, wo Straßen, Wasser und Licht selten sind. In den rückständigen Ostgebieten beträgt das bäuerliche Einkommen pro Kopf und Jahr 100,— DM, in den reicheren Gebieten etwa 350,— DM.

Die Reformen Kemal Atatürks in den 20er Jahren wurden planmäßig ausgehöhlt. K. A. hatte in jedem größeren Dorf und in jeder Stadt Volkshäuser gegründet. Hier erhielten die Frauen Unterricht in Gesundheitspflege, Filme und kleine Theaterstücke wurden aufgeführt. Als aber 1950 diese Bildungsstätten geschlossen wurden, vergrößerte sich der Unterschied zwischen Stadt und Land immer mehr. Dazu kommt, daß die mohammedanischen Geistlichen den Fortschritt hemmen. Sie sind meist in Damaskus und Kairo ausgebildet. Naturdünger ist laut Koran unrein und wird nicht verwendet. Tiere, die nicht der menschlichen Nahrung dienen, dürfen nicht getötet werden. Die Geistlichen hetzen die Gläubigen auf und behaupten sogar, alles Schlechte, selbst die Erdbeben, kämen vom Anschluß an den ungläubigen Westen. — So kommt immer mehr eine Hinwendung zur arabischen Welt und eine Abwendung vom Westen (USA). Die Großgrundbesitzer gehen auf das religiöse Empfinden der Bevölkerung ein; denn es liegt in ihrem Interesse, mit Hilfe des Islam auch weiter ihre Vormachtstellung zu sichern. 35 % der Männer und 67 % der Frauen über 6 Jahre können noch nicht lesen und schreiben. So wandern jährlich 400 000 Türken vom Lande ab, um in den Städten Arbeit zu finden. Hier nimmt ein arbeitsloses und zu Gewalttaten geneigtes Proletariat immer bedrohlichere Formen an. Viele Türken arbeiten im Ausland.

Syrien

(etwa das alte Assyrien)

Der assyrische König Tiglat Pileser I. (um 1116—1077 v. Chr.) konnte die einwandernden Aramäer nicht zurückhalten. Diese semitischen Beduinen, aus der arabischen Wüste kommend, hatten sich um 3000 v. Chr. am mittleren Tigris niedergelassen. Sie gründeten in Syrien ein Reich mit der Oasenstadt Tadmor als Hauptstadt (gelegen auf halbem Wege zwischen Euphrat und Mittelmeer an der alten Seidenstraße). Sie unterlagen zwar den Assyrern im 8. Jahrh. v. Chr. Aber das Aramäische — es war die Sprache Jesu — war bis zur Zeit Mohammeds Hauptverkehrssprache im ganzen Nahen Osten. In den folgenden Jahrhunderten wurde Syrien beherrscht durch Babylon, Persien, Alexander dem Großen und war dann Kernstück des Seleukidenreiches.

Unter der römischen Herrschaft seit 17 n. Chr. wird zu Beginn des 3. Jahrh. n. Chr. eine hohe Blüte von Städten bewirkt. Ein Meisterstück war die Teilung des Barada-Stromes bei Damaskus in sieben kleinere Flüsse. Sie brachten der Stadt reichlich Trinkwasser und ließen in der öden Umgebung blühende Gärten und fruchtbare Felder entstehen. Tadmor heißt nun Plalamyra. Sein Scheich drängt in den Jahren 262—264 n. Chr. die Perser zurück. (Siehe Seite 247.) Seine Witwe Zenobia wendet sich gegen die Römer und erobert 269/70 sogar Ägypten und Kleinasien, wird aber dann geschlagen und 274 im Triumphzug des römischen Kaisers Aurelian durch die Straßen von Rom geführt. — 634 wird Palmyra durch die Araber erobert.

Obwohl heute Syrien (4,5 Mill. Einw.) das wichtigste Getreideland im Nahen Osten darstellt, hat es doch nur eine Anbaufläche von 22 %. Nun aber wurde durch die Sowjetunion 100 km südwestlich von Aleppe der Euphrat-Damm gebaut und 1973 in Betrieb genommen. 6400 qkm sollen bewässert und darauf 500 000 Bauern in Kollektivfarmen angesiedelt werden. 800 000 kWh werden erzeugt. Bei dem Bau wurde am rechten Euphratufer in Habuba Kubim festgestellt, daß hier vor über 5000 Jahren eine ausgedehnte Handelsstadt (Südirak) bestand.

Saudi-Arabien

das Land Mohammeds

Die Halbinsel Arabien, 2,15 Mill. qkm, besteht zu 98 % aus dürrer Steppe, weitgehend sogar aus völliger Wüste. In dem immer noch nur wenigen Europäern zugänglichen Land finden wir Mittelalter und Neuzeit. Hier märchenhaft anmutender Reichtum und Luxus (Öl), das dem Staat 1974

etwa 60 Milliarden Mark einbrachte, dort gleichmütig hingenommene Armut. Unter den 8,4 Mill. Einwohnern befinden sich 1¾ Mill. Nomaden.
Aber seit ungefähr 1964 sind große Fortschritte zu verzeichnen. Durch kostenlose Bildung für Knaben und Mädchen sank die Zahl der Analphabeten von 97 % auf 75 %, und es werden immer weniger. Handels-, Landwirtschafts- und Industrieschulen wurden errichtet. Es gibt Kurse für Kinderpflege, Gesundheit und Ernährung. Die ärztliche Versorgung wurde durch neue Krankenhäuser und fahrbare Kliniken verbessert.
Durch die geschilderte Bändigung des Wüstensandes mit Öl war es technisch möglich, eine 577 km lange Eisenbahn von der Hauptstadt Riad mitten durch die Wüste nach Damman am Persischen Golf zu bauen. Sehr wahrscheinlich werden weitere Eisenbahnen folgen. 10 000 km Asphaltstraßen sind ausgebaut, 2500 km im Bau, 3500 km geplant. In Angriff genommen ist der Bau von Großflughäfen in drei Städten; für zwanzig Orte sind kleinere Flughäfen geplant.
1967 erhielt die Essener Baufirma Hochtief AG den Auftrag für den Bau des Wadi-Juzan-Dammes (40 m hoch, 140 000 cbm Beton, 51 Mill. cbm Inhalt). Nach den dort gemachten Erfahrungen soll eine Kette von weiteren Staudämmen entlang der Küste zum Roten Meer erfolgen. — Erfolgreiche Wasserversorgungs- und Entwässerungsvorhaben werden ausgeführt. Land wird gegen Sand gesichert. Nach vollständiger Vermessung der Wasservorräte — in der Haradh-Gegend der Zentralprovinz z. B. sind riesige Grundwasservorräte vorhanden bei sehr fruchtbarem Boden — wird es möglich sein, weite Wüstengebiete in Nutzflächen zu verwandeln. Zur Sicherung der Trinkwasser-Versorgung wurde das Königreich in 8 Gebiete aufgeteilt. Zusätzlich wird Meerwasser entsalzt. Von Krupp wurden 3 Anlagen aufgebaut. Mindestens 25 weitere Anlagen mit einer Tagesleistung von mindestens 1,44 Mill. t Frischwasser sind geplant. König Feisal dachte auch an die Zukunft, wenn Öl vielleicht erschöpft sein wird. Geologen haben abbauwürdige Vorkommen von Gold, Silber, Blei, Kupfer, Chrom, Titan, Zink, Glimmer und Asbest festgestellt. Auch spricht man von einem 1½ Milliarden t geschätzten Lager 40%igen reinen Eisens an der Erdoberfläche. — Alle Industrien, für welche die Energie- und Rohstoffgrundlagen im eigenen Lande liegen, sollen gefördert werden, allerdings mit „kleinen Schritten". Die Saudis wollen eine halbe Million ausländischer Facharbeiter, Techniker und Manager ins Land holen. — Im März 1975 wurde Feisal von einem Neffen ermordet.

In der **Südwest-Ecke der Halbinsel Arabien**

liegt der Yemen (Nordyemen, 194 000 qkm, 4,5 Mill. Einw.), ein im Gegensatz zu Saudi-Arabien im allgemeinen fruchtbares Bergland. Der Norden allerdings ist felsiges Hochland. Wegen der steilen Hügel sind die Felder bis zu 2000 m Höhe terrassenförmig angelegt, manchmal bis zu 15 oder mehr übereinander. In der trockenen Jahreszeit werden sie mit Hilfe

eines fein ausgeklügelten Systems von Zisternen und Kanülen bewässert. Mit deutscher Hilfe werden Tiefbrunnen gebohrt und Staudämme errichtet, in denen der Monsunregen gesammelt werden soll. Auch steht der Abbau großer Kupfervorkommen bei Taiz bevor. Diese Stadt wird mit der Hauptstadt Sana durch eine gute Straße verbunden. Aber der stark verbreitete Drogenmißbrauch mit den Blättern des Katstrauches ist ein großes Hindernis für die wirtschaftliche Entfaltung des Landes, auch von Südyemen. Im allgemeinen bietet sich der Yemen den ganz wenigen Besuchern als ein Meer der Einöde an. Von Sana gehen nach dem 200 km entfernten Mariba — siehe nächste Seite — nur zwei Autopisten.
Südlich von Nordyemen wurde nach dem Rückzug der Engländer aus Adan (am 30. Nov. 1967) S ü d y e m e n, 1,25 Mill. Einw., gegründet. Im östlichen Teil befindet sich das große Tal des Hadramaut. Bekannt ist er wegen seiner Städte, eng zusammengebaut aus vielstöckigen Lehmhäusern. Sayyun, Schibam und Tarim mit 366 Moscheen und indonesischen Palästen sind die größten.
Ö s t l i c h v o n S ü d y e m e n liegt das Sultanat Oman (212 000 qkm, 600 000 Einw.). In der westlichen Provinz Dhofar, wo es wie in Nordyemen vereinzelt Wälder, Gras und Kühe gibt, kämpfen seit 1963 von Chinesen ausgebildete Guerillas, unterstützt von Südyemen, Irak und Syrien, mit Erfolg gegen ihre Großgrundbesitzer. Letztes Ziel ist die Beherrschung der 60 km breiten Meerenge von Hormuz, die den Zugang zum Persischen Golf bildet. Doch ist Iran bereit zur Wacht am Persischen Golf. Die Armee hat mit iranischer Hilfe 1974 und 1975 spürbare Erfolge im Guerillakrieg errungen. Siehe nächsten Abschnitt. Es scheint sich auch ein Umschwung in Südyemen anzubahnen.
Nordöstlich von Dhofar liegen kleine Scheichtümer. Sieben davon schlossen sich 1971 zu den „Vereinigten Arabischen Emiraten" mit der Hauptstadt Abu Dhabi zusammen. Dank des letzteren Ölreichtums planen diese Sultanate Schulen, Elektrizitätswerke, neue Straßen, Krankenhäuser, bessere Häfen. Außerdem bekommt seit 1971 jeder erwachsene Beduine von der Regierung kostenlos einen Hektar Land in einer Gegend mit Grundwasser, ein Bohrloch, eine Pumpe und Saatgut. — Auch in den nördlich am Persischen Golf gelegenen Sultanaten Buhrein und Kuweit sind soziale Fortschritte zu verzeichnen.

Im Altertum

wurde im Gegensatz zum Rest der Arabischen Halbinsel an der Golfgegend Schiffahrt betrieben. Wagemutige Seefahrer kannten die Monsunwinde lange vor den Europäern. Sie hielten die Seeverbindungen zwischen dem Golf, Indien und Ostafrika aufrecht.
Der Yemen war ein reiches, blühendes Land, künstlich bewässert (Arabia felix = glückliches Arabien), Ausgangspunkt der „Weihrauchstraße". (Siehe nächste Seite). Außerdem führte aus dem Hadramaut ein Reise- und

Geldverkehr nach Indien, sogar nach Indonesien. Der 543 n. Chr. erfolgte Bruch des 615 v. Chr. erbauten Staudammes von Marjaba (Mariba), die Erkundung der Schiffahrtswege nach dem Fernen Osten und die sich daraus ergebende Verringerung der Einnahmen durch die Handelsstraße waren die äußeren Ursachen für die Verödung des Landes.

Städte, Baudenkmäler und Heiligtümer unter Wüstensand

Seit Schliemann in den Jahren 1870 bis 1873 unter Schutt und Sand das alte Teil Troja (aber nicht das Troja Homers) wiederfand, haben Gelehrte aller Nationen mit unsäglichem Fleiß im Vorderen und Mittleren Orient die verschütteten Wunder alter Kulturen ausgegraben. Staunend sehen wir, wie in Landschaften, in denen sich heute Wüste ausbreitet, ehemals herrliche Fruchtgefilde volkreiche Städte mit hoher Kultur ernährten. Doch sie vergingen und verkamen durch die Schuld der Menschen; denn entsprechend der Entwicklung der Kultur erfolgte die Verminderung der Wälder. So beteiligte sich Salomo an dem Raubbau an den Zedern des Libanon, den die Phönizier, die erste seefahrende Nation des Altertums, für ihre Schiffahrt schon lange betrieben hatten, für den Tempelbau. (Heute stehen auf dem Libanon nur noch 400 Zedern. Doch sind Aufforstungen vorgesehen). Alles spricht dafür, daß Salomo mit erfahrenen phönizischen Seeleuten mit dem heutigen Rhodesien Handel trieb.

Alte Handelsstraßen

Die sagenhafte Stadt Marjaba im südlichen Yemen war vielleicht der Herrschersitz der reichen Könige von Saba, die auf der durch Befestigungen geschützten, teilweise sogar gepflasterten „Weihrauchstraße" nach Jerusalem zog, um die Pracht Salomos zu bewundern. (Die gelben Harzkörner des Balsam- oder Weihrauchbaumes waren der wichtigste Bestandteil am Weihrauch. Vor dem 11. Jahrh. v. Chr. waren Kamele als Last- und Reittiere in Arabien noch unbekannt.) Salomo ließ Stämme und Kupfer in das Reich der Königin von Saba befördern, die dafür Gold, Silber und Weihrauch lieferte. Der Ursprung des Weihrauchhandels lag in den gebirgigen, unzugänglichen Tälern des östlichen Hadramauts. Und so schnürten die arabischen Kameltreiber bis zum 1. Jahrhundert v. Chr. Jahr für Jahr ihre Ballen auf die Kamele und zogen in endlosen Reihen zuerst nach Westen, dann nach Norden zum Golf von Akaba am Roten Meer bis Pedra. Von hier führten die Handelswege nach Ägypten, Damaskus, Mesopotamien, Persien, Indien, Griechenland und Spanien. Von allen Handelsstädten der „Weihrauchstraße" war Marjaba wohl die größte und bedeutendste. Diese Straße war im frühen Altertum berühmter und bedeutender als die „Seidenstraße". (Karawanen-Trampelpfad aus China nach West- und Südasien und Europa. Berühmt waren die Oasenstädte Samarkand, die Residenz Timur Lenks, Buchara und Taschkent. Siehe auch „Afghanistan". Der 750 km lange Teil von Kaschgar in Sinkiang nach Gilgil in Kaschmir wurde nach dem Himalaja-Krieg zwischen China und Indien von China und Pakistan in fünfjähriger Arbeit zu einer wetterfesten Landverbindung ausgebaut.) Im Sommer 1969 traf eine malerische chinesische Karawane von 50 Kamelen mit Waren im Wert von 340 000,— DM, begleitet von 16 Aufsehern zu

Pferde, an der pakistanischen Grenze ein. Die „Weihrauchstraße" war auch berühmter als die „Königstraße" durch Transjordanien, berühmter als die „Goldstraße" zum Tschadsee.
Das älteste Jericho — nicht der im Neuen Testament erwähnte, etwa 2,5 km nördlich davon aufgebaute Ort — lag als dritte Schicht unter der von Josua zerstörten Stadt. Es wird jetzt unter der Leitung einer englischen Gelehrtin ausgegraben. Vor mehr als achttausend Jahren gebaut, stellt es eine der ältesten bisher bekannten Städte der Menschheit mit festen Steinhäusern dar, durch mächtige Mauern und Türme geschützt. — Im Dorfe Mallah in der Nähe des Hule-Sees im nördlichen Israel wurde 1956 eine gemauerte Grabstätte entdeckt, die ungefähr aus dem 10. Jahrtausend v. Chr. stammt. (Mittlere Steinzeit.) Die Wände des 6 m langen Raumes bestehen im unteren Teil aus sorgfältig gesetzten Steinen, während sie weiter oben aus einem unbekannten zementartigen Mörtel gebildet sind, der bis heute noch nicht zerbröckelt ist. — Im Frühjahr 1958 begannen amerikanische Altertumsforscher, Cäsarea, die römische Hauptstadt Palästinas, vom meterdicken Schutt zu befreien. — Im nördlichen Syrien wurde westlich von Aleppo Atschana ausgegraben, die Hauptstadt eines Königreiches, das ungefähr 3400—1200 v. Chr. bestanden hat. Man fand ausgedehnte Paläste und Tempel, reiche Bürgerhäuser, gewaltige Befestigungsanlagen und ein fast 4000 Jahre altes Königsgrab. — Semira, eine verschollene Seestadt der Phönizier, wird von syrischen Wissenschaftlern aus dem Sande herausgeschält werden.

Ausgrabungen in Kleinasien

Im Nordwestzipfel Kleinasiens legten im 14. Jahrhundert die Türken Neu-Ilium in Trümmer, die neunte Siedlung auf ein und derselben Stelle. Nach 4000 Jahren des Wettlaufes zwischen Aufbau und Zerstörung hatte letztere gesiegt. Auf dem 10 bis 15 m hohen Schuttberg grub Schliemann und entdeckte eine Stadt. Das auf der sechsten Schicht liegende Troja Homers aber wurde später von dem deutschen Forscher Dörpfeld entdeckt. Es ging um das Jahr 1185 v. Chr. in Flammen auf.
Besonders wertvolle Tontafeltexte wurden im „Schwarzen Berg" im Südosten Kleinasiens und in Nordanatolien 150 km östlich von der türkischen Hauptstadt Ankara (in Boghazköy) bloßgelegt, in letzterem Ort auch einer der interessantesten Burgen der Weltgeschichte, der Wohnsitz der hethischen Könige.

Ausgrabungen in Vorderasien

150 km südwestlich von Mossul wird die gut erhaltene Ruine von Hatra ausgegraben. Teile des Palastes, Tempelanlagen und Straßenzüge wurden freigelegt. Die Blütezeit der Stadt war im zweiten Jahrh. n. Chr. — Die Ausgrabungsarbeiten an der Stadt Nimrud, der militärischen Hauptstadt Assyriens (von 900—600 v. Chr.), wurden 1957 beendet, die von Ninive im vorigen Jahrhundert. Eine Mauer mit 15 Toren umschloß ein unregelmäßiges Reckteck 1,6 km x 5 km. — Seit 1933 gruben französische Gelehrte die am Mittellauf des Euphrat gelegene sumerische Stadt Mari aus. Sie legten vor allem die riesige Palastanlage und 20 000 Tontafeln mit Keilschrift frei. (1696 v. Chr. zerstörte der babylonische König Hammurabi diese Handelsstadt, die an Reichtum und Pracht Babylon weit überragte.) — Babylon wurde vor ungefähr 60 Jahren ausgegraben. Zwei gewaltige Mauerringe umschlossen das Gebiet. Nach Räumung von 30 000 cbm Schutt legte man auch die unterste Stufe des babylonischen Turmes frei, 90 m lang, 90 m breit, 90 m hoch und fast würfelförmig. Nur im oberen Drittel, wo sich ein Tempel des Stadtgottes befand, verjüngte er sich merklich. (Der Turm hat nichts zu tun mit der im 1. Mose, 11, geschilderten Geschichte.) — Babylon hatte mächtige unter-

irdische Wasserleitungen mit immer frischem Trinkwasser. Wasserspülung und Entwässerungsrohre schon vor 4000 Jahren! (Näheres über Assyrer und Babylonier siehe „Mesopotamien".)

Ausgrabungen in Mittel- und Ostasien

Eine etwa 5000 Jahre alte Stadt, deren Häuser fast völlig erhalten sind, wurde von einer französischen Forschergruppe bei Kandahar in Afghanistan ausgegraben. Die Häuserspitzen der Stadt waren 30 cm mit Sand bedeckt. Ein Getreidesilo mit einfachen Lüftungsanlagen, rote Backsteine mit weißem Putz, gut erhaltene Wandmalereien, gefällige Töpfereien und wertvolle Bronzestatuen beweisen, daß diese Stadt um 2500 v. Chr. bedeutend gewesen sein muß. Die Forscher haben ihr deshalb den Namen „Pompeji des Ostens" gegeben. — 1965 hat eine französische Gesellschaft in der Nähe von Al-Khanum im Norden Afghanistans die Ruinen einer griechischen Stadt entdeckt, die etwa im dritten oder zweiten vorchristlichen Jahrhundert gegründet sein muß. — 1896 entdeckte Sven Hedin in der Wüste Gobi unter hohen Dünen begraben die Ruinen einer Stadt von 3—4 km Durchmesser, in welcher Seidenzucht, Gartenbau und Gewerbe geblüht haben und Häuser und Tempel auf kunstvolle Art geschmückt waren. — Seit 1946 wird in der äußeren Mongolei das von Dschingis-Khan (gest. 1227) zur Hauptstadt seines ungeheuer großen Reiches erhobene Karakorum ausgegraben. (4 Tore, innerhalb der Mauern verschiedene Tempelgebäude, um die Stadt Zeltlager.)

Palästina

Bodenverhältnisse bis etwa 1900

In vorgeschichtlicher Zeit war ein großer Teil der Gebirge mit Mischwald bedeckt. In den Ebenen gab es Au- und Sumpfwälder. Bewässerung förderte eine hohe kulturelle Entwicklung. „Ein Land, in dem Milch und Honig floß". Seit der Mitte des 2. Jahrtausends v. Chr. aber wurde Palästina der Schauplatz zahlreicher Kriege zwischen den Großmächten in Mesopotamien und Ägypten, später zwischen Griechen, Persern und Römern (63 v. Chr.), Oströmern, Arabern (637 n. Chr.) und Türken.

(936 erklärte Ägypten unter den Fatimiden seine Unabhängigkeit von dem großarabischen Reich. Die Fatimiden beherrschten auch Palästina und Syrien. Die seldschukischen Türken — siehe Seite 10 — eroberten Syrien und Jerusalem 1072, was die Ursache des ersten Kreuzzuges — 1096—99 — bildete. Doch der Kreuzfahrerstaat kam bald in Bedrängnis. 1187 eroberte der Kurde Saladin, Sultan von Ägypten und Syrien, mit kurdischen und turkmenischen Söldnern Jerusalem zurück. In verschiedenen Teilen Palästinas jedoch gewannen 1192 die Kreuzfahrer erneut die Oberhand. Aber 1244 ging Jerusalem der Christenheit endgültig verloren. 1382 fiel Jerusalem an die ägyptischen Mameluken — siehe „Ägypten" —, 1517 endgültige Eroberung ganz Palästinas durch die osmanischen Türken.)

In all diesen Kriegen wurden planmäßig immer wieder Brunnen, Bewässerungsanlagen und Nutzbäume zerstört — siehe Seite 209. Die Felder versalzten. Auch in Friedenszeiten wurden Waldbestände abgeholzt. Da die Türken sogar für jeden Baum Steuern einzogen, war die Bevölkerung bemüht, den Baumbestand zu verringern. (Siehe „Mesopotamien"). Auch die heute öden 60 km langen und 25 km breiten Golan-Höhen waren einst fruchtbares Ackerland. Die türkische Herrschaft dauerte bis 1917, die englische von 1917—1948.

Nun aber erwachte

Israel

(20 700 qkm, Ende 1973 ohne Araber 2,8 Mill. Israelis)

zu neuem Leben!

Die Einwanderer nahmen große Entbehrungen auf sich und pflegten vorbildliche Gemeinschaft. Sie legten die Sumpfgebiete — Ebenen — trocken. Auch die günstiger gelegenen Teile des Berglandes erschloß man der Landwirtschaft. Dazu wurden, zuerst mit den Händen, später meist mit modernsten Maschinen, die Steine entfernt und für Bauten, besonders für Hafenanlagen, verwendet. Darauf erfolgte Bewässerung. Andere Teile der Gebirge, soweit eine Anfangsbewässerung möglich war, forstete man auf, nachdem Steine und Hartlaubgebüsch (Macchia) entfernt waren.
So bestimmen heute Wälder, Felder, Obsthaine und Fischteiche weithin die Landschaft Israels. Dadurch ergab sich auch neuer Lebensraum für die frei lebenden Tiere. Außerhalb der Grenzen Israels, im Libanon, in Syrien und Jordanien, besteht die trostlose Landschaft nach wie vor. Die 1967 430 000 Einw. zählende Stadt Tel Aviv wurde 1919 in einem Dünengelände gegründet. 30 km südlich entsteht der Hochseehafen Ashdoth. Von den 750 jüdischen Siedlungen entstanden seit 1948 450 Dörfer und etwa ein Dutzend Städte.

Im Süden liegt die 150 km tief und 61 % des gesamten Landes einnehmende

Wüste Negeb, die Zukunft Israels.

(Sie war zu biblischen Zeiten besiedelt. Noch heute sind Reste eines kunstvollen Systems von Terrassierungen, Kanälen, Zisternen und Staudämmen erhalten).

Aus dem bei Tel Aviv mündenden Fluß Jarkon läßt man Wasser in zwei Rohrleitungen in den 120 km entfernten Negeb gelangen. (Die östliche Leitung hat eine Abzweigung nach Jerusalem zur Abgabe von Trinkwasser). Für den gesamten Negeb aber reicht dies bei weitem nicht aus. Deshalb bauten die Israelis von dem nördlichten Teil des Sees Genezareth eine 250 km lange Rohrleitung. 320 Mill. cbm fließen jährlich in den Negeb.

Da auch die Industrie in Negeb Wasser benötigt, ersinnt man

Mittel und Wege, um Meerwasser auszunutzen.

Mit Unterstützung der USA soll ein 1965 in Eilat errichtetes Verfahren eine bedeutende Erweiterung bekommen. Die Pläne sehen eine Entsalzung von jährlich 1 Milliarde cbm vor.

Die wenigen bereits vorhandenen Siedlungen mit ihren groß angelegten Citrusplantagen beweisen, daß es möglich ist, die Wüste zu bepflanzen und hier zu leben. Zwischen dem Toten Meer und Beersheba (100 000 Einw.) wächst seit 1963 die Stadt Arad aus der verbrannten Erde.

Die Besiedlung wird durch

weitere wissenschaftliche Forschungen
erleichtert.

Das wissenschaftliche Cr. I Gindel vom Volcani-Institut in Rehovot hat vielversprechende Versuche zur Tauausnutzung unternommen. — Man hat erfolgreiche Versuche mit Gerste, Weizen, Kartoffeln, Sonnenblumen und Nelken ohne Süßwasser angestellt. Diese Versuche werden an vielen Stellen der Erde wiederholt und ausgenutzt. Sofort nach der Bewässerung sind die winzigen Wurzelhaare der Pflanze von Wasser umschlossen. Sobald das Wasser im Sand abläuft, formen sich kleine „Luftmaschen" an den Sandkörnern, und die Pflanzenhaare haben nur noch stellenweise Verbindung mit dem Salz. Temperaturwechsel führen nun zu einer Verdichtung (Kondensation), die Süßwasser für die Wurzeln liefert. — Besondere Grassorten werden gezüchtet. — Schon vor Jahren hat man mit Erfolg versucht, den Eukalyptus-Baum heimisch zu machen. Auch die langblättrige Akazie, die „Mimose", wird auf Sanddünen gepflanzt. — Im Raum von Arach, mitten im heißen und trockenen Negev, werden versuchsweise Mandeln und Oliven gezogen, ohne Bewässerung oder mit ganz geringen Gaben gereinigter Abwässer. Auch die Sisal-Agave wird hier angebaut, ebenso Futterpflanzen, die „trockenfest" sind und in die man Hoffnungen setzt, daß sie eines Tages einen großen Teil der Wüste in Weideland verwandeln können. Mit zwei Sorten von Atriplex, tiefwurzelnden und eiweißhaltigen Buschpflanzen, sind bereits Erfolge erzielt worden. Durch ein System von kleinen Kanälen, Rinnen und Erdwällen wird das Regenwasser so umgeleitet, daß es nicht im Boden versickert, sondern den Nutzpflanzen zugeleitet wird. Allerdings ist Voraussetzung, daß der Untergrund aus Löß oder zumindest lößartigem Boden besteht. In Sandwüsten wie der Sahara oder der Wüste Gobi besteht keine Möglichkeit, regelnd in den Wasserhaushalt einzugreifen. Mit einer völlig neuen Technologie werden grüne Algen dazu gebracht, Eiweißkörper zu erzeugen. Die „Eiweißkuchen" werden zur Ernährung der Kühe benötigt. Wiesen fehlen. Um die Eiweißlücke zu schließen, nutzen die Israelis die Sonne und die Elektrizität. — Aber: „Die Wüste wird erst blühen, wenn die Ziegen der 35 000 Beduinen es gestatten."

Anfang 1974 wurde ein großes Wasserbecken, das in 800—1000 m Tiefe unter dem mittleren und südlichen Negev und dem nördlichen Gebiet der Sinaihalbinsel vorhanden ist, von zwei israelischen Fachleuten entdeckt. Sie schätzen, daß sich in diesem Becken, das unter Sandsteingebilden verläuft, rund 200 Milliarden cbm Wasser befinden. Allerdings wird darauf aufmerksam gemacht, daß es keinerlei Nachschub für dieses Wasser gibt. Für lange Jahre aber dürfte es ausreichen für alle Pläne, die man für dieses Gebiet haben mag.

Nach den beiden Kriegen von 1967 und 1973 ist Israel 1975 erst recht ein Staat mit bedeutend mehr Einfuhr als Ausfuhr. Es hat die größte Verschuldung von allen Staaten der Welt. Syrer und Palästinenser geben sich in Moskau d i e K l i n k e i n die Hand.

Wir wissen seit den letzten beiden Jahrzehnten, daß es in der Jungsteinzeit in Jericho und bei Chatal Höyuk in Kleinasien (Anatolien) bereits ummauerte Stadtsiedlungen gab. Das Alter der letzteren ist auf 6800 v. Chr. festgestellt worden. Von einer Fläche von 13 ha sind leider nur 0,4 ha erschlossen worden. Darüber hinaus — siehe Seite 8 — kann Anatolien zu Recht einen Platz in der abendländischen Kultur beanspruchen — das südliche Anatolien bot damals günstige klimatische Verhältnisse. Außerdem sind offenbar viele entscheidende Erfindungen schon viel früher und an ganz anderen Orten als bisher angenommen gemacht worden. Dennoch richtet sich unser Blick auf die

durch Bewässerung entstandenen Kulturen

in den Tälern des Nil, des Euphrat und Tigris, des Indus und des Hoangho in China.

Während in anderen Gegenden die Völker ohne feste Wohnsitze noch von Jagd, Fischfang und Früchtesammeln lebten (Steinzeit), wurden sie hier in Häusern seßhaft und entwickelten den Ackerbau. Man schätzt seinen Beginn in Mesopotamien auf rund 7800 v. Chr. Zuerst wurden mit einem angespitzten Stock Löcher in den Boden gestoßen und Samen gelegt.

Zu dem Aufbau von Kulturpflanzen kam die Zähmung von Wildtieren zu Haustieren (Ziege, Schaf, Schwein, Rind, Esel, zuletzt das Pferd, wahrscheinlich in Südrußland). (Der Hund, vom Wolf abstammend, wird auch bei Jägern und Sammlern gehalten.) Reichlichere Nahrung ermöglichte es den Menschen, in viel größeren Gemeinschaften (Dörfern) zu leben.

In diesen Dauersiedlungen und den sich bald entwickelnden stadtähnlichen Gebilden fiel nicht mehr dem Kräftigen, dem Ausdauernden und dem Instinktsicheren Achtung und Führerschaft zu. Nun führten Schlauheit, Besitzdrang und Machtgier an die Spitze.

Ein starkes Herrschertum beugte seine Untertanen in den Staub und erhob die Könige zu Göttern. Sie leiteten die großen Aufgaben der Landwirtschaft: Trockenlegung, Bewässerung, Eindeichung, Urbarmachung usw. Allerdings gehören auch Handel und Gewerbe dazu, wenn auch zunächst Karawanserien und Märkte von der politischen Stadt ausgeschlossen wurden. Aber allmählich gewannen Tausch und Handel an Bedeutung. Man umgab die Stadt mit Mauern aus Lehmziegeln, oder, wenn möglich, mit Steinen. (Aber nicht im Niltal). Bevölkert wurde sie von Fürsten, Kriegsherren, Kriegern (Handwerkern) und Priestern, aber auch von Schreibern. Zugleich gab der gewachsene Wohlstand dem Städter die Möglichkeit, seine wirtschaftliche Macht durch die Errichtung größerer Bauten vor Augen zu führen und ebenso der Nachwelt seine irdische Bedeutung durch prunkvolle Gräber. So führte ein übersteigertes Geltungsbedürfnis zur Errichtung von Palästen und Tempeln.

Zum Aufbewahren der Nahrungsmittel brauchte man Vorratshäuser und Gefäße. Die Erfindung der Keramik (Töpferei) war „fällig". Sie hat sich im Nahen Osten um 5000 v. Chr. durchgesetzt. Ausnutzungen der Metalle wurden fällig durch die auf der folgenden Seite geschilderten häufigen Kriege.

Vermutlich wußten zuerst die Menschen in Chatal Höyuk Kupfer zu gewinnen und zu verarbeiten. Erst 2000 Jahre später wird es auch in Ägypten — siehe Seite 214 — und Mesopotamien verwendet. Die Bronze wurde in Mesopotamien in der ersten Hälfte des 3. Jahrtausends v. Chr. festgestellt.

Sie ist eine besonders widerstandsfähige Mischung aus 90 % Kupfer und 10 % Zinn. Ihr großer Härtegrad ermöglicht es, Waffen und Geräte herzustellen, die die bisherigen Steinwerkzeuge verdrängten. Die Bronzezeit in Mitteleuropa war ungefähr zwischen 1700 und 700 v. Chr.

In Babylonien gebrauchte man aber um 1700 v. Chr. schon Eisen.

In Assyrien kam es um 900 v. Chr. in größeren Mengen vor. In Syrien und Palästina kann man die Eisenzeit um 1100 v. Chr. ansetzen. Dies ist auch im Alpen- und Donaugebiet der Fall; doch beginnt für Mittel- und Nord-Europa die Eisenzeit erst später. Von 800—500 v. Chr. spricht man von der Hallstattzeit, von 500— Chr. Geburt von der La-Tène-Zeit. Mesopotamien — ebenso wie Ägypten — mußte die Rohstoffe einführen.

Kunstvolle Bewässerung in Mesopotamien (Zwischenstromland, heute Irak genannt).

Das Land südlich von Bagdad ist aus Schlamm, den die Flüsse Euphrat und Tigris vom Hochgebirge mitführen, entstanden. (Abrahams Geburtsort Ur lag an der Küste, heute aber 270 km davon entfernt.)

Während die Niederschlagsmenge in Mittel- und Südmesopotamien für die Landbestellung nicht ausreicht, führen diese beiden Ströme im Winter viel Wasser. Sehr klug nutzten die alten Völker sie zur Bewässerung aus. Unter Ruinen, die etwa aus dem Jahre 5200 v. Chr. stammen, fand man Bewässerungskanäle.

Oberhalb von Bagdad ist das Bett des Euphrat höher als das des Tigris, und südlich bei Kut El Amara ist es umgekehrt. So konnte man zwischen den beiden Flüssen Kanäle herstellen, in denen das Wasser natürliches Gefälle hatte. Durch den Bau weiterer Kanäle entstand ein regelrechtes Kanalnetz mit einer Gesamtlänge von vielen tausend Kilometern. Diese künstliche Bewässerung ermöglichte auf dem angeschwemmten Schlamm eine blühende Landwirtschaft. Das Bewässerungsnetz nahm zugleich die Sorge vor den ständig drohenden Überschwemmungen.

Niedergang Mesopotamiens

Innere Ursachen

Wenn die Kanäle verschlammten, mußte man sie reinigen. Den Schlamm warf man einfach auf die Ufer. Wurden diese aber 3,0 m hoch, konnten die Schaufler die Erde nicht mehr höherwerfen.Es war einfacher, neue Kanäle auszuheben.

Doch dieser ständige Wechsel störte den Lauf der Flüsse und zwängte sie ab und zu aus ihrer Bahn. Sie verwandelten ihre Umgebung in Sumpfland. Sümpfe aber sind bald eine Brutstätte der Malariamüchen, so daß die entkräftete Bevölkerung nicht mehr imstande war, die Bewässerungsarbeiten fortzusetzen und die Felder zu bestellen. (Siehe Seite 117.)

Äußere Ursachen des Niederganges
Völker kamen, blühten und vergingen

Bei der Entwicklung der Landwirtschaft lag es nahe, nicht nur die Natur, sondern auch Menschen zu „beweiden" und zu „bewirtschaften". Mit der Landwirtschaft und den großen Bevölkerungen, besonders aber mit den ersten Städten, ihren Königen und Tempeln, beginnt die Geschichte, und ihr Thema ist der Krieg. Der Krieg als Handwerk, dessen Sinn das Beutemachen ist, die Wegführung der Habe der Anderen, die Besetzung ihres Nahrungsbodens und die Indienststellung der Geschlagenen. Kriege nehmen zu durch Kampfwagen und Reiterei.
Das älteste Volk in Mesopotamien, von dem wir etwas wissen, sind die S u m e r e r, von 3200 v. Chr. an nachweisbar, ein nicht semitisches, wohl aus Innerasien eingewandertes Volk.

Ihre Wissenschaft war eindeutig darauf ausgerichtet, das Leben zu sichern. Astronomen mußten das Einsetzen der Regenzeit und des nahenden Schmelzwassers berechnen. Mathematiker hatten die Landesvermessung und die rechnerischen Probleme der Bewässerung zu lösen. Die Ärzte heilten die durch das Wasser entstehenden Krankheiten wie Malaria, Ruhr und Bilharziose. Priester beschworen die bösen Geister des Sumpffiebers. Die von ihnen erfundene Schrift (Keilschrift, die Zeichen bedeuten einzelne Silben, die man zusammensetzen kann) diente anfangs nur der Notierung von Arbeiterlisten oder Warenmengen. Man besaß Tafeln mit Vorausberechnungen großer Erdarbeiten. Für die Verteilung der Lebensmittel bei diesen Gemeinschaftsarbeiten lagen Listen bereit. Über Erfindung des Rades siehe Seite 8.
In einem Gedicht, das dem biblischen Bericht sehr ähnlich ist, berichten die Sumerer über eine Sintflut. Nach Ausgrabungen und Berechnungen stand das Wasser 7,5—8,0 m hoch. Die im biblischen Bericht erwähnten 15 Ellen sind ungefähr 8 m. Eine Überschwemmung dieser Höhe setzte bei der Flachheit und Tieflage des unteren Mesopotamiens ein Gebiet von 630 km Länge und 160 km Breite unter Wasser.

Ungefähr 2300 v. Chr. wanderten S e m i t en aus Arabien ein. (Man vermutet den Auszug Abrahams um 1800.) Nach 2250 fallen Bergvölker ein. Der Semitenkönig Hammurabi (1728—1686 v. Chr.) vereinigte Semiten und Sumerer. Er erwählte B a b y l o n (seit dem 3. Jahrtausend v. Chr. nachweisbar) als Hauptstadt (altbabylonisches Reich bis 1531 v. Chr.). Unter ihm erreichte die Bodenkultur wahrscheinlich ihren Höhepunkt. Davon zeugt die gefundene Inschrift: „Ich brachte das Wasser und machte die Wüste fruchtbar." Ein umfassendes Gesetzeswerk ließ er in Stein hauen. Die Tafeln wurden 1902 gefunden.

Aber schon 1531 v. Chr. wurde Babylon von den H e t h i t e r n (s. Seite 8) erobert und zerstört. Nutznießer waren die K a s s i t e r, ein Bergvolk aus dem Osten. Die assyrische Königin Semiramis baute in Babylon um 2000 v. Chr. die berühmten Hängenden Gärten, auf denen Gurken, Kürbisse, Zwiebeln, Erbsen und Hafer gepflanzt wurden. Ein a s s y r i s c h e r König (1243—1208 v. Chr.) eroberte und zerstörte Babylon. Im 12. Jahrhundert v. Chr. wurden die Kassiter durch E l a m i t e r (aus dem Süden Mesopotamiens) vertrieben. Nach kurzer Zeit aber vertrieben die Babylonier die

Elamiter. Nachdem der assyrische König Tiglatpilesar (1116—1077 v. Chr.) Babylon durch seine Kriege stark geschwächt hatte, fiel es den Aramäern leicht, beide Nationen heimzusuchen (siehe „Syrien") und sich der Herrschaft in Babylon zu bemächtigen (um 1050 v. Chr.). Als Babylon sich davon erholt hatte, fiel es unter die Herrschaft Assyriens. Sanherib zerstörte es 689 v. Chr. völlig.

Die Assyrer (den Armeniern verwandt), Blütezeit ungefähr 700 bis 612 v. Chr., wohnten in einem fruchtbaren Ackerland ohne künstliche Bewässerung, dem heutigen Nord-Irak, Assur war die früheste Hauptstadt. Später war Ninive Hauptstadt, wo heute Mosul liegt, ausgebaut durch Sanherib.

In Ninive herrschte ein zusätzliches Problem: aus entfernten Gebirgen Wasser zur Ergänzung der städtischen Brunnen heranzuschaffen. Einer dieser Kanäle war fast 50 km lang und wurde um 700 v. Chr. von Sanherib (gest. 681) zur Versorgung seiner Hauptstadt mit Frischwasser angelegt. Der Kanal überquerte eine breite Schlucht in einem der frühesten Aquädukte der Geschichte. Man hat geschätzt, daß er aus 2 Mill. Steinblöcken errichtet wurde.

Zu Beginn des 1. Jahrtausends v. Chr. rückte der semitisch-aramäische Volksstamm der Chaldäer aus Arabien ins südliche Mesopotamien ein. Nabopolassar gelang es 626 v. Chr., in Babylon die Herrschaft der Chaldäer zu begründen. Im Bunde mit den indogermanischen Medern besiegte er 612 v. Chr. die mit den Ägyptern verbündeten Assyrer und zerstörte die Städte der Assyrer völlig. Doch waren die Chaldäer (Neubabylonier) ein sehr gebildetes Volk. Nebukadnezar (605—562 v. Chr.) führte es zu großer Blüte. Da 100 Jahre kriegerischer Verwicklungen mit den Assyrern Babyloniens ländliche Wasserwirtschaft und städtisches Bauwesen schwer beeinträchtigt hatten, galt des Königs erste Sorge der Regulierung der Kanäle und Deiche sowie der Wiederherstellung der Befestigungswerke und Tempel. Er machte Babylon zur prunkvollsten Hauptstadt der damaligen Welt. (Siehe Seite 238.) Zu den unterworfenen Völkern gehörten auch die Juden. (Zerstörung Jerusalems 587 v. Chr.)
Doch sollte der dem Krieg abgeneigte neubabylonische Händlerstaat den Tod Nebukadnezars nicht lange überleben. Schon 539 v. Chr. eroberte der Perser- und Mederkönig Cyros (559—529 v. Chr.) mühelos die Riesenfestung Babylon. (Im nächsten Jahr erlaubte er den Juden die Rückkehr.) Bei einem großen Aufstand 522/521 v. Chr. der von den Persern unterjochten Völker spielten die Meder und die Babylonier die Hauptrolle. Es gelang den Persern zwar, die Meder und die Elamiter (mit der Hauptstadt Susa) zu Partnern zu gewinnen. Die Babylonier aber blieben unversöhnlich. (Siehe auch „Iran".)
Unter Alexander dem Großen (336—323 v. Chr.) unterwarfen Griechen das großpersische Reich. Unter seinen Nachfolgern, vier Feldherren (Diadochen) wurde Mesopotamien 301 v. Chr. ein Teil des Seleukidenreiches, ein Völkergemisch zwischen Ostmittelmeer (Syrien) und Persien bis nach Indien. Durch unablässige Haushändel des Adels schwächte es sich so sehr, daß es politisch kaum mehr eine Rolle spielte. (Siehe auch Seite 247.)
Beginn der Herrschaft der Parther (siehe Seite 247) in Mesopotamien gegen 250 v. Chr., die Eroberung durch die Römer gegen 200 n. Chr. Über Araber siehe „Weltreligionen".

Die vielen überaus blutigen Kriege, vor allem der Assyrer, trugen mehr zum Niedergang Mesopotamiens bei als die inneren Ursachen. Wenn ein

Volk ein Nachbarland erobert hatte, machte es dort, soweit wie möglich, alles dem Erdboden gleich. Das ging reihum. So sind die Großbauten alle zerstört worden. Die einsetzende Gleichgültigkeit führte allmählich zum allgemeinen Verfall im gesamten Zweistromland.
Doch hatte es in den Tagen des Kalifen Harun al Raschids (regierte von 786—809 n. Chr.) in einer zweiten Blütezeit eine sehr große Bevölkerung. Allein in Bagdad (gebaut 762 v. Chr.), der Stadt der Märchen aus Tausend und einer Nacht, der neuen Hauptstadt des arabischen Großreiches (Damaskus war Hauptstadt seit 661 n. Chr.), wohnten etwa 300 000 Einwohner und damit bei weitem mehr als in Konstantinopel und in den westlichen Städten, auch in denen des Spätmittelalters. Handel wurde sogar mit Indien, China und Südrußland getrieben.

Neuer Niedergang

Die Mongolen-Eroberung Bagdads 1258 — und im 14. Jahrhundert die Horden Timur Lenks (siehe „Iran") aber zerstörten die Bewässerungsanlagen gründlich.
(Timur Lenk aus türkisch-mongolischem Häuptlingsgeschlecht gründete von Turkistan aus seit 1360 das Zweite Mongolische Reich. In raschen Feldzügen eroberte er Mittelitalien, Indien bis zur Gangesmündung, Persien, Rußland bis Moskau. Hauptstadt war Samarkand mit glanzvollen Bauten.)
Das waldlose Land verfiel zu Wüste und Steppe. Mit dem Zerfall der Kanäle setzte die Versalzung des Bodens ein, weil die Drainage fehlte. 1499 wurde Bagdad von den Persern erobert, 1534 von den Türken, zwischendurch wieder von den Persern, 1638 Rückeroberung durch die Türken, wobei die 20 000 Mann starke persische Besatzung ermordet wurde. Die türkische Herrschaft dauerte bis 1917. Die Bevölkerung hatte wegen der Mißwirtschaft bei der Steuereintreibung im Türkenreich kein Interesse am Landesaufbau.
Heute findet man Wälder im Einzugsgebiet beider Flüsse nur noch an solchen Stellen, wo das Holz nicht abgefahren werden kann. Deshalb ist die Überschwemmungsgefahr größer geworden. Die beiden Flüsse führen zwar mehr fruchtbaren Schlamm mit sich als früher. Doch wird es nicht durch Bewässerung ausgenutzt. Außerdem wurden drei Viertel des ehemals im Irak bewässerten Bodens durch Versalzung in jüngster Zeit unfruchtbar.

Garten Eden soll wieder blühen

Doch ist man wieder am Werk, die beiden Flüsse zu regulieren und zu nutzen und das Wüstenland in fruchtbare Gefilde zurückzuverwandeln. Später sollen auch die großen Sümpfe im Süden entwässert und bestellt werden.
Allerdings stellen die fortwährenden politischen Unruhen und die Rüstungen gegen Israel — und früher gegen Iran — die Weiterführung der Vor-

haben sehr in Frage, neuedings auch das Wasserabgraben durch den syrischen Euphratdamm.
Im Ölgebiet wohnen 1,2 Mill. Kurden, Nachkommen der alten Meder, denen man die Selbstverwaltung verweigerte. Seit Frühjahr 1974 tobte ein mörderischer Vernichtungskrieg der irakischen Luftflotte, besonders gegen die Zivilbevölkerung, schlimmer als in Vietnam und Biafra. Wo blieb das Weltgewissen? Wo blieb das Sofortprogramm des Weltkirchenrates? Wirkliche Hilfe für die Flüchtlinge kam nur aus Iran, wo über 140 000 Flüchtlinge aufgenommen und mustergültig betreut wurden. Aber im Frühjahr 1975 brach der kurdische Widerstand zusammen, da sich Iran und Irak einigten. Wider alles Erwarten wurden die Kurden — sehr wahrscheinlich durch Vermittlung des Schah — milde behandelt. — Anfang 1975 wurden riesige Ölvorräte in der Nähe von Bagdad entdeckt.

Iran

(Land der Arier) = Persien

Die große Landmasse (1 630 000 qkm) ist etwa über zwei Drittel mit Gebirgen, Hochebenen und Wüsten ausgefüllt. Nur die Außenseiten der Randgebirge empfangen ausreichend Niederschläge. So hing der Wohlstand Persiens von jeher von der Sorgfalt ab, mit der die Wasserwirtschaft betrieben wurde.

Persiens Wohlstand im Altertum und im frühen Mittelalter

Nach Besiegung der Meder 550 v. Chr. wurde deren Weltreich mit dem Perserreich zu einem Staatenbund verschmolzen. Um das Jahr 500 v. Chr. hatte Persien unter Cyrus (559—529 v. Chr.) und Darius (522—486 v. Chr.) alle Großmächte des Vorderen Orients besiegt und stellte das bis dahin größte Reich der Geschichte dar. Es reichte von der Westküste Kleinasiens bis zum Indus, vom Kaukasus bis nach Ägypten. Unter Xerxes (485—464 v. Chr.) begann der Abstieg. In dem Riesenreich Alexanders des Großen (356—323 v. Chr.), das von Griechenland bis nach Indien reichte, fanden die Bewässerungsanlagen die sorgfältigste Pflege. Über seine Nachfolger siehe Seite 245. Um 250 v. Chr. stürzten die von Nordiran kommenden, mit Skythen vermischten Reiternomaden der Parther die griechische Herrschaft der Seleukiden. Das Partherreich wurde zum gefürchteten, stärksten Gegner Roms im Osten. 227 n. Chr. wurden die Parther von den Persern besiegt. Das Neupersische Reich entstand. Persische Könige übernahmen bewußt die Weltreichsvorstellungen eines Cyrus und Darius. (Siehe auch Seite 245.) 260 n. Chr. wurde ein römisches Heer sogar bei Odessa im nordwestlichen Mesopotamien geschlagen. Auch später vermochten die Römer nicht, ihre Grenzen über den Tigris ostwärts vorzutreiben. 614 wurde Bethlehem von den Persern erobert und fast völlig zerstört.

Persiens Verfall

Unvermutet brachen um 642 n. Chr. die Araber ein. Als Fremde waren sie jedoch mit den Bewässerungsanlagen nicht vertraut. 300 Jahre später zogen Turkstämme erobernd von Buchara bis Bagdad. Auch sie vernachlässigten die Anlagen. In den furchtbaren Mongolenstürmen

Dschingis-Khans um 1200 und bei der 1387 erfolgten Eroberung durch Timur Lenk (siehe Seite 246) wurden die kostspieligen und empfindlichen Anlagen völlig zerstört. Nirgends haben Mongolen und Türken so gewütet wie hier. Dschingis-Khan und Timur Lenk ließen hohe Pyramiden aus den Schädeln oder den Leichen der Gefangenen errichten. Das weite Land zerfiel in Teilgebiete, in denen die zusammengeschrumpfte und verängstigte Bevölkerung nur die notwendigste Arbeit verrichtete. Damit hing eine verhängnisvolle V e r n a c h l ä s s i g u n g der Wälder und Wüstenbildung zusammen. Auch im wiedererstarkten Neupersischen Reich der Safariden (1502—1722 — die Kunst des Teppichknüpfens stand in ihrer Blüte, von seiner Residenz in Isfahan herrschte vor 350 Jahren der große Schah Abbas über ein wohlhabendes Land —) konnte diese Entwicklung nicht aufgehalten werden. Nur im Elbrus befindet sich noch dichter Wald, der aber langsam den Köhlern zum Opfer fiel.

Auf der Hochebene herrscht im Sommer ein heißer und trockener Wind mit Temperaturen bis zu 50 Grad. Seltener Regen, der für trockene Gegenden ein Segen sein sollte, wird hier zur Katastrophe. Von den Hängen schwemmt das Wasser nicht nur Erde, sondern auch große Felsblöcke fort; denn keine Wiesen, keine Wälder halten es auf. Die Ansiedlungen sind gleich Oasen durch ausgedehnte wüstenartige Gebiete getrennt. Landwirtschaft ohne künstliche Bewässerung ist nur am Rande des Kaspischen Meeres nördlich des Elbrus-Gebirges möglich. Von den 29 Mill. Einwohnern Irans leben hier 6 Mill. Im übrigen ist fast der gesamte bebaute Boden k ü n s t l i c h bewässert.

Kanalartige unterirdische Leitungen sammeln die Grundwasservorräte und leiten sie unter Ausnutzung des Gefälles über weite Strecken auf die Felder, ein nur vom Flugzeug aus überschaubares System, das auf iranischem Boden eine Ausdehnung von rund 300 000 ha mit einem jährlichen Wasserdurchlaß von 10 Milliarden cbm besitzt.

Vier Fünftel der Anbaufläche (15 Mill. ha = 10 % des Landes) werden mit Getreide — insbesondere Weizen, Gerste und Reis — gebaut, während im übrigen Zuckerrüben, Baumwolle und Gemüse sowie Sonderkulturen wie Tee und Zitrusfrüchte angebaut werden. Bei dem Fehlen von Wiesen ist nur Schaf- oder Ziegenzucht möglich. Aber Milch und damit auch deren Erzeugnisse sind im Iran Träger des heimtückischen und so gefürchteten Malta-Fiebers. So ist die Ernährung sehr einseitig.

Bei diesen Zuständen, der Rauschgiftsucht (Opium) sowie dem Mangel an Ärzten war die Zahl der Kranken, besonders der Blinden, erschreckend groß. (Die Christoffel-Blindenmission, 614 Bensheim-Schönberg, versucht, ihr Los zu mildern.)

Auch das Bildungswesen verfiel

Beim Einbruch der Araber 642 n. Chr. besaß die persische Bildung eine tausendjährige Überlieferung. Schon im 3. Jahrhundert n. Chr. gab es in Ahwaz eine Universität. (In Europa entstanden die ersten im 12. Jahrhundert in Bologna und Paris, im 13. Jahrh. in Padua, in Prag 1348, Wien 1365, Heidelberg 1386.) Vieles, was oft als Beitrag der Araber zur Kultur des Abendlandes gewertet wird, ist in Wirklichkeit persischen Ursprungs. Auch der „Hellenismus" ist eine Vermischung von griechischer mit persischer Kultur. Aber obwohl sich die Kultur in der Literatur und in der Kunst, besonders im Kunsthandwerk, ununterbrochen fortsetzte, entstand ein tiefer Bildungsrückgang.

Es wurden gewaltige Anstrengungen unternommen, diese Zustände zu ändern

Auf dem Lande wurde ohne lange Vorbereitung den Bauern eigener Grund und Boden gegeben, ohne ihn jedoch zu schenken. Die Bauern müssen ihn vielmehr mit 10 % Zinsen in langfristigen Raten (bis zu 30 Raten) abzahlen. 5—7 ha stehen dem Bauer heute zur Verfügung. Durch die „Weiße Revolution" (1962—1971) wurde das Land von 55 000 Dörfern und 20 000 Gütern an 2 466 000 Bauern mit mehr als 14 Mill. Angehörigen verteilt. Durch Bildung von Genossenschaften und landwirtschaftlichen Gesellschaften sollen Flächen von 300—500 ha geschaffen werden, damit sich der Einsatz moderner Maschinen lohnt. Es gibt erst 2700 Genossenschaften mit 2,2 Mill. Mitgliedern. Nur sie erhalten staatliche Hilfe. Offiziere des 1968 gegründeten Entwicklungskorps zur Unterstützung und Erziehung der Landbevölkerung achten darauf, daß die Bauern ihre Arbeit in der Genossenschaft ordentlich verrichten. Ihr gehören Pumpen und Kanäle, die das Wasser zu den knappen Feldern leiten. Nur in den Genossenschaften gibt es Arzt, Schule, schöne Wohnung. Die überlieferte Kunst des Teppichknüpfens ist gut organisiert und bringt der Genossenschaft Höchsterträge.

Eine der ersten Neuerungen war 1964 die Aufstellung eines Friedenskorps, genannt „Armee des Wissens". 50 000, meist Studenten, wurden zur Unterweisung der Landbevölkerung im Lesen und Schreiben als Lehrer mit wandernden Zeltschulen in die Dörfer geschickt. Heute gibt es 25 % weniger Analphabeten, der Schleier ist abgeschafft, die Frau darf wählen. Es folgte das Gesundheitskorps. Rauschgifthändler werden öffentlich gehängt.

Die Forsten wurden verstaatlicht. Der Waldweide und dem Raubbau an jungen Stämmchen bei der Holzkohlegewinnung im Elburs will man entgegentreten. Auch großzügige Aufforstungen sind im Gange, und zwar in Wüsten und Städten.

Bodenschätze und wirtschaftliche Entwicklung

Die alte Kunst der Bewässerung hat sich der moderne Staat zu eigen gemacht, indem er die unterirdische mit dem oberirdischen Bewässerungsnetz verband und daraus sechs Talsperren und Stauseen errichtete, die vielleicht die modernsten Denkmäler des Iran von heute sind. Durch sie wurden Industrie und Landwirtschaft gleicherweise bedacht.

Mit dem Erdölgewinn soll das gesamte Verkehrs- und Beförderungswesen (Häfen, Eisenbahnen, Straßen) vorrangig ausgebaut werden, gegebenenfalls mit Hilfe ausländischer Unternehmer. Außerdem will die Regierung, in Zusammenarbeit mit der Privatwirtschaft, die beruflichen Ausbildungsmöglichkeiten verbessern und erweitern sowie mehr Frauen in das Berufsleben eingliedern. In der Industrie soll die Gewinnbeteiligung der Arbeitnehmer eine Höhe erreichen, die in jedem alten Industriestaat undenkbar ist. Das Zurückgehen der Ölausfuhr wird den Aufschwung nicht bremsen. — In der Landwirtschaft bahnt sich eine enge Zusammenarbeit mit Deutschland an.
Die Geldentwertung galt während der vergangenen drei Jahre als unvermeidliche negative Nebenerscheinung des riesenhaften industriellen Aufschwunges. Anfang August 1975 aber hat der Schah ein Machtwort gesprochen mit sichtbarem Erfolg.
Der Schah stellte sich der Welt als Staatsmann vor. Nicht nur Entwicklungsländer, sondern auch Industrieländer, die Hilfe brauchen, sollen unterstützt werden.

„Wunderland“ Vorderindien

Ein Wunderland?

Jawohl, Indien ist immer noch und überall ein Wunderland, ein Land von alter Kultur. Eine 5000jährige Vergangenheit ist allgegenwärtig. Es gibt Tempel und Ruinen, die man durchaus zu den Weltwundern rechnen darf.

Städtebau vor 5000 Jahren

Eine Induskultur (Harappakultur) entwickelte sich auf einem Raum von 800 000 qkm und erreichte im dritten Jahrtausend v. Chr. ihren Höhepunkt. Der 1600 km lange Indus diente in erster Linie der Bewässerung, in zweiter aber auch dem Verkehr und dem Handel. In der von Wäldern, Dschungeln und Marschen durchzogenen, von wilden Tieren unsicher gemachten, von Überschwemmungen verheerten Indusebene mußten viele Vorbedingungen erfüllt werden. Das Schwemmland mußte urbar gemacht, Dämme und Bewässerungsanlagen mußten errichtet, Ziegel gebrannt werden.
Die Bevölkerung lebte in streng rechteckig angelegten Blöcken großer Städte, in denen es keine Tempel und Paläste und erst spät Befestigungsanlagen gab, dafür jedoch große Kornspeicher, öffentliche Bäder und ein hochentwickeltes Kanalisations- und Installationssystem. Tempel waren beim Wasser oder über weit verzweigten Brunnensystemen erbaut. (Religiöse Waschungen.) Außer den beiden Hauptstädten Harappa (am Ravi) und Mohendschodaro am unteren Indus hat man bisher die Reste von siebzig kleineren Städten, Dörfern und Handelsniederlassungen zutage gefördert. Im nördlichen Pakistan fand man im sogenannten „Berg des Todes“ in jedem freigelegten Haus Bad und Wasserklosett.
Die ursprünglichen Träger dieser Induskultur hatten eine Sternreligion, einen Kalender auf mathematisch-astrologischer Grundlage und ein voll entwickeltes astrologisches System ausgebildet. Durch Handels- und Kulturbeziehungen kamen diese Wissenschaften zu den Sumerern.

Untergang der Induskultur

Die Landschaft Sindh war der Mittelpunkt dieser Kultur. Obwohl der fehlende Monsun die Entstehung der Halbwüste Sindh förderte, so spielt doch auch die Entwaldung eine wesentliche Rolle. Von 2500—1500 v. Chr. fällten die Indusvölker ungeheure Mengen Bäume für ihre Ziegel- und Schmelzöfen, ihr Schmiedeeisen, Herdfeuer, die Brennöfen ihrer Töpfereien und für die Werkstätten der Baumeister, Schreiner und Tischler. Übertriebene Weidewirtschaft kam hinzu, (Im benachbarten Beludschistan bestanden in der Bronzezeit — etwa 2000—1000 v. Chr. — ansässige Gemeinden mit Ackerbau und Viehzucht. Sehr wahrscheinlich hat auch hier die ständige Abholzung neben Weidewirtschaft und Tiefpflügen dazu beigetragen, daß schon 300 v. Chr. Beludschistan ein ödes Gebiet war.)
Nachdem die Fluten die Bewässerungsanlagen zerstört und den fruchtbaren Boden weggeschwemmt hatten, war das Land mit seinem starken Salzgehalt sauer geworden.

Was von der Induskultur übriggeblieben war, wurde durch den Arier-Einfall (1500—1000 v. Chr.) zerstört (Kayberpaß). Die urwüchsigen Arier (Reine) hatten als Hirten und Krieger für die Stadtkultur noch keine Verwendung.

Weitere geschichtliche Entwicklung

Um 800 v. Chr. Bildung von 4 Kasten: Priestern (Brahmanen), Kriegeradel, arischen Bauern und Gewerbetreibenden gegenüber Unterworfenen und Mischlingen. Das war der Beginn des Hinduismus. Am erfolgreichsten wurden dessen Gedanken entwickelt von dem großen Prediger Vardhamana (549—477 v. Chr.), 327—325 v. Chr. Einfall Alexanders des Großen. 712 n. Chr. Einbruch der Araber. Zwischen 1000 und 1300 Eroberung der arabischen Teilreiche und Ausbreitung des Islam mit Härte durch Türken. Ihre Bluthérrschaft wird aber 1398/99 durch den Einfall Timur Lenks noch übertroffen. Führend wird 1526 das Reich der islamischen türkisch-mongolischen Mogulfürsten, die bis 1858 klug und versöhnlich regierten. (Name abgeleitet von Mongole.) Reichtum, Machtfülle und Glanz fanden ihren Niederschlag in großartigen Bauten. In der 2. Hälfte des 17. Jahrhunderts Erhebung von Indern und Sikkhs. Dann Tätigkeit der europäischen Kolonialmächte, zunächst durch Handelsgesellschaften. Als die Briten um 1763 — endgültig 1803 — die Herrschaft in Indien übernahmen, betrug die Bevölkerung etwa 60 Mill.

Staunen wir über die Größe der Erfindungen und Entdeckungen indischer Frühzeit, so staunen wir nicht weniger darüber, daß sie nicht fortgeführt wurden. Wenn auch von den Brahmanen der Bestand der Magie (Wunderfähigkeit) abgestritten wird, so ist doch der Geist der indischen Kultur magisch durchwogen.

Magisch sind die Sitten und Gebräuche. Der Magie entwuchs die Astrologie. Wiederverkörperungslehre ist bedeutsamer Teil des indischen Geistes. Je nach seinen Taten wird der Tote im Himmel, in der Hölle oder auf der Erde als Mensch, Tier oder Pflanze wiedergeboren. Selbstverständlich steht in solchem Geist all das, was uns Märchen und Sage ist, in gleicher Wirklichkeit neben den nüchternen Erfahrungen. Selbstverständlich ist in solchem Verharren, daß Indien keine Geschichte, keine Geschichtsschreibung kennt. Selbstverständlich ist, daß, wo der wahrheitsuchende Antrieb fehlte, indische Wissenschaft in Grenzen blieb, daß, so großartig auch ihre ersten Leistungen waren, sie keine Folgen hatten.

Z. B. schildert uns Diodor von Sizilien vor etwa 2000 Jahren Indien als ein gut bewässertes, fruchtbares Land, in dem jedes Jahr zwei Ernten eingebracht wurden.
So bietet sich uns heute vom westlichen Standpunkt aus Indien an als eine Beute des Aberglaubens, der Dummheit, der Krankheiten und Mutlosigkeit, ein Land der Schlangen, der wilden Tiere, ein Land mit märchenhafter Anmut, mit furchtbaren Hungersnöten, mit verdorrten Flächen, aber auch mit katastrophalen Überschwemmungen.

Religiöse Unbegreiflichkeiten

tragen eine große Schuld an dem Hunger in der Indischen Union. Tiere werden zwar mißhandelt wie kaum irgendwo anders, aber nicht getötet.
Wegen der Überbevölkerung wird das Gras schon angeknabbert, wenn es erst einige Zentimeter hoch steht. So liefern die meisten der noch als Haustiere gehaltenen mageren Kühe täglich nur wenige Tassen Milch, durchschnittlich 450 l jährlich (einschließlich ausreichend ernährter Rinderrassen mit gutem Milchertrag). Dazu richten die umherziehenden ausgehungerten Viehherden großen Schaden an und dringen sogar in die Schutzgebiete ein.
Trotz dieser Mißstände und verhängnisvollen Weltanschauung reicht Indien eine

bemerkenswert schöne Visitenkarte

herum: Vergeistigung, Nächstenliebe, Gewaltlosigkeit, Achtung vor dem kleinsten Tier, Verachtung materiellen Ehrgeizes, Duldung, Weisheit, Yoga (indische Erlösungslehre), alte Kultur, große Philosophen und heilige Männer in Massen.

Aber eine Religion voller Widersprüche!

So sucht der Hinduismus zwar, seine Gläubigen durch Nachdenken auf eine möglichst hohe Stufe des menschlichen Geistes zu erheben. Aber damit verträgt sich unbegreiflicherweise ein widerlicher Kastengeist als Höhepunkt der religiösen Vorurteile.
(Auch in Pakistan spielt trotz aller gegenteiligen Behauptungen der Kastengeist noch eine ungeheure Rolle. Die Christen z. B. aus der Bevölkerung des Pandschab gehören zu den unteren Bevölkerungsschichten und verrichten die niedersten Dienstleistungen.)
Es gibt über 300 Kasten und Unterkasten, die sich von den 67 Mill. „Unberührbaren", den Parias, bis hinauf zu den 15 Mill. Brahmanen der Priesterkaste staffeln. In der Armee, in der Schule, in der christlichen Kirche werden zwar keine Unterschiede mehr gemacht, aber gesellschaftlich können Angehörige verschiedener Kasten auch heute nicht miteinander verkeh-

ren. Und solche Überheblichkeiten und Verkrampfungen geschehen bei Gliedern derselben Religions- und Volksgemeinschaft!
Ein weiterer Widerspruch besteht darin, daß der Inder edel und stolz und zugleich herzlos ist. Elefanten sind prachtvoller geschmückt als Menschen, ausgenommen Maharadschas. Davon gibt es ungefähr 600, die über einen märchenhaften Reichtum verfügen. Wie die andern reichen Inder fühlen sie sich aber nicht aufgerufen, ihren hungernden Volksgenossen zu helfen; denn nach ihrem Hinduglauben haben diese für Schuld in einem früheren Leben ihre Armut als Strafe erhalten.
Der größte Teil des Bodens gehört den Angehörigen der oberen Kasten, denen ihre Religion zwar verbietet, körperliche Arbeiten zu leisten, ihnen aber erlaubt, ihre Pächter so auszubeuten, daß sie kein Interesse an der Steigerung der Erzeugung haben.
Es gehört zu den Widersprüchen in Indien, daß der Inder zwar den Völkern Frieden predigt, aber selbst angreiferisch ist.

Der Kampf prägt Indien und nicht der Friede. Hier regiert die Gewalt mehr als in jedem anderen Land. Nicht die Friedenspredigt vor den Vereinigten Nationen, sondern die tägliche Demonstration kennzeichnet Indien. Es vergeht kaum ein Tag, an dem nicht protestiert wird, demonstriert und ruiniert. Inder verbrennen Eisenbahnzüge und Autos, Fahnen und Häuser und sich selbst.

Weiter hängen die Ernährungssorgen der Indischen Union mit den Monsunregen zusammen.
(In den reichlich beregneten Gebieten Indiens, Südostasiens, Süd- u. Mittelchinas sowie Südjapans drängt sich die Hälfte der Menschheit zusammen.)

Monsune im Norden

Im Sommer steigt in dem erhitzten Innerasien leichte warme Luft auf. Vom Indischen und Bengalischen Meer strömt kühlere und mit Feuchtigkeit gesättigte Luft nach. Wo sie zuerst auf Land stößt, regnet es natürlich am stärksten. Bengalen und die Berge des nordwestlich davon gelegenen Assam leiden unter Überfluß an Regen. Der Wind weht, dem Himalaja folgend, über die ganze nördliche Ebene und regnet sich am Südhang des Himalaja ab. Dadurch haben gewaltige wasserreiche Ströme wie Ganges, Indus und Brahmaputra dort ihren Ursprung. Das Gangestal (Hindustan) gehört zu den regenreichsten Gebieten der Erde. Im Winter wiederholt sich der Vorgang genau umgekehrt, auch in den Auswirkungen.

Monsune im Süden

Der Dekan ist ein Hochland, das im Westen und Osten in einer Gebirgskette, genannt Ghats, zum Meer abfällt. Der Sommermonsun regnet sich an den Westghats ab und überschwemmt die fruchtbare Küstenebene, so daß für die Hochfläche kaum Regen übrigbleibt.

Die Flüsse, die von Westen nach Osten fließen, haben tiefe Täler eingeschnitten, so daß künstliche Bewässerung kaum möglich ist. Außerdem trocknen sie auf dem weiten Wege nach dem Bengalischen Meerbusen aus. Da auch keine Bodenschätze vorhanden sind, ist der Dekan Indiens ärmstes Gebiet.

S ü d i n d i e n. Südlich des Dekan haben die Westghats eine 25 km breite Lücke. Durch sie dringt der Sommermonsun mit voller Kraft und trägt seine Regenfälle bis an die Ostküste. Hier regnet sich außerdem in den Herbstmonaten der Nordostmonsun ab. Dem Norden Indiens bringt er zwar trockene Kälte. Bis er Madras erreicht, wird er aber in der warmen Luft von Bengalen aufgeheizt und mit Feuchtigkeit beladen.

Es gibt große Wälder mit wilden Elefantenherden. Die starken Wasserfälle über den Westghats und den Bergen südlich davon schenken dem Land nicht nur Fruchtbarkeit, sondern auch Wasserkräfte. Seine vielfältige Industrie (Gold, Eisenerze) wird von wenigen großen Wasserkraftwerken gespeist. Elektrisches Licht mit genügend Wasser ist Voraussetzung für größere Sauberkeit.
Die Südspitze ist die Provinz Kerala. Hier wiegen sich Kokospalmen an den zahllosen Wasserläufen und Lagunen. Fast alle Bewohner können lesen und schreiben.

„Launischer" Monsun

Bleibt der Monsun aus oder fällt er nur dürftig, wüteten von jeher furchtbare Hungersnöte. Um auch in den trockenen Monaten über genügend Wasser verfügen zu können, wurden ausgedehnte Wasserspeicher gebaut und viele geplant. Teilweise dienen sie auch der Stromerzeugung, der Flußregulierung und dem Überschwemmungsschutz. Die Bewässerungsanlagen sind allerdings oft 1000 Jahre alt und können nur auf kleinen Äckern angewandt werden. Noch schlimmer ist, daß viele Bauern sich weigern, ihr Land zu bewässern, selbst wenn die Regierung ihnen das Wasser kostenlos zur Verfügung stellt.

Anerkannt werden muß, daß dem

Forstwesen

schon unter der britischen Herrschaft große Aufmerksamkeit geschenkt wurde. Es gibt ausgedehnte Schutzforste. Da aber infolge früheren Raubbaues nur noch 13 % der Gesamtfläche bewaldet sind, kann die Aufforstung nicht mit dem durch die starke Volkszunahme bedingten erhöhten Holzeinschlag Schritt halten. 33 % Wald wären aber nötig.
Der Bauer gebraucht den Kuhdung als Brennmaterial, Holz und Kuhmist machen ungefähr die Hälfte des Energieverbrauches aus. Das Verbrennen der Kuhfladen macht aber auch Delhi, Bombay und Kalkutta zu den am stärksten verschmutzten Städten. Stattdessen müßte der Dung in feuchten Komposthaufen eine gewisse Zeit gären und dann, bevor ihn die Sonne austrocknet, in die hungrige Erde gebracht werden. Derartig gedüngte Felder verdoppeln beinahe ihre Erträge. Seinen Ofen könnte der Bauer mit dem Keeker-Holz heizen. Dieser Baum ist genügsam und wächst rasch. Seine kleinen Blätter schwächen die zerstörende Kraft der Sonne. So wird darunter die Saat genährt. Auch bilden die abfallenden Blätter eine dringend benötigte Humusschicht.

Weitere Probleme

Weil ihre Frauen bei Hochzeiten „standesgemäß" geschmückt werden müssen und diese Feiern Unsummen kosten, sind viele Inder auf Lebzeiten verschuldete Opfer der Wucherer. Sowieso sind viele Bauern tief verschuldet; denn bei dem kleinen Besitz sind sie nur 3—4 Monate im Jahr ausreichend beschäftigt.

Alle Probleme des Landes werden erschwert durch Verständigungsschwierigkeiten seiner Bürger. Sie sprechen 179 Sprachen mit 544 Dialekten. Hindi, die vorgesehene amtliche Staatssprache, wird nur von 45 % der Bevölkerung verstanden.

Dazu ein Land mit zwei sich bekämpfenden Weltreligionen.

1947 fand die britische Herrschaft ihr Ende. Religiöse Unterschiede zwischen den Bewohnern verhinderten die Bildung eines Großreiches. 9 Mill. Hindus und 9. Mill. Mohammedaner mußten flüchten, von denen insgesamt 1 Mill. umkam.

So zerfiel das Land in zwei unabhängige, selbständige Staaten: die Indische Union der Hindus und P a k i s t a n, das Land der Mohammedaner. Dieses wurde durch die Indische Union in Westpakistan (am Indus, 50 Mill. Einw., 804 000 qkm) und Ostpakistan (im Ganges-Brahmaputra-Delta, 70 Mill. Einw., 143 000 qkm) getrennt. Beide Teile waren nicht weniger als 1600 km von einander entfernt. Durch Haß, Neid und Eifersucht entstanden zwischen Indien und Pakistan mancherlei Nachteile. 1965 brach zwischen ihnen wegen Kaschmir (5 Mill. Einw.) sogar ein offener, für beide Teile erfolgloser Krieg aus. 1975 befürchtet Pakistan einen geheimen Aufteilungsplan. Danach würden die beiden westlichen Provinzen Belutschistan und die Nordwest-Grenzprovinz ein sowjetischer Vasallenstaat und die östlichen Provinzen Sind und Pandschab von Indien besetzt werden.

Wasserfragen in und zwischen beiden Staaten

Die Ufer des I n d u s sind regenarm und dürr (Halbwüste Sindh). Da der große Strom jedoch Wasser genug heranführt, wurden hier die größten Bewässerungsanlagen der Welt hergestellt. Ein Kanalnetz von 65 000 km Länge umfaßt 93 000 qkm und ernährt 30 Mill. Menschen. Durch die neue politische Grenze aber wurde 1947 das Bewässerungssystem in zwei Teile zerschnitten.

Zur Beilegung des Indus-Wasserstreites fanden sich beide Staaten erst 1960 für eine erste Zusammenarbeit bereit. Das Induswasser mit den Nebenflüssen wird zwischen beiden Ländern geteilt und bei einer Bewässerung von 120 000 qkm durch Staudämme und ein Netz von Verbindungskanälen für 40 Mill. Pakistaner und 10 Mill. Inder besser ausgenutzt. Die mit westlicher Hilfe durchgeführten Arbeiten waren 1970 mit einem Kostenaufwand von einer Milliarde Dollar vollendet. Außerdem erhielten

150 000 pakistanische Bauern das bisher gepachtete Land als Eigentum. Mit den Haupt- und Nebenkanälen und den Bewässerungsgräben wurde das Wasser so vollständig wie möglich verteilt. Aber ständig versickerte ein beträchtlicher Teil. Dadurch stieg der Grundwasserspiegel, was schließlich zum Absterben der Pflanzenwurzeln führte. Andererseits war der Oberflächenabfluß zu schwach, um die Mineralsalze wegschwemmen zu können, die sich durch die starke Verdunstung anreicherten. Ende der fünfziger Jahre gingen täglich 4 ha durch Versalzung verloren. Insgesamt waren über 26 000 qkm versalzen, als am Anfang der sechziger Jahre die Amerikaner innerhalb von fünf Jahren dem verkrusteten Boden seine Fruchtbarkeit zurückgaben. (Über Versalzung siehe „Schlußkapitel".)

Ostpakistan (früher Ostbengalen genannt) hat schon bei normalem Monsun Wasser im Überfluß.

Das während des ganzen Jahres bewohnbare Land nimmt nur einen kleinen Bruchteil der Oberfläche ein. Selbst in der Trockenzeit werden große Teile von den stets wechselnden Flußsystemen bedeckt. Im Oktober und November in der Schwüle des Nachmonsuns entwickeln sich riesige Zyklone (Wirbelwinde) in der Bucht von Bengalen, treiben gewaltige Wassermassen über den Inseln in die Mündungsgebiete der Ströme, stauen sie auf und erzeugen beim Abebben zerstörende Überschwemmungen.

Dazu kommen im südlichen Bengalen Hunderte von Mündungsarmen der großen Ströme Ganges und Brahmaputra. Das Land ist aufgelöst in ein riesiges, spinnwebenartiges Gewirr von Inseln, Sümpfen und Wasserarmen, eine Heimat der Elefanten, Rhinozerosse, Büffel, Panther, Tiger und Krokodile, aber auch der Malaria, so daß der fruchtbare Boden nicht besiedelt wird. Nur Fischer, Jäger und Holzfäller können sich mühsam in den Wäldern halten. Der Verkehr spielt sich auf den Strömen, Flüssen und Kanälen ab. Kalkutta, 200 km vom Meer entfernt, empfängt und verteilt seine Waren weitgehend mit Flußkähnen.

Die Bundesrepublik ist in Ostpakistan in Zusammenarbeit mit anderen Staaten bemüht, einen großen Anteil Entwicklungshilfe besonderer Art zu leisten durch den Ausbau der Binnen- und Küstenschiffahrtsflotte.

Die Lösung des Flutproblemes erfordert Milliarden Dollar für die Aufforstung am Himalaja und für die Regulierung der Ströme, alles nur möglich durch engste Zusammenarbeit mit der Indischen Union und mit China. Bisher fehlt beides. Im Gegenteil, das Abforsten in Nepal im Himalaja geht weiter.

Dazu kommt, daß erst 1971 allgemein offenbar wurde, daß es zwischen West- und Ostpakistan außer dem Islam in rassischer und politischer Hinsicht nichts Gemeinsames gibt.

Die Menschen in Westpakistan sind vom hellen arabisch-persischen Typ, Weizenesser, die die beherrschende Rolle des Landadels als Selbstverständlichkeit hinnehmen. Die Menschen in Ostpakistan sind dunkel, leicht erregbar und Reisesser. Beide verstehen weder die Sprache des anderen noch können sie seine Schrift lesen.

Als größte Juteerzeuger der Welt verdienten die Ostpakistanis harte Dollar, die sie aber der Zentralregierung in Westpakistan abliefern mußten. Dieses blühte auf. Eine Grundindustrie entstand, die den Westen weithin zum Selbstversorger machte. Verbrauchsgüter wurden nach dem Osten geschickt, statt hier Straßenbau und Heimindustrie zu unterstützen. Als Jute in Europa und Amerika nicht mehr so stark gefragt wurde, wurden die Bengalen ärmer und eine Bürde für Westpakistan.

Die 1971 verübten Grausamkeiten sprengten das Maß aller bisherigen Bürgerkriege auf dem gesamten Erdball. Zwischen März und Dezember wurden 3 Millionen Menschen getötet, 6 Millionen Wohnungen zerstört und über 1½ Millionen Bauernfamilien der Geräte und der Tiere beraubt, die zur Landwirtschaft nötig sind. Das Beförderungswesen sowie das Verkehrswesen brachen vollständig zusammen, die Brücken wurden gesprengt und die Binnenschiffahrtswege gesperrt. 10 Millionen Menschen flüchteten nach Indien, viele davon starben an Hunger und Cholera. Es gab kaum eine Familie, die nicht davon betroffen wurde. — Nach Abzug der westpakistanischen Truppen aber erfolgten Grausamkeiten an bengalischen „Verrätern" und an solchen, die man dafür hielt. 350 000 Nichtbengalen (Biharis) droht in Lagern der Untergang.
Mohammedanischer Schicksalsglaube spielt eine verhängnisvolle Rolle. Großgrundbesitz gibt es nicht. Fortschreitende Verkleinerung des Grundbesitzes, ungeheure Verschuldung der Massen, Verstärkung der familiären Selbstsucht verhindern neue Planungen und Genossenschaften. Der „Wunderreis" konnte sich nicht durchsetzen. Auch die industriellen Ziele wurden nicht erreicht. — Die Bengalen sind zwar stolz auf ihre Unabhängigkeit, doch ist (1975) ihre Armut größer als je. Dazu wetteifern Überschwemmungskatastrophen in grauenvoller Weise mit dem Hunger. 75 Mill. Menschen auf 142 000 qkm, ein Schattenreich des Elends und der Armut, der Bestechlichkeit und der Gesetzlosigkeit.
Auf längere Sicht erfolgversprechend bleibt vorläufig nur der zügige Aufbau genossenschaftlich organisierter Heimarbeit (Christoffel-Blindenmission).

Ansätze zu wirtschaftlicher Besserung in der Indischen Union

Das 1962 mit deutscher Hilfe begonnene Landwirtschaftsvorhaben Mandi in den Himalaja-Vorbergen mit 5000 qkm Fläche und 400 000 Menschen ist ein voller Erfolg. Zwei weitere Vorhaben dieser Art wurden aufgenommen, ein viertes soll bald beginnen.
Westlich von Ostpakistan liegt die Provinz Bihar. Früher ein reines Agrarland, wird sie jetzt, dank der großen Vorräte an Kohle und Erz, zum Ruhrgebiet Indiens. Diesen Ruhm teilt sie mit der südlich angrenzenden Provinz Orissa, einem hügeligen Waldland, in dem moderne Industriestädte entstehen, z. B. Rourkela. — Die schönsten kunstgewerblichen Arbeiten werden hergestellt.

Trotzdem düsteres Gegenwarts- und Zukunftsbild!

Diese in die Augen springende Schwerindustrie wurde aber auf Kosten der Landbevölkerung ausgebaut, die immer noch 70 % der Bevölkerung darstellt. Bis jetzt haben nur 25 % des bebauten Bodens eine gesicherte Bewässerung und sind somit für den „Wunderreis" (siehe Seite 293) geeignet. Dazu kommt, daß 8—10 % der Landbewohner über die Hälfte des bebauten Bodens verfügen. Nur sie sind imstande, die für den Anbau des „Wunderreises" notwendigen Anlagen (Düngemittel, hochertragreiches Saatgut und Maschinen) anzuschaffen, vorausgesetzt, sie besitzen bewässerten Boden. Da es sich nunmehr lohnt, größere Flächen maschinell zu bearbeiten, wird den verschuldeten Kleinbauern ihr Land abgekauft, den Pächtern kurzerhand gekündigt und die Zahl der durch Maschinen ersetzten Landarbeiter vermindert. Eine Auswanderung in die Städte ist die einzige Lösung, ist aber keine.

Bei der „Weizenrevolution" konnten viele Großbauern mit der Entwicklung nicht Schritt halten. Sie hatten sich schon vorher kaum um ihre Felder gekümmert. Jetzt fehlte ihnen der Wille zum Aufstieg. Die Nutznießer sind die Mittelbauern. Die Kleinbauern, drei Viertel aller Landbesitzer, bekamen vom Staat keine Kredite, weil ihre Felder zu klein sind. Die Bemühungen der Regierung, für sie auf dem Lande neue Arbeitsplätze zu schaffen, blieben erfolglos. Diese Angehörigen einer Bauernkaste weigern sich, in ihre Heimat neben Kastenlosen gegen Lohn zu arbeiten. In ihrer Not verlassen sie die Dörfer und wandern in die Großstädte, wo sie, wenn sie Arbeit fänden, neben Kastenlosen arbeiten würden.

Da der Monsun ausblieb, ergab sich 1972 eine Mißernte. Bis Mitte 1973 mußte wieder Getreide (4 Mill. t) eingeführt werden. Trotz der guten Ernte von 1973 blieben die Preise hoch. — Auch die Herbsternte 1974 entsprach in großen Landesteilen nicht den Hoffnungen.

Auf den Dörfern gibt es kaum ärztliche Versorgung. Aber in Neu Delhi sind 4000 Ärzte unterbeschäftigt. Gewiß besteht allgemeine Schulpflicht bis zum 14. Lebensjahr. Doch sie wird in der Grundschule nicht überall durchgeführt. Es fehlt an Lehrern. Dem gegenüber hat sich die Oberschicht über höhere Schulen und Hochschulen weit über Bedarf durchgesetzt. Eine Million mit Würden versehene Akademiker (Graduierte) verlassen jährlich die Hochschulen, und nicht einmal 10 % finden Arbeit. (Vergleiche mit Deutschland im „Schlußkapitel".)

60 % der Staatseinnahmen fließen in die Rüstung. Die Geldentwertung galoppiert und betrug 25—30 %. Statt den Preisen Einhalt zu gebieten, wurden die indirekten Steuern erhöht. Auch wurde keine wirksame Steuer für die reichen Bauern festgesetzt. In den Städten gibt es 20 Mill. Arbeitslose. Dazu kommt das unschätzbare Heer der unterbeschäftigten Landbevölkerung. (1975 etwa 200 Millionen.) Von den reichen Bodenschätzen wird nur ein kleiner Teil genutzt; es mangelt an Kapital und Maschinen. In den Betrieben spielen Streitigkeiten zwischen Gewerkschaften um die Vorherrschaft eine große Rolle. Dazu kommen Reibungen zwischen Angehörigen verschiedener Volksstämme und Religionen. Immer wieder legten Streiks und Unruhen die Arbeit in vielen, vor allem in den größten Fabriken, lahm. Es gelang nicht, Fehlplanungen in den staatlichen Betrie-

ben zu verhindern und der privaten Industrie größere Entfaltungsmöglichkeiten einzuräumen. Seit dem indisch-sowjetischen Freundschaftsvertrag von 1969 ist das Gegenteil der Fall. Banken, Lebensversicherungen und Kohlengruben wurden verstaatlicht, und das wird noch nicht das Ende sein. Die Indische Union ist auf dem Wege, ein neuer Satellit Moskaus zu werden.

Das Land, jetzt über 580 Mill. Einw., könnte tatsächlich eine Milliarde Menschen ernähren. Politisch ist sie (ebenso das neue Bangladesch und die Sowjetunion) in dem im Dezember 1971 geführten Krieg gegen Pakistan Gewinner. Verlierer sind die USA, China und die UNO. Aber die Indische Union hat einen bettelarmen, vielleicht sogar schwierigen Vasallenstaat bekommen. Der unablässig steigenden Flut von Problemen hat die Regierung nur eines entgegenzusetzen: Polizeigewalt und Unterdrükkung. Ist die Indische Union überhaupt noch zu retten? Die Ministerpräsidentin allerdings behauptet, Ziel ihrer Maßnahmen sei, Disziplin und Verantwortung zu wecken.

In dem im Altertum als Märcheninsel bekannten

Ceylon

(65 610 qkm, 13 Mill. Einw.)

war das Volkseinkommen doppelt so hoch wie in Vorderindien. Zwei ausgiebige Monsunregen sorgen für Bewässerung. Die Kultivierung von etwa 1 Mill. ha Brachland wurde in Angriff genommen. Die alten Bewässerungsanlagen sind noch vorhanden und könnten ziemlich leicht wieder benutzt werden.

Aber die Regierung hat auch große Sorgen

Ein Sprachenproblem besteht durch südindische Arbeitskräfte (Hindus, Tamilen), die unter der englischen Herrschaft teils in Massen eingeführt wurden, teils freiwillig einzeln kamen. Allerdings sind sie seit 1965 rechtlich gleichberechtigt, aber noch nicht gesellschaftlich und werden von den Besitzern der Tee- und Kautschukplantagen schamlos ausgenutzt.

Dazu kommen wirtschaftliche Sorgen. Seit 1967 der Suezkanal von Nasser gesperrt wurde, sind die Einfuhren bei dem gewaltigen Umweg der Schiffe um die Südspitze Afrikas bis zu 25 % teurer geworden. Durch die Monokultur von Tee ergab sich eine Geldentwertung von 20 %, da die Teepreise seit einigen Jahren stark sanken. So ist die Arbeitslosigkeit groß. Gewiß gibt es nur noch 20 % Analphabeten. Aber auf den buddhistischen Hochschulen fehlen die modernen Naturwissenschaften, die Fächer der Technik und der Wirtschaft. (Siehe im Gegensatz dazu „Japan".) Das ist ein Grund dafür, daß etwa 14 000 junge Akademiker keine Beschäftigung finden.

So ergab sich im April 1971 eine von diesem Akademikerproletariat ge-

tragene Empörung, die von der 1970 gewählten sozialistischen Ministerpräsidentin nur mit indischer Waffenhilfe niedergeschlagen werden konnte.
Aber durch die immer mehr um sich greifende Verstaatlichung hörten die Arbeitslust der Massen und die Investitionen der Unternehmer auf. Heute (1975) ist Ceylon zahlungsunfähig. Arbeitslose Hindus verkaufen ihre Kinder für 9 Mark an die Reichen. Der Lohn: Essen und Kleidung.

Neues aus dem unbekannten

Afghanistan

(657 000 km, 14—15 Mill. Einwohner, davon 2,5 Mill. Nomaden. Die Einwohner empfinden aber nicht als Afghanen, sondern als Völkerschaften.)

Mit dem Becken von Seistan im Süden, dem Delta des Helmond-Flusses, ist es ein „B r ü c k e n l a n d". Ebenso sind Belutschistan (westlich vom unteren Indus) und Turkestan (die heutigen Sowjetrepubliken östlich vom Kaspischen Meer bis Sinkiang) „Brückenländer". Die Hochtäler Afghanistans sind die uralten Verbindungswege zwischen Indien und dem Fernen Osten, sowie zwischen Indien und Persien. (Siehe auch „Seidenstraße", Seite 237, und „Kayberpaß", Seite 251.) Hier gründete Alexander der Große nicht nur das „Zweite Alexandrien", sondern ein ganzes Reich, von dem er 327 v. Chr. den Eroberungszug nach Indien antrat.
Sechs Jahrtausende der Menschheitsgeschichte sind über sie hinweggezogen — Jäger der Urzeit, nomadische Hirten, Karawanen der Kaufleute, siegreiche Heere, die Kulturen zerstörten und friedliche Missionare, die neues Kulturgut mitbrachten. Der Buddhismus erbaute sich hier eine seiner ehrwürdigsten Stätten — die dann vom Islam ausgelöscht wurde. Wenige Weltgegenden sind reicher an Spuren menschlicher Vergangenheit — und wenige waren bis vor kurzem so völlig unbekannt. (Näheres in Bacon, Versunkene Kulturen, Deutsche Verlagsanstalt Knaur, München, 1963).

Zur Zeit Christi und noch Jahrhunderte später war Afghanistan ein

bedeutendes Kulturland.

Es gab, besonders im Süden, Riesenstädte. Das Wunder der „Todeswüste" sind die Trümmer verfallener Städte, Festungen und Burgen, in denen einst, als das Land künstlich bewässert wurde, ungefähr $1^1/_2$ Mill. Menschen wohnten.

Im afghanisch-pakistanischen Grenzraum, am Fluß Hilmend, gedieh vor 7000 Jahren eine bunte Pflanzenwelt. Dann kam „der Sturm der hundert Tage", ein Katastrophenereignis. Der Hilmend mündete noch vor 2000 Jahren bei Gloadar in den Golf von Oman und das Arabische Meer. Dann türmten sich immer mehr Sandschranken auf. Das vor mehr als 4000 Jahren blühende Delta versandete bis zu einer rinnsalähnlichen Mündung. Schließlich wurde der Hilmend „abgeknickt" und versickert seitdem in der Todeswüste. Elf bekanntere Stadtreste, darunter eine Stadt, die sechsmal übereinander aufgebaut wurde, liegen in der Todeswüste in 30—50 m Tiefe. Über menschliche Schuld am Untergang der alten Kulturen weiß man nichts, auch nichts über die Kulturen selbst.

Verfall

Im 13. Jahrhundert aber richteten die Mongolen unter Dschingis-Khan ein gründliches Zerstörungswerk an. Die Anlagen wurden wieder aufgebaut. Doch sie wurden im 14. Jahrhundert abermals ein Opfer, diesmal der Horden unter dem Befehl von Timur Lenk. Nach diesem doppelten Unglück blieb auf dem größten Teil Afghanistans nur Wüste zurück. Nachdem 1498 der portugiesische Seefahrer Vasco da Gama den Seeweg nach Indien um Afrika herum entdeckt hatte, war es auch mit Afghanistans Bedeutung als Durchgangsland vorbei. Im 19. Jahrhundert und zu Beginn des 20. Jahrhunderts spielte es allerdings noch eine Rolle als Pufferstaat (Zankapfel) zwischen Rußland und Britisch-Indien.

Ein Land harter Männer

Von Westen nach Osten durchzieht der Hindukusch mit seinen Ausläufern und Parallelketten das Land. Berge, Sand und wieder Berge, gewaltig, in ihren durch die starke Erosion entstandenen Schutthalden förmlich erstickend. — Nur 1,5 % Wald. Größere Baumbestände gibt es bloß im Osten sowie spärliche Bestände im Hindukusch und im Nordosten in Kafiristan (Land der Ungläubigen), heute Nuristan (Land der Lichter) genannt. Nur 4 % der Gesamtfläche sind in den Flußtälern landwirtschaftlich genutzt. Ein Land wild, rauh und grenzenlos einsam. Es kann zwar heiß werden. Aber das Klima lähmt nicht die Tatkraft wie in den Ebenen Indiens.

An der Schwelle des Fortschritts

1951 begann ein großes Bewässerungsvorhaben am Hilmend-Fluß. Amerikaner bauten gemeinsam mit Afghanen Staudämme und Kanäle. 700 000 Menschen sollten angesiedelt werden. Zuerst erzielte man gute Erträge an Weizen und Mais, die aber infolge der zunehmenden Versalzung des Bodens in den Jahren darauf stark zurückgingen. Heute bemühen sich Afghanen und Amerikaner gemeinsam, das Problem der Versalzung zu lösen. Noch spielt die Schafzucht die weitaus größere Rolle. Deshalb hat die seit 1969 anhaltende Dürre verhängnisvolle Folgen für das Land.
Bei 85 % Analphabeten arbeitet nur 1 % der Bevölkerung in der Industrie. Doch ist das Land in den letzten Jahren auch in industrieller Hinsicht interessant geworden. Im Norden wurden mächtige Lager von Eisenerz, Erdgas und Kohle festgestellt.
Bis vor kurzem überspannte ein nur weitmaschiges Netz schlechter Straßen das Land. Eisenbahnen gibt es auch heute noch nicht. Aber Afghanistan

hat wieder eine wichtige Lage als „Drehscheibe" zwischen Iran, Vorderindien und der Sowjetunion. Bis 1964 war eine Fahrt über den 5000 m hohen Hindukusch noch ein kleines Abenteuer. Dann bauten die Sowjets eine waghalsige Paßstraße, die in 3200 m Höhe in einem kilometerlangen Tunnel verschwindet. Außerdem bauten die Sowjets eine panzerfeste Betonstraße von Kuschka in Turkmenien über Herat nach Kandahar. Amerikanische Straßenbauer wiederum verbanden Herat mit der iranischen und Kandahar mit der pakistanischen Grenze. Damit ist der Sowjetunion der „Vorstoß" sowohl zur Arabischen See als auch von dort weiter zum Golf von Bengalen eröffnet. Ein jahrhundertelanger Wunsch Rußlands steht vor der Erfüllung.
Anschluß Afghanistans an die südlichen Sowjetrepubliken ist Moskaus geheimes Fernziel. Die afghanische Armee ist nur mit sowjetischen Waffen ausgerüstet. 1973 wurde der König gestürzt. Der neue „starke Mann" setzt auf Moskau.

China

Trotz 700—750 Mill. Einw. hat China noch

große Entwicklungs- und Besiedlungsmöglichkeiten.

Das Land bedeckt eine Fläche von ungefähr der 40fachen Größe unserer Bundesrepublik. Doch ist nur ein verhältnismäßig kleiner Teil Tiefebene: die Große Ebene am unteren Hoangho und Jangtse. Hier drängen sich die Menschenmassen derart zusammen, daß auf den Quadratkilometer bis zu 600 Einwohner kommen. Riesige Gebiete aber sind Wüste und Gebirge. Die Provinz Sinkiang z. B., 1,7 Mill. qkm groß und reich an Bodenschätzen, wird nur von 8 Mill. Menschen bewohnt. Nach Westen steigt das Land immer höher bis zum Hochland von Tibet (bis zu 7000 m). Im Westen und Nordwesten leben auf einer Fläche, die 60 % des Landes beträgt, nur 6 % der Gesamtbevölkerung.
Seit der Machtergreifung wurden allmählich mehrere Millionen Chinesen in die äußerst dünn besiedelten Randgebiete verschoben, vor allem nach Tibet. Die Bevölkerung der an die Sowjetunion grenzenden Provinzen (Sinkiang, Heilungkiang und Innere Mongolei) hat 1968 gegenüber der letzten Veröffentlichung um 20. Mill. zugenommen, wobei allerdings der hohe Geburtenüberschuß auch berücksichtigt werden muß. (Über weitere Erschließung der Landgebiete siehe einige Seiten später).

Vernichtung der Wälder

Jahrhundertelang hat man bewußt Waldfrevel betrieben; denn Wälder waren ein Versteck für die verhaßten Räuber. So hatte China wie England nur noch 5 % Wald, außerdem fast keine Wiesen und Weideplätze. Der Süden ist mehr bewaldet als der trockene Lößboden der nordchinesischen

Tiefebene. Hier gedeiht der Wald im allgemeinen schlecht. Trotzdem wurde er auch vernichtet. Ferner stieg aus Gründen, die zweifellos mit der Abneigung der Chinesen gegen Milch, Butter und Käse zusammenhängen, die Bedeutung des Ackerbaues auf Kosten der Viehzucht — ausgenommen der Schweinezucht — ständig an.

Furchtbare Folgen

Der nicht mehr geschützte Boden fiel immer mehr der Erosion zum Opfer. Als Flugsand wurde er vom Winde verweht. Sogar Mukden, die Hauptstadt der Mandschurei, war von dieser Gefahr bedroht. Die Landwirtschaft leidet unter beispiellosen Dürren und Überschwemmungen. Oft ergeben sich dadurch die entsetzlichsten Hungersnöte.

Reis ist die wichtigste Speise in Mittel- und Südchina. Da die Berge von Humus entblößt sind, erfolgt der Anbau in der Nähe der Flüsse. (In Nordchina gedeiht vereinzelt Trockenreis. Daneben wird vor allem Hirse, Mais und Weizen gegessen.)

Die beiden größten Ströme, der Hoangho und der Jangtse, haben in den vergangenen 4000 Jahren einige Millionen Menschen getötet. Sie sind Töter und Erzeuger, Vernichter und Spender der Ernten. Während der Nil je cbm jährlich durchschnittlich 1,7 Pfund Schlamm ablagerte, waren es am Gelben Fluß 57 Pfund.

Nunmehr aber beginnt eine planmäßige Bodenpflege

Maßnahmen in der Forstwirtschaft

Baum- und Heckenreihen an der Nordgrenze in einer Länge von 1100 km werden Schutz bieten gegen die Stürme aus dem Norden. Sie sollen Sandstürme und Dürre in Nordchina verhindern. An den Deichen am Hoangho entlang und an der Küste nördlich der Jangtse-Mündung enstanden Waldschutzstreifen gegen salzige Winde. — Ein Wiederaufforstungsplan bis zum Jahre 1980 soll die Fläche von 275 Mill. ha Ödland auf die Hälfte vermindern und die Waldfläche von 5 % auf 20 % erhöhen. Vor allem soll die Abschwemmung des Löß von den kahlen Berghängen verhindert werden.

Maßnahmen in der Wasserwirtschaft

Durch 1800 km Deiche — das Flußbett ist teilweise 3—4 m, manchmal sogar 10 m höher als das umgebende Land —, durch den Bau von 46 Staudämmen im Hoangho und 24 Talsperren an Nebenflüssen sollen nicht nur die zahlreichen Überschwemmungen verhindern, sondern gleichzeitig 110 Milliarden KWh gewonnen werden. Dann wird der Gelbe Fluß schiffbar sein, seine Bewässerungsfläche wird sich um das Sechsfache erhöhen. Allerdings würde die von den Sowjets begonnene größte Sperre des ersten Ausbauabschnittes am Gelben Fluß in der Provinz Honon nach 70 Jahren völlig mit Löß gefüllt sein. Durch völligen Umbau durch die Chinesen wurde diese Gefahr zwar beseitigt. Aber sehr viel hängt davon ab, ob es durch andere Maßnahmen gelingt, die Bodenabtragung zu verhindern. Deshalb legte man im Oberlauf auf dem 430 qkm großen Lößhochland Terrassenfelder an, pflanzte Bäume, säte Gras und dämmte Schluchten ein. Die Arbeit ist noch lange nicht beendet.

Der „große Sprung nach vorn" von 1957/59 hat aber hinsichtlich Bewässerung nicht zu dem erstrebten Ziel geführt.

Ohne Rücksicht auf technische Erfordernisse und mit völlig unzureichender Ausrüstung war nahezu die gesamte Landbevölkerung im Winter 1957/58 mit dem Bau wasserwirtschaftlicher Anlagen beschäftigt, vor allem im Norden. Dabei stand von vornherein fest, daß hier die Wasserversorgung nicht ausreichend wäre, selbst wenn sämtliches Fluß-, Quell- und Regenwasser der künstlichen Bewässerung zugänglich gemacht werden könnte.
Das Wasser wurde nicht gegen Versickerung geschützt, sondern nur auf eine weit größere Versickerungsfläche verteilt. Auch die Verdunstung erhöhte sich, da die Wasserfläche, die mit der Luft in Berührung kam, ebenfalls vergrößert wurde. Durch das vermehrte Versickern wurde in weiten bis dahin fruchtbaren Gebieten der Grundwasserspiegel erhöht, was die Verdunstung aus der Erde steigert. Das führte zur Versalzung des Bodens. So ergaben sich

gewaltige Rückschläge.

Statt zu der geplanten Verdreifachung der Getreideernte im Jahre 1959 gegenüber 1957 kam es zur großen Hungersnot Anfang der sechziger Jahre. Die einzige wirksame Lösung des Bewässerungsproblems ist die Ableitung von überschüssigem Wasser aus dem Jangtse und anderen waserreichen Flüssen im Süden über eine Strecke von 3000 km in den trockenen Norden. Man glaubt, daß dadurch die Bewässerung der Provinzen Sinkiang, Innere Mongolei, Kansu, Schansi, Honan, Hopei und Schantung möglich sein wird.

Mit dem kostbaren Wasser Nordchinas
versickerten aber auch die Industrialisierungspläne.

Mit dem Kampfruf „Jedem Hinterhof seinen Hochofen" wurde wertvoller Schrott mit kostbarer Kohle zu wertlosem Roheisen verschmolzen. Um das südliche Kanton mit Kohle aus der Mandschurei zu versorgen, wurden Kühlschiffe (!) eingesetzt.
Der Versuch Pekings, den „Großen Sprung nach vorn" mit dem Hinweis zu verteidigen, daß durch ihn für 75 Mill. Menschen neue Arbeitsplätze entstanden, bleibt umstritten.

Die trotzdem bestehende Hingabe der Chinesen an den Kommunismus hat nicht nur in ihrer Geduld und Zähigkeit ihre Ursache. Man muß auch ihre
Geschichte
studieren, um den heutigen Fortschritt zu begreifen.

Konfuzius (551—479 v. Chr.) schrieb vor, wie Frauen den Männern, jüngere Brüder den älteren Brüdern, Söhne den Vätern und Familienväter den höheren Rängen zu gehorchen und Ehrerbietung zu erweisen hätten. Alle unterstanden dem Kaiser. Die diesem dienende Verwaltung lag in den Händen einer kleinen Klasse von konfuzianischen Beamten und Gelehrten, in die man theoretisch aufsteigen konnte. In der Praxis bedeutete dies jedoch die Alleinherrschaft eines Standes, der überwiegend aus den Familien der Großgrundbesitzer stammte.

In der Familie wurde auch die Entfaltung des Einzelwesens gehemmt. Man denke z. B. an die von den Eltern beschlossenen Heiraten und an die eingebundenen Füße der Mädchen.
Aber durch diesen Gehorsam in Verbindung mit der Ablehnung des Aberglaubens und der Weltflucht erhielt China durch den Konfuzianismus hinsichtlich Verwaltung das stabilste Machtsystem der Welt. Die Chinesen behandelten ihre unmittelbaren Nachbarn als Vasallen, die übrigen Völker waren in ihren Augen nichts als Barbaren. Dieses praktische Handeln besaß keinen Sinn für Übernatürliches, Künste und Träume.
Lao-tse (um 600 v. Chr.) dagegen lehrte die Allversenkung in die Natur. Er bezeichnete mit tao das Alleinige und den Ursprung des Lebens. Der Taoismus wurde zu einer weit verbreiteten Volksreligion mit Zauber-, Dämonen-, Geisterkult und zahlreichen aus dem Buddhismus übernommenen religiösen Bräuchen: Tempel, Klöster, Mönchs- und Weltpriester. Alles, was in der Natur geschah, erhielt schicksalhafte Bedeutung. Wenn z. B. eine Wolke quer zum Berg stand, durfte man nicht abreisen. Wenn ein Windstoß die Tür zuschlug, hatte ein böses Wesen vom Haus Besitz ergriffen. Der Taoismus ist eine heimliche Empörung gegen die wirklichkeitsnahe Vernünftigkeit des Konfuzianismus.
Aus der Vermischung dieser ungleichen Weltanschauungen entstand der chinesische Charakter. Alle Chinesen sind Konfuzianer, solange sie Erfolg haben. Sie sind Taoisten, wenn es ihnen schlecht geht. Der Konfuzianer im chinesischen Wesen baut auf und strengt sich an, der Taoist spielt die Rolle des Zuschauers und lächelt.

Die älteste und stetigste Kultur der Menschheit

Die lange Herrschaft eines streng geregelten Verwaltungssystems schuf eine zusammenhängende Kultur. Man benutzte eine Bilderschrift, die Urform der Schrift. (Siehe auch Seiten 214 und 244.) Der magnetische Kompaß wurde erfunden. Keramik ist über 2500 Jahre alt. Aus ihr entwickelte sich vermutlich um das 7. Jahrhundert n. Chr. das Porzellan. Nach neuesten Forschungen soll das chinesische Porzellan 2400 Jahre älter sein als das Meißner. Hunderte von Jahren vor Gutenberg kannten die Chinesen schon die Buchdruckerkunst und 600 Jahre vor uns das Schießpulver. (Schwefel-Salpeter-Kohle-Mischung.)
Die Kaiser erkannten schon frühzeitig die Bedeutung sowohl der kulturellen Einigung als auch der wirtschaftlichen und erzielten beide durch staatliche Kontrolle über die Verkehrsmittel sowie über Salz und Eisen.
Dies ermöglichte den Bau von Bewässerungsanlagen und schiffbaren Kanälen sowie eine weitspannende Beschaffung von Arbeitskräften für solche Vorhaben. China erhielt ein Netz von Landstraßen und Schiffahrtswegen (Kanälen), die Flüsse miteinander verbanden. Einige Kanäle konnten Fahrzeuge tragen, die ein Fassungsvermögen von mehr als 500 t aufwiesen. Am bekanntesten ist der Große Kanal (Kaiserkanal). Er hat China zusammengehalten.
Aber die Verpflichtung aller Gelehrten für den Verwaltungsdienst beraubte alle anderen Gebiete der erforderlichen Fachkräfte und verhinderte Neuerungen und Versuche. Dazu kam, daß kein Gelehrter zu Handarbeit gezwungen werden konnte. Dies verhinderte das Aufkommen wissenschaftlicher Versuche, bei denen es ohne Handgriffe nicht abgeht. Folgende Einzelheiten vervollständigen ein negatives Bild: Bestechlichkeit der Beamten, Bitterkeit zwischen den Anhängern der verschiedenen Weltanschauungen, Enttäuschung und Verzagtheit unter den Gebildeten, be-

trunkene Adelige, faule, dumme Prinzen, Bürokraten und Demokraten in unaufhaltsamem Wortkrieg, drückende Steuern und Hoffnungslosigkeit der Armen. Verhängnisvoll war, daß man z. B. aus dem Schießpulver keine Waffen entwickelte. Statt dessen glaubte man, sich durch den Bau der Großen Mauer, die 210 v. Chr. (unter einem sehr grausamen Diktator, der seit 1974 anstelle des Konfuzius aufgewertet wird) begonnen wurde, aber in ihren wesentlichen Teilen aus dem 13. Jahrh. stammt, schützen zu können. Von der Nähe Pekings windet sie sich westwärts bis in die Mitte Nordchinas 2500 km durch Wüsten, über 1500 m hohe Berge und durch Täler, die noch unter dem Meeresspiegel liegen.

Dahinter lief das Treiben des riesigen Reiches in den gewohnten Bahnen. Das mußten die Chinesen büßen. Weil die Regierung in Peking englischen Kaufleuten 1840 den Schmuggel mit dem „schmutzigen Schlamm" (Opium) verbot, kam es zwischen England und China zum „Opiumkrieg". Das bis dahin für Fremde fast unzugängliche Land unterlag und mußte mehrere Häfen für den Handel mit den Europäern öffnen. Schanghai wurde rasch zum Brückenkopf abendländischer Gewinnsucht.

Seit dem Sturz der jahrhundertealten Mandschu-Dynastie 1911 verwandelten Bürgerkriege das Land in ein blutgetränktes Chaos. Die regelmäßigen Naturkatastrophen ertrugen die Chinesen mit Stumpfsinn. Wenn ein Chinese nicht gerade vor Hunger umkam oder hingerichtet wurde, suchte er Vergessen bei Opium. Das Rauschgift raffte zahllose Chinesen hinweg und stürzte das einst so hochkultivierte Land ins Verderben. Ohne diese große Schuld der westlichen „Christenheit" wäre es nie zu der allgemeinen Ablehnung des Christentums und zu der chinesischen Weltrevolution mit ihrem Heilsverständnis gekommen. Es gab nur 2 520 000 Katholiken und 700 000 Protestanten.

30 Jahre brauchte die Revolution, um das Land zu befreien. Das Chaos in dieser Zeit war vollkommen. Mao Tse-tung aber setzte sich durch mit seiner Idee, daß in China nicht die Arbeiter, sondern die Bauern die Träger der Revolution sein müßten.

Bis zum 10. 10. 49 gehörte über die Hälfte des Ackerbodens einer dünnen Oberschicht. Nach dem Ausrufen der Volksrepublik stellte man sie vor örtliche Spruchkammern, welche in den meisten Fällen die Todesstrafe verhängten und durchführten. Anschließend wurde der gesamte Ackerboden neu verteilt.

Aber die plötzlich führerlosen, einfachen Bauern wurden mit den über die Dorfgrenzen hinausgehenden Problemen nicht fertig. Auch das 1953 eingerichtete Genossenschaftswesen vermochte die Führungsaufgaben nicht zu lösen. Erst 1958 gelang es durch die Zusammenfassung in Volkskommunen, die Bedürfnisse der Bauern mit einer gesicherten Ernährung der Städter in Einklang zu bringen. Zu einer Kommune gehören z. B. 15 Dörfer mit 37 000 Menschen. Verwaltung, Handel und Erziehungswesen liegen in ihren Händen. Vor allem aber dienen sie dazu, Großvorhaben der Bewässerung und der Aufforstung zu organisieren.

Die Kulturrevolution

war eine sorgsam vorbereitete Gewaltmaßnahme zur Erziehung der Nachfolger der Revolution und einer revolutionären Führerschicht, gleichzeitig eine Maßnahme zur Unterdrückung aller Versuche einer Gegenwirkung (Reaktion).
So wurde 1966 nach ausgearbeiteten Plänen die Jugend auf das Land geschickt, um die Bauern umzuerziehen. Sie richtete ihre Kritik vor allem gegen die Funktionäre. Sie wurden gedemütigt, zu körperlicher Arbeit gezwungen — und zur Selbstkritik. Dieselbe Behandlung erfuhren in den Städten Techniker und Wissenschaftler.
Die Geister, die Mao gerufen hatte, waren aber nur schwer zu bändigen. Sie wollten alles zerstören, auch Chinas geschichtliche Kunstschätze. So mußte das Militär eingreifen. Das Riesenreich geriet in ein Chaos. Durch die Landverschickungen brach das Verkehrsnetz zusammen. Tagelange Diskussionen gingen zu Lasten wichtiger Feldarbeit. Rückschläge gab es auch in den Hochschulen und in den Werken.
Für die Rotgardisten war es ein schwerer Schock, als sie wieder auf die Schulbänke mußten. Dazu kam eine vormilitärische Ausbildung.
Doch Mao hatte sein Hauptziel erreicht. Die Kulturrevolution war kein Sonderfall, sie wird sich, wenn auch in anderen Formen, noch oft wiederholen. (Empfehlend sei hingewiesen auf Klaus Mehnert, China nach dem Sturm, Deutsche Verlags-Anstalt, Stuttgart, 1971.)
Alle Vorstellungen des Konfuzianismus und des Taoismus sollen beseitigt werden. Im Mittelpunkt der Erziehung und Ausbildung steht das Bemühen, Theorie und Praxis miteinander zu verbinden: Arbeitende Studenten und studierende Arbeiter, die Erfüllung der Bevölkerung mit e i n e m Geist! Daher auch strenge Absage an jegliche andere Weltanschauung und Religion. Strenge Ablehnung eines christlich-marxistischen Gespräches. Nicht nur alle christlichen Kirchen, sondern auch die buddhistischen Tempel und die islamischen Moscheen wurden geschlossen, ebenso alle Museen. Für die breite Masse allerdings bedeutete die Kulturrevolution eine Befreiung aus der Bürokratie, für die Arbeitswilligen ein Ansporn zu verstärktem Studium.

Wirtschaftliche Zustände seit der Kulturrevolution

Mitte 1968 wurde die Lage anscheinend wieder normal. Etwa 80 % der Bevölkerung lebten und arbeiteten Ende 1973 noch auf dem Lande. Mit Hilfe eines gut organisierten Abgabesystems und der Rationalisierung wichtiger landwirtschaftlicher Erzeugnisse können z. B. Konserven und Reis ausgeführt werden. Allerdings sind die Getreideernten noch bescheiden. (Die Chinesen rechnen zu Getreide außer Weizen, Reis, Mais und Hirse auch Kartoffeln.) Nach einem System mit zehn Lohnkategorien wird jeder Bauer individuell entlohnt. Auch darf jeder ein Stückchen Land (5 % der Anbaufläche einer Volkskommune) und bis zu drei Schweine besitzen. Jede wirtschaftliche Planung geht von der Landwirtschaft aus. Die Rangordnung ist:

Landwirtschaft, Leichtindustrie, Schwerindustrie. So wurden mittlere und kleinere Fabriken überall errichtet, die die Versorgung der Landgebiete mit den von ihnen benötigten Industrieerzeugnissen sichern sollen. Auch wird dadurch das noch schwach entwickelte Beförderungswesen (im Hochgebirge fand allerdings eine beachtliche Verkehrserschließung statt, dazu wird seit Juni 1974 nach einem Geheimabkommen mit Pakistan eine vierspurige Rollbahn in der Provinz Sinking nach dem 500 km südlich beginnenden Straßennetz Pakistans gebaut) erheblich entlastet; denn nur 70 % der 75 000 Volkskommunen werden durch Landstraßen erreicht, die übrigen durch Saumpfade für Lastenträger und Lastentiere oder durch Wasserverkehr. Dazu ist das Eisenbahnnetz schlecht ausgebaut. Vor allem sollen die riesigen Rohstoffvorkommen auf örtlicher Ebene erschlossen werden. Bis 1980 wird China 100 Mill. t Öl fördern (jetzt 50 Mill. t). Die Städte werden nicht erweitert, ihre Bewohner langsam ausgesiedelt. So soll auf lange Sicht der Unterschied zwischen Stadt- und Landbevölkerung weitgehend verwischt werden.

An Ärzten und Krankenhäusern besteht — besonders in den Landgebieten — ein erheblicher Mangel. Doch werden junge Hilfsmediziner eingesetzt.

Obwohl 1973 erst 23 Mill. t Stahl hergestellt wurden (in den USA 122 Mill. t), entwickelt sich die Industrie erstaunlich. Allerdings werden die von westlichen Firmen bei Angeboten industrieller Anlagen mit eingereichten ausführlichen Konstruktionsunterlagen von den Chinesen für eigene Herstellungen planmäßig ausgewertet.

Die Einkommen der Menschen in den Städten sind jetzt noch bedeutend höher als auf dem Lande. (Durchschnittliches monatliches Einkommen auf dem Lande 30 Yüan, 1 Yüan = 1,50 DM.) Lebensmittel und Miete sind erstaunlich billig. Verbrauchsgüter allerdings sind teuer. Völlig verschwunden sind die Bettler. Auch braucht kein Chinese nach dem 60. Lebensjahre noch zu arbeiten. Jeder Erwachsene bekommt jährlich Baumwolle für einen Sommer- und einen Winteranzug.

Viele Jugendliche in aller Welt sind „revolutionär aus Bequemlichkeit" und halten Rotchinas Kulturrevolution für den Anbruch des goldenen Zeitalters. Beim Studium der Mao-Fibel vergessen sie möglicherweise das in Rotchina Wichtigste: Das Arbeiten zum Wohle des Volkes, Sparsamkeit, ein schlichtes Leben und strenge Disziplin bilden immer noch die Hauptziele der heutigen chinesischen Moral. Es gibt keine Betrunkenen, die Straßen sind sauber, von Verbrechertum ist nichts zu spüren, in Kaufhäusern und Basaren herrscht Ehrlichkeit, jedermann verkörpert Zucht und Zurückhaltung.

Auch gegen die drei „Ab's" (Abfall, Abgase, Abwässer) hat man sich einiges einfallen lassen. So werden z. B. in Schanghai von 3000 t täglich anfallenden Abfalls 1700 t wieder verwendet. — Die unzähligen schwierigen Schriftzeichen (Bilderschrift) sollen durch das lateinische Alphabet ersetzt werden.

Vergessen wir aber auch nicht die negativen Seiten beim Aufbau Rotchinas:

a) gegenüber dem eigenen Volke

Arbeiter, Facharbeiter und leitende Angestellte sind in acht Lohnstufen eingestuft. Die sehr großen Unterschiede stellen aber eine ganz besonders verfeinerte Form der Ausbeutung der einzelnen Arbeitskraft dar. So erhält der Spitzenverdiener am Hochofen 125 Yüan, der Arbeiter am Ende der Skala aber nur 42 Yüan. Ein Ingenieur verdient 120—140 Yüan und ein Universitätsprofessor 200 Yüan. Im August 1975 sollen Arbeiter-Meutereien in den Provinzen Tschekiang, Jünnan und Setschuan ausgebrochen sein, da die Regierung nicht mehr nach Leistung, sondern nach Bedürfnis zahlen wolle. Vergessen wir auch nicht Pekings hundertfache Säuberungen, die teilweise Zerstörung einer der großartigsten Kulturen der Erde (obwohl jetzt die China-Forschung gewaltigen Auftrieb erhält), den geistigen Zwang und all die Demütigungen, die körperlichen und seelischen Qualen, die die Herrschaft Maos über breiteste Schichten des chinesischen Volkes gebracht haben. Millionen wurden umgebracht, darunter über eine Million Christen. Über 100 000 sind in Gefängnissen oder Zwangsarbeitslagern. Außerdem werden Minderheiten ebenso wie Religionsgemeinschaften von der raffinierten Methode der ideologischen Kriegsführung her entmachtet oder fügsam gemacht. Die Kinder werden, wie in allen kommunistischen Ländern, zu Haß und Vernichtung erzogen.

Die Masse der Chinesen vermißt die persönliche Freiheit nicht. Es genügt ihnen, wenn sie satt sind. Aber wird es bei diesem „Einheitsbrei" noch Dichter geben? Kann sich noch Gefühl für Schönheit entwickeln?

b) Negative Seiten gegenüber dem Ausland

Aus dem „Goldenen Dreieck" Südostasiens, dem Nordosten Burmas, dem Norden Thailands und dem Nordwesten von Laos kommen rund 70 % der Welterzeugung an Opium. Über 10 000 t Rauschgift werden jährlich in Flugzeugen nach dem wichtigen Umschlagplatz Hongkong gebracht, der britischen Kronkolonie an der Grenze Rotchinas. Es ist eine sehr große Einnahmequelle. Dazu kommt die gewünschte verderbliche Nebenwirkung. (Noch schändlicher aber ist es, daß die Amerikaner sich in Südvietnam an dem Drogenhandel beteiligten, um ihre Verbündeten bei der Stange zu halten.)

28 Länder in Afrika, Asien und im Nahen Osten erhalten zwar Entwicklungshilfe von China — aber auch Waffen für Revolutionen. Das wirtschaftliche Weitziel ist die Überschwemmung der Welt mit billigen chinesischenWaren.

Die Äußere Mongolei

Pufferstaat zwischen der Sowjetunion und China

Das Land ist zwar sechsmal größer als unsere Bundesrepublik, zählt aber nur 1,5 Mill. Menschen. Fast ein Fünftel leben in der Hauptstadt Ulan

Bator. Die zweitgrößte Stadt ist Darchan, die „neue Stadt", mit 24 000 Einwohnern. Nur zwischen diesen beiden Städten gibt es eine asphaltierte Straße.
Noch immer leben 60 % der Mongolen als Hirten in der weiten Steppe. Weitere 18 % leben in großen, teilweise halbstädtischen Dauersiedlungen. Seit zwei Jahrzehnten wird Ackerbau betrieben (Getreide und Kartoffeln). Auch etwas Obstbau gibt es. Mehr als ein Viertel des Landes besteht aus der Wüste Gobi. Dort beginnt man, Tiefbrunnen zu bohren, von denen ein Netz von schmalen Kanälen gezogen werden soll. Im ganzen Land sollen 35 000 qkm der Feldwirtschaft erschließbar sein. Doch stehen auf den großen Staatsfarmen die meisten der teuren Maschinen oft ungenutzt herum oder sind längst verrottet.
Der Ackerbau wird nie die Viehzucht verdrängen können. So sind auch in dem 1974 angelaufenen neuen Fünfjahresplan Viehzucht, Bau von leistungsfähigen Schlachthöfen, Verarbeitung der viehwirtschaftlichen Erzeugnisse im Vordergrund. Die Förderung der Bodenschätze — Kupfer, Kohle, Edelstein, Erdöl — tritt vorläufig zurück.
Während 2 Mill. Mongolen als Bürger Chinas die „Innere Mongolei" bewohnen, steht die Äußere Mongolei seit 1912 unter dem Schutze Rußlands und ist seit 1921 kommunistisch.
Die Kriegszüge der Hunnen, Vorfahren der Mongolen, die Eroberungen Dschingis-Khans und später die Eroberungen der mongolischen Tataren waren nur möglich durch das kleine, schnelle und überaus zähe mongolische Pferd. Auch heute ist Reiten bei den Mongolen von Jugend auf eine Selbstverständlichkeit und das Pferd vorläufig noch das übliche Beförderungsmittel.
Die ärztliche Versorgung wurde hervorragend ausgebaut, vor allem die hohe Kindersterblichkeit drastisch gesenkt. Vom 8.—15. Lebensjahr besteht Schulpflicht.

Japan

Durch Bildung und Arbeitskraft zur Weltmacht

Japan ist ein zerklüftetes, gebirgiges Inselreich, anderthalbmal größer als die Bundesrepublik, aber 2500 km auseinander gezogen. Nur ein Siebentel der Gesamtfläche kann bestellt werden. So ist bei einer Bevölkerung von 110 Millionen äußerste Raumausnutzung geboten. Der Zwang, sich zu behaupten, wird dadurch vermehrt, daß die geographischen Grenzen zugleich Sprach-, Religions-, Rassen-, ja sogar Küchengrenzen sind.
Dennoch ist die Naturliebe der Japaner vorbildlich. (Siehe „Naturschutzpark".) 1970 wurde mit der Anlage eines 830 km langen Wanderweges durch landschaftlich besonders reizvolle Gegenden quer dur Japan begonnen. Dabei sind auch neue Naturschutzparks vorgesehen.
Schon seit 1873 hat Japan alle Bildungswege allgemein zugänglich gemacht, seitdem mehr Gelder für Bildungswesen angelegt als alle anderen

Staaten und dadurch einen märchenhaften wirtschaftlichen Aufschwung in Landwirtschaft und Industrie genommen.
Alle Felder werden an Steilhängen terrassenförmig angelegt. Wasserläufe rieseln von vulkanischen Bergen herab. Noch sind 60 % bewaldet. Um Erosionen zu verhindern und dadurch das nötige Wasser für den Reisanbau zu sichern, führt Japan Holz aus Alaska, Borneo und den Philippinen ein. — Die lockere vulkanische Erde trocknet schnell aus. Man hofft, die Austrocknung durch Anpflanzung von Bambusgras aufzuhalten.

Durch das Bodenreformgesetz von 1946 wurde der private landwirtschaftliche Grundbesitz auf höchstens 28 ha je Familie festgesetzt. Die Folge war, daß die bisher als Pächter beschäftigten Familien Land erwarben. Durch verbesserte Anbaumethoden und den Fleiß der Bauern und ihrer Angehörigen wird auf den kleinen Landstücken mehr Reis geerntet als irgendwo sonst auf der Welt. 1969 waren noch 17 % der Bevölkerung in der Landwirtschaft beschäftigt. In — allerdings noch weiter — Zukunft soll ein Bauer als günstigste Betriebsgröße 30 ha bewirtschaften.

Über die Verwendung der Algen siehe Seite 297. Erhebliche Nahrungsmittel, z. B. Schweine und Rinder, Rohrzucker, Weizen, frisches Obst, müssen trotz neuerlichen Reisüberschusses noch eingeführt werden. Um sie bezahlen zu können, ist Japan auf Ausfuhr von Industriewaren angewiesen. Dazu aber müssen erst Rohstoffe eingeführt werden; denn Japan besitzt wie Deutschland von kaum einem Rohstoff genügende Vorkommen. So ist äußerste industrielle Leistungsfähigkeit geboten. Begünstigt wird sie durch das Fehlen hoher unproduktiver Rüstungsausgaben. Vor allem aber hat ein Jahrhundert lang die Lebensweisheit des Konfuzius die Industrialisierung Japans in Gang gehalten und gefördert. Die Masse folgt wie ein Roboter dem Ansporn, den Anweisungen und den schöpferischen Ideen der Wissenschaftler und Ingenieure. Das ist neben der Bildung der Schlüssel für den japanischen Erfolg. In jüngster Zeit richtet sich die Ausfuhr vor allem nach Europa mit Deutschland als Schwerpunkt.

In größeren Unternehmen tritt der Facharbeiter in der Regel für Lebenszeit ein. Die Löhne und Gehälter blieben verhältnismäßig niedrig; aber die sozialen Sonderleistungen wurden beträchtlich vermehrt. (Das trifft für die Stammarbeiter zu. Weitaus schlechter aber ist die soziale Stellung der Gelegenheitsarbeiter, ebenso die Bedingungen für alle Arbeiter in vielen Klein- und Mittelbetrieben.)

Sport, moderne Kleidung und abwechslungsreichere Nahrung (früher vorwiegend Reis und Fisch) wirken Wunder. Japans heranwachsendes Geschlecht ist im Durchschnitt 5,4 cm größer als seine Eltern. Trotz ihrer Vielseitigkeit sind die Hauptmahlzeiten einfach mit nur wenigen Kalorien.

Aber es gibt auch Schattenseiten in religiöser Hinsicht

Neben dem Konfuzianismus finden wir den Buddhismus (siehe Seite 302) und vor allem den Schintoismus.

Letztere Religion gilt als Staatskult. Er kennt so gut wie überhaupt keine Bücher. Er ist eine Naturreligion. Als Gottheiten gelten die Naturkräfte, Sonne, Mond, Berge, Flüsse, Seen und einige Tiere, besonders die Fuchsgottheit. Heilige Schreine werden von den Kultdienern bei den Feierlichkeiten durch die Straßen getragen. Eine Sittenlehre im europäischen Sinn fordert der Schintoismus nicht. An deren Stelle tritt Ahnenkult und Vaterlandsliebe. Lohn oder Strafe nach dem Tode gibt es nicht. Im mittleren Lebensalter wird der Schintoismus allgemein vom Buddhismus abgelöst.

Sowohl von buddhistischen als auch von Schintopriestern wird unglaublicher Aberglaube gelehrt. Es gibt z. B. religiöse Gedenkfeiern für alte Schlittschuhe, Uhren, Holzsandalen, für die Seelen der „armen Fische", die bald darauf als besondere Leckerbissen verzehrt werden. Dazu gibt es viele abergläubische Ansichten im täglichen Leben. Vor allem aber ist die japanische Seele belastet durch den Ahnenkult. Er wird in ganz Japan geübt. Aber er ist in Wirklichkeit Dämonenkult und stellt eine mächtige Abwehrmauer gegen das Christentum dar. Das trifft vor allem auf die in den letzten 18 Jahren von 5000 auf 10 Mill. Anhänger gewachsene buddhistische Sokagakkai-Sekte zu. Zusammenfassend kann man sagen, daß das vom Kaiser-Kult abfallende Japan, dessen Schintoismus kaum noch Religion genannt werden kann, zum nackten Materialismus übergelaufen ist.

Schattenseiten in wirtschaftlicher Hinsicht

Trotz gestiegener Ausfuhr führte Japan vom 1. 4. 73—31. 3. 74 für 13,4 Milliarden Dollar mehr ein als es ausführte. Im Februar 1974 betrug die Jahres-Geldentwertung der Verbraucherpreise 26,5 %. Die Arbeitslosenzahlen steigen sprunghaft an.

Die Löhne und Gehälter sind in den letzten Jahren stark gestiegen und damit die Ansprüche. (Allerdings wird in den Haushalten immer noch viel mehr gespart als in europäischen und amerikanischen.) So dient ein großer Teil der Einfuhr von Fertigerzeugnissen (nicht nur von Lebensmitteln) der Befriedigung dieser Ansprüche. Bei dem Mangel an Arbeitskräften sind sich die jüngeren Arbeiter und Angestellten heute ihres „Seltenheitswertes" bewußt. Starkes Pflichtbewußtsein, Sorgfalt und Fleiß werden in diesen Kreisen schon vielfach belacht. Auch der Wechsel der Arbeitskräfte, vor zwei Jahrzehnten praktisch noch beim Nullpunkt, hat spürbar zugenommen. So beginnt sich die herkömmliche japanische Beschäftigungsweise aufzulösen. Die noch vor wenigen Jahren machtlosen Gewerkschaften sind heute in einem „Vereinigten Kampfkomitee" zusammengeschlossen. Gewaltverbrechen unter Jugendlichen nehmen zu. Und die Konzernherren scheuten sich nicht, wochenlang Waren zu horten, um von den steigenden Preisen Nutzen zu ziehen.

Man denkt an Forschungen zur Bildung neuer Rohstoffe, an die Entwicklung neuer Fundstätten, an die vermehrte Bearbeitung am Beförderungsort, an die Festigung der Bande zu den Rohstoff- und Verbraucherländern. Aber in den asiatischen Nachbarländern gelten japanische Waren neuerdings als unerwünscht. (Ausbeutung.)

Wider Erwarten bereitet sich Japan aber auch auf eine Ausfuhr gewaltigen Ausmaßes vor. Durch die Schwäche des Yen werden die Angebote auf dem Weltmarkt verbilligt. Aber durch derartige Ausfuhren wird ein Land immer ärmer.

Dazu kommen die Sorgen wegen der

besonders schlimmen Umweltverschmutzung.

Wenn man die unbewohnbare Fläche und die landwirtschaftlich genutzte Fläche abzieht, schrumpft das bewohnbare Gebiet auf 50 % der Größe Österreichs. Hier vollzog sich der unvergleichliche Industrieaufschwung. Mieten schnellen in die Höhe. Die Infrastruktur (siehe Vorwort) ist unzureichend.
Erst 1969 kam die öffentliche Aussprache über die Umweltpflege in Gang. Inzwischen gehen immer mehr Menschen zugrunde durch Verkehrstod, Lärm, verpestete Luft und verpestete Wasserläufe. Die Milch fast aller Mütter ist vergiftet. In die Bucht von Tokio fließen täglich 1100 t Abfallerzeugnisse. Neue Umweltprobleme wie z. B. Verschmutzung durch Blei und „photochemischen Smog" treten verstärkt auf.
Tokio plant ein Langzeitprogramm zur Überwindung von Energienot und Umweltschutz durch Ausnutzung der Sonnenstrahlung und der unterirdischen Wärmequellen (Vulkane).
Trotzdem bleibt die bange Frage: Wird Japan überleben? Nicht wenige meinen, es sei schon zu spät. Tokio, der Wasserkopf Japans, werde in zehn Jahren einen elenden Erstickungstod sterben.

Thailand

(513 520 qkm, 32 Mill. Einw., davon als Minderheiten 3,6 Mill. Chinesen, 800 000 moham. Malayen und 400 000 Angehörige südchinesischer Bergstämme.)

Bunt, fröhlich und prunktvoll sind Thailands 17 000 buddhistische Heiligtümer. Die 400 schönsten Tempel (erbaut im 13. Jahrhundert, der prächtigste um 1785) liegen in seiner Hauptstadt Bangkok. Die Thailänder lieben das Leben, die Schönheit und die Freude. „Wir sind glücklich, weil wir satt sind", ist ein Satz, den man häufig zu hören bekommt.
Doch muß versucht werden, die Thailänder aus ihrer recht gemütlichen Lebensweise aufzurütteln. Sonst wachsen ihnen die fleißigen, unternehmungslustigen, ausdauernden und genügsamen eingewanderten Chinesen über den Kopf. (Der größte Teil des Handels in Südostasien liegt in den Händen von Auslandschinesen. In allen Zweigen der Wirtschaft haben sie führende Stellungen inne, aber siehe „Indonesien".)
Verschwiegen werden darf auch nicht die Rückständigkeit durch den B u d d h i s m u s. (Siehe Seite 302.) 85 % der Einwohner sind Buddhisten.
Das Land hat etwa 23 400 Klöster mit mehr als 240 000 Mönchen. Jeder Thailänder wird einmal in seinem Leben Mönch und lebt für einige Zeit in Armut, Stille und Betrachtungen im Geiste Buddhas. Tausende bestgenährter Mönch ziehen jeden Morgen durch die Straßen mit leeren Schalen, um sie von der demütig-gläubigen Bevölkerung füllen zu lassen. Als Selbstverständlichkeit betrachten die Mönche diese Gaben. Dabei warten große Landstriche fruchtbaren Bodens auf die Erschließung und Urbarmachung.

Das „Land der Freien“ wird auch die „Reisschale Asiens“ genannt. Der Anbau findet in der Tiefebene zu beiden Seiten des Flusses Menon statt. (Siehe „Wunderreis“ Seite 293.) Aber die Reisausfuhren wurden von den USA und Japan zurückgedrängt. Die Forstwirtschaft liefert als Ausfuhrgüter Kautschuk und Edelhölzer, vor allem Teak- und Yuanholz. Doch durch den Brandrodungsbau wurden starke Lücken in den Urwald gerissen.

So ist es von großer Wichtigkeit, daß der Urwald nicht weiter vermindert wird. Aber es ließe sich durch die Urbarmachung von Dschungeln — mit Rohr und Gestrüpp bewachsene Sumpfgebiete — so viel neues Kulturland gewinnen, daß eine doppelt so starke Bevölkerung ernährt werden könnte. Das trifft auch für Süd-Vietnam, Birma und Malaysia zu. (Der hochwüchsige Urwald wird in Vorder- und Hinterindien auch Dschungel genannt.)

In Thailand herrscht ein starkes wirtschaftliches Gefälle zwischen dem fruchtbaren Süden und dem trockneren, sehr viel ärmeren Nordosten, der an Laos grenzt und sträflich vernachlässigt wurde, obwohl hier ein Drittel der Bevölkerung Thailands lebt. Langsam aber bewußt wird von Laos aus die kommunistische Unterwanderung vorangetrieben, seit dem Sieg Nordvietnams auch von Kambodscha aus. Im Juni 1975 stand bereits ein Drittel Thailands unter kommunistischer Kontrolle.

In ganz Thailand ist die deutsche Entwicklungshilfe recht vielseitig und erfolgreich. Aber bei dem Aufbau der Industrien stehen die Japaner an der Spitze. Langsam gelingt es, die durch den Buddhismus bedingte Rückständigkeit zu überwinden. Doch bei der Sittenlosigkeit der Fremden, vor allem der Amerikaner, wächst die Fremdenfeindlichkeit.

Das benachbarte Burma oder Birma (678 033 qkm, 25 Mill. Einwohner) aber hat seit 1962 den Sozialismus eingeführt. Eine blühende Wirtschaft mit vielen Bodenschätzen ist vernichtet. Daß die Burmesen nicht hungern müssen, liegt an der Fruchtbarkeit des Landes und am Fischreichtum der Flüsse. Das Land, das einmal der größte Reisausführer der Welt war, hat jetzt kaum noch für sich selbst genug.

Laos

(2,8 Mill. Einw., 236 800 qkm)

einst das Land der vielen Elefanten und Buddha-Tempel, ist zwar fruchtbar, aber noch unterentwickelt. Die Bewohner sind nicht mehr Herren in ihrem Land. Die Chinesen bauen ungefragt Straßen, die Nordvietnamesen legten ohne Erlaubnis im Osten den Ho-Tschi-Minh-Pfad an. Die Amerikaner bauten Radarstationen und Militärflugplätze. Beide haben Dörfer der Laoten verbrannt, ihre Tempel vernichtet, ihren Glauben zerstört. Wegen Massenflucht der Bauern sind Lebensmittel knapp geworden. Die Machtübernahme der Kommunisten in ganz Laos ist erfolgt.

Nordvietnam

(164 000 qkm, 12 Mill. Einw.)

Südvietnam

(170 000 qkm, 15 Mill. Einw., davon $6^1/_2$ Mill. Jugendliche bis zu 14 Jahren)

Zäh und erbittert tobte der Kampf seit 25 Jahren.

Die Vietnamesen besitzen einen ausgeprägten Sinn für technisches Verständnis. Doch die Technik der Amerikaner brauchte Straßen, um sich zu entfalten. Im Dschungelkrieg sind schwere Maschinen jedoch in ihrer Wirkung stark beschränkt. Die Nordvietnamesen (Vietkong) aber benutzten Waffen, die sie als naturverbundene Menschen zu raschem und beweglichem Handeln in hervorragender Weise befähigten. Auch waren sie abgehärteter und an größere Entbehrungen gewöhnt als die Amerikaner. Am Tage ist es bei ewiger Feuchtigkeit zum Ersticken schwül, nachts zittert man vor Kälte. Dazu die Plage durch Moskitos und Skorpione. Mücken stürzen sich zu Hunderten auf die Hand und hinterlassen Wunden, die noch lange nach den Bissen bluten. Und schließlich, vielleicht das Wichtigste: Truppenbewegungen können im Dschungel nicht aufgeklärt werden; denn bei niedrigem stinkendem Unterholz zwischen 30 m hohen Baumstämmen herrscht trübes Dämmerlicht. Die Vietkong ließen sich in sicheren Höhlen überrollen, tauchten wieder auf und vernichteten ihren Feind aus dem Hinterhalt. So waren sie in mannigfacher Weise im Dschungelkrieg überlegen.

Deshalb griffen die Amerikaner zu Maßnahmen, die jeden Naturfreund mit tiefer Trauer erfüllten.

Von Januar 1966 an wurden aus Flugzeugen chemisches Kampfmittel eingesetzt. Um die Luftstützpunkte der Vietkongs herum, an für den Nachschub wichtigen Verbindungswegen und entlang der Flüsse im Feindgebiet war einige Tage später kaum mehr etwas von pflanzlichem Leben zu entdecken. Bis 1969 wurden 2 Mill. ha besprüht. Die entlaubten Wälder werden nie wieder richtig gesund. Außerdem mußte bisher rund ein Zehntel des Ackerlandes durch Bombenwürfe aufgegeben werden.

Andererseits wird von Kritikern der amerikanischen Kriegsführung zumeist mit Stillschweigen übergangen das Befriedungsproblem („Revolutionäre Entwicklung").

5000 Mann der Ausbildungsgruppen wurden vom Vietkong ermordet oder verschleppt.

Das seit etwa 10 Jahren mit Südvietnam verbündete Kambodscha hat eine interessante Geschichte:

Nach Befreiung von der javanischen Herrschaft dehnte Kambodscha unter den Khmer-Königen vom 9. Jahrhundert n. Chr. an seine Herrschaft über das ganze heutige Vietnam und Laos sowie über Thailand und den Norden Malayas aus. Es entstand eine hohe Kultur. Die Tempel von Angkor vereinigen in einer Ausdehnung von über 200 qkm buddhistische, hinduistische und naturreligiöse Elemente. Angkor hatte zur Blütezeit über eine Million Einwohner. Die Khmer brachten ganze Völkerschaften von ihren Kriegszügen als Sklaven mit. Ihr Reich hatte bis in das 15. Jahrhundert Bestand.

Etwa vier Fünftel von Südvietnam sind fast unbewohnt, haben durchschnittlich weniger als 20 Einwohner je qkm. 95 % der Bevölkerung aber leben in e i n e m Fünftel des Staatsgebietes, und zwar in den Städten und im Mekong-Delta mit seinen fruchtbaren Reisfeldern und den verwirrenden Kanälen.

Zähmung des widerspenstigen, etwa 4500 km langen Mekong

Unbekümmert um Fliegerbomben und Partisanen kämpfen zur Zeit internationale Wissenschaftler für den einzigen Sieg, über den sich Laos, Thailand, Kambodscha, Nord- und Südvietnam freuen könnten, den Sieg über Armut und Rückständigkeit. 24 Nationen, darunter auch die Bundesrepublik, wollen das Mekong-Tal, von dem heute 20 Mill., in Zukunft aber bedeutend mehr Menschen leben müssen, durch den Bau von Dämmen, Kraftwerken, Kanälen in eines der fruchtbarsten Gebiete der Erde verwandeln.

Nach Abzug der Amerikaner 1973 rüstete Nordvietnam mit sowjetischer und chinesischer Hilfe weiter auf und schlug vor den Augen der Welt 1975 Kambodscha und Südvietnam völlig zusammen. Die Sowjetunion ist als Sieger zu betrachten. Selbstversorgung ist das vorrangige Ziel. Die neue Regierung betont den Grundsatz der Vergebung.

Anders in Kambodscha. Hier waren die Roten Khmer, primitive Burschen, planmäßig gegen die „Stadtmenschen", gegen die reichen „Schmarotzer" aufgehetzt. Die führenden Männer mit ihren Frauen wurden hingerichtet. Mindestens 3 Mill. der 6,3 Mill. Kambodschaner wurden aus ihren Heimatorten zur Urbarmachung in die Wildnis vertrieben. Eine der bemerkenswertesten Kulturen Südostasiens wird vernichtet. In beiden Staaten — wie in allen kommunistischen Ländern — sehen die Christen einer ungewissen Zukunft entgegen.

Indonesien (Inselindien)

ist ein Land mit günstigen Temperaturen und ausreichenden Niederschlägen, mit vielen, leicht erreichbaren Bodenschätzen, dazu in einer günstigen Lage.

Die Holländer

bewirtschafteten große Ländereien und erzielten bedeutende Ausfuhren. Sie besaßen Macht über Millionen von sanften, geduldigen Plantagen- und Fabrikarbeitern, die ihnen die Erschließung der Bodenschätze (Erdöl, Zinn, Aluminium, Kupfer, Nickel, Gold, Silber) und Nutzung der fruchtbaren Erde (Tee, Kaffee, Tabak, Zucker, Reis, Kautschuk, Kopra, Pfeffer, Sago, Mais, Yams) in ihrem Paradies überlassen mußten.

Dafür arbeiteten die Kolonialherren in ihren weißen Anzügen in einer Welt voll Regenhimmeln, Fieberkurven, Urwäldern, Plantagen und Städten. Eine Welt voller winziger Bakterien und schrecklicher Seuchen; Dörfer mit poetischen Fruchtbäumen, Kuli-Kampons, Chinesenbuden. Mythische Tanzfeste und Tempel aus den Zeiten von 800 n. Chr. und mit feierlichen Dächern aus Gold und blitzenden Steinen, welche die Anfänge der Kolonien (im 15. Jahrh. durch die Portugiesen) und den Aufbau der Planwirtschaft des Westens mit angesehen hatten. Die klassischen Tänzer dieser Inselwelten, die grollenden Vulkane, die uralten Legenden aus der Kindheit der asiatischen Völkerfamilie, — diese Kulturerzeugnisse aus Hinduzeiten (seit den ersten Jahrhunderten n. Chr.); die Moscheen der mohammedanischen Eroberer (seit dem 13. Jahrhundert), die Beruhigungspolitik der Naturkinder gegenüber den Geistern des Windes, des Flusses und der Felder — all das gehörte zu einer Welt, die den Fremden in stummer und unüberbrückbarer Feindschaft gegenüberstand. Und es gehörte zu den Eigenheiten dieser Fremden, daß sie die Feindschaft bewußt übersahen, wenn der Boden so geduldig war wie die javanischen Plantagen-Kulis.

Große Unterschiede bei der Bevölkerungsdichte

3000 (bewohnte) Inseln (Gesamtzahl etwa 13 000) gehören zu Indonesien, das so groß ist wie Europa, aber nur 130 Mill. Einwohner hat. Während auf Java auf 1 qkm 600 Menschen wohnen, sind es auf Borneo 10, auf den Molukken 9, auf Sumatra und auf Celebes je 45. (Über Borneo siehe einige Seiten später.) Auf Java leben, obwohl es nur 7 % Indonesiens umfaßt, über 80 Mill. Sie verbrauchen aber den größten Teil ihrer Erzeugnisse (Reis) selbst. Nur ein Neuntel der Ausfuhr Indonesiens kommt aus Java. Daran ist aber nicht Überbevölkerung schuld, sondern Untererzeugung. In Japan wurde auf 1 ha viermal so viel Reis geerntet als in Java.
Sumatra brachte schon bei seiner geringen Bevölkerung (14,6 Mill.) mehr als vier Fünftel der gesamten Ausfuhr auf. Im Hochland nördlich vom Toba-See ist ein fruchtbares Gebiet mit Gemüseanbau, aber ohne gute Absatzmöglichkeiten. Der Nordosten ist das eigentliche Plantagengebiet. Riesige Urwälder gibt es in Mittel-Sumatra, an der flachen Ostküste und in Süd-Sumatra. Sie werden jetzt im Zuge der Ansiedlung aus Java abgeholzt. Auch auf Borneo werden Urwälder abgeholzt und riesige Mengen Nutzholz nach Japan ausgeführt. Insgesamt will man 800 000 ha Urwald in Naßreisfelder umwandeln. Zwar werden nur alte Stämme über 40 cm Durchmesser geschlagen und von etwa 100 Stämmen nur 1—2 einer bestimmten Art. Aber die Urwälder in Neuguinea, Sumatra, Celebes und Borneo haben eine besondere Aufgabe.
In Indonesien arbeitet das Wasser, oft in Form von Wolkenbrüchen, in weit stärkerem Maße als bei uns an der Abtragung des Bodens. Die rasche chemische Verwitterung der Gesteine und Böden unter dem tropisch-warmen, immer feuchten, kohlensäurereichen Waldklima erleichtert die Abtragung erheblich. Während der Rhein durchschnittlich 54 g Sinkstoffe im cbm führt, tragen die Flüsse der niederschlagsreichsten Teile Inselindiens schon in normalen Zeiten 2—3 kg und nach heftigem Regen nicht selten das Zehnfache davon.
Deshalb muß wie in Java (nur noch 20 % Wald) der Urwald an den Berghängen erhalten bleiben. Auch müssen die Bewohner, die sich jetzt nur von Rodungsfeldbau ernähren, zu seßhaften Landbauern ausgebildet werden. (Bewässerung, Terrassen.) Aber vorläufig übersteigt der jährliche Verlust durch landwirtschaftliche Brandkultur eine halbe Mill. ha.

Nach einer mehrjährigen Revolution

wurde Indonesien 1949 selbständig. Die Plantagen wurden entweder von landhungrigen Siedlern besetzt oder als Staatseigentum erklärt. Das eine wie das andere bedeutete einen schweren Schaden für das Staatsganze. Wichtige Einfuhren mußten gedrosselt werden, auch die von Kohle. An ihrer Stelle wurden kurzerhand Edelhölzer verfeuert. Diese aber stellten wichtige Ausfuhrwaren dar. — Das von den Holländern hinterlassene Verkehrsnetz verfiel zusehends.

Die Chinesen wurden 1965 vertrieben, Zehntausende sogar umgebracht. Aber der Handel hatte nur Schaden davon.

Die Geldentwertung raste wie ein Wirbelsturm durch das Land und betrug 1965 z. B. 650 %. In den letzten Jahren stiegen die Preise um das Zehnfache, die Löhne aber nur um das Drei- bis Vierfache. Der Schwarzhandel blühte. Gummi (Kautschuk), der wertvollste Ausfuhrartikel, war offenbar ganz in den Händen der Schmuggler.

Hauptschuld an diesen Mißständen trug der Präsident Sukarno (Für die Behandlung der Chinesen ist er allerdings nicht verantwortlich.) 1966 erfolgte seine allmähliche Entmachtung. Er hinterließ eine Schuldenlast von 10 Milliarden Mark, die er in 15 Ländern aufgenommen hatte.

Unter seinem Nachfolger hat sich seit 1968 die wirtschaftliche Lage merklich gebessert. Doch wird immer noch nicht genügend Reis für den Eigenverbrauch erzeugt. Viele internationale Unternehmer dürfen ihre Besitzungen wieder betreiben. Durch den erhöhten Ölpreis wird Indonesien im Finanzjahr 1974/75 eine Devisenreserve von 2,5 Milliarden Dollar ansammeln und hätte keine Entwicklungsgelder mehr nötig. Aber Geldströme versickern nach wie vor durch Bestechlichkeit und Fehlplanungen. Der niedrige Lebensstandard der breiten Massen ist noch gesunken. Auch liegt das Schulwesen noch sehr im argen. Viele Kinder müssen zunächst in drei Schuljahren die neue Nationalsprache Bahasa lernen.

1958 wurde Malaya mit Singapur und den beiden Fürstentümern Sarawak (60 000 qkm) und Sabah in Britisch-Nord-Borneo zu

Malaysia

(11,1 Mill. Einw., davon 48 % Malaien, 37 % Chinesen, 10 % Inder und und 5 % Ausländer)

vereinigt.

Es ist ein Staatenbund ohne gemeinsame Überlieferung, Geschichte und Sprache. Der im August 1965 erfolgte Abfall Singapurs hat es erneut deutlich gemacht.

Auf sich allein gestellt, versucht Singapur (583 qkm, 2 Mill. Einw., davon 75 % Chinesen, 14,5 % Malaien, der Rest Inder, Pakistaner u. a.) mit Tatkraft und Ideenreichtum der vorbildlichste Staat im südostasiatischen Raum zu werden. Es ist der bedeutendste Umschlagplatz des Fernen Ostens. Das „Warenhaus" Ostasiens wird es genannt. Den Hafen erreichen und verlassen 70 % der Welterzeugung an Kautschuk, 90 % allen Chinins und 67 % aller Kopra. Demokratische Zusammenarbeit aller Rassen für ein besseres Leben ist das Programm der Regierungspartei. Der Lebensstandard von ganz Asien liegt hier am höchsten. In den letzten 10 Jahren liegt das Schwergewicht der Wirtschaftsförderung auf dem Gebiet der Industrialisierung. In den vergangenen Jahren haben über 300 europäische, amerikanische und japanische Firmen über 300 Mill. Mark angelegt (investiert), und die Entwicklung reißt nicht ab. Der Staat garantiert Steuerfreiheit, Kredite und der Industrie vor allem fast unglaublich niedrige Arbeitslöhne. — Jeder sichere Aufstieg bedarf der Bescheidenheit. Die Vierzigstundenwoche mit deutschen Löhnen würde die blühende Stadt mit ihren fleißigen Menschen sofort wieder ins Elend stürzen. Die kommunistische Partei wurde verboten.

Malayas Entwicklung (5,5 Mill. Einw., 131 000 qkm) war beständig. Die Zinngewinnung (45 % der Weltförderung) ist sehr bedeutend. Die Kautschukerzeugung beträgt 50 % der Weltförderung. Doch bemüht man sich wegen der starken Abhängigkeit von den Weltmarktpreisen um andere Erzeugnisse. So wurde man seit 1966 zum größten Ausfuhrland von Palmöl. Bei Reis konnte die Selbstversorgung fast erreicht werden. 100 000 t mußten 1973 aus China eingeführt werden. Die Bewohner im Urwald sammeln friedlich Pflanzen und Wurzeln.

Die Stämme Borneos aber zerrieben sich in blutigen Fehden durch Kopfjagd, die erst durch Niederländer und Briten verboten wurde. Der Boden Borneos ist im gebirgigen Teil arm und kalkhaltig. Mühsam rangen ihm die Bewohner Erträge ab. Sie mußten mit unzulänglichen Mitteln gegen den gewaltigen tropischen Regenwald vorgehen. Brandrodungsbau (in Malaya nur noch gelegentlich geübt) ist auch heute noch ihre Methode.

So beschränken sich die Lebensinteressen auf den täglichen Kampf gegen die Natur, gegen den Urwald und auf Nahrungsgewinnung. Es gibt keine Düngung, oft nicht einmal Schutz der Schößlinge vor wilden Tieren. Wie ihre Vorfahren ernähren sich die Menschen von Bergreis — Naßreis ergibt höhere Erträge —, Fischfang und Jagd mit Speer, Blasrohr und einer Hundemeute. Manche Eingeborenendörfer stehen auf „Stelzen", Pfählen, im lehmigen Wasser der Flüsse. Hauptverkehrsmittel ist das Boot. Auch gibt es moderne Neubauten in den Städten.

Auch die handwerkliche Entwicklung liegt im argen. Tief im Urwald gab es keine Schulen und erst recht keine Handwerksbetriebe. Freilich entwikkelten sich Fertigkeiten, aber niemals ging eine Lehre voraus. Geschickte Bootsbauer oder Schmiede erlangten Ansehen, gaben aber kaum ihr Wissen weiter.

Doch verdoppelte sich 1970 in Ostmalaysia die Rohölgewinnung. In ganz Malaysia haben die Chinesen fast alle Schlüsselstellungen in der Industrie und im Dienstleistungsgewerbe inne. Doch besteht gleichzeitig die kommunistische Partei des Landes vorwiegend aus Chinesen, ebenso in ganz Südostasien. Die Regierung versucht, Eigentum und Kontrolle der modernen Wirtschaftszweige zugunsten der Malaien, die zum überwiegenden Teil noch auf dem Lande leben, zu verändern. In 20 Jahren sollen sie 30 % der Schlüsselstellungen besetzen. So ist neben dem Wirtschaftsaufschwung die Rassenharmonie und die nationale Einigkeit das hohe Ziel der Regierung. Doch gilt es Loslösungs-Bestrebungen in Sarawak und Sabah abzuwenden.

Die Philippinen

(7107 Inseln, etwa so groß wie Großbritannien und Irland, 40 Mill. Einw.)

Die Philippinen sind ein Staat von erstaunlich großen Gegensätzen.

Es gibt noch Menschen, die nicht mehr als einen Lendenschurz tragen und kulturell noch auf der Stufe der Steinzeitmenschen stehen. Immer wieder kommen Fälle von Kopfjägerei vor. Auf einigen Inseln findet man Menschen, die wie ihre Vorväter vor Jahrhunderten mit dem Fischfang ein bescheidenes Dasein fristen und gar nicht wissen, daß es eine philippinische Republik gibt, deren Bürger sie sind. Es gibt aber auch bedeutende Wissenschaftler und reiche Geschäftsleute, 15 Hochschulen und viele Studenten. Verwirrend ist auch das Problem der Sprachen. Von 87 ganz verschiedenen Dialekten wurde der meistgesprochene zur Nationalsprache ernannt. In allen Schulen wird englisch unterrichtet. Heute spricht ein Drittel des Volkes schon englisch. Es gibt aber auch Hochschulen, die noch spanisch unterrichten. (Die spanische Herrschaft endete 1899.) Die malayenstämmige Bevölkerung lebt auf 2440 Inseln. Davon machen elf große Inseln den Hauptanteil der Republik aus. Die beiden größten sind Luzon (mit über 50 % der Gesamtbevölkerung) und Mindanao.

Ein noch armes Entwicklungsland

1,5 Mill. Menschen im arbeitsfähigen Alter sind ohne Beschäftigung. Drei weitere Mill. sind unterbeschäftigt. Das Brutto-Sozialprodukt pro Kopf der Bevölkerung ist nicht höher als 800 DM jährlich. Reichhaltige Bodenschätze an Kohle, Eisen, Gold, Blei, Zinn, Kupfer und Öl warten auf die Erschließung und Ausnutzung. Der größte Teil des Landes ist gebirgig, mit gewaltigen Urwäldern bedeckt (50 %). Ackerland ist im Überfluß vorhanden. Das Land kann also ohne weiteres das Mehrfache seiner Bewohner ernähren. Aber weniger als 1 kg Fisch pro Kopf der Bevölkerung wird gefangen, weil es keine Boote und erst recht keine Bootsmotoren gibt. An den Wäldern wird weitgehend Raubbau getrieben. Nur wenig Land wird künstlich bewässert. So leben die Bauern meist von nur einer einzigen Ernte. Und davon müssen sie ein Drittel den Großgrundbesitzern abliefern. Man sagt, daß eigentlich 400 Familien das Land beherrschen. Die Ernte erfordert etwa 120 Tagewerke. Nach der Reisernte wird noch etwas Gemüse oder Tabak angebaut. 61 % der Bevölkerung sind in der Land- und Forstwirtschaft beschäftigt, 14 % in der Industrie. 1973 beträgt die Geldentwertung über 20 % und die Zahl der Arbeitslosen über 10 % ohne die Unterbeschäftigten.

Hoffnungsvolle Fortschritte

1970 wurde im Außenhandel ein kleiner Überschuß erzielt. Ausgeführt werden vor allem Kopra, Zucker, Holz, Erze und Manila-Hanf. Aber man ist bestrebt, die heimischen Rohstoffe selbst zu verarbeiten. Auch sind in den letzten Jahren einige hundert Schulen, Krankenhäuser und fast 10 000 km Straßen gebaut worden. Durch den im „Schlußkapitel" erwähnten

„Wunderreis" wurde 1968 sogar eine Ausfuhr erzielt. Dazu kommt, daß die Landreform gebietsweise durchgeführt wird.
Die Zukunft des Landes wird davon abhängen, ob der Präsident die Vorrechte einer reichen Minderheit abbaut, ob er bereit ist, die Bestechlichkeit zu bekämpfen und ob er hält, was er seiner aufgeschlossenen und interessierten Jugend verspricht.
Aber seit 1970 tobt im Süden ein offener Bürgerkrieg gegen 4 Mill. Moslems, die hier die Mehrheit bilden. Hunderttausende werden in Lagern umkommen.

IX. Australien

Stürmische Entwicklung der Industrie

Besonders nach dem Zweiten Weltkrieg war die Industrialisierung eindrucksvoll. 1946 hatte Australien 31 200 Fabriken, die 745 000 Menschen beschäftigten. 1966 war die Zahl der Fabrikationsbetriebe auf 61 040 angestiegen und die Zahl der Arbeiter auf mehr als 1,3 Millionen.
Der Erdteil ist reich an Bodenschätzen. Eisen und Kohle bilden die Grundlage einer Stahlindustrie. Kupfer, Bauxit, Blei, Zink, Uran, Gold, Silber, Nickel, Rutil und Öl sind die Grundlagen anderer wachsender Industriezweige. 1969 wurden verheißungsvolle Erzvorkommen besonders an Nikkel, in Westaustralien festgestellt (2,5 Mill. qkm, noch nicht 1 Mill. Einw., davon 650 000 in der Hauptstadt Perth).

Dennoch: Entscheidend ist die Landwirtschaft!

Aus ihr zieht Australien immer noch den größten Teil seines Einkommens. Seine 160 Mill. Schafe liefern ungefähr ein Drittel der Wolle der Welt; darüber hinaus führt es große Mengen an Weizen, Fleisch, Zucker, Molkereierzeugnissen, Obst und Weizen aus. Nur durch diese Einnahmen (Devisen) ist es der Regierung möglich, die Ausfuhr der Industrie zu fördern. Sie wäre sonst zu teuer.

Nur geringe Möglichkeiten der Bodennutzung

a) durch pflanzliche und tierische Landplagen

Hartes und scharfkantiges Spinifex-Gras bedeckt ein Drittel Australiens, wächst dem Menschen über den Kopf und ist zu nichts nütze. — Beinahe so undurchdringlich wie Stacheldrahtverhau ist ein dornengespicktes Gestrüpp aus verkrüppelten Akazien, das Mulyn-Scrub. Es wuchert in wasserlosen Gebieten, genau wie das Mallee-Scrub, das vielleicht noch schlimmer ist. Die immer grünen, aber glanzlosen Holzgewächse bilden ein Labyrinth raffinierter Fußangeln und vereiteln noch heute die Erschließung weiter Landesteile. — Der Feigenkaktus ruinierte Ackerbauer und Viehzüchter und drohte, ganz Australien zu verstacheln. Die Rettung brachte eine winzige Raupe, die Cochenille, die als einziges Wesen an der Stachelbirne Geschmack fand und die Kaktusblätter so gründlich benagte, bis sie keinen Samen mehr abgaben.
Unzählige wilde Kaninchen tragen zur Bodenzerstörung bei. Es gibt keine Raubtiere. Dingos hält man für verwilderte Hunde. Sie können in einer Nacht bis zu 100 Schafe schlagen. Gegen sie wurde seit 1956 in Queensland ein 2 m hoher und 5500 km langer Drahtzaun gebaut. Doch fressen sie nach neuen Forschungen hauptsächlich Kaninchen.

Außerdem gibt es noch viele andere Tierplagen. Pflanzliche und tierische Plagen entstanden infolge der Einführung neuer Pflanzen und Tiere durch die Europäer.
Die Känguruhs wurden bisher auch als eine Plage Australiens angesehen. Durch vergiftetes Wasser sollen sie fast ausgerottet werden. Aber neueste Untersuchungen ergaben, daß Känguruhs die eben erwähnten Spinifex-Gräser bevorzugen, die das Schaf nicht anrührt. Diese Gräser aber nehmen nach dem Verschwinden der Känguruhs stark zu. So würde nach der Ausrottung der Känguruhs die Weidemöglichkeit für Schafe vielleicht eher ab- als zunehmen.

b) Wenig ausreichende Niederschläge

Bei ausreichenden Niederschlägen ist grünes Garten-, Wiesen- und Weideland nur an zwei Stellen zu sehen: im Südwesten um die Stadt Perth und im Südosten und Osten. Davon gehört Queensland sogar zum fruchtbaren Tropengebiet. Dieser Kulturboden beträgt nur 7,5 %. (16,5 % der Gesamtfläche liegen zwar in regenreichen Gebieten, kommen aber für den Ackerbau nicht in Frage, da sie unzugängiges und pflanzenloses Bergland sind.)
Ein Drittel ist echte Wüste, das sogenannte „tote Herz". 42 % sind mehr Steppe als Wüste und durchaus zur Viehhaltung geeignet, auch wenn vielleicht ein Quadratkilometer nötig sein sollte, um 10—20 Schafe bescheiden zu ernähren. Dafür reichen in normalen Jahren die knappen Niederschläge aus. Wasserlöcher spenden dann das nötige Trinkwasser. Gebiete von der Viertelgröße Europas im Tiefland im mittleren Osten wären wirtschaftlich wertlos ohne artesische Brunnen. Das Wasser kommt dampfend aus der Erde heraus. Der Mineralgehalt ist für Menschen zu hoch, aber Schafe vertragen ihn.

Trotzdem Vernachlässigung der Wald- und Wasserwirtschaft

Man befürchtet mit Recht um den in unendlichen Zeiten aufgespeicherten artesischen Grundwasservorrat. Bei sehr starkem Verbrauch geht der Wasserdruck so weit zurück, daß gepumpt werden muß. Wird dann das Grundwasser nicht auf natürlichem Wege ersetzt, so erschöpft es sich. — Im östlichen Teil des Landes herrscht Wassererosion, die ihre Ursache zum größten Teil in der Vernichtung der Wälder den Flußläufen entlang hat. Auch wird immer noch quer zu den Höhenlinien gepflügt.
Der Winderosion schließlich ist über den ganzen Erdteil verbreitet und schlimmer am Werk als in den USA und Kanada. Besonders in den Weizengebieten von Neu-Südwales schreitet die Dürre so stark voran, daß manche Farmer ihren Besitz aufgeben müssen. 1970 betrug infolge langer Dürrezeiten in Queensland und Neu-Südwales der Einnahmeverlust an Weizen ungefähr 40 Mill. Dollar. In den letzten Jahren wurden Maßnahmen zur Kontrolle der Erosion eingeleitet. Die Landwirtschaft wird monokulturmäßig betrieben. Zwei Drittel der bebauten Fläche sind Weizenland.

Nur in der Nähe der Hauptstädte des südlichen Queenslands, Viktorias und Südaustraliens gibt es gemischte Betriebe.
Ferner wirken sich bei dem dürren Klima das Überweiden durch die Viehherden aus. (Rinderzucht hauptsächlich im Nordwesten und Norden, Schafzucht hauptsächlich im Osten und Südosten, insgesamt 163 Mill. Schafe und 27 Mill. Rinder, davon ein Drittel Milchkühe.)
Um mäßigen Grasgewinnes willen dauert die sinnlose und sorglose Ausbeutung der Baumbestände an. Hiervon werden besonders die Eukalyptusbäume betroffen. Die Rinde wird mit der Axt abgeschlagen. Dadurch wird dem Baum die Saftzufuhr abgeschnitten, so daß er abstirbt. Die so „abgeschlachteten" Stämme bilden willkommene Nahrung für die oft auftretenden Buschfeuer. Dabei ist aber sowieso nur 1 % der Gesamtfläche Australiens mit Wald bedeckt.
Das nördliche Neu-Südwales hat heute erheblich unter Frösten zu leiden. Solange die Hügel mit Wald bestanden waren, kannte man diese Frostschäden nicht. Mißstände sogar in Queensland.
Sein Küstensaum im Süden ist ein Tropenparadies, mit Sonne und Regen, mit Weiden und Gärten, Plantagen voller Ananas und Bananen, mit Erdnüssen und unübersehbaren Feldern von Zuckerrohr. Aber das Gebiet ist trotz seiner Fruchtbarkeit, trotz des überaus günstigen Klimas und trotz des Fehlens der üblichen Tropenkrankheiten auch erschreckend menschenleer. Der Anbau von Zuckerrohr wird künstlich gedrosselt, damit man den von der Regierung unterstützten Preis halten kann. Man arbeitet nicht wirtschaftlich sparsam. So wachsen die Kosten ständig.

Die Niederschläge

sind knapp. Manchmal wartet die Bevölkerung bis zu 2 Jahren vergeblich auf Regen. Das ist für Mensch und Vieh eine furchtbare Zeit. Den ganzen Tag brennt die Sonne erbarmungslos. Das letzte Wasserloch ist ausgetrocknet.
Unheilvoll ist es auch, wenn die Niederschläge zu heftig auftreten. Dann werden kleine Bäche zu kilometerbreiten Strömen, Dörfer und sogar größere Städte sind wochenlang von der Umwelt abgeschnitten.

Erfolge durch Bewässerung

Nur von dem Gebirgsrücken, der sich an der Ostküste entlang nach Süden erstreckt, kommen erwähnenswerte Flüsse. Im Südosten liegen die höchsten Berge, die 6 Monate im Jahr mit Schnee bedeckt sind.
Bei der Schneeschmelze im Frühjahr schwellen Murray und Murrambidgee an, große Flüsse, die westwärts durch fruchtbare Ebenen fließen. Ihnen wird durch zahlreiche Bewässerungskanäle reichlich viel Wasser entzogen. In ganz Australien werden bis jetzt 10 000 qkm bewässert. Davon entfallen auf dieses Gebiet zwei Drittel.

Aber ein großer Teil der gewaltigen Schmelzflut strömte nutzlos im Snowy River (Schneefluß) nach Süden zum Meer. 1949 begann man mit der Verwirklichung eines außerordentlich kühnen Planes, der 1974 vollendet war. Man staute das Schmelzwasser des Schneeflusses mit seinem Nebenfluß durch 16 große und viele kleine Staudämme hoch in den Bergen auf und leitete es durch Tunnel mit einer Gesamtlänge von 145 km und durch Kanäle von 886 km Länge quer durch die Berge westwärts in die Täler des Murray und des Murrambidgee zu Bewässerungszwecken zusätzlich ab (jährlich 2½ Milliarden cbm). Die Dämme wurden so angelegt, daß sie gleichzeitig den Bau von elf zum Teil unter der Erde gelegenen Wasserkraftwerken erlaubten, die mehr Strom erzeugen sollen, als Australien gegenwärtig aus Kohle und Wasserkraftwerken zusammen gewinnt.
Im Nordosten des Staates Viktoria wird in den Tasmanischen Bergen der Schneereichtum durch das Kiewa-Vorhaben ausgenutzt werden. Sogar in dem dünn bevölkerten Tasmanien sind mehrere Vorhaben großen Stils im Bau, davon eins zur Schaffung von neun künstlichen Seen am Nive-Fluß, die durch Kanäle verbunden werden. Die Regulierung des Bourdekin-Flusses im Nordzipfel von Queensland, wo nur ein halbes Prozent der wolkenbruchartigen Niederschläge aufgefangen und genutzt wird, soll fast 8 Milliarden cbm speichern und neues Acker- und Weideland von gewaltigen Ausmaßen schaffen. —
Sechs große Stauseen „horten" für Sydney insgesamt 2,6 Milliarden cbm Wasser, davon allein der Warragamba-Damm annähernd 2 Milliarden cbm.

Erfolge durch Düngung mit Spurenelementen

Im Südosten des Staates Viktoria liegt ein großer landwirtschaftlicher Bezirk, die Coonalpyn Downs. Obwohl er genug Niederschläge bekommt und auch fruchtbar ist, gediehen die üblichen Futterpflanzen nicht. Die Schafe gingen entweder ein oder bekamen auf dem Rücken starre, steife Haare. Als Ursache entdeckte man, daß dem Boden Kobalt, Kupfer und Zink fehlte (Spurenelemente). Als man damit düngte, war der Boden für Ackerbau und Schafzucht zu verwenden.
Bei weiteren Untersuchungen wurde festgestellt, daß der ausgelaugte Boden häufig den gleichen Mangel aufweist. Dabei wurde eine Fläche von 750 000 qkm ermittelt. Davon werden z. Z. erst 50 000 qkm ausgenutzt. In Esperance südlich von Perth finanzieren Amerikaner mit Tiefbohrungen, Staudämmen, künstlicher Bewässerung und der Verwendung von Spurenelementen ein 5660 qkm umfassendes Farmvorhaben.

Mistkäfer sollen für Ordnung sorgen

Die aus Europa eingeführten Rinder und Schafe streuten wohl ihren Dung aus. Doch die Mist verarbeitenden Insekten waren nicht mitgekommen. Diese „Pillendreher" formen den Dung zu kleinen Kugeln, rollen sie weg und vergraben sie als Brutstätte für ihre Maden. Der Mist lag daher viel länger als in Europa auf den Weiden, deckte große Teile zu und überdüngte auch die Umgebung. Vor allem wurde er zur Brutstätte für Schadinsekten, besonders für die Büffelfliege, die unter den Viehbeständen wütet. Anfang 1969 wurden einige tausend Mistkäfer in Freiheit gesetzt. Sie und ihre Nachkommen sollen die australischen Viehherden von den Schadinsekten befreien.

In einigen Gegenden ist der Ackerbau nur durch

Trockenfarmen

möglich. Damit wurden im Weizenanbau bewundernswerte Erfolge erzielt. So wird gegenwärtig im Staate Viktoria ein großes Gebiet bestellt, das noch vor kurzem als Wüste galt.

Neue Beförderungswege

würden dem Inneren Australiens bedeutende Vorteile bringen. Flußschifffahrt gibt es nur auf dem Murray und da nur ganz unbedeutend. Auch der Bau von Fahrstraßen und Bahnlinien kommt bei der Menschenleere, dem geringen Verkehr und bei den hohen Herstellungskosten und den hohen laufenden Instandsetzungen nicht in Frage. So verbleibt nur der Luftweg. Durch ein Flugnetz von 145 000 km, das von 17 Linien bedient wird, durch einen fliegenden ärztlichen Dienst, der über 900 Stationen verfügt, hat man begonnen, den Erdteil wirtschaftlich und kulturell zu erschließen. Einzelne Farmen sind so groß wie Holland oder die Schweiz. Die Farmer haben meist eigene Flugzeuge. Mit Sprechfunk unterhalten sie Verbindung untereinander, aber auch zum nächsten oft 1000 km entfernten Krankenhaus.

Luftbrücken

In Glenny, 250 km von Wyndham entfernt, wurde ein Schlachthaus gebaut. Von hier wird das Fleisch in großen Frachtflugzeugen nach dem Kühlhäusern in Wyndham an der Nordküste geflogen. Vorher wurden die Rinder in wochen- und oft monatelangen Trecks nach Wyndham oder Browne getrieben oder nach Derby, von wo aus sie 3000 km mit dem Schiff nach Perth befördert wurden. Auf den Fußmärschen büßte das Vieh einen Teil seines Gewichtes ein, das Fleisch verlor an Güte, und überhaupt überstanden nur die widerstandsfähigsten Tiere den Treck.
Jetzt kommt mehr als die fünffache Anzahl an. Als billige Rückfracht wird neben Geräten auch Saatgut und Kunstdünger geflogen. Vorläufig ist aber erst eine zweite Luftbrücke von der Insel Tasmanien nach dem Festland gebaut. Das übrige Vieh wird noch östlich Birdum zu Fuß unter großen Verlusten in die Schlachthäuser von Queensland getrieben (Rockhampton und Brisbane).

Vor allem Erschließung des Nordterritoriums!

Während Australien viel zu viel Raum für wenig Menschen hat, besitzt Asien in seiner Nachbarschaft wenig Raum für zu viele Menschen. Das Nordterritorium hat auf 1 347 525 qkm nur 70 000 Bewohner, davon 30 000 in der Hauptstadt Darwin und 8800 in dem 1500 km weiter südlich gelegenen Alice Springs. Zweimal in der Woche kommt ein Schnellzug von dem 1450 km entfernten an der Südküste gelegenen Adelaide. Deshalb beschleunigt Australien gegen einen etwaigen Angriff die Befestigungsbauten und die Flugplatzanlagen an der Nordwestecke. Auch nutzt es die Uranlager des Nordterritoriums tatkräftig aus.

Die Zukunft Australiens

Die Ausfuhr nach England geht zurück. Die Australier sehen ihre wirtschaftliche Zukunft in Asien. Ihr Hilfsprogramm für die unterentwickelten Völker in diesem Raum läuft auch Hochtouren. Mit ihren billigen Waren bemühen sich die Japaner auf mannigfache Weise, um ins Geschäft zu kommen. Darin sind sie ihren europäischen Konkurrenten überlegen.

Australien ist für farbige Einwanderer gesperrt, für Menschen, denen die Hitze wenig ausmacht. Die Gewerkschaften fürchten, die asiatischen Einwanderer könnten billigere und emsigere Arbeitskräfte sein. Entweder bleiben riesige Gebiete ungenutzt, oder die Weißen müssen schwerste Arbeiten selbst verrichten. Aber das wollen die wenigsten Australier. Neuerdings dürfen g e l e r n t e asiatische Arbeitskräfte einwandern. Bei 12,2 Mill. Einwohnern beträgt die Zahl der jährlichen Einwanderer 100 000, von denen die Hälfte Briten sind. Die geplante Erhöhung auf 140 000 genügt nicht.

An der Nordküste ist das Meer so flach, daß sich größere Schiffe nicht dem Land nähern können. Nun soll 120 km nordöstlich von Port Hedland ein Hafen mit Atomkraft geschaffen werden, um ein Eisenerzvorkommen zu nutzen. Gelingt die Pioniertat, will man schon bald darangehen, weitere Häfen zu schaffen, in hartem Tiefengestein eingeschlossene Öl- und Gasvorkommen nutzbar zu machen, die unter Erdschichten begrabenen Erzvorkommen freizulegen, im trockenen Inneren riesige Wasserbehälter für Bewässerungszwecke anzulegen und wasserreiche Küstenflüsse in die niederschlagsarmen Gebiete abzuleiten.

Man nutzt schon die Sonnenkraft aus. Salzhaltiges Wasser wird in flache Tröge geleitet, die von einer flach geneigten Glasscheibe überdacht sind. An dieser Scheibe kondensiert das infolge der Sonnenbestrahlung verdampfte Wasser und rinnt dann in einen Behälter, der den Schafen zugänglich ist. Das Wasser ist auch für den Menschen brauchbar. An neuen billigeren Entsalzungsanlagen wird gearbeitet. Dann würden Krisen in der Schafzucht, wie sie in Queensland infolge überaus langer Dürrezeiten herrschen, gemildert werden.

Der australische Wollausschuß hat vorgeschlagen, daß 40 000 Schafzüchter, also fast die Hälfte, ihre Betriebe mit anderen zusammenlegen sollen. Nachdem die Wollpreise 1969 bis 1970 stark gefallen waren, wurde 1970 die Woll-Kommission gegründet, deren Aufgabe es ist, einen Mindestgebotsplan für Wolle aufzustellen. Doch stiegen, wie bei allen Rohstoffen, die Preise 1971 an, 1972 sogar steil.
Zuständige Behörden schätzen, daß ungefähr 57—162 Mill. ha Ackerland und Weidegebiete noch besser genutzt werden könnten und weitere 283 Mill. ha reiche bis geringe Weidemöglichkeiten ergäben. — Fachleute sind der Meinung, daß Australien 30 Mill. Menschen ernähren könnte. Aber die Regierung muß die geschilderten Maßnahmen für eine weitere Entwicklung und Förderung der Landwirtschaft tatkräftiger durchführen. 1974 allerdings drückt die Rinderzüchter ein unverkäuflicher Fleischberg. Auch hat man sich noch keine Gedanken über den Umweltschutz gemacht.
Entgegen der allgemeinen Annahme ist der Gesundheitszustand der Bevölkerung schlecht. Dem entspricht auch der wirtschaftliche Zustand. Die Inflationsrate wird 1974 auf etwa 20 % anwachsen, 1975 wahrscheinlich auf 40 %. Schuld daran ist die Krankheit Streik. — Von 1973—1974 hat sich Australiens Handel mit der Sowjetunion und Polen verdoppelt. Die Interessen der NATO erkennt man nicht mehr an.

Neuguinea

(780 000 qkm, Gesamtbevölkerung 3 Mill. Eingeborene, davon 2 175 000 im Ostteil, hier auch 50 000 Weiße — Anzahl der Weißen in West-Irian unbekannt.)

Ein Land unberührter tropischer Natur

Der größte Teil der Insel ist von Gebirgen bedeckt, deren Gipfel sich bis über 5000 m erheben. Bis über 3000 m sind die Berge mit dichtem tropischem Regenwald bedeckt. Durch unzählige, tief eingeschnittene Flußläufe ist das Land so stark mit Tälern erfüllt, daß man täglich nur wenige km Luftlinie zurücklegen kann.
750 Dialekte werden gesprochen. Über die Stämme läßt sich nur schwer etwas Allgemeingültiges sagen. Fachleute sehen z. B. in den vereinzelt vorkommenden Pygmäen (1,40—1,50 m groß) Reste einer Urbevölkerung.
Die Dörfer sind in schwer zugänglichen Tälern oder auf sicheren Berggraten angelegt. Auch in den großen Flußtälern findet sich Bevölkerung, an der Nord- und Ostküste an manchen Stellen melanesischer Einfluß bis tief in das Landesinnere (Einwanderung auf den Flüssen). Es gibt aber auch wegen Versumpfung unbewohnte Flußtäler.
Durch die Abgeschlossenheit herrscht Inzucht. Da die Bewohner der anderen Täler stets unbekannt, geheimnisvoll und feindlich gewesen sind, ist leicht zu begreifen, wie es zu Kopfjägerei und Kannibalismus kommen konnte. Letzterer trägt weithin auch religiöse Züge.

West-Neuguinea (Westirian, 304 500 qkm), seit 1963 zu Indonesien gehörend, ist fast gänzlich unerschlossen. Im Hochland bietet die Natur das ganze Jahr hindurch alles, was diese anspruchslosen Menschen brauchen. Kartoffelähnliche Früchte hat jedermann zur Genüge. Auch wächst fast alles europäische Gemüse. Doch wird die Knollenernte oft durch Nachtfröste vernichtet. Die Ernährung ist in jedem Fall einseitig (eiweißarm). Man muß sich einen Trommelbauch anessen, um überhaupt satt zu werden. Hungersnöte allerdings gibt es im allgemeinen nicht.

Aber unbeschreibliche materielle Not herrscht z. B. in der Kulassa-Region an der Nordküste bei Sialum, 160 km von der Stadt Lae. Hier brennen die Papuas zur Anreicherung der Fleischdiät noch immer die Steppe ab und jagen Ratten und Mäuse. Dabei gerät ihnen das Feuer häufig aus der Kontrolle. Der schwäbische Landwirt Wiederholt bemüht sich seit 1965 unter großen Schwierigkeiten, den Papuas die Rinderzucht zu lehren, Gemüse anzubauen, Straßen und Schulen zu errichten. In den Küstengebieten herrscht ein ungesundes Klima, bei dem vor allem Malaria wütet. Sie gibt es allerdings nicht nur an der Küste.

Zwar waren Anfang unseres Jahrhunderts europäische und australische Abenteurer unterwegs, um die Modemittelpunkte mit den begehrten Paradiesvogelfedern zu versorgen. Damals wurden die herrlichen Tiere in riesigen Mengen abgeschossen. Der Handel mit Paradiesvogelfedern ist zwar heute streng verboten. Aber von den Eingeborenen wird das Gefieder sehr begehrt zu Schmuck bei Zeremonien.

Das Schulwesen wurde aufgebaut, ein guter Gesundheitsdienst eingeführt und Straßen gebaut. Der Hauptverkehr geschieht jedoch mit Flugzeugen, die in den tiefsten Urwald fliegen, wo Landestreifen angelegt sind. So spielt sich infolge des günstigen Klimas die Entwicklung vor allem im Hochland ab. Der landwirtschaftliche Beratungsdienst — Kokosnüsse, Kaffee und Kakao sind die Haupterzeugnisse, die in Geld umgesetzt werden —, die Forstwirtschaft und Holzindustrie wurden in Angriff genommen. Der Hochländer ist aufgeschlossener, fleißiger und energischer, und die Küstenstädte brauchen zu ihrer Entwicklung ein leistungsfähiges Hinterland. Das größte Straßennetz Ostneuguineas befindet sich im Hochland, die großen Industriebetriebe sind in den Küstenstädten. Allerdings nimmt die Landflucht alarmierende Formen an.

Es ist noch sehr viel Entwicklungshilfe zu leisten. Außerdem ist Neuguinea

ein Gebiet mit einer geballten magischen Kraft.

Märchen und Wirklichkeit, Mythos und Alltagsleben sind noch eine Einheit. Nirgendwo sonst im Heidentum sind Aberglauben, Suggestion, Zauberei und Verbrechen derart miteinander verstrickt wie unter den Papuas. (Siehe auch „Weltreligionen".) Dieses magisch-religiöse Denken stellt das größte Problem in Neuguinea dar. Es bleibt rätselhaft, wie nach dem Willen der UNO der östliche Teil (475 000 qkm) der Insel, der unter australischer Verwaltung steht, ab 1. 12. 73 mit der Selbständigkeit fertig werden wird.

Neuseeland

(268 676 qkm, 2,8 Mill. Einw.)

Als die ersten Engländer 1769 kamen (obwohl der Holländer Tasmun schon 1642 die Inselgruppe entdeckt hatte), war das Land fast überall mit dichtem Urwald bedeckt. Aber durch Raubbau blieb kaum ein Drittel übrig. Dadurch verloren vier Fünftel des Weidelandes der Südinsel über 10 % ihrer Bodendecke durch Erosion.

Neben den zur Erhaltung der Landwirtschaft notwendigen Nutztieren führte man auch Tiere für Jagdzwecke ein, vor allem aus Europa Elch, Fuchs und Kaninchen. Aber letztere sind immer dankbar für einen Platzwechsel und lohnen es mit übertriebener Fruchtbarkeit. Auch die Hirscharten vermehrten sich über Erwarten, weil sie keine Gegenspieler hatten, die für die nötige Harmonie in der Natur sorgten. Der Schaden geht nicht nur zu Lasten der Landwirte, sondern umfaßt auch riesige Waldgebiete einschließlich der Bodenpflanzung.

Heute aber sind die Bewohner aufgeschlossen für Bodenfragen. Der Staat läßt es sich erhebliche Mittel kosten, die genannten Tierbestände zu verringern. Auch führt er ein langfristiges Wiederaufforstungsprogramm durch. Drei Viertel der Pflanzenarten kommen nur dort vor. Man bemüht sich, sie zu erhalten.

Zwei Drittel der 17 Mill. ha Nutzfläche bestehen aus unzugänglichen Berghängen. Die Neuseeländer führten als erste die Düngung aus der Luft ein und gewannen dadurch Weideland. — Ein Farmer entwickelte für die Beförderung von Versorgungsgütern über flache Stromschnellen das Hamilton-Düsenboot, das, von keiner Schraube behindert, sozusagen tückische Flüsse zu Schnellstraßen macht. — Das Wairakei-Kraftwerk ist das einzige der Welt, das aus Thermalquellendampf elektrischen Strom gewinnt. Mit 160 000 kWh kann ein Teil der Industrie der Nordinsel versorgt werden. — Obwohl die Industrie noch in den Kinderschuhen steckt, gibt es bereits ein Überwachungsamt, um die glitzernden Flüsse und den klaren Himmel vor Verschmutzung zu schützen. — Schon bestehen zehn Nationalparks.

Durch vorbildliche Wohlfahrtseinrichtungen kennt man keine Armut, obwohl dieselben durch hohe Steuern — 20—40 % des Einkommens — bezahlt werden.

Trotzdem Sorgen um die Zukunft

120 Jahre lang hat Neuseeland Hammelfleisch, Wolle, Häute, Butter und Käse nach England geliefert, außerdem Wolle nach den USA. In den letzten 10 Jahren ist diese Ausfuhr auf 19 % abgesunken. England hat andere Lieferanten, die sich durch seinen Eintritt in die EWG noch erhöhen, und die USA benötigen die neuseeländische Wolle, die fast nur für die Teppichherstellung geeignet ist, nicht länger, weil man mehr und mehr zu Kunststoffteppichen übergeht. Nun bemüht man sich um neue Märkte, vor allem in Japan, durch die Zucht von Fleischrindern.

X. Schlußkapitel

Während in reichen Ländern Überfluß die Ursache für Umweltprobleme darstellt, ist es in den armen Ländern für mehr als 1 Milliarde Menschen der

Hunger.

(Über die Zustände 1974 siehe einige Seiten später. Weltbevölkerung 1975 über 4 Milliarden.) Immer sind in beiden Fällen die Ursachen in einer Vernachlässigung oder sogar Zerstörung der Natur zu suchen.
Neue Verfahren zur Linderung des Hungers. Forschung ist das Schlüsselwort.
Nach neuesten Feststellungen sind 75 % der Blinden Jungen und 62 % der Blinden Mädchen, weil sie nicht richtig und ausreichend ernährt werden. Die Nahrung in vielen Entwicklungsländern besteht hauptsächlich aus Kohlehydraten. Getreideeiweiß ist zwar, entgegen der allgemeinen Ansicht, nicht schlechter als Milcheiweiß. Aber besonders Kinder können nicht die notwendigen Mengen Weizen-, Reis- und Maismehl essen. So leiden etwa 70 % der Weltbevölkerung an Eiweißmangel.
Es ist zwar schon lange bekannt, daß Gemische aus Eiweißträgern einen höheren biologischen Wert haben als ungemischte Eiweißstoffe. Nun aber ist es Forschern vom Max-Planck-Institut für Ernährungsbiologie in Dortmund gelungen, die biologische Wertigkeit genau messen zu können. Jetzt ist es leicht, Mischungen herauszufinden, deren Wertigkeit besonders hoch ist, z. B. die von Bohnen mit Mais. Verbindungen mit afrikanischen und indischen Ernährungsforschern wurden aufgenommen.
Die Industriestaaten, vor allem die USA, dürfen nicht glauben, alle Arbeitsweisen, Geräte und Pflanzen, die sie in Landwirtschaft und Forstwirtschaft für ihr Land entwickelt und verwendet haben, seien ohne weiteres auch für die Entwicklungsländer richtig. Das stimmt nicht.

So kommt es vor, daß man für ein Entwicklungsland besondere landwirtschaftliche Maschinen bauen muß. Hinsichtlich Temperatur und Feuchtigkeit werden Anforderungen an Maschinen und Geräte gestellt, für die sie in ihren Herstellungsländern im allgemeinen nicht gebaut wurden. Auch gibt es Pflanzen, die bei uns gegen gewisse Krankheiten widerstandsfähig sind, aber in Entwicklungsländern überhaupt keinen Ertrag geben. Dann muß dort eine neue Art gezüchtet werden.
In Australien, Neuseeland und in der Sowjetunion wird vom Flugzeug aus Mineraldünger gestreut. In den Niederlanden wurden 70 000 ha behandelt, in der Bundesrepublik von 1954 an 40 000 ha. Die Flächenleistung einer Maschine beträgt bis zu 800 ha an einem Tag. Bis jetzt sind aber noch in keinem Entwicklungsland derartige Versuche unternommen worden.
Ferner muß die Wissenschaft eine Methode finden, wie man in den Tropen nutzbare Bäume anpflanzen kann, ohne daß nicht nutzbare Arten in die Bestände eindringen können. In dem gemäßigten Klima der USA ist das Verfahren, Baumsamen aus dem Flugzeug auszustreuen, hoch entwickelt. Der Samen ist mit einem insektentötenden und einem pilztötenden Mittel überzogen, dazu mit einer Masse, die Mäusen schadet, und schließlich mit Aluminium, das ihn für Vögel unkenntlich macht. Niemand weiß, ob man so etwas auch in den Tropen ausführen kann.

von Kohlehydraten und Eiweiß ist heute fabrikmäßig möglich. Bis 1980 will der Hoechst-Konzern Eiweißzellen mit einem hohen Anteil an Aminosäuren herstellen. Doch kann die Chemie immer nur wichtige Einzelbausteine herstellen, die der Verbraucher dann einer gemischten Kost zusetzen muß. Noch viele Jahrzehnte sind wir auf die herkömmliche Landwirtschaft und ihre Erträge angewiesen. Aber Eiweiß aus Erdöl für Futterwerke wird in den nächsten Jahren an Bedeutung gewinnen.
Hoima von Ditfurth allerdings meint (in seinem Buch „Im Anfang war der Wasserstoff", Verlag Hoffmann und Campe, Hamburg, 1972): „Wenn wir den Vorgang der Fotosynthese entschleiert haben, könnten wir uns von tierischer und pflanzlicher Kost unabhängig machen und organische Nahrung aus Wasser, atmosphärischer Kohlensäure und einigen Bodenmineralien in praktisch unbegrenzten Mengen selbst industriell erzeugen."
ZDF-Schriftleiter Franz Buob erzählt von einem Versuch der Bundesanstalt für Milchforschung:
„Mit einem aus Molke gewonnenen Hefe-Eiweiß ließen wir ganz normale Brote backen. Sie schmecken würziger als viele Brotarten, die wir so kennen — und sie sind kalorienarm und eiweißhaltig."
Auch wird es in einigen Jahren wahrscheinlich möglich sein, in den Entwicklungsländern Eiweiß vollständig als Hefekuchen zu genießen; denn Hefepilze eignen sich besonders als Eiweißerzeuger. Als Rohstoffe benötigen sie Kohlenstoff (Paraffin, Methylalkohol, Erdgas, Erdöl, Kohle) und Stickstoff (Ammoniak).

Besonders wichtige Forschungen mit natürlichen Lebensmitteln

Verschiedene Kulturpflanzen mit höheren Erträgen wurden gezüchtet. Ungarische Fachleute entwickelten eine Kartoffel, die genauso viel Eiweiß enthält wie Fleisch. Besonders interessant sind Erfolge bei der Entwicklung neuer Palmenarten, einer Pflanzengruppe, die mit über 2000 Arten zu den formenreichsten der Tropenwelt gehört. Erwähnt seien die Kokospalme und die Ölpalme. Gegenüber Schattenbäumen (Dattelpalmen) bietet die Verwendung künstlicher Beschattung einige bemerkenswerte Vorteile. Solche Anlagen werden hergestellt von Hoechst.
Bei den Olivenbäumen werden in Spanien vielversprechende Züchtungen vorgenommen. Eine internationale Gruppe von Wissenschaftlern züchtet in Mexiko neue Maissorten mit dem Erbfaktor Opaque - 2, die nahezu doppelt soviel eßbares Eiweiß enthalten wie das normale Maiskorn, mehr als Milch, fast soviel wie Fleisch.
Hinlänglich bekannt sind Wundermais, Wunderweizen und Wunderreis. Außerdem wurden bei letzteren durch Mehrfruchtbebauung als Fruchtfolge mit Hirse, Dutatin, Sojabohnen und Zuckermais sehr gute Ernten erzielt.

Übertriebene Hoffnungen sind nicht angebracht

Früher säten die Nachbarfarmer, die dasselbe Getreide anbauten, gewöhnlich zwei oder drei verschiedene Saatsorten ein. Diese Verschiedenartigkeit gewährleistet einen inneren Schutz gegen Pflanzenkrankheiten, da nicht alle Sorten in gleichem Maße anfällig sind. Was aber Wunderweizen, Wundermais und Wunderreis angeht, die weite Gebiete überziehen, werden die Gefahren einer Empfänglichkeit für Krankheiten vermehrt. So muß mit plötzlichen und unerwarteten Mißernten durch Krankheiten gerechnet werden. Die jeweilige Sorte hat nur eine Lebensdauer von wenigen Jahren und muß durch neue Sorten ersetzt werden, sobald neue Krankheiten auftreten.

Die gezüchteten ertragreichen Sorten brauchen große Mengen Kunstdünger und Schädlingsbekämpfungsmittel, vor allem DDT. Aber auf die unheilvollen Folgen wurde früher bereits ausführlich hingewiesen. Beide zerstören langfristig die Fruchtbarkeit des Bodens und verseuchen das Grundwasser. Ferner müssen die neuen Reissorten gewöhnlich reichlich bewässert werden. Trotzdem mangelt es ihnen oft an Eiweiß.

Außerdem müssen die erzielten landwirtschaftlichen Fortschritte, wenn sie voll wirksam werden sollen, ergänzt werden durch Errichtung von Lagerhäusern, Ausbau des Verkehrsweges und der Kreditmittel.

Vielfach treten auch unsoziale Nebenwirkungen auf. (Siehe z. B. „Indien" und „Mexiko".)

1972 hat ein unzureichender Monsun bewirkt, daß die Länder in Süd- und Ostasien wieder an den Rand einer Hungerkatastrophe gerieten. Die Hauptursache allerdings ist, daß nur ein Viertel der Reisanbaufläche Asiens künstlich bewässert wird und daß auf den übrigen drei Vierteln nur e i n e jährliche Ernte möglich ist statt deren zwei.

Außerdem wurden 1973 die armen Länder, die nicht über Rohstoffe verfügen, durch die höheren Einfuhrpreise für Lebensmittel, Kunstdünger, Industriewaren und Erdöl hart betroffen. 1974 stehen etwa 30 Entwicklungsländer mit zusammen 900 Mill. Menschen vor dem wirtschaftlichen Zusammenbruch. Für Länder wie die Indische Union, Pakistan und Bangladesch ist die „grüne Revolution" damit praktisch unerschwinglich geworden.

Dazu kamen Mißernten vor allem in der Sowjetunion und in China. Die Weltvorräte an Getreide betrugen 1974 nur noch 22 Mill. t Weizen. Gewiß bereiten Forscher mit Mischpflanzen und mit Mischtieren eine neue „grüne Revolution" vor. Aber

von wenig gutem Land geht viel verloren.

Nur 10 % der 148 Mill. qkm der Landfläche der Erde sind kultivierbar. Wälder nehmen 34 %, Weideland (überwiegend unberieseltes) 20 % in Anspruch, Wüsten 14 %, Halbwüsten 14 % und weiteres Ödland 8 %.

Wüsten sind keineswegs einheitlich, sondern unterscheiden sich durch Wasserverhältnisse, Bodenerhebungen, Bodenverhältnisse und Pflanzenwuchs. So ist eine Vergrößerung der Nutzfläche sehr schwierig und darf nur unter Schonung der Wälder erfolgen.

Diese aber erfolgt nicht. Die starke Zunahme der Bevölkerung und die Industrialisierung in den tropischen Ländern bewirken einen ständig steigenden Holzbedarf. So wurden an der Elfenbeinküste Regenwälder abgeholzt. Im Nordosten Afghanistans werden Zederholzwälder abgeschlagen. Das Holz wird in Pakistan als Brennholz verkauft. (Empfehlend sei hingewiesen auf die vom Entwicklungsministerium herausgegebene Studie „Ökologische Probleme ausgewählter Entwicklungsländer".)

Sowieso besteht bei der Mehrzahl der Eingeborenen Waldfeindlichkeit und Waldfremdheit. Für die Bauern und Hirten ist der Wald nicht nur das Land der Schlangen und Schlinggewächse, in dem die Sonne den Erdboden nicht erreicht, sondern auch die Heimat böser Geister, die Krankheiten und Dürre bescheren. So wird in Madagaskar zur Vertreibung böser Geister der gesamte Regenwald systematisch vernichtet.

Jährlich werden 13—18 Mill. ha Urwald abgeholzt (siehe Seiten 45 und 307). Nach einigen guten Ernten beginnt das Land meistens zu veröden. Jährlich gehen 8,1 Mill. ha Land unwiderbringlich verloren, davon 5,1 ha durch Erosion.

Wenn man dann noch bedenkt, daß Länder mit trockenem Klima und solche mit tropischem Klima trotz verstärkter Bemühungen für eine Ertragssteigerung der pflanzlichen Erzeugnisse nicht geeignet sind, so werden dafür die Länder mit feuchtem Klima und hier besonders die gemäßigten Zonen, also West-Europa, die USA und Japan, die Hauptlast zu tragen haben. Aber die Erträge werden anscheinend außerdem gefährdet durch

Klimaverschiebungen.

Die Erde gerät offensichtlich in eine sogenannte Kleine Eiszeit. Seit 1965 nimmt bei den Alpengletschern das Eis wieder zu. Die Eisberge schieben sich in die Täler. Als Folge davon verschieben sich die großen Wetterzonen der Erde. Lange Schönwetter-Perioden sind seit 1965 seltener geworden. Regen fällt plötzlich dort, wo er gar nicht gebraucht wird. Trokkenheit verödet Landstriche, die bisher Kornkammern waren. Überschwemmungen und Wirbelstürme verwüsten kultiviertes Land.

Das Innere der Sahara gehört zu einer Trockenzone, die im Sommer auch den östlichen Atlantik bis zu den Azoren und östlich der Sahara den Nahen Osten beiderseits des Persischen Golfs bis zum Indus umfaßt, bei einer Länge von etwa 11 000 km. Hier können sich weder Niederschlag noch Wolken bilden. Die Erklärung hierfür fand Prof. Flohn, Direktor des Bonner Meteorologischen Universitäts-Institutes.

Nun wandert die Sahara-Trockenzone nach Süden in die Sahelzone durch Monsunwindverschiebungen. Die Probleme zeigen sich vor allem in dem geänderten Verhalten der nördlichen Passatzone, die sich um den ganzen Erdball zieht. Menschliche Einwirkung wie Kohle-, Öl- und

Gasverbrennung, Staubaufwirbelung von Landmaschinen sowie rücksichtslose Rodungen in den Tropen wirkt nach Ansicht von Fachleuten dabei mit. Jedenfalls steht fest: In den letzten Jahren blieb der untere Rand der Passatzone in den Sommermonaten weiter südlich als sonst stehen und versperrte so den regenbringenden Monsunwinden den Weg. (Siehe „Afrika".) Nun hält die Dürre auch in Nigeria, Kamerun, der Zentralafrikanischen Republik, in Zaire, Angola, Uganda, Kenia und Tansania Einzug. Dagegen nehmen die Regenfälle entlang der Mittelmeerküste zu. — Der gewaltige indische Subkontinent erfährt eine spürbare Abkühlung. Seit einigen Jahren fällt der Monsunregen nicht mehr über dem Land, sondern über dem Meer. Im August 1974 allerdings wurden beide Gebiete von verheerenden Regenfluten heimgesucht.

Schlimmer noch: Amerikanische Wissenschaftler rechnen mit einer Wiederholung der sich alle 20 Jahre wiederholenden Dürrezeiten in den Weizenprovinzen des Mittleren Westens bis hinauf nach Kanada. Dürrezeiten, die außerdem begleitet wären vom biologischen Zusammenbruch wichtiger Getreidearten, also von katastrophalen Mißernten.

Kann das Meer die Menschheit ernähren?

(Einzellige) Algen (pflanzliches Plankton — Phytoplankton) sowie die in der Küstengegend gedeihenden Tange geben nicht nur Sauerstoff an das Wasser und einen kleinen Teil an die Luft ab, sondern sind auch der Anfang der sogenannten Nahrungskette. (Über ähnliche Bedeutung der Landpflanzen siehe „Ernährungsfragen".) Tange sind im Vergleich zu den viel kleineren Algen für die Nahrungskette von geringer Bedeutung.

Das nächste Glied des Kreislaufes sind die (einzelligen) Urtierchen (tierisches Plankton = Zooplankton). Sie nehmen wie die Bakterien einen Teil der gelösten organischen Stoffe direkt als Nahrung auf. Im übrigen stehen Bakterien und Algen auf ihrem Speisezettel. Die meisten Tierchen müssen ständig schwimmen, um an der Oberfläche zu bleiben, wo sie Nahrung finden. Das Zooplankton läßt sich in zwei Gruppen unterteilen. Die Tiere der ersten gehören ihr ganzes Leben zum Plankton, die der zweiten Gruppe nur zeitweise. Viele Tierarten auf dem Meeresgrund oder an der Küste leben als Larven planktonisch: Ringelwürmer, Muscheln, Schnecken, Kalmare, Kraken, Seesterne, Seeigel. Das gleiche gilt für ganz junge Fische. Zu den Riesen der ersten Gruppe gehören vor allem Ruderfußkrebse. Sie sind kleiner als ein Reiskorn und zahlreicher als alle anderen Tiere der Erde zusammengenommen. Von ihnen ernähren sich Wale, Robben, Pinguine, andere Seevögel und viele Fische, z. B. Heringe, Makrelen, Sardinen und Sprotten. Diese Fische wiederum werden die Beute größerer Fische.

Auf dem Meeresboden liegen abgesunkene schlammartige organische Rohstoffe voller Bakterien, die den Abbau weiterführen. Aasfresser, meist Krustentiere, leben davon. Die Zahl der Tiefseefische ist sehr groß. Fleischfresser fressen die Aasfresser und sich gegenseitig auf. (Die Fische halten den ungeheuren Druck in der Tiefe aus, weil sie keine luftgefüllten Lungen haben, sondern mit Kiemen Wasser atmen. Was hier lebt, erzeugt sich oft sein eigenes, geisterhaft durch die ewige Nacht schimmerndes Licht, z. B. Krebse und Tintenfische). Abgesehen von wenigen Ausnahmen ist unten genug Sauerstoff.

Unterschiedliche Fischgebiete

Pflanzliches Plankton kommt nur bis ungefähr 100 m unter der Wasseroberfläche vor. In der küstennahen Flachsee (Schelfe) können durch die Flut genügend Nährsalze nach oben kommen. Deshalb liegen hier die „Millionenstädte" der Meere. Die Fruchtbarkeit in diesen Schelfen wird bedeutender durch Meeresströmungen.
Fischgebiete in den tiefen Gewässern bilden sich durch folgende Vorgänge: Das schwere kalte Wasser in den Polargewässern breitet sich am Meeresboden in Richtung auf die Tropen aus. Als Ausgleich strömt warmes Wasser auf der nördlichen Halbkugel nordwärts (Golfstrom), auf der südlichen Halbkugel südwärts und ersetzt das abgewanderte kalte Wasser. (Größere Schwere des Meeres kann auch durch höheren Salzgehalt bewirkt werden. So enthält ein Liter Wasser der Ostsee 7 g Salz, der Nordsee 30 g und des Toten Meeres sogar 270 g. Der Wind übt ebenfalls eine Wirkung aus. Er bläst Oberflächenwasser vor sich her, das dann durch aufsteigendes Wasser ersetzt werden muß.)
Das Polarwasser ist nicht nur reicher an Nährstoffen als das tropische Wasser, sondern auch reicher an tierischem Plankton. (Man denke an den großen Bedarf der Wale.) Nachdem in der Antarktis die Borstenwale so gut wie ausgerottet sind, will man versuchen, ihre Nahrung, 6 cm lange Krebschen, sogenannten Krill, für die Eiweißgewinnung zu erschließen. Stoßen warme Strömungen und Polarströmungen zusammen, so findet eine Durchmischung statt. Letztere dringen im sogenannten Auftrieb (siehe Seite 77) durch die Sprungschicht und bringen Nährstoffe nach oben, so daß hier bei Licht und Wärme eine üppige Vermehrung des pflanzlichen Planktons stattfindet. Fischreichtum stellt sich ein. — Zwei Drittel der blauen Ozeane jedoch erhalten wegen ihrer Wärme und Tiefe nur ungenügende Zufuhr von Nährsalzen und sind deshalb fischarm.

Raubbau

Die junge Wissenschaft der Meeresforschung (O z e a n o g r a p h i e) beschäftigt sich mit folgenden Gebieten: Nahrung aus dem Meer, Küstenschutz, Wechselwirkungen Ozean/Atmosphäre, Meeresverschmutzung, mineralische Rohstoffe. Gegenwärtig wird die Rohstoffsuche vorgezogen. Durch kombinierte Fang- und Fabrikschiffe mit einer umwälzenden Entwicklung der Fangtechnik konnte der Weltfischfang von 20 Mill. t im Jahre 1948 auf 70 Mill. t 1971 gesteigert werden. 1972 waren es jedoch weniger als 66 Mill. t.

Aber alle diese Entwicklungen und die Versuche, in größeren Tiefen zu fischen, werden nur dazu dienen, die Weltmeere schneller leerzufischen. Wenn man verhindern will, daß die Seefischbestände das Schicksal der Wale erleiden, ist eine baldige internationale Bewirtschaftung der Ozeane erforderlich. Von den Sowjets werden riesige Fischmengen ohne Rücksicht auf internationale Vereinbarungen eingebracht. Wegen der mangelhaften technischen Ausrüstung müssen für eine Tonne Fisch mindestens drei Tonnen gefangen werden. Der Rest ist Abfall. Auch müßte ein weltweites Verbot aller mechanischen Unterwasserwaffen erfolgen. Wie Heuschreckenschwärme und mit modernster Ausrüstung dringen die Unterwasserjäger auch in die entlegensten Gebiete vor. Viele Küsten sind bereits leergeschossen. Die Untertier- und Pflanzenwelt an den besiedelten Küsten wird in eine wüste Mondlandschaft verwandelt.

Als Beispiele für den Raubbau in den fischreichen Gebieten mögen die Nord- und Ostsee dienen. Die Ostsee-Fangerträge sind seit 1960 um 80 % gesunken. Die Nordsee spendete um 1960 noch 200 000 t Heringe und Kabeljaue. Heute werden kaum 15 000 t ausgewogen. Vor vier Jahrzehnten lieferten die Hummerbänke vor Helgoland jährlich um 90 000 Hummer. Heute werden knapp 500 eingesammelt. Niederländische Hochleistungskutter reißen mit schweren Ketten und Rollen den Meeresboden auf, um die begehrten Plattfische wie Seezungen und Schollen aus Sand und Schlamm aufzuscheuchen. Damit vermindern sie nicht nur diese Fischvölker, sondern zerstören auch den Lebensraum zahlreicher anderer Meeresbewohner, der Tiere wie der Pflanzen. An den Küsten Asiens wird derselbe Raubbau verübt.

So kann Nutzung aus dem Meer nicht die letzte Antwort auf die Hungerschreie darbender Menschenmassen sein. Außerdem wird alle Nutzung der Meere aufhören, wenn es nicht bald gelingt, die zunehmende Verschmutzung erfolgreich zu bekämpfen. (Über mangelhafte Verwertung der Fische siehe einige Seiten später.)

Getrocknete Algen (Tange) enthalten wichtige Inhaltstoffe, z. B. Alginsäure, die für die menschliche Nahrungsmittelindustrie von Bedeutung ist. In Dortmund gezüchtete Algenstämme sollen in Zukunft dazu beitragen, den Eiweißmangel in Entwicklungsländern zu bekämpfen.

In gänzlicher Abkehr von herkömmlichen Anbaumethoden beginnt der Ackerbau in neuartige Anlagen umzuziehen — in sogenannte

Farmfabriken.

Das sind riesige, mit Plastik umhüllte Flächen aus Sand oder Kies, auf denen Maschinen den Pflanzen künstlich ideale Wachstumsbedingungen schaffen. Mit Hilfe eines schiffsgroßen Dieselmotors wird den Pflanzen außer Luft und Sonnenschein alles Notwendige zugeführt. Geerntet wird bis zu zehnmal soviel wie auf dem freien Feld.

Zur Zeit arbeiten ein Dutzend Farmfabriken, die meisten in den USA.

Neben Abu Dhabi mit einer Anlage von mehr als 20 000 qm hat der Iran eine erste Farmfabrik in Betrieb genommen, der Libanon baut daran, Saudi-Arabien verhandelt, Ägypten ebenfalls.
Größtes Hindernis auf dem Wege zu einer Landwirtschaft mit Farmfabrik ist gegenwärtig noch der hohe Energieverbrauch. Atomenergie wird wahrscheinlich diesen Engpaß nach und nach beseitigen.

Aber selbst wenn es gelingen würde, das Hungerproblem zu lösen und ebenso das der Umweltverschmutzung, so bliebe doch bei der Fortsetzung der Bevölkerungsexplosion das

Problem des Raumes.

Es würde bedeuten: mehr Straßen und damit weitere Zerstörung der Landschaft, Zunahme des Sauerstoffverbrauches durch Technik und Menschen, Abnahme der Sauerstofferzeugung durch Zerstörung der Pflanzen, besonders der Wälder, Entstehung seelischer Schäden durch zu hohe Bevölkerungsdichte.

Die Redensart von der „Dritten Welt"

Unter der Ersten Welt versteht man die kapitalistischen und unter der Zweiten Welt die kommunistischen Länder. Die Zustände in den Entwicklungsländern — wozu auch manche kommunistischen Länder gehören — und die sich daraus ergebenden Probleme, sind recht verschieden. Die eigene Schuld der Entwicklungsvölker an ihrem Elend, verbunden mit Kriegen untereinander, ist häufig größer als die Schuld der ehemaligen Kolonialherren. Man denke ferner an den neuen Reichtum in den Ölländern, von denen einige bevölkerungsarm, andere aber, wie Indonesien und Algerien, bevölkerungsreich sind. Man denke ferner an Länder, die über riesige andere Rohstoffvorkommen verfügen. Und schließlich denke man an die Habenichtse. Es ist daher sinnlos, von einer einheitlichen „Dritten Welt" zu sprechen.
Es muß den Bürgern der neuen selbständigen Staaten klargemacht werden, daß ein Staat heute nicht mehr vollkommen unabhängig sein kann und daß deshalb die Bildung größerer Einheiten angestrebt werden muß. Ferner ergibt sich die Aufgabe des Westens, mit viel Geduld mitzuhelfen, daß die Farbigen nicht ständig die Unterdrückung durch die Kolonialmächte vor Augen haben, sondern die häufig bestehende Unterdrückung durch e i g e n e bestechliche und kraftlose Regierungen. Es muß den Menschen klargemacht werden, daß politische und wirtschaftliche Blüte nur bei andauernder Arbeit und Uneigennützigkeit möglich ist. Aber:

In allen Entwicklungsländern ist die Arbeitsleistung zu gering.

Durch Fehlernährung sind die Menschen als Arbeitskräfte wenig leistungsfähig, anfälliger für Arbeitsunfälle und von K r a n k h e i t e n bedroht.

Es gibt Krankheiten ohne menschliche Verschuldung. Es gibt aber auch eindeutige Strafleiden, z. B. Geschlechtskrankheiten, mutwillige Überforderung, Freßschäden, Trunksuchtsfolgen, seelische Fehlhaltungen und ihre körperlichen Auswirkungen, Krankheiten infolge von Unsauberkeit, Mangel an Leibesübungen und falscher Ernährung (Mangelkrankheiten).

Die Mannigfaltigkeit furchtbarer Krankheiten ist bei den unterentwickelten Völkern erschreckend groß. Die Allerjüngsten sind am schwersten gefährdet. Die Säuglings- und Kindersterblichkeit ist hoch.

Eine Fülle Sitten und Gebräuche spielen eine erstaunliche Rolle als Ursachen der Unterentwicklung. Viele Völker verhalten sich ihren eigenen Ernährungsproblemen gegenüber völlig gleichgültig. Sie erzeugen nur für den eigenen Bedarf oder die nächste Umgebung. Arbeitsteilung und Erzeugung für den Markt sind kaum entwickelt. Sie denken nicht über die Stammesgrenze und über die nächsten drei Tage hinaus. Sie leben buchstäblich wie die Menschen in grauer Vorzeit und wehren sich gegen die Begegnung mit unserer Welt. Unsere Maßstäbe Leistung, Können, geregelte Arbeitszeit, Pünktlichkeit, Zeitaussnutzung und Geld, ohne die eine moderne Entwicklung unmöglich ist, sind ihnen fremd.

So ist es tatsächlich verhältnismäßig einfach, die Hilfe für die Entwicklungsländer mit Material und Kapital zu organisieren. Viel schwieriger aber ist es, ihre Bewohner aus ihrer Gleichgültigkeit und ihrem Nichtwollen herauszureißen und sie davon zu überzeugen, daß sie unsere Hilfe brauchen.

Andere Völker haben zwar die Errungenschaften der westlichen Zivilisation kennengelernt. Doch nun leben sie in einem Wunschtraum. Aber es ist bedeutend leichter, sich ein Paradies zu erträumen, als es durch hartes Studium und noch härtere Arbeit zu erringen.

Ein weiterer Grund für die geringe Arbeitsleistung sind die Besitzverhältnisse. Der Bearbeiter des Bodens ist selten sein Eigentümer. Er arbeitet für Stammeseigentum (z. B. vielerorts im Schwarzen Afrika), als sehr hoch besteuerter Pächter oder als Landarbeiter. Damit fehlt ihm aber der Anreiz, seine Arbeitsleistung zu verbessern.

In vielen Ländern wurde ein Heerführer oder ein sonst verdienstvoller Mann mit Dörfern zum Einziehen der Steuern belehnt. Das führte zu einer Ausnutzung der Bauern. Große Gebiete gerieten in die Hand einzelner Familien, wodurch die Bauern immer mehr verarmten. Schließlich verkauften sie ihr Land, um nur noch als Landarbeiter zu dienen. Siehe auch Besitzverhältnisse in Latein-Amerika. In Afrika gaben die Kolonialherren den Häuptlingen der Dörfer, Bezirke und Stämme beträchtliche Teile des Ackerlandes als Privateigentum.

Die wohlhabendsten zwanzig Prozent der Landeigentümer in den meisten Entwicklungsländern besitzen mehr als die Hälfte der Anbaufläche. Die Bodenreform wurde bis jetzt mit sehr gutem Erfolge durchgeführt in Formosa (dem Inselparadies vor Rotchinas Küste, 14 Mill. Einw., 1974 wurde festgestellt, daß die Insel auf einem riesigen Öl- und Erdgasfeld liegt), Japan und Südkorea (32 Mill. Einw.). In beiden ersteren Ländern wurde die Höchstgrenze für den Grundbesitz einer Familie auf rund 3 ha festgesetzt. In Südkorea allerdings wird die Landwirtschaft — durch Raubbau am Wald herrscht starke Erosion — zugunsten der Industrie vernachlässigt. An dem im übrigen jedoch erstaunlichen Aufbau haben die Christen — 7 % der Gesamtbevölkerung, 15 % in der Armee — entscheidenden Einfluß. Der wirtschaftliche Aufschwung Nordkoreas ist ebenfalls erstaunlich.

In Ländern mit gemäßigtem Klima ist die Bodenreform aber kein Allheilmittel. Unvorhergesehene Probleme tauchen auf. Durch eine „neue Bodenreform" entstehen größere Nutzflächen. Völlig anders jedoch sind die Verhältnisse in den Entwicklungsländern.

Auch durch die sogenannten

Weltreligionen (Islam, Hinduismus und Buddhismus)

ergeben sich unnatürliche Lebensauffassungen, die sich in der Zivilisation und Kultur hemmend auswirken. Sie sind alle festgefügte Systeme und Anweisungen, Lehren und Vorschriften. Beim Islam (dem „guten Handeln im unterworfenen Gehorsam gegen Allah"), der Lehre Mohammeds (gest. 632 n. Chr.) sehen wir allerdings zuerst bewundernswerte Leistungen.

Der Glaube an die Vorherbestimmung (Fatalismus) steht zwar nicht eindeutig im Koran, gilt aber doch als einer der notwendigen Glaubenssätze in der Überlieferung, und zwar der Glaube an den Ratschluß Allahs zum Guten und Bösen, zum Süßen und Bitteren. Er bewirkte trotz des Streites um die Nachfolge des Beherrschers der Gläubigen (Kalif = Stellvertreter Mohammeds) den großen Schwung der Moslems (Moslem = dem Islam Ergebener). Von 634—711 gründeten sie ein Reich, das sich im Westen bis nach Spanien erstreckte. Im Osten konnte sich das byzantinische Reich zwar in Anatolien und in den Balkanländern südlich der Donau halten, das persische ging aber unter. Näheres siehe bei „Palästina", „Mesopotamien", „Iran", „Vorderindien", „Ägypten" und „Nordafrika". Südlich der Sahara und in Südostasien (Indonesien) waren Händler und Seeleute die Sendboten des Propheten.

Wie erklären sich sonst noch diese Blitzsiege?

Zweifellos dadurch, daß die militärische Kraft der beiden Großmächte Ostrom/Byzanz (395 n. Chr. losgelöst vom gesamtrömischen Reich) und Persien durch die vielen Kriege erschöpft war. — Das kleine und ausgezeichnet manövrierfähige Pferd der Araber war das Hauptinstrument der militärischen Ausdehnung des Islam. — Soweit es das byzantinische Reich betrifft, haben die Religionsstreitigkeiten zwischen Orthodoxen, Monophysiten und Nestorianern mit dazu beigetragen, daß die Araber so schnell vorrücken konnten. Die beiden letzteren Kirchen begrüßten die Araber teilweise als Befreier von dem byzantinischen Joch. — Die arabische Halbinsel hatte im Vergleich zu heute wahrscheinlich einen verhältnismäßig großen Wohlstand. Man nimmt an, daß ein viel bedeutenderer Gebrauch von den Quellen, den unterirdischen Wasserläufen und den Teichen gemacht wurde. Durch die Eroberungen fremder Länder wurde Arabien später menschenleer.

Bildung der arabischen Kultur

Die Dichtkunst war seit je sehr beliebt. Bei der Ausbreitung des Islam entwickelte sich durch die Bekanntschaft mit den unterworfenen Völkern eine hohe Kultur (durch Verfeinerung). Weithin unbekannt ist, daß auch Juden daran beteiligt sind. Seit dem 3. vorchristlichen Jahrhundert waren Juden in immer neuen Scharen in Notzeiten nach Arabien geströmt.

Die arabische Sprache wurde zu einer Weltsprache. Arabische Gelehrte hüteten das wissenschaftliche philosophische und erdkundliche Erbe des Altertums. Sie studierten und übersetzten die im Abendland fast ganz vergessenen Schriften (siehe Seite 311) der Griechen Ptolemäus, Euklid, Aristoteles und anderer griechischer Mathematiker und Astronomen. Schon die Griechen (Alexandriner) hatten die astronomischen Kenntnisse Altbabylons sorgfältig gesammelt. Auf ihnen konnten Araber und Juden aufbauen. Wir verdanken ihnen die indischen Ziffern, die allmählich die viel umständlicheren römischen Ziffern verdrängten, und die Papierherstellung (China). Arabische Teppiche (Persien), Stoffe (China), Waffen, Schmucksachen aus Metall und Edelsteinen sowie Porzellanarbeiten (China, zuerst im Jahr 850) waren im ganzen Abendland wegen ihrer Schönheit und Güte bekannt. Besonders entfaltete sich die Heilkunde. Die Moslems vermittelten auch den Genuß von Kaffee und Zucker, Laute und Gitarre, die Falkenjagd, das Schachspiel (Indien) und die Tulpenzucht. — Den besiegten Völkern ging es meist besser als vorher. Die Baukunst brachte so herrliche Schöpfungen hervor wie die Alhambra in Granada. Neben Damaskus und Bagdad wurde das 969 n. Chr. gegründete Kairo zum politischen, religiösen und wissenschaftlichen Mittelpunkt des Islams.

Geschickt bedienten sich die Kalifen auch der arabischen Wissenschaft für militärische Zwecke. So entstand eine Art von Artillerie, indem man den einzelnen Armeen eigene Abteilungen angliederte, die brennendes Naphta auf ziemlich weite Entfernungen gegen den Feind schleuderten. Die Soldaten dieser Abteilungen sollen dabei durch feuerfeste Anzüge gegen die Wirkung der eigenen Waffen geschützt gewesen sein.

Im Jahre 750 ging das rein arabische Reich zu Ende und wurde ersetzt durch ein Reich, in dem nicht die (echten) Araber das Wort führten. Aber der Glaube und die arabische Sprache der herrschenden Schicht verbanden das Reich.

Auch Schattenseiten

Man brachte die Handelswege und damit den Güteraustausch zwischen Asien, Afrika und Europa unter Kontrolle und belegte die Waren mit hohen Zöllen. Eifersüchtig wachten die Moslems darüber, daß kein Christ den erträglichen Handel mit dem Osten und mit Afrika störte. Sehr wahrscheinlich ist allerdings, daß vor 1000 Jahren sowohl Gold als auch Elfenbein von Ostafrika von Nichtchristen nach Indien und China gebracht wurde. — In erbitterten Eroberungskriegen unterwarfen berittene Sudanvölker unter der Fahne des Islams altansässige Negerstämme, machten sie tributpflichtig und versklavten sie. Ganze Gebiete wurden buchstäblich „ausgelöscht". Als die Araber um 700 Sansibar entdeckten, trieben sie sofort Sklavenhandel nach dem Persischen Golf. — Der von den Moslems betriebene Sklavenhandel ist noch nicht völlig ausgestorben.

Islam und Christentum

Unter der moslemischen Herrschaft verminderte sich der zahlenmäßige Bestand der orientalischen Christenheit beständig, u. a. weil beim Übertritt weniger Steuern zu zahlen und höhere soziale Stellungen zu erwarten waren. Doch bedeutete die Herrschaft des arabischen Islams keineswegs den Untergang des Christentums. Erst als sich die Türken und Mongolen zur Herrschaft in der islamischen Welt aufschwangen, trat für die orientalische Christenheit der Todfeind auf den Plan.

Verfall des arabischen Großreiches und der arabischen Kultur

Zwar übernahmen die Türken die Schutzherrschaft über den gesamten Islam, und auch die westlichen Mongolen wurden gegen Ende des 13. Jahrhunderts Moslems. (Beginn der türkischen Islamisierung im 10. Jahrh.) So treten türkische und mongolische Streiter Allahs sogar in Indien auf. Aber beide waren doch politische Feinde der Araber. (Siehe z. B. „Mesopotamien", „Iran" und „Afghanistan".) 1258 bereiteten die Mongolen dem arabischen Einfluß ein Ende. — Im Mittelmeergebiet erschienen Normannen 1020 in Unteritalien, besiegten 1043 die Araber in Apulien, eroberten 1061—1096 Sizilien und warfen die Araber, die hier über 200 Jahre geherrscht hatten, nach Nordafrika zurück. In Spanien mußten sich die Mauren gegen den stärker werdenden Druck der Christen wehren.

Außerdem sonderten sich die Perser in religiöser Hinsicht schon allmählich im 8. Jahrhundert, endgültig aber ungefähr 1500 als Schiiten ab.

Eine großartige Kultur verfiel fast über Nacht im Hochmittelalter. Arabische Gelehrte klagten damals bitter, die Studenten seien ungebildet und man könne überhaupt nicht mehr mit ihnen reden.

Verhältnis zu der modernen Welt

Der Islam ist im allgemeinen immer noch gefangen im Fatalismus und in dem Bestreben, sich Gottes verborgenen Ratschlägen mit ganzer Seele zu unterwerfen, versteigert sich immer noch zu der Irrlehre, daß der Mensch machtlos sei gegen das Schicksal, den Willen Allahs. So trägt die Mehrzahl der Moslems, auch die in europäischer Kleidung und Bildung, das Unabänderliche geduldig und ist nur schwer zu bewegen, das irdische Los selbstverantwortlich zu verbessern. Landwirtschaftliche Arbeiten werden nur oberflächlich ausgeführt. — Der Christ glaubt auch an den allmächtigen Gott, in dessen Händen sein Schicksal ruht. Dabei weiß er aber, daß der Mensch verantwortlich zu handeln hat.

Doch gilt seit kurzem in den arabischen Ölländern der Grundsatz: Das Schwert war die Waffe unserer Geschichte, das Öl aber ist die Waffe des Fortschrittes.

— — —

Über H i n d u i s m u s siehe „Indien". Ähnliche Gedanken vertritt der B u d d h i s m u s, gegründet in Indien von Siddharta, 550—486 v. Chr., dem die Nachwelt den Beinamen Buddha der Erleuchtete gab. Er übernahm von der Hindureligion viele Legenden, zahlreiche herkömmliche Bräuche (Riten) und Götter. (Doch gibt es auch Unterschiede zwischen beiden Religionen. Buddha leugnete z. B. den Vorrang der Brahmanen. Das indische Volk blieb der Vielgötterei, dem Hang zum Wunder, seinen Sagen und seiner eigentümlichen Zauberwelt ergeben. So erlosch der Buddhismus in Indien um 1100.)

Gemeinsam ist Hindus und Buddhisten, daß ihre höchste Tugend nicht darin besteht, das Leben zu meistern, sondern es zu erdulden. Beide sehen das ganze Leben als Leiden an, kennen aber keinen Erlöser, sondern am Ende der Seelenwanderung nur „Nirwana", das „große Nichts", die ewige Befreiung vom Schmerz des Lebens.
Deshalb lehrt Buddha die Verachtung aller irdischen Güter. Er erhebt die Ehelosigkeit und das Bettlerwesen zu einem hohen sittlichen Ideal. Noch mehr liegt die Macht des Buddhismus in der Lehre solcher Ideale wie Liebe, Mitleid, Güte gegen Mitmenschen und Tiere und besonders darin, nicht Böses mit Bösem zu vergelten. Aber das „Mitleid" Buddhas besteht darin, den natürlichen Ablauf der Ereignisse nicht zu stören. „Die mir Schmerz zufügen und die mir Freude bereiten, gegen alle bin ich gleich. Zuneigung und Haß kenne ich nicht."
So unternimmt der Buddhismus nichts, um die Lebensbedingungen der Armen zu verbessern und die Vorrechte der Besitzenden zu schmälern. Die Buddhistenpriester bauen keine Schulen und Krankenhäuser, sie tun keinerlei Liebesarbeit, sie erfüllen keine kulturellen Aufgaben. Kein Wunder, daß die Länder, denen der Buddhismus das Gepräge gab, wirtschaftlich, gesundheitlich, politisch und kulturell am Boden liegen. — Allerdings hat er der Welt ein großes Geschenk gebracht: die buddhistische Kunst.
Genau wie das Christentum zerfallen auch die Weltreligionen in zahllose Richtungen. Außerdem gibt es viele

Naturreligionen,

die sich innerhalb der vielschichtigen Weltreligionen fortsetzen, vor allem im Hinduismus und Buddhismus. Hierhin gehören Willensbeeinflussung (Suggestion), Wahrsagen, Hellsehen, Zauberei mannigfacher Art, Hexenglauben, Geisterbeschwörungen und Besessenheit. Uns ist das alles viel zu wenig bekannt. (Näheres in den Erlebnisberichten aus vier Erdteilen von Kurt E. Koch — Unter der Führung Jesu, Evangelisationsverlag, 5701 Berghausen, 1963.) Mit Verbrechen bilden diese unheimlichen Mächte ein unentwirrbares Knäuel. Sie belasten Leib und Seele und behindern dadurch auch die wirtschaftliche Entwicklung aufs schwerste.

Die durch die geschilderten Weltanschauungen entstehenden Schwierigkeiten werden noch vermehrt durch

Speiseverbote

(Siehe z. B. „Afrika", „Indien", „China".)

Außerdem hat man in jüngster Zeit entdeckt, daß Milch bei dem Kleinstkindesalter vorzugsweise für Europäer und deren Abkömmlinge in Übersee wertvoll ist. Für die meisten Asiaten, Orientalen, Afrikaner und Indianer jedoch ist Milch von zweifelhaftem Nutzen. Vielen bekommt sie nicht. Die Amerikaner haben das Milchproblem sogar im eigenen Land. Ist es zweckmäßig, im Kampf gegen den Hunger weiterhin Milchpulver in die Entwicklungsländer zu schicken?

Andererseits dient die Milch in den Selbstversorgungswirtschaften in erster Linie der Erzeugung der verschiedenen Frischkäsearten. Hierbei geht der unverträgliche Milchzucker bekanntlich mit der Molke ab und wird als Schweinefutter verwertet. Ein größerer Verbrauch von Frischmilch wäre aus demselben Grunde wie der Verzehr von großen Mengen Rindfleisch nicht möglich.

Eine Reihe unterernährter Völker ißt aufgrund abergläubischer Vorstellungen wenig oder gar keinen Fisch.

Entwicklungshilfe

(Empfehlend sei hingewiesen auf Erhard Eppler, „Wenig Zeit für die Dritte Welt", Urban-Taschenbücher, Verlag W. Kohlhammer, Stuttgart, 1971.)

Oberstes Gebot: Erziehung zur Selbsthilfe!

Kostenlose Abgabe von Getreide oder Trockenmilch kommt nur in Frage an Kranke, Schwerarbeiter oder für Gebiete, die von Natur- und Erntekatastrophen oder Kriegsereignissen betroffen wurden. Eine langfristige Hilfe ist allerdings nur sehr selten möglich, weil weder Straßen noch Beförderungsmittel zur Verfügung stehen. So kommt in akuten Notfällen nur eine Hubschrauber-Beförderung in Frage, wie 1973 in der Sahel-Zone. Nur Hilfe aus Nächstenliebe ist auf weite Sicht mehr schädlich als nützlich. Die Leute gewöhnen sich an das tägliche Almosen und werden zu Bettlern erzogen.

So ist auch die von dem Weltkinderhilfswerk der Vereinten Nationen (UNICEF) gewährte Hilfe keine Wohltätigkeit.

UNICEF gewährt nur dann Hilfe, wenn sie durch eine Regierung darum gebeten wird. Für jeden Dollar UNICEF-Hilfe stellt das Empfangsland mindestens ebenfalls einen Dollar zur Verfügung. Das Hauptinteresse der UNICEF gilt der Verbesserung des Gesundheitswesens. Darüber hinaus widmet es sich dem Auf- und Ausbau der Ernährungsprogramme, der Familien- und Kinderfürsorge, dem Erziehungs- und Ausbildungswesen. Alle diese Programme sind „Hilfe zur Selbsthilfe".

Auch das den Entwicklungsländern gegebene Geld ist kein Geschenk, sondern muß wie ein Bankdarlehen verzinst und zurückgegeben werden. Allerdings betrugen z. B. 1971 die Zinssätze nur 2,3 % bei einer Laufzeit von 28,9 Jahren und 6,5 tilgungsfreien Raten. Hilfsleistungen in Unterricht, Gesundheitspflege und Technik sind nicht zurückzuzahlen.

Die Entwicklungshilfe ist äußerst vielschichtig

Außer in Bildung gibt es solche in Gesundheitswesen, Landwirtschaft, Handwerk, Kleinindustrie, Großindustrie, Abbau der Bodenschätze, Verkehrswege, Handel, öffentlicher Verwaltung und schließlich in politischer Sicherheit.

Die Medizin muß sich vor allem mit vorbeugenden Maßnahmen zur Erhaltung des Lebens beschäftigen. Z. B. ist die Bereitstellung einwandfreien Trinkwassers in den Elendsvierteln (Slums) der Großstädte wirkungsvoller als Entwicklung einer Spezialchirurgie, die nur wenigen Begüterten zugute kommt. (Das trifft auf 70 % der Stadtbevölkerung der Entwicklungsländer zu.) Sprechstunden der schwarzen Schwester alle zwei Wochen unter dem Mangobaum mit 15 Medikamenten reichen aus, um die wichtigsten Krankheiten zu bekämpfen. Mit solchen Außenstationen und beweglichen Einsätzen ist mehr geholfen als mit Krankenhäusern europäischer Art.

Andererseits sind die Anforderungen an berufliche Fähigkeiten größer geworden in den zehn Jahren des Bestehens der Entwicklungshilfe. Anstelle des Tischlermeisters wird heute der Bauingenieur gesucht, anstelle des Facharbeiters ein Gewerbelehrer. 40 % der Entwicklungshelfer haben heute eine Hochschul- oder Fachhochschulausbildung. Dazu kommt meistens noch praktische Berufserfahrung.

Ein Notstand hängt von dem anderen ab. Doch *landwirtschaftliche Erzeugung* entscheidet über Entwicklung. (Siehe Vorwort und Seiten 219, 291 und 307.) Immer noch lebten 1975 zwei Drittel der Menschen in den Entwicklungsländern von der Landwirtschaft.

Die Leistungsfähigkeit der Menschen in den Entwicklungsländern ist gering. Außerdem bieten sich als bequeme Ausnutzung Monokulturen und einseitige Rohstoffverarbeitung an (z. B. von Baumwolle, Wolle, Seide, Jute, Kautschuk, Getreide, Früchten, Kaffee, Tee, Kakao, Gewürzen und Erzen).

Dabei ergeben sich große Nachteile für den industriellen Fortschritt der Entwicklungsländer. Die Preise sind völlig von den Ernten oder der Aufnahmefähigkeit der Wirtschaft in den Industriestaaten abhängig und deshalb großen Schwankungen ausgesetzt. Seit Jahren sind sie auf dem Markt rückläufig; denn mehr und mehr lassen sich Naturgaben durch Industrieerzeugnisse ersetzen (z. B. durch Aluminium, Kunststoffe, chemischen Kautschuk, chemische Fasern und chemisches Chinin. Im Juni 1971 allerdings wurden Kupfer und Zink infolge Rückgang der Weltvorräte teurer). Auch werden durch materialsparende Verfahren weniger Rohstoffe gebraucht. Umgekehrt werden die Waren, die eingeführt werden müssen, immer teurer. 1954 z. B. konnte ein Kaffeepflanzer einen Jeep für den Wert von 14 Säcken Kaffee kaufen. Schon 1962 mußte er 39 Säcke Kaffee dafür aufbringen.

Straßen sind wichtig. Aber sie sind zugleich der schnellste Weg, um die Kulturen der Urvölker zu zerstören. Kaufleute dringen ein, die primitiven Stämme, die so sicheren Geschmack in der Fertigung ihrer Werkzeuge und Schmuckstücke

besaßen, verlieren diesen völlig, kaufen den übelsten Schund, die eigene Kunst versiegt. Die alten Hütten gefallen nicht mehr, man schämt sich der schönen Trachten, zieht europäische Kleidung an und wird in den Teufelskreis unserer Zivilisation hineingezogen, in dem immer neue Bedürfnisse künstlich geweckt werden, damit der Moloch der Industrie gedeihen kann.
Dr. med. Theodor Binder, Pucallpa, Peru, zeigt, wie man die kulturelle Stufe der Eingeborenen heben kann, ohne daß sie ihre Eigenständigkeit aufgeben. (Leider mußte Dr. B. 1972 infolge übler Machenschaften — mit Analphabeten lassen sich allemal die besten Arbeitsverträge abschließen — sein Urwald-Krankenhaus verlassen. Aber er baut in Mexiko ein neues Indio-„Krankenhaus" auf.)

So bestand ein wahrer Teufelskreis: Ausfuhr von billigen und Einfuhr von teuren Waren. Dadurch vergrößerte sich der Abstand zwischen entwickelten und unterentwickelten Ländern immer mehr. Allerdings entstand 1973 eine neue Lage. Die Metallpreise sind drastisch erhöht worden. Fast alle Metalle sind knapp.

Denjenigen Rohstoffländern, die ihre augenblicklich steigenden Einnahmen verwenden, um das Angebot an Rohstoffen auszuweiten, kommt der Rückschlag bestimmt beim nächsten Preisverfall am Weltmarkt. Teilweise sanken die Metalle schon im Sommer 1974. Es ist unklug, wenn man sich mit dem begnügt, was man sich ertrotzt hat. Überhaupt ist Entwicklungshilfe nicht auf der Grundlage der Erpressung möglich.

Gewiß werden seit Februar 1975 durch ein Abkommen zwischen EG und 46 Entwicklungsländern diese für viele ihrer Ausfuhrgüter stabile Preise bekommen. Aber außerdem muß sich in den Entwicklungsländern eine Industrie entwickeln, die mit dem breiter wirkenden Landwirtschafts- und Ausbildungsvorhaben im Einklang gebracht wird. Es wäre also zweckmäßig, wenn die Entwicklungsländer nicht Rohstoffe ausführten, sondern verarbeitende Materialien. Also Roheisen statt Eisenerz, Furnier- und Sperrholz statt Rohholz, mehr Garne und Stoffe statt Naturfasern, höherwertige Lebens- und Futtermittel.

Landwirtschaft und Industrie stehen in Wechselwirkung. Erstere kann nur Höchsterträge erzielen, wenn letztere ihre vielfältigen Erzeugnisse als Hilfsmittel dazu liefert. Da es in den Entwicklungsländern zu viele unbeschäftigte Arbeitskräfte gibt, müssen beide darauf bedacht sein, möglichst viele Leute zu beschäftigen. Also sind bei kleinen Flächen einfache landwirtschaftliche Geräte angebracht und dies auch, um Bodenschäden zu vermeiden. Fahrräder und Autobusse z. B. sind wichtiger als eine Vielzahl von Privatautos, Eisenbahnen wichtiger als Flughäfen, Stallmist und Kompost statt Industriedünger und chemischen Pflanzenschutzes. Man sollte doch allmählich einsehen, daß die große Aufgabe der Gegenwart darin besteht, wieder einen Weg zu finden, die Bedürfnisse in Übereinstimmung zu bringen mit dem, was die Natur eines Landes auf lange Sicht zu geben vermag. Die Brunnen der Welt werden leer, weil die letzten Geschlechter allzu gierig daraus schöpften.

Andererseits dürfen sich die Industrieländer nicht gegen die Einfuhr wettbewerbsfähiger Artikel sperren. Das geschieht aber; denn während die Einfuhr von Rohstoffen weitgehend zollfrei ist, steigern sich bei den Halb-

und Fertigwaren mit zunehmendem Veredelungsgrad der Einfuhrwaren die Zölle. Sicher hat es z. B. keinen Zweck, in den Entwicklungsländern Autos bauen zu lassen, die ausschließlich für die Ausfuhr in Länder mit steigender Arbeitslosigkeit bestimmt sind. Bei Textilien und Bekleidung allerdings wird die Ausfuhr der Entwicklungsländer noch erheblich zunehmen. Auch wäre es vorteilhaft, wenn die Entwicklungsländer ihren Handel untereinander verstärkten. Er betrug 1967 nur 20 % des Gesamthandels, aber bei den Industriestaaten 70 %.

Was bedeutet das für die Bundesrepublik? Italien, England und morgen vielleicht noch Frankreich stecken auch in wirtschaftlichen Schwierigkeiten. Portugal braucht unsere Hilfe. Deutsche Milliarden-Kredite stehen vor der Tür. Damit aber nicht genug. 700 Millionen für Jugoslawien, 2,3 Milliarden für Polen. Dazu die unveränderten Hoffnungen Moskaus, verbilligte Kredite zu erhalten.

Wie recht hat der Schah von Iran:

„Die riesigen Devisenvorräte, die die Ölländer angehäuft haben, sollten u. a. in Ländern der Dritten Welt investiert (angelegt) werden." (Juni 1974.)

Das Bekenntnis des Schah bedeutet aber nicht, daß wir uns von einer sinnvollen Entwicklungshilfe zurückziehen sollen. Allerdings kann es Entwicklungshilfe in klassischem Sinn nur noch für die eben erwähnten „Habenichtse" geben. Gegenüber den weiter fortgeschrittenen Ländern muß an Stelle der Hilfe der Handel und industrielle Zusammenarbeit treten.

In vielen Entwicklungsländern ist es nicht angebracht, mit **besonderen** landwirtschaftlichen Maßnahmen (Pflanzenschutz, Schädlingsbekämpfung, leistungsfähigen Nutzpflanzen, besserem Saatgut, Anwendung moderner Maschinen) zu beginnen. Vielmehr ist es häufig notwendig, erst die durch Entwaldung zerstörte Landschaft gesunden zu lassen.

Auch die Gleichgültigkeit der farbigen Politiker, denen auffallende Industriebauten wichtiger sind als eine erst in Jahrzehnten nutzbringende **Waldbewirtschaftung** und die vielfach die Verbindung mit dem unerschlossenen Hinterland verloren haben, ist ein schweres Hemmnis. So kommen 85 % der Hilfsgelder den Städten zugute. Dadurch, daß man gedankenlos die Verschiedenheit der Rassen nicht beachtete, wurden bis etwa Ende der sechziger Jahre Milliarden der Entwicklungshilfe sinnlos vergeudet.

Aufforstung und **Aufschließung** bilden auch die Grundlagen der Holzversorgung und damit auch der holzverarbeitenden Betriebe. Dabei hat das Holzhandwerk, das vielfach auf alten Überlieferungen aufbauen kann, den Vorteil reichlicher Arbeitsbeschaffung. Roh oder verarbeitet könnte Holz bei vielen afro-asiatischen Völkern zu einem wesentlichen Teil der Staatseinnahmen werden.

Aber von 300 000 Forstleuten, die zur Betreuung der Erde nötig sind, ist nur ein Viertel vorhanden. Der deutschen Forstwirtschaft, die seit Mitte des 19. Jahrhunderts in der ganzen Welt als vorbildlich gilt, eröffnet sich hier ein weites Betätigungsfeld.

Eine weitere Voraussetzung für die Steigerung der landwirtschaftlichen Erträge ist die Regelung der Wasserwirtschaft. Allerdings hat das weltweite Interesse an riesigen Bewässerungsvorhaben seine Grenzen. Ebenes Land ist nötig, ein Fluß mit ausreichend Wasser, ein Staudamm an der richtigen Stelle, Kanäle, die sich leicht ziehen lassen und eine einflußreiche Verwaltungsstelle, die das Wasser verteilt und den Wasserbrauch überwacht. (Über unvorhergesehene schädliche Auswirkungen siehe „Assuan-Staudamm".)

Auch wenn all dies vorhanden ist, bleibt bei Wüstengebieten die Gefahr der Versalzung. (Siehe „Afghanistan", „Pakistan", „China", „Kalifornien", „Ägypten" und „Pußta" in Ungarn.) Wüstenboden ist salzhaltig, da es an versüßendem Regenwasser fehlt. Werden die Flüsse angezapft, hinterläßt verdunstendes Wasser Salz. Der Boden wird tonartig und dadurch wasserundurchlässig. Die Versalzung läßt sich zwar durch eine maschinell betriebene, künstliche Kanalisierung — unter der Erde verlaufende Tonröhren — hinauszögern. Jedoch liegt im Abpumpen des Grundwassers eine neue Gefahr, nämlich die des übermäßigen Auspumpens, was schließlich zur Versiegung dieser Versorgungsquellen führen kann. — In den Trockengebieten entstehen Salzböden auch ohne menschliches Zutun.

Gegen Versickerung von künstlichen Seen und gegen Verdunstung wurden im Westen der USA durch Chemikalien gute Erfolge erzielt. Weitere Versuche finden statt, auch in Südafrika. Die erwähnte Gewinnung von Süßwasser aus dem Meer ergab zwar 1967/68 täglich 400 000 cbm Trinkwasser. In Helgoland wurde 1972 die erste deutsche Entsalzungsanlage in Betrieb genommen. Eine zweite deutsche Anlage ist auf Sylt geplant. (Siehe auch „Belgien". Jedoch wird diese Wassergewinnung in erster Linie der Industrie zugute kommen.)

Alle Verfahren arbeiten noch mit Kosten, die eine Bewässerung von großen landwirtschaftlichen Nutzflächen verbieten. In unserer Bundesrepublik wird an einem Verfahren gearbeitet, bei dem Meerwasser durch Membranen — hauchdünnen Platten — gepreßt wird, die das Salz zurückhalten. Doch bietet sich nach Plänen des Polytechnischen Institutes von Dr. Ing. Ständer (Karlsruhe), erstmalig die Möglichkeit, durch Meerwasserentsalzung gewonnenes Wasser für Bewässerungszwecke kostendeckend zu nutzen. In einer Tiefe von etwa 50 cm werden geschmeidige Kunststoffrohre in Abständen von 1—4 m verlegt. Durch Poren der Rohre tritt das Wasser in den Boden. Bei Versuchen in Tunesien ergab sich eine Wasserersparnis von etwa zwei Drittel der benötigten Menge bei Oberflächenbewässerung. Auch gibt es kaum noch Unkrautprobleme. Die Wasserzufuhr läßt sich nämlich so steuern, daß die Feuchtigkeitsgrenze sehr genau 5—10 cm unter der Erdoberfläche endet. Dadurch bildet sich eine trockene Oberflächenschicht, in der Unkrautsamen nicht keimen kann. Sogar Bodenschädlinge kann man unterirdisch bekämpfen, indem man anstelle Wassers heißen Dampf durch die Rohre schickt. — Durch die Verwendung von Aluminiumrohren anstelle der bisher verwendeten Kupferrohre oder kostspieliger Legierungen, können künftig Anlagen in den nuklearen Meeresentsalzungswerken um rund ein Drittel gesenkt werden. (Israelitische Forscher.) Alle Anlagenteile müssen aus rostfreien Werkstoffen hergestellt werden.

Sinnwidrige Entwicklungshilfe

Vor kurzem noch hat man in Westeuropa laut geklagt, die USA würden zu viele Wissenschaftler und Fachkräfte mit dem Angebot guter Dollarbezüge und freier Forschungsmöglichkeiten abwerben. Jetzt tritt dieselbe Frage zwischen Westeuropa mit Deutschland auf der einen und den weniger entwickelten Ländern auf der anderen Seite in den Vordergrund. 1975 ist jeder zehnte Arzt im Bundesgebiet ein Ausländer. Zur gleichen Zeit wurden durch den Numerus clausus (geschlossene Zahl) nur ein kleiner Teil von Deutschen zum medizinischen Studium zugelassen.
Man schätzt die Zahl der Diplom-Ingenieure aus Asien und Afrika, die in der Bundesrepublik arbeiten, auf über zweitausend. Auch andere Fachkräfte aus Entwicklungsländern bleiben bei uns, eine Tatsache, die den Absichten und Bemühungen der Entwicklungshilfe Hohn spricht und der Bundesrepublik außerdem schwere Vorwürfe einbringt. Die Olländer lokken ihre im Westen verbliebenen Fachkräfte mit Darlehen, Zollvergünstigungen und Befreiung vom Militärdienst, meistens vergeblich.

Durch die Ausweitung des Tourismus

wird der gesellschaftliche und wirtschaftliche Eigencharakter der Entwicklungsländer gestört, was zu ihrer Verarmung beiträgt, statt ihnen zu helfen. Auch wird die Umwelt geschädigt, in den Nationalparks werden die Tiere verängstigt und ganze Müllberge zurückgelassen. Riesenhotels werden mitten in den Nationalparks errichtet. In Afrika müßten nur noch schwarze Reiseführer ausgebildet werden. (Siehe auch „Afrika".)

Allgemeine Unzulänglichkeiten in den Entwicklungsländern

Es ist erschreckend offenbar geworden, daß manches ehemalige Kolonialland Afrikas und Asiens zu früh in die Schwierigkeiten und Qualen der Selbständigkeit entlassen worden ist. Besonders in den jungen afrikanischen Staaten neigen die Fachleute und Akademiker dazu, in die Politik zu gehen. Sie wollen die neue Führungsschicht ihrer Völker sein. Halbgebildete, innerlich unausgefüllt, sind aber immer in Gefahr, der Radikalität anheimzufallen. Sie ergeben sich dem Kommunismus, ohne zu wissen, was eigentlich kommunistische Herrschaft bedeutet.

Die Forderungen der Entwicklungsländer sind oft maßlos. Ihre Erfüllung könnte eher den Zusammenbruch des Welthandels bringen als seine Förderung. Die Entwicklungsvölker sollten auch anerkennen, daß die nichtkommunistischen Länder im Vergleich zu den Ostblockstaaten bei weitem ihre besten Helfer sind. 17 westliche Industrieländer gaben 1974 für Entwicklungshilfe 26,7 Milliarden Dollar (davon die Bundesrepublik 3,2 Milliarden), während es die Ostblockländer auf die Winzigkeit von 1,4 Milliarden Dollar brachten. Über Beteiligung der Ölländer siehe nächste Seite.

Die technischen Neuerscheinungen der letzten Jahrzehnte für die Behandlung der Lebensmittel (Eindosen, Verpackungstechnik, Kühlung, Tiefgefrieren) sind in ihrer Anwendung sehr eingeschränkt; denn im großen und ganzen sind sie nur ein Vorrecht der wohlhabenden Völker. Für die Armen und Hungrigen in der Welt aber sind sie zu teuer. Auch gibt es keine „Kühlkette" von Europa nach den Entwicklungsländern. Deshalb müssen in mancher Hinsicht vollständig neue Techniken zugunsten der gesamten Menschheit entwickelt werden.

Schädlinge müßten gleichzeitig und schlagartig von den betroffenen Völkern bekämpft werden. Auch Seuchenbekämpfung ist eine weltweite Aufgabe.

Zwar sank in Lateinamerika von 1960—1970 die Zahl der Analphabeten von 32,5 % auf 23,5 %. In Asien gibt es aber demgegenüber 48 % und in den arabischen Ländern sogar 75 % Analphabeten. Bei der Bevölkerungszunahme ist ihre Gesamtzahl von 740 auf 810 Mill. gestiegen. Sie haben auch nicht die Möglichkeit, sich durch Stipendien und staatlich geregelte Unterstützungen emporzuarbeiten. So wird der Graben zwischen Gebildeten und Analphabeten immer größer. Sogenannte Bildung dient der herrschenden Minderheit als Rechtfertigung für ihre Vorrechte, die sie beanspruchen und auch genießen.

Wie schon hingewiesen wurde, muß zwischen Lateinamerika und ehemaligen Kolonialländern unterschieden werden. Doch trifft der eben erwähnte Vorwurf für beide Teile zu.

Grundlage jeglichen Fortschrittes bilden die Schulen

Eine der zielbewußtesten und tatkräftigsten Gruppen, die gegenwärtig dem Analphabetentum in der Welt zu Leibe gehen, ist das Seminar für Sprachmethodik, deren Mitarbeiter auch unter dem Namen Wycliff-Bibelübersetzer bekannt sind. (Näheres bei der Geschäftsstelle in 5909 Holzhausen, Krs. Siegen.) Je nach der Lage geht ein solches Programm Hand in Hand mit praktischer Hilfe, wie medizinischer Betreuung, Weiterbildung in Landwirtschaft u. a. Im übrigen aber sind die Unterrichtsergebnisse recht dürftig infolge

verkehrten Schulsystems.

Statt über der Grundschule erst eine Fortbildungsschule in Form der Handwerker- oder landwirtschaftlichen Schule einzurichten, hat man sofort mit

der theoretischen Bildung begonnen. (Die Missionare allerdings handelten richtig.) Mit diesen europäisch-amerikanischen Bildungssystemen aber ist den Entwicklungsländern nicht geholfen. Das Wichtigste ist, daß die Kinder lernen, ihre eigene Welt zu verändern.
Aber auch dann darf die Bedeutung der Schulen nicht überschätzt werden. Die meisten Menschen erwerben den größten Teil ihrer Erkenntnisse, ihres Wissens und ihrer Fähigkeiten außerhalb der Schule. So muß der Unterricht in Schule und außerhalb von Schule als Ganzes gesehen werden. Darum an Stelle der teuren Schulsysteme in den Entwicklungsländern für alle Bürger unter 30 Jahren Schulpflicht von ein bis zwei Monaten jährlich! (Empfehlend sei hingewiesen auf das Buch Iwan D. Illich, Almosen und Folter, Kösel-Verlag, München, 1970.)
So haben nur wenige Entwicklungsländer ihr Ziel erreicht. Es besteht ein „Teufelskreis der Armut": keine Schule, nichts lernen, nichts wissen, nichts können, keine Arbeit, kein Geld, keine Nahrung, keine Wohnung, keine Kleidung, kein Arzt, Hunger, Armut, Krankheit, keine Kraft, Gleichgültigkeit!
Private Direktinvestitionen haben eine sehr viel größere Bedeutung als die öffentliche Entwicklungshilfe. Bei einem solchen Unternehmen müßten sich die Entwicklungsgesellschaft GmbH (DEG) beteiligen und die Ölstaaten mit Kapital. Die Öländer Iran, Saudi-Arabien, die Vereinigten Emirate und Kuweit haben 1974 und im ersten Viertel 1975 insgesamt 7,5 Milliarden Dollar an Entwicklungshilfe zugesagt. Die höchste Verpflichtung ist der Iran mit 2,6 Milliarden Dollar eingegangen, wovon 473 Mill. bisher (August 1975) abgeflossen sind.

„Macht euch die Erde untertan!" (1. Mose 1,28)

Der Mensch brauchte Waffen, weil er schwächer war als die meisten Raubtiere. Er brauchte Wärme, weil ihn weder Fett noch Pelz schützten. Er brauchte Wohnungen, weil es zu wenig schützende Höhlen gab. So wurden die natürlichen Schätze auf dem gesamten Erdball gedankenlos benutzt. Aber dabei ist doch ein Unterschied bei den einzelnen Völkergruppen festzustellen.
Wie wir eingehend betrachtet haben, bestanden in Amerika, China, Indien, Mesopotamien und im Niltal Hochkulturen, als im europäischen Westen das Leben noch sehr primitiv verlief. Die Geschichte unserer westlichen Kultur begann im 16. Jahrhundert v. Chr. mit den Achäern, den Vorvätern der Griechen. (Siehe Seite 116.) Um den Menschen denken zu helfen, dichteten ihre Dichter, schrieben ihre Philosophen und Geschichtsschreiber und redeten ihre Redner. Die ersten Schüler der Griechen waren die Römer. Fast überall gab es Schulen, allerdings privater Art und nur einen kleinen Teil der Bevölkerung betreffend.
Der westliche (römische) Teil stürzte 476 zuerst. Zu den mannigfachen

Gründen gehört auch die Vernachlässigung der Natur. Die oströmische, griechisch sprechende Hälfte, blieb trotz unablässiger Angriffe noch weitere 1000 Jahre bestehen.

Dann kam das „finstere" Mittelalter. Straßen, Wasserleitungen und Häfen verfielen. Um 400 n. Chr. gab es noch Bücher die Menge. Acht bis zehn Geschlechter später war ein Buch eine kostbare, sorgfältig behütete Seltenheit. Die sich meteorhaft entwickelnde islamische Kultur überflügelte den Westen völlig. (Siehe Seite 300.) (Allerdings blieb die technologische Überlegenheit des Westens.)

Doch mit dem Beginn der Neuzeit, dem Zeitalter der Erfindungen und Entdeckungen, begann sich das Blatt langsam zu wenden. Der westliche Mensch beherzigt die in der Überschrift angezeigte Aufforderung Gottes. Er sieht sich keineswegs als einen Teil der Natur (der Tiere, Pflanzen oder gar des Gesteins und der Gestirne) an. Er betrachtet nicht die Natur als eine Göttin, die „Mutter Erde". Dieser grundsätzliche Begriff des Gesondertseins von der Natur ist dem Hinduismus und Buddhismus, auch den indianischen Hochkulturen und den primitiven Naturreligionen fremd. (Allerdings wird hier dadurch die Natur im allgemeinen nur insoweit gestört, als es für das Wohlergehen des Stammes erforderlich ist.)

Zu seiner hohen Aufgabe ist der westliche Mensch befähigt, erstens durch sein klares logisches Denken. Christus sagt: „Eure Rede sei ja — ja oder nein — nein." Der Ferne Osten betrachtet so etwas als unerträgliche Engherzigkeit des Denkens. Er räumt den Gefühlen und Ahnungen eine beherrschende Rolle ein. Aber durch das „innere Auge" gerät man keineswegs zur Herstellung des Computers, des Flugzeuges, der Feinheiten der Gehirnchirurgie oder zum Bau einer (gerade für die hungernden Massen Indiens notwendigen) Kunstdüngerfabrik. So war das Christentum immer der Wissenschaft zugewandt — wie auch der Islam, bevor er „ausbrannte".

Zweitens ist die Betonung der Persönlichkeit jüdisch-christliches Erbgut. Ein wichtiges Unterrichtsziel muß darin bestehen, das Persönlichkeitsbewußtsein in jedem einzelnen zu wecken und auf jede nur mögliche Art zu fördern. Goethes Jubelruf: „Höchstes Glück der Erdenkinder ist doch die Persönlichkeit" würde weder im Fernen Osten noch im tropischen Afrika nachempfunden werden. Diese Völker „gehen auf" in der Familie, Sippe und im Stamm.

Die Forderung nach persönlicher Freiheit fußt auf der Überzeugung, daß der Mensch einen freien Willen hat, daß er also immer voll für seine Taten verantwortlich ist. Durch das klare Denken und die Betonung der Persönlichkeit ergibt sich eine hohe Arbeitsmoral, die zwar auch bei einigen anderen Völkern zu finden ist, aber stark beeinflußt durch den Westen.

Ganz unausdenkbar sind hinsichtlich der geschilderten hervorgehobenen Eigenschaften die etwaigen negativen Folgen eines Sieges der Araber 732 im Südwesten Galliens (Frankreichs), der Mongolen 1241 in Schlesien, der

Türken 1683 vor Wien und schließlich bei der Ausbreitung des Kommunismus über ganz Europa.

Leider gab es

auch in den europäischen Industriestaaten (zu denen indirekt Nordamerika gehört) falsche Bildung: Überbetonung des Denkens und der Persönlichkeit.

Da die naturwissenschaftlichen Erkenntnisse des Kopernikus (1473—1543), des Johann Kepler (1571—1630) und Galileis (1584—1642) von der mittelalterlichen Kirche leider verurteilt wurden, bedeutete dies für die Naturwissenschaft eine immer deutlichere Absage an die Theologie und Philosophie. Dadurch aber wurde auch ihr Vorgehen verhängnisvoll. Durch genaues Messen und Beobachten war sie zu neuen, das alte Weltbild stürzenden Erkenntnissen gelangt. Messen und Beobachten blieb ihre Methode.

Diese Naturwissenschaft nahm vor etwa 170 Jahren einen ungeheuren Aufschwung. Zugleich wandte man sich den Ideen der Entwicklungslehre (Evolutionslehre) zu. Dieses Denken wurde von Kant und Laplace in die Astronomie, von Vuckle und Herder in die Geschichte und von Buffon, Lamarck und Darwin in die Biologie eingeführt. Die Anhänger der Evolutionslehre lehnten die Religion grundsätzlich ab. Der Zufall, wirksam über Millionen von Jahren, sei mit Hilfe einer natürlichen Auslese für die Planung verantwortlich, und damit basta! Zugleich trat die Wissenschaft als neuer Messias auf, der die Menschheit von allem Elend und Leid erlösen würde.

Von 1960 bis 1970 verdoppelte sich der Umfang des Wissens sogar, vor allem auf den Gebieten der Naturwissenschaften, der Technologie (Raumfahrtzeitalter) und der Medizin. Aber die Loslösung von der uns zurückhaltenden und leitenden Hand Gottes führt zu moralischem und intellektuellem Niedergang. So haben sich innerhalb derselben zehn Jahre auch Übelstände verdoppelt. („Geistige Umweltverschmutzung": Zerfall des Familienlebens, Verbrechertum, besonders bei Jugendlichen, Gemütskrankheiten. Dazu kommen Krebs- und Herzkrankheiten.) Einseitig wendet sich unser Blick auf Erhaltung und Förderung des menschlichen Lebens mittels Naturwissenschaften, Technik und Wirtschaft (Zivilisation). In dem Bestreben, aus neuen wissenschaftlichen Erfindungen möglichst sofort wirtschaftlichen Nutzen zu ziehen, manchmal auch auf Kosten des Wohles anderer, hat man unsere Umwelt zu einem „Pulverfaß" gemacht.

Völliges Umdenken ist notwendig

Verzichtet zunächst auf einige Bequemlichkeiten, damit unsere Umwelt sauberer wird! Unternehmen und Gewerkschaften, betrachtet nicht länger das Wachstum des Bruttosozialproduktes als den Maßstab des wirklichen Lebens! Ringt euch vielmehr zu der Erkenntnis durch, daß die bisherigen Maßstäbe unseres gesellschaftlichen Lebens: Erzeugen, erzeugen! Verdie-

nen, verdienen! Verbrauchen, verbrauchen! Wegwerfen, wegwerfen! Neue Modetorheiten, neue Modetorheiten! Gut leben, gut leben! Schnell leben, schnell leben! Immer mehr verdienen und gleichzeitig weniger arbeiten! Immer mehr Autos (und dadurch immer mehr Vergiftung von Luft, Wasser und Erde), immer mehr Verpackung (und dadurch immer mehr Müll) an den natürlichen Grundlagen des Lebens Raubbau treiben! Verwechselt nicht dauernd Übererzeugung, Überbeschäftigung mit Vollbeschäftigung, Überbau mit Aufbau, Herzverfettung mit Genesung!
Die Behauptung, daß die Wirtschaft der Industriestaaten Wachstumssteigerungen haben müsse, um durch Ausfuhren die Armut der Entwicklungsländer zu verringern, trifft nicht zu. Sie wird schon durch die Erfahrung widerlegt; denn in den Jahren, als die Zuwachsraten am größten waren, ging es den Entwicklungsländern immer schlechter. Wie diesen wirklich geholfen werden kann, wurde in diesem Buch zur Genüge dargelegt.
Überschätzte Schulbildung und gleichzeitig Scheu vor körperlicher Arbeit. Die Gastarbeiter haben wir vorwiegend deshalb ins Land geholt, um sie die schmutzigen Arbeiten verrichten zu lassen. Siehe auch Seite 49. Immer mehr Einheimische wollen im Kittel und im weißen Hemd arbeiten. 1974 wollten 87 000 Abiturienten studieren, aber 44 000 davon bekamen keinen Studienplatz. Außerdem kommen durch den Numerus clausus viele an das falsche Fach. Rund 30 000 DM kostet uns ein Student im Jahr. Die Bildungsausgaben stiegen von 23 Milliarden DM 1969 auf 70 Milliarden 1974. Aber nach dem Studium finden immer mehr Akademiker keine entsprechende Stellung. Arbeitslose Akademiker bedeuten Luxus, während gleichzeitig kein Mensch 2,4 Mill. beschäftigte Ausländer (1974), von denen jährlich 50 000 Kinder in das Berufsleben eintreten, nach ihrer Bildung fragt.

In Frankreich sind 4 Mill. Gastarbeiter beschäftigt. Die kommunistisch geleitete Gewerkschaft CGT und die linkssozialistische CFDT treten für ihre Beibehaltung ein, weil die meist unverheirateten Ausländer leichter zu einem Streik zu bewegen sind.

Der Staat, ein erfolgreicher Arbeitgeber?

Ungeheuer hoch sind die Fehlbeträge der Bundesbahn, der öffentlichen Nahverkehrsbetriebe. 1975 fehlen allein den Verkehrsmitteln 15 Milliarden DM. Diese Verluste trägt der Bürger genauso wie die öffentlichen Personalkosten. Dieselben betrugen bei der Bundesbahn 72 % des Gesamtetats. Aber eine Privatfirma trägt bei Mißwirtschaft die Unkosten selbst und kann sogar Pleite machen.
In den USA sind die Eisenbahnen Privatunternehmen. Die meisten zahlen Steuern. In der Schweiz werden Bundesbahn und Bundespost nicht nach politischen, sondern nach wirtschaftlichen Gesichtspunkten geführt, und sie erwirtschaften Überschüsse.

Wichtige Bereiche von Bildung würden ohne Staatslenkung auch besser und billiger arbeiten. Nach Prof. Wolfram Engels, Frankfurt/M., sähe die Hochschul-Finanzierung so aus: Der Staat bezahlt nicht länger die Universitäten und Professoren, sondern zahlt Ausbildungsbeihilfen direkt an alle Studenten aus. Jeder Student kann sich dann die Universität und den Professor aussuchen, die er für die besten hält. Von seinen Gebühren werden anschließend Professoren und Universität bezahlt.
Man könnte von den Studenten verlangen, daß sie diese Stipendien im Laufe ihres späteren Lebens — etwa als Zuschlag zur Einkommensteuer — zurückzahlten. In Schweden besteht bei Studienkosten von 36 000 Kronen ein solches Darlehen in Höhe von 35 000 Kronen = 19 300 DM. Die Zahl der Studenten nahm ab. — Während jede staatliche Schule und Hochschule dem Steuerzahler Millionenbeträge für Gebäude, Einrichtungen und Gehälter kostet, kommen die privaten Institute hierfür selbst auf. Darüber hinaus müssen sie für die von ihnen geleistete Ausbildungsarbeit auch noch Steuern zahlen.
Ein entsprechendes Finanzierungssystem zur Förderung des Wettbewerbs kann nach Meinung von Engels auch bei Gymnasien und Kindergärten eingeführt werden. Die Müllabfuhr, Schlachthöfe oder Krankenhäuser könnten, zwar nicht in privates Eigentum, aber doch an private Organisationen verpachtet werden.
Ohne Anreiz zur Leistung, also rein bürokratisch, geführt müssen nur die Bereiche der Justiz, Polizei und Bundeswehr.

Weitere Fehlausgaben der öffentlichen Hände

Im Streben nach äußerem Ansehen (Image) betreibt die gesamte öffentliche Hand teilweise eine leichtfertige Ausgabefreudigkeit beim Verhalten, Bauen und Reisen.
Von 1955 bis 1974 sank (ohne Bahn und Post) die Einstufung der Beamten in Verwaltung und Behörden des Bundes im einfachen Dienst von 28 % auf 4 %, im mittleren Dienst von 43 % auf 38 %. Beim gehobenen Dienst stieg die Einstufung aber von 21 % auf 41 % und beim höheren Dienst von 8 % auf 18 %. Da es nicht so viele Laufbahnstufen gibt wie mögliche Beförderungsjahre, drängelt sich natürlich alles an der Spitze. So gibt es in Bonn schon über 2800 Ministerialräte, Ministerialdirigenten und -direktoren.
Von 1961 bis 1973 haben die öffentlichen Hände immer mehr unnötige, geldkostende Bereiche unter Kontrolle und Einfluß gebracht. So vergrößerten sie die umlaufende Geldmenge in einem Maße, das durch die Steigerung des Bruttosozialproduktes nicht im entferntesten gedeckt war und wirkten dadurch als Preistreiber.
Von 1970 bis 1975 wuchs der Bundesetat um Dreiviertel, der Etat der sozialen Leistungen aber um das Doppelte. Mit anderen Worten: Die Leistungen der Sozialversicherungen wachsen doppelt so hoch wie das Brutto-

sozialprodukt; denn auch die Arbeitgeberbeiträge für Sozialversicherung und für andere soziale Bereiche verdoppelten sich.
Man glaubte, Steuern und Sozialabgaben würden stetig ansteigen und der Anteil des Staates am Bruttosozialprodukt würde immer größer werden. Neue Sozialbereiche erfordern neue Verwaltungsstellen. So schufen die öffentlichen Hände durch eine Flut von Gesetzen (jährlich 3000 Textseiten), immer neue Beamtenstellen und versäumten es, überalterte Gesetze und Behörden abzubauen. Dadurch stieg seit 1961 bis 1973 die Zahl der Beschäftigten um 822 000 = 31 %. Im gleichen Zeitraum stieg die Zuwachsrate aller abhängig Beschäftigten aber nur um 8,85 % und die Bevölkerung nur um 10 %. Die zusätzlich Beschäftigten wanderten hauptsächlich in den Hochschulbereich.
So zeigten die öffentlichen Hände eine lebensgefährliche Großzügigkeit. Dadurch floß zu wenig Geld in die öffentlichen Investitionen, also auch zu wenig in Vorhaben des Umweltschutzes. In Subventionen (Unterstützungen, sogenannten Reformen, wie eben erwähnt, in solchen für soziale Sicherung, weiter vor allem in solchen für Bildung) dagegen wurde sehr viel Geld angelegt. Es ist aber zu überlegen, welche Subventionen aufhören könnten. Sie bringen die soziale Marktwirtschaft in Verruf und vielleicht sogar in Gefahr. Insgesamt betragen die Subventionen jährlich 30 Milliarden Mark. Die Bundesbank hat eine Streichliste für 24 Milliarden Mark aufgestellt. (Hingewiesen sei auf die Studie von Paul Morell „Was kostet unsere Verwaltung — was darf sie kosten?" 1973, Verlag für Wissenschaft, Wirtschaft und Technik, Bad Harzburg.)
Die Zahlungen in fremde Länder, z. B. an Jugoslawien und Polen, wurden schon erwähnt.

Noch ungenutzte große Sparmöglichkeiten

Die Bekämpfung der Verbrecher wird durch veraltete Zuständigkeiten der Länder erschwert. Auch aus Gründen des Umweltschutzes — siehe letzte Seite — ist die Forderung berechtigt: Löst die Länder, die eifersüchtig über ihre Vorrechte wachen, mit ihren vielen überflüssigen Ministerien auf! Bildet statt dessen 4—5 große Provinzen, die sich zwar verwalten, aber von Bonn regiert werden. — Dazu kommt die weiche Welle gegenüber Aufwieglern und Leistungsverweigerern an Hochschulen und anderswo. Hochschulen wurden nicht reformiert, sondern deformiert; denn die studentische Rebellion wurde durch Gesetzgebung stabilisiert. Alle demokratischen Parteien haben die geistige Fehlentwicklung an den Hochschulen hilflos übersehen.

Die katastrophale wirtschaftliche Lage 1974/75

überrascht nicht. Die Ölrechnung stieg von 11 Milliarden DM 1972 auf 40 Milliarden 1974. Das bedeutet eine Inflationsrate von 2,5 % (Gesamtgeldentwertung 7 %). In diesem Fall allerdings kann man von keiner deutschen Schuld sprechen. Die Sättigung des Baumarktes und des Automarktes aber ließ sich voraussehen. 1,15 Millionen Arbeitslose, 900 000 Kurzarbeiter, 7000 Bank- und Firmenpleiten, 123 000 Schulentlassene ohne Stellen Anfang 1975. 1974 betrug die Verschuldung von Bund, Ländern und Gemeinden zusammen 56 Milliarden DM, 1975 werden 40 Milliarden hinzukommen. 3,3 Milliarden DM wurden als Darlehen an die Nürnberger Bundesanstalt überwiesen, damit die Arbeitslosengelder für die ersten fünf Monate 1975 ausgezahlt werden konnten.

Die diesbezügliche Schuld der öffentlichen Hände haben wir schon untersucht. Aber wir alle — abgesehen von Kleinrentnern und unschuldig in Not Geratenen — wollten mehr verbrauchen als das Einkommen zuließ. Die Unternehmer investierten in der Hochkonjunktur mehr als erwirtschaftet werden konnte. Die Arbeitnehmer verlangten Löhne, die höher waren, als der Steigerung der Erzeugung angemessen war. Anscheinend will man dadurch sparen, daß ab Juli 1975 alle Reformen des Umweltschutzes, die die Industrie belasten würden, ein Begräbnis erster Klasse erhalten sollen.

Wenn bei uns die Geldentwertung in den Sommermonaten 1974 sank, so lag das vor allem an dem Preisverfall auf dem landwirtschaftlichen Markt. Unwirtschaftlich war im allgemeinen auch die Industrie. Um den Preisauftrieb zu bremsen, wurde sie mit knappem Geld und hohen Zinsen gedrosselt; denn man handelte nach der Parole: Laßt uns die Belastbarkeit der Wirtschaft erproben! Die Unternehmenserträge in der Bundesrepublik werden mit 70 % und darüber besteuert, während diese Steuer bei allen Konkurrenzländern nur 50 % beträgt.

Deutschland ist, mitbedingt durch den Verfall des Dollars, zwar das reichste, aber neben Schweden und den USA auch das teuerste Land. Eingeführtes billiges verarbeitetes Öl ruiniert die deutschen Raffinerien (Veba). Im Januar 1975 bestellte das Ausland um 30 % weniger als im Januar 1974. Im ersten Viertel 1975 erzeugte die Gesamtindustrie für vier Milliarden DM weniger. Davon entfiel die Hälfte auf die Ausfuhr. Verständlich, daß die Auto-, Chemie-, Maschinenbau- und Textilindustrie versuchen, ihre Erzeugung immer stärker in kostengünstigere Entwicklungsländer zu verlagern. Nur den verstärkten Käufen der Ölförderländer und des Ostblocks ist es zu danken, daß der Knick in der Ausfuhrkurve nicht schärfer ausfiel. Auf die Dauer spricht die Entwicklung auch gegen die deutsche Stahlindustrie. Der Auftragseingang ist um 37 % niedriger als 1974.

Tatsächlich liegt bei Übersee-Kohlengruben — in den USA, Südafrika, Australien usw. —, die Förderleistung mindestens fünfmal so hoch wie in der Bundesrepublik. Außerdem ist die Lösung des Kokskohleproblems eingebettet in das allgemeine Energieknappheits- und Teuerungsproblem. In allen alten Stahlerzeugungsländern der freien Welt werden eifrig Pläne durchgerechnet, zumindest die ersten Stufen der Stahlerzeugung bis hin zum Halbzeug verstärkt in energiereichen Gegenden der Welt, nicht zuletzt auch in den Öllländern, zu bauen.

Diese erste Verarbeitungsstufe trifft auch auf andere Metalle zu. Sie kann unter Beteiligung der Entwicklungsländer auch in Deutschland stattfinden. So entsteht in Emmerich eine 120 000-Tonnen-Anlage für gegossenen Kupferwalzdraht, an der die chilenische Bergbaugesellschaft Codelco mit 40 % beteiligt ist.

Da die Wachstumsrate 1974 nur 0,4 % betrug, förderte jeder, der mehr Lohn verlangte, die Industrieverlegungen ins Ausland. Der lautstarke Ruf, durch vermehrten Geldumlauf den Aufschwung herbeizaubern zu können, ist barer Unsinn. Nehmt vielmehr eine niedrigere Gewinnquote und eine Kürzung der Löhne und Gehälter, vor allem der unverschämt hohen Spitzengehälter, zur Erhaltung der Wettbewerbsfähigkeit als eine Selbstverständlichkeit hin!

Überhöhte Ansprüche an öffentliche Hand und Unternehmen bleiben aber. Der Nahverkehr soll billiger werden. Kindergärten sollen künftig unentgeltlich sein für alle Kinder. Neue Schulen und Lehrer werden für bessere und kostenlose Ausbildung gefordert. Bei dem Geburtenrückgang werden in 15 Jahren 3 Arbeitnehmer 2 Rentner zu unterstützen haben. Trotz dieser ungewissen Zukunft der Sozialversicherungen beantragen viele Arbeitnehmer vorzeitig ihre Altersversorgung. Ärzte und Medikamentenhersteller verdienen immer mehr. Die Gewerkschaften fordern Verlängerung des Urlaubs und Verkürzung der Jahresarbeitszeit, selbstverständlich bei gleichbleibenden Löhnen. Trotz schöner Reden über Stabilität steigen 1975 in den Ländern mit Ausnahme von Hamburg, Hessen und Baden-Württemberg die tarifmäßig um 6 % erhöhten Personalkosten an, im Saarland sogar um 12,7 %. So betreiben Staat, Gewerkschaften, Arbeitnehmer, Ärzte und Unternehmen sorglos und unbekümmert „soziale Demontage". — Von einer gemeinsamen europäischen Sozial- und Beschäftigungspolitik sind wir noch weit entfernt.

Die Abgeordneten — mit Ausnahme der wenigen ohne sonstige Einkommen — gehen bei der Festsetzung ihrer Bezüge mit schlechtem Beispiel voran. Die Pastoren lassen sich trotz weniger kirchlicher Einnahmen monatlich Benzingeld bzw. Fahrtenkosten auszahlen. Die meisten deutschen Urlauber fahren ins Ausland. Die Folge davon sind 13,7 Milliarden Fehlbetrag für die Bundesrepublik 1975. So gehört der weitaus größte Teil aller Bevölkerungsschichten zu den Nehmenden und denkt nicht im entferntesten daran, persönlich zur Stabilität der Währung und damit für den Umweltschutz beizutragen.

Keinen Mut zu einer echten Lösung der wirtschaftlichen Gesundung

zeigten im August 1975 der Bundeskanzler und seine Minister bei der Bekanntgabe der vorgesehenen Sparmaßnahmen. Einer geringen Senkung der Staatsausgaben stehen drastische Steuererhöhungen gegenüber. Die Ursache für die Zerrüttung der Staatsfinanzen ist aber nicht ein Zuwenig an Steuern, sondern ein Zuviel an Ausgaben. Dreißig Milliarden DM gibt der Staat jährlich mehr aus als zu verantworten ist. Deshalb muß die Gesundung — ein gewiß recht schmerzhafter Schnitt — erreicht werden durch Anpassung der Staatsausgaben an die tatsächliche Leistungsfähigkeit der Volkswirtschaft. Dabei muß Bonn bei sich selbst mit dem Sparen anfangen. Allein die Erhöhung der Arbeitslosenversicherung bedeutet für die Unternehmer eine jährliche Mehrbelastung von 2 Milliarden DM. Die unterschiedliche Heraufsetzung der Beiträge für die Sozialversicherung kommt hinzu. Außerdem werden die geplanten Steuern die Preise erhöhen, neue Tarifforderungen bewirken, die aber neue Preiserhöhungen zur Folge hätten und die Wettbewerbsfähigkeit deutscher Waren weiter verringern, also die Arbeitslosigkeit erhöhen würden. Als neueste diesbezügliche Hiobsbotschaft wird bekannt, daß die Sowjets mit Niedrigpreisen die internationale Frachtbeförderung stören. Behutsam, aber zielstrebig, suchen japanische Geschäftsleute an den Handelsplätzen der Alten Welt Boden zu gewinnen. Die DDR stört den Westhandel durch Mindestangebote. Die öffentlichen und privaten Investitionen müßten nicht durch bloße Geldvermehrung, sondern durch p r i v a t e s S p a r e n finanziert werden. Außerdem finden die Ersparnisse Verwendung im Umweltschutz.

Die Rückgewinnung von Rohstoffen aus dem Abfall ist vordringliche Aufgabe des Umweltschutzes

Rohstoffe nehmen immer mehr ab und werden immer teurer. Asbest, Helium und Quecksilber sind nicht ersetzbar. Öl und Gas werden aus dem Meer gewonnen, auch Kies und Sand. 1973 unternehmen die USA weitere erfolgreiche Versuche zur Gewinnung von Rohstoffen aus dem Meeresgrund. Aber es ist erst der erste „Spatenstich ins Meer".

Von der Rückgewinnung seien nur einige Stichpunkte angeführt: Autoreifen — Bayer-Werke in Leverkusen, Altpapier — Sieger Papier- und Wellpappenwerke KG in Zülpich, Autowracks — 20 Shredderanlagen (Zerkleinerungsanlagen), die Firma Mikro Pat in Porz, die dazu beiträgt, Industrieluft wieder in frische Luft zu verwandeln. An der Technischen Hochschule in Aachen wird ein Verfahren zum Sortieren von Hausmüll entwickelt. Man rechnet mit 40 % wieder verwendbarer Stoffe. Mit 1,7 Mill. DM fördert die Bundesregierung ein neues Verfahren zur Gewinnung von Zinn aus Abfallerzeugnissen.

Mit dem von Hoesch AG elektrolytisch hergestellten verzinnten Weißblech werden alle Nahrungs- und Genußmittel, Erzeugnisse der Chemie und Pharmazie (Heilkunde) sowie zahlreiche andere Verbrauchsgüter verpackt. Es verrottet an der Luft in verhältnismäßig kurzer Zeit ohne Schaden für die Natur. Da es außerdem magnetisch ist, läßt es sich leicht vom Müll trennen und einem metallurgischen Vorgang zuführen.

Bis Ende 1976 wird ein niederländischer Verpackungskonzern durch eine Mikrobakterie Kunststoffe aller Art in natürlichen Kompost verwandeln.

Abfall ist zu einer Ware geworden, die jetzt an der Börse gehandelt wird. Entscheidend ist bald nicht mehr die Frage: Was tun mit dem Abfall, sondern: Sind die Kosten überhaupt noch tragbar?

Die Verknappung und Verteuerung der Energie zwingt zu einem gründlichen Wandel in der W ä r m e e r z e u g u n g. Die Abwärme der Kraftwerke geht jetzt verloren. Außer der auf Seite 85 beschriebenen möglichen Nutzung könnte sie zunächst in Ballungsmittelpunkten eingesetzt und in den nächsten Jahrzehnten auf immer mehr Verdichtungsgebiete ausgedehnt werden, so daß schließlich über die Hälfte der Bevölkerung erfaßt sein würde. Die neuen Kraftwerke müssen so gebaut werden und ihr Standort muß so ausgesucht sein, daß sie nicht nur Kraft (Strom), sondern auch Wärme in einer Form erzeugen, die wirtschaftlich nutzbar gemacht werden kann. Ein solches Programm würde sinnvolle Arbeitsplätze für Jahrzehnte schaffen. Die hohen Kosten würden sich durch geringere Ausgaben beim Verbrauch lohnen. Dazu kommt, daß die jetzt bei den Kraftwerken und bei den Einzelfeuerungen entstehende Schädigung der Umwelt aufhören würde.

Durch das Verfahren der Rheinischen Braunkohlenwerke Aktiengesellschaft F. Hilberath u. H. Teggers, DBP 1 298 233 v. 16. 1. 68, wurde eine wirtschaftliche Anwendung der Wärmebeförderung über große Entfernungen erschlossen. Das Verfahren stellt zugleich eine befriedigende Lösung für die Standortprobleme der Hochtemperatur-Reaktoren dar.
Es löst aber nicht die Probleme der Umweltbelastung durch Abwärme auf niedrigem Temperaturniveau, zum Beispiel für die Siedewasser-Kernreaktoren oder für herkömmliche Kraftwerke. Abwärme auf niedrigem Temperaturniveau ist in größerem Umfang nur durch eine Warmwasserversorgung der Umgebung des Standorts im Abstand von 30 km (bis höchstens 50 km) und durch Bodenerwärmung zur Verbesserung der landwirtschaftlichen Nutzung verwertbar.

Weitere große Möglichkeiten der Arbeitsbeschaffung

90 % der Bevölkerung und des Kleingewerbes sollen an öffentliche Kanalisationsnetze mit entsprechender vollbiologischer Klärung angeschlossen werden. Jetzt wären überschüssige Arbeitskräfte vorhanden.

Andere Wissenschaften im Zusammenhang mit Umweltschutz

Es gilt, so viele Probleme zu lösen, die der Erhaltung des Lebens dienen, daß die Wissenschaftler es wahrlich nicht nötig haben, sich so stark mit der genetischen Biologie (Genetik-Erblehre) zu beschäftigen. Tatsächlich läßt die explosionsartige Zunahme neuer biologischer Erkenntnisse umwälzende Entwicklungen erwarten: Steuerung genetischer Vorgänge, Babys aus der Retorte, Beeinflussung des Alterns, der Vererbung, Konservierung von Lebewesen usw. So wollen die Menschen „Gott spielen". Aber es ist auch ein Mißbrauch möglich, wie wir ihn schon mit dem Geheimnis des Atoms erlebt haben. Deshalb sollte sich die Biologie in Verbindung mit der Medizin mehr mit vorbeugenden Maßnahmen zur Erhaltung des Lebens beschäftigen.

Ein Teil der Biologie, d. h. der Wissenschaft vom Leben, der die Beziehungen von Pflanze, Tier und Mensch untersucht (Ökologie), könnte sehr wohl zum wichtigsten Teil der Biologie werden. (Solche Gedankengänge sind in diesem Buch gebührend berücksichtigt.)

Heute bewirkt die Wissenschaft auf allen Gebieten (Technik, Biologie, Chemie, Medizin usw.) direkt oder indirekt Veränderung der Natur. Deshalb brauchen wir als Ergänzung

eine Wissenschaft von den Lebensbedingungen der Menschheit

in einer technischen Welt (Humanökologie). Das heißt, wir müssen nicht nur neue Erfindungen und Verfahren einer Reihe strenger Umwelttests unterziehen, bevor sie auf die Menschheit losgelassen werden, sondern wir müssen auch die langfristigen Auswirkungen auf das soziale (siehe z. B. „Grüne Revolution"), kulturelle und seelische Klima wie auch auf die Umweltverschmutzung erforschen.

Mehr Zusammenarbeit bei Fragen des Umweltschutzes!

Laßt ferner den Ruf nicht verstummen: „Rettet unsere Städte!" Arbeitet Schutzprogramme aus für Smog-Katastrophen! Bildet schlagfertige Berufs- und Werksfeuerwehren aus für Luft- und Wasserkatastrophen! Erstrebt ein gemeinsames Vorgehen vom Deutschen Naturschutzring, dem Deutschen Gewerkschaftsbund und den Verbraucherverbänden! Hört ferner auf mit dem großen Durcheinander der vielen Ämter mit ihren Zuständigkeitsfragen über Umweltverschmutzung, Ämter, die oft ganz andere, dem Umweltschutz teilweise entgegengesetzte, Pflichten haben! Schafft statt dessen in den Großkreisen Umweltschutzämter mit straffer Zusammenfassung sämtlicher die Umwelt betreffenden Tätigkeiten! Alle Behörden, die überhaupt auf dem Gebiet des Umweltschutzes Zuständigkeiten haben, müssen eng zusammenarbeiten. Am vorteilhaftesten wäre ein Bundesministerium für Umweltschutz. Laßt euer ganzes Bestreben darauf gerichtet sein, mit anderen Ländern gemeinsam vorzugehen! Leider gefährden Macht und Geltungsstreben in kapitalistischen und sozialistischen Ländern die notwendige weltweite Zusammenarbeit.

Und schließlich: Totale Mobilmachung der Kräfte des Herzens und des Glaubens!

Von Ort zu Ort, von Land zu Land müßte der Notschrei erklingen:
Rettet, was noch zu retten ist! Sündigt nicht weiter an der Natur! Hört auf, die Schöpfung zu vernachlässigen, zu mißhandeln, zu verwüsten und zu vergiften! Nehmt vielmehr die Natur an als ein Geschenk aus Gottes Hand und seid seine getreuen Haushalter auf Erden! Redet statt von Umwelt lieber von Mitwelt, die wir schützen müssen, und zwar vor uns selbst. Weckt früh bei der Jugend Liebe zur Natur und Verantwortungsbewußtsein für die Umwelt! Unterstützt mehrtägige Schulwanderungen!

Mehr denn je gilt heute die Wahrheit des Wortes:
„Immer wird das Schicksal des Menschen davon bestimmt, was mit der Erde, dem Wald, dem Wasser und neuerdings auch mit der Luft geschieht!"
Unsere Bemühungen müssen sich richten gegen das Anwachsen der Weltbevölkerung, gegen das Anwachsen von Hunger und Unterernährung, gegen das weitere Anwachsen der Industrieerzeugung und der Krankheiten. Täglich erschrecken wir mehr darüber, wie diese Wachstumsvorgänge zusammenhängen und sich gegenseitig fördern. Tatsächlich ist nicht nur unsere gesamte Zivilisation aufs schwerste gefährdet, sondern unser Leben überhaupt.

Neueste Erkenntnisse und Ergänzungen

Seite 44 Der Braunkohlentagebau „Hambach" wird 1978 beginnen. Mit 9—12 km wird er das größte Loch der Erde werden.

Seite 50 Durch ungewöhnliche Anstrengungen, Zuschüsse, Spenden und neue technische Verfahren kann der Kölner Dom gerettet werden.

Seite 73 Mit einem Kostenaufwand von 120 Mill. DM hat die Stadt Krefeld eine Müll- und Klärschlamm-Verbrennungsanlage errichtet, die elektrische Energie und Fernwärme als Nebenprodukt erzeugt und den Dreck von 400 000 Verbrauchern unschädlich machen kann.

Seite 74 Nicht nur die Fluten des Rheines werden immer schmutziger, auch die Landschaft des 866 km langen Rheintales wird zunehmend gefährdet. Nur noch 10 % der gesamten Rheintalfläche — im Ruhrgebiet sogar lediglich 0,4 % — sind als natürliche oder naturnahe Bereiche einzustufen.

Seite 82 Reinigung von Seen. Auch die dritte Stufe von chemischer Reinigung hilft nur bei Seen, denen die Nährstoffe aus Abwässern zugeführt werden, nicht jedoch bei starker Einschwemmung von Mineraldüngern über die Seeufer. Für solche Seen entwickelte die schwedische Firma Atlas Copco eine Belüftungsapparatur, die auf dem Seeboden Sauerstoff ins Tiefwasser mischt. Das System funktioniert jedoch nur in tiefen Seen, in denen das Tiefenwasser durch eine Temperaturschichtung gegen das Oberflächenwasser abgetrennt ist. Das Verfahren wurde in der Schweiz im Kanton Luzern am Mauensee erprobt.

Seiten 82—89 Energiewirtschaft. Ein wesentlicher Bestandteil des Energieprogramms der Bundesregierung ist das sogenannte 6000-MW-Programm. Damit ist die Zusage der deutschen Elektrowirtschaft gemeint, etwa 10 neue Steinkohlenkraftwerke mit einer Gesamtleistung von 6000 MW bis 1980 zu errichten. Erst 3400 MW sind aus dem Gesamtprogramm in Planung. Hierzu gehört auch das Kraftwerk in Voerde mit 1200 MW netto. Sein Bau wurde aber durch das Verwaltungsgericht in Düsseldorf gestoppt. Das hat u. a. zur Folge, daß kleinere alte Steinkohlenkraftwerke, die die Luft bedeutend mehr verschmutzen, betrieben werden müssen. Außerdem verwenden die Elektrizitätswerke lieber schweres Heizöl als unsere Kohle. Im übrigen bleiben die Mineralölkonzerne auf ihrem schweren Heizöl sitzen. Die Erzeugung kann aber nicht gedrosselt werden. Deshalb werden zunehmend Benzin und andere Ölerzeugnisse fertig eingeführt. So wachsen die Kohlenhalden, und die deutschen Raffinerien sind nur zu 60 % ausgelastet. — Über die Anlage einer Großforschungsanstalt für Kernfusion ist sich die EG noch nicht einig.
Im Gegensatz zu Holland und Dänemark, wo Flüssiggas — siehe Seite 89 — eine erhebliche Verbreitung gefunden hat, besteht in der Bundesrepublik für die Umstellung wegen der hohen Steuern kein Interesse. Dabei garantiert die Verwendung von Treibgas ein nahezu unschädliches Abgas.
In den USA bleibt die bis 1985 erhoffte Energie-Selbstversorgung nur ein kühner Traum. — Öl aus dem Frostgebiet der Arktis Kanadas und von der Atlantikküste Kanadas wird nicht vor Mitte der achtziger Jahre auf dem Markt erscheinen und nur dann, wenn der Preis die doppelte Höhe erreicht hat. — Nach den Ölscheichs werden die Uranscheichs kommen. Auch Kernkraft wird deshalb in den achtziger Jahren erheblich teurer werden.
Die Vorräte an herkömmlichen Energiestoffen in der Erdrinde bestehen zu 90 % aus Kohle und zu 10 % aus Öl und Erdgas. Kohle wird ab 1998 als Chemierohstoff für Öl und ab 1990 für Gas ausgiebig verwendet werden. Daher ist die Bundesregierung gewarnt, vom Energieprogramm von 1973 abzugehen und neue Zechenstillegungen zu veranlassen. Außerdem ist die Kostenfrage für die Lagerung von Atommüll und das Sicherheitsproblem für die Kernreaktoren noch ungelöst.

Seite 145 In der Sowjetunion erreichen Männer zwar schon mit 60 und Frauen mit 55 Jahren das rentenfähige Alter. Die Grundrente beträgt aber nur 30 Rubel, zu wenig zum Leben und zu viel zum Sterben. — Mit 85 Milliarden DM ist der Ostblock bei westlichen Kreditgebern verschuldet.

Seite 196 Tropischer Regenwald. World Wildlife Fund, International Union for Conservation of Nature and Natural Resources gehen daran, alle Angaben über tropische Regenwälder zu sammeln und auszuwerten. Damit ist ein erster Schritt zu ihrer Erhaltung getan. Doch unsere Technologie reicht aus, im Laufe von 20—30 Jahren alle tropischen Regenwälder zu zerstören. Das staatliche Kolonisationsinstitut in Costa Rica z. B. rühmt sich, einen Hektar Urwald in zwei Stunden roden zu können.

Seite 262 China. In einem Leitartikel, der das arabische Ölembargo begrüßt, zählte die Pekinger Volkszeitung im Herbst 1975 auch eine Reihe anderer Rohstoffe auf, die die Dritte Welt den Supermächten sperren sollte: Kautschuk, Bauxit, Quecksilber, Kaffee, Kakao, Kopra. — Seite 306 Die Ausfuhr von billigen Rohstoffen und die Einfuhr von teuren Fertigwaren in den Entwicklungsländern kann man allerdings als Neukolonialismus bezeichnen.

In Angola — siehe Seite 226 — findet eine neue Weltkrise statt. Mit Angola würde die Sowjetunion auch den südlichen Atlantik beherrschen. An der Küste vorbei befördern Schiffe 60 % der Erdölversorgung und 70 % anderer Rohstoffe für Europa. Von der Hafenstadt Lobito aus könnten die Sowjets den Kupferhahn von Sambia und Zaire zudrehen. Untergrundkämpfer könnten Zaire und Südafrika bedrohen. Mozambique, Kongo-Brazzaville, Tansania (der Liebling des Bonner Entwicklungsministeriums; das erzwungene Kollektivsystem droht den Agrarstaat zu ruinieren) stehen schon offen auf der Seite der Sowjetunion. Aus dem vietnamesischen Trauerspiel zieht der amerikanische Kongreß keine Lehren.
Auch rächt es sich heute bitter, daß man in der Öffentlichkeit des Westens seit Jahren Südafrika zum „Stinktier der Welt" hat abstempeln lassen. Auf der Tagung des Weltkirchenrates in Nairobi (Kenia) im November 1975 wurde beschlossen, daß die Unterstützung von Terror-Organisationen in Süd- und Südwestafrika sowie in Rhodesien verlängert und verstärkt werden soll. Auch ein Wirtschaftsboykott gegen Südafrika stand zur Debatte. Dabei sind 5200 Unternehmen der Bundesrepublik am Handel mit Südafrika beteiligt. Von den deutschen Kirchenführern versagte sich nur Bischof Claß diesem unchristlichen Treiben.

Seiten 314—321 Völliges Umdenken tut not. Zu keiner Zeit verlangte der Bürger mehr von „seiner" nationalen Wirtschafts- und Währungspolitik. Kein Politiker warnte ihn. Im Gegenteil, die ständigen Vorlesungen über Nationalökonomie bestärkten ihn darin, daß alles Ökonomische (Wirtschaftliche) machbar sei. Wenn nicht heute, dann morgen. Aber die Gesetze der Weltwirtschaft erwiesen sich als stärker als die der nationalen Volkswirtschaft. Je mehr ausgeführt wird, desto mehr wird dadurch zunächst die Wachstumsaussicht des Handelspartners in seiner nationalen Volkswirtschaft geschädigt, und am Ende wird die gesamte Weltwirtschaft geschädigt. (90 % der deutschen Ausfuhr 1974 ging in die reich gewordenen Olländer Afrikas und Asiens.) Solange es aber für die Weltwirtschaft noch kein Weltreich gibt, bleibt der unvollkommene Zustand bestehen. Für uns bedeutet das, daß wir als rohstoffarmes Land — der Rohstoff Steinkohle ist aus vielerlei Gründen sehr teuer — auf Ausfuhr angewiesen sind.
Aber hier drohen andere Gefahren. Der vom Vater Staat beanspruchte Anteil am Bruttosozialprodukt stieg von 37 % 1969 auf 47 % 1975. Die Lohnquote am Volkseinkommen nahm erheblich zu (von 61 % 1969 auf 65,4 % 1975). Gemessen am derzeitigen Volkseinkommen, macht das jährlich etwa 30 Milliarden DM Umverteilung aus bei insgesamt 40 bis 50 Mrd. DM Unternehmensgewinnen in normalen Jahren. Das ist der eigentliche Grund dafür, daß die Investitionen in den beiden letzten Jahren um 8 bzw. 6 v. H. zurückgingen mit allen Folgen für das Wachstum

und eine hohe Arbeitslosigkeit. Die Arbeitskosten der Industrie sind in den ersten neun Monaten 1975 doppelt so stark wie in den USA gestiegen. Mit dem Aufschwung in den USA ist es auch nicht weit her, und in Japan ist die Arbeitslosigkeit allein im Oktober 1975 um über 40 % auf 1,41 Mill. hochgeschnellt. Daraus erklärt es sich, daß 1976 rund 75 % aller deutschen Firmen nicht investieren wollen. Erst nach Gewinnen werden Investitionen erfolgen und dadurch neue Arbeitsplätze geschaffen werden. Doch die Gewerkschaften verharmlosen bis zur Stunde die wirtschaftliche Lage. (Siehe Zeitschrift IG-Metall vom 16. 12. 1975.) Tatsache ist aber, daß bei immer knapper und teurer werdenden Rohstoffen unser Wohlstand nicht gehalten werden kann und deshalb nicht erneutes Wachstum des Bruttosozialproduktes, sondern größere Bescheidenheit aller Bevölkerungsschichten erstrebenswert ist.

Doch je größer die Schwierigkeiten der Industrie wurden, desto mehr wuchs die Ausgabefreudigkeit des Staates. Die als direkte Finanzhilfen gewährten Subventionen stiegen von 1973 bis 1976 von 9,8 auf 12,1 Milliarden DM, die Steuervergünstigungen von 27,6 auf 32 Milliarden DM. — Der Personalstand im öffentlichen Dienst erhöhte sich von 1969 bis 1973 um 19 %. Außerhalb der staatlichen Verwaltung aber betrug die Zunahme der Beschäftigten nur 1,3 %. — Die Rentenversicherung wird schon in zwei Jahren nicht mehr über die gesetzliche Rücklage verfügen. Im Gesundheitswesen steht einem Zuwachs der Einnahmen von 7,5 % eine Steigerung der Ausgaben von 19 % gegenüber.

Die Ausgaben des Bundes stiegen von 1969 bis 1975 um 95 %, während die Steuereinnahmen sich nur um 50 % erhöhten. Das ist die wahre Ursache der Finanzkrise. Die Neuverschuldung der öffentlichen Hand wird 1976 „nur" 60 Milliarden DM betragen. Die Politiker (dieser Vorwurf trifft alle Parteien) müßten deutlich sagen: „Bei Tarifverhandlungen darf nur das Bruttosozialprodukt maßgeblich sein!" Es betrug 1975 minus 3,2 %. Aber die Politiker führen nicht, sondern horchen ängstlich auf die schwankende Volksmeinung; denn — 1976 ist ein Wahljahr.

Kein Wunder, daß Natur- und Umweltschutz immer mehr ins Hintertreffen geraten.